JI NAN SHI XUE

暨南史学

第二十一辑

主编 马建春

暨南大学出版社
JINAN UNIVERSITY PRESS

中国·广州

图书在版编目（CIP）数据

暨南史学. 第二十一辑 / 马建春主编. —广州：暨南大学出版社，2020. 11
ISBN 978 - 7 - 5668 - 3041 - 8

Ⅰ. ①暨…　Ⅱ. ①马…　Ⅲ. ①史学—中国—文集　Ⅳ. ①K207 - 53

中国版本图书馆 CIP 数据核字（2020）第 216953 号

暨南史学（第二十一辑）
JINAN SHIXUE（DI ERSHIYI JI）
主　编：马建春

出 版 人：张晋升
责任编辑：冯　琳　亢东昌　詹建林
责任校对：张学颖　苏　洁　王燕丽
责任印制：汤慧君　周一丹

出版发行：暨南大学出版社（510630）
电　　话：总编室（8620）85221601
　　　　　营销部（8620）85225284　85228291　85228292　85226712
传　　真：(8620) 85221583（办公室）　85223774（营销部）
网　　址：http://www.jnupress.com
排　　版：广州尚文数码科技有限公司
印　　刷：广州市穗彩印务有限公司
开　　本：787mm×1092mm　1/16
印　　张：15.75
字　　数：313 千
版　　次：2020 年 11 月第 1 版
印　　次：2020 年 11 月第 1 次
定　　价：58.00 元

目　录

电子稿件请寄：投稿信箱：jinanshixue@ sina. com.

纸质稿件请寄：广州市天河区黄埔大道西 601 号暨南大学中外关系研究所《暨南史学》编辑部（第二文科楼 806 室），邮编：510632。

编辑部电话：020—85221991

从考古发现看六朝与百济的海上交流路线[①]

陈瑾瑜　周裕兴

[提要] 在古代纷杂的东亚国际关系中，位于中国南方的六朝与位于朝鲜半岛西南的百济通过海路密切交流。中国至朝鲜半岛的传统海上交通路线为从山东半岛出发，渡渤海海峡，循辽东半岛，抵达朝鲜半岛西海岸的"北道"航线。发展至南朝刘宋时期，开辟出以建康为出发点，横渡黄海，直达朝鲜半岛西海岸的"北南道"航线。六朝时期，中国南方政权与百济一直通过"北南道"进行交流。根据古代史籍文献的记载与相关考古发现的研究，可以从海上交流路线揭示六朝与百济之间来往和交流的历史面貌。

[关键词] 六朝；百济；考古发现；海上交流

六朝时期，中国南方政权与百济之间的陆上交通难以实现，国家之间的文化交流与传播主要凭借海上交通。来往的时间下限可以延长至唐朝前期。通过现有史料与考古发现，从海上交流的角度揭示六朝与百济交往的历史面貌，对深入研究百济与古代中国的关系具有一定的学术意义。

---

① 本文系韩国忠清南道瑞山文化院与南京师范大学文物与博物馆系"百济和南北朝交流历史考证纪录调查"的阶段性成果。

一、古代海上交通概略

战国秦汉时期，时人已知朝鲜半岛位于黄海海域，并且能够通过海路抵达。《山海经·海内经》有云："东海之内，北海之隅，有国名曰朝鲜。"① 中国战国时代的铜铎、铜剑等也在朝鲜半岛南部有所发现。② 秦汉之际，人们已拥有一定的造船技艺与航海知识，航海事业得到初步发展。秦始皇两次派遣方士徐福入海求仙。据考证，徐福船队东渡行止的目的地可能是日本列岛，今韩国济州岛的西归浦也是因徐福的传说而得名。③ 其航海路线大约是从琅邪港出发北上，经过成山角，向西至芝罘港，过蓬莱头，沿庙岛群岛北上至辽东半岛南端的老铁山，再向东北至鸭绿江口，往东南至朝鲜半岛西南海岸，再向东抵朝鲜半岛东南角釜山，最后经过对马海峡至日本。④ 此条航线，通常被称为"北道"，航路平稳安全，但路程较长，耗费时日。至汉代，制船技艺有所革新，从广东、湖南、湖北等地发掘出土的船型实物可知，汉代已经运用船舵结合风帆来导航方向，船尾舵桨向船尾舵演变，为船只的安全航行提供保障。关于航海天文的理论书籍也多有发现。《淮南子》中明确记载利用天体（特别是北斗星和北极星）进行海上导航："夫乘舟而惑者，不知东西，见斗极则寤矣"。⑤ 东汉年间出现关于航海信风的文字记载："五月有落梅风，江淮以为信风。"⑥ 此时的航海技术还未达到离开海岸跨海远航的水平，需要以地文导航与陆标定位为依据，主要进行近海沿岸或跨越海岛的航行。汉武帝曾七次出海巡游，并造楼船，设楼船军，《史记》卷三十记载：武帝"治楼船，高十余丈，旗帜加其上，甚壮"。⑦ 征伐朝鲜时"遣楼船将军杨仆，从齐浮渤海，兵五万人"。⑧ 1784 年日本九州福冈县志贺岛出土一枚刻有"汉委奴国王"字样的金印。《后汉书·东夷传》记载："倭，在韩东南大海中，依山岛为居，凡百余国。自武帝灭朝鲜，使驿通于汉者三十许国。……建武中元二年，倭奴国奉贡朝贺，使人自称大夫，倭国之极南界也。光武赐以印绶。"⑨ 由此可见，汉武帝之后，山东半岛、辽东半岛、朝鲜半岛至日本列岛的东亚环海航线是疏通的（见图 1）。

---

① 袁珂校译：《山海经校译》卷一八《海内经》，上海古籍出版社，1985 年，第 297 页。

② 孙光圻：《中国航海史纲》，大连海运学院出版社，1991 年，第 24 页。

③ 《史记》卷一一八《淮南衡山列传》，中华书局，1959 年，第 3086 页。

④ 孙光圻：《中国航海史纲》，第 34 页。

⑤ 刘文典撰，冯逸、乔华点校：《淮南鸿烈集解（上）》卷一一《齐俗训》，中华书局，2017 年，第 423 页。

⑥ 《太平御览》卷九七〇《果部七》引汉应劭《风俗通》，中华书局，1960 年，第 4299 页。

⑦ 《史记》卷三〇《平准书》，第 1436 页。

⑧ 《史记》卷一一五《朝鲜列传》，第 2987 页。

⑨ 《后汉书》卷八五《东夷列传》，中华书局，1965 年，第 2820、2821 页。

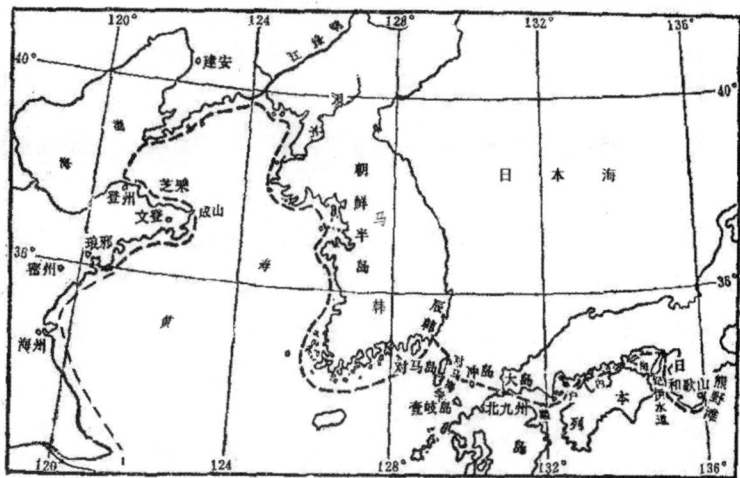

图 1　秦汉时期东亚环海航线

孙光圻：《中国航海史纲》，大连海运学院出版社，1991 年。

六朝时期，因政治中心多处江海水乡地区，为满足水陆交通的需要，造船和航海技术进一步提高。孙吴时期，在建安（今福建福州）专设管理造船的典船校尉，将罪人"送付建安作船"。① 此时的造船技艺与航行技巧也更为成熟，出现硬帆驶风技术："随舟大小或作四帆，前后沓载之。有卢头木，叶如牖形，长丈余，织以为帆。其四帆不正前向，皆使邪移相聚，以取风吹。风后者，激而相射，亦并得风力。若急，则随宜增减之，邪张相取风气，而无高危之虑，故行不避迅风激波，所以能疾。"② 孙吴政权开辟了江左（今长江下游江苏、浙江北部沿海地区）通往东北及朝鲜半岛的航线，与割据辽东的公孙氏政权进行经济文化交流，带动了与辽东近邻高句丽的联系。③ 东晋时期中国政治经济文化中心南移，韩国百济考古中钱纹陶器、青瓷器和鎏金铜铐带等相关发现，反映了两晋时期百济与中国南方政权海上交流的史实。随着航海活动的不断增加，古人对水文及气象的认识也在逐渐深化，东晋法显在《佛国记》中记载："大海弥漫无边，不识东西，唯望日、月、星宿而进。"④ 南朝时期则开辟了通往百济的新航路。刘宋政权在山东半岛设有青、冀二州，控制海上航路的要道。百济继续与中国南方政权交好，同时与新罗、倭也建立良好关系，协助两国与南朝进行交流。《册府元龟·外臣部》"鞮

---

① 《三国志》卷四八《吴书三·孙皓传》，中华书局，1959 年，第 1170 页。

② 《太平御览》卷七七一《舟部四》引《南州异物志》，第 3419 页。

③ 黎虎：《孙权对辽东的经略》，《北京师范大学学报》1994 年第 5 期。

④ （东晋）释法显撰，章巽校注：《法显传校注》，中华书局，2008 年，第 142 页。

译"条载："梁高祖普通二年，新罗王募秦始遣使随百济奉献。……语言待百济覆通。"① 当时因高句丽的阻挠，传统的北道航路受到阻断，加之长期海上航行积攒的经验，形成了一条从建康出长江口，再循东海、黄海北上，然后在山东半岛成山角附近转向东驶，横越黄海，直接抵达朝鲜半岛西部海岸百济境内的航路，这条新航路通常称为"北南道"，快捷方便，但风险较大。

隋唐时期，海洋航行的船舶，以船身大、容积广、构造坚固以及船员航海技术熟练而著称于世。造船地点遍及全国，沿海地区是建造海船的主要地区。随着历代航海经验的不断积累，唐代航海者已能正确认识季风的变化规律，并运用到实际航行中。关于对外交通路线和域外自然人文地理等的文献也日显多见，《新唐书·地理志》载贾耽撰《皇华四达记》佚文，记有唐朝交通四邻的两条海上航线，并附有关于航期、航距、地形、航标等航海技术方面的描述。② 此时期的中国，与朝鲜半岛、倭国之间的海上交流应存在"北道"与"北南道"两种航法。初唐之际，唐太宗征讨高句丽，其海上航路多自山东半岛莱州启程，渡过渤海海峡，循辽东半岛南岸东驶，直趋鸭绿江口，为"北道"航路。唐高宗时期，则由山东半岛的成山角出发，横渡黄海，直趋朝鲜半岛西岸，通过"北南道"的海上路线讨伐高句丽、百济与倭国（见图2）。唐代中后期，中、朝、日的航海交流中多为贸易与文化的互动，开辟了不再经过朝鲜半岛西海岸，而由中国的扬州与明州（浙江宁波）横渡东海，直航日本的新航路。

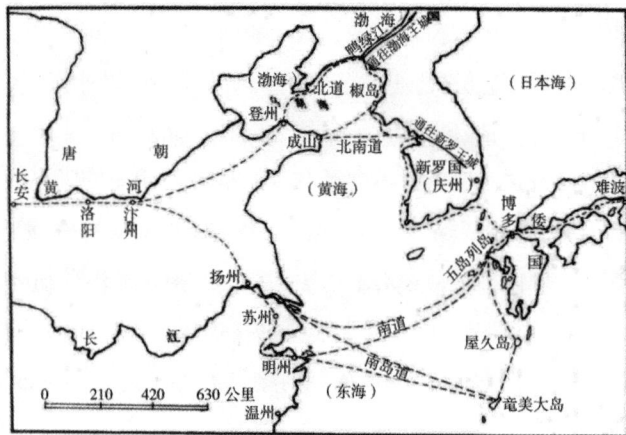

图2　唐时赴朝鲜和日本的航线

席龙飞：《中国造船通史》，海洋出版社，2013年。

---

① 《太平御览》卷九九六《外臣部》，第11690页。

② 《新唐书》卷四三《地理七下》，中华书局，1975年，第1146–1147、1153–1155页。

古代百济是一个面向广阔海洋的国家，西南隔海与中国相望，东南隔海同日本相邻，是东亚诸国海上交通的枢纽，应具有一定的造船和航海技术基础。《唐会要》卷九十五载："以百家济海，因号百济焉。大海之北，小海之南。东北至新罗，西至越州，南渡海至倭国，北渡至高丽。"① 百济不仅能制造出独具特色的海船样式，其造船技术还传入新罗和日本。《日本书纪》卷二十五载：白雉元年（650），"遣倭汉直县、白发部连镫、难波吉士胡床于安艺国，使造百济舶二只"。② 这表明当时百济先民拥有先进的造船技术。

二、海上航路相关的考古发现

1. 南京西水关考古发现的古代文物和沉船

1986 年 3 月至 6 月，南京市博物馆在南京今西水关河床下 2～5 米处发现大批古代文物及 6 艘沉船，其中属于六朝时期的文物有青瓷壶、罐、碗、钵、青铜弩机、鐎斗、镜、铁剑等，同时出土有一批唐代长沙铜官窑釉下彩瓷器，属南京地区首次发现。③ 南京为南朝都城所在，是中国与百济使臣往来的起讫点，西水关为六朝时由东往西流经建康都城南面的秦淮河注入长江的喇叭状江河交汇口。此次出土的大型沉船与文物，表明当时建康都城与外界存在水上贸易交通，也表明了江海联航的可能性。

2. 江都大桥镇出土的南朝青铜器窖藏

1993 年 9 月，在江苏省扬州市江都县城东南 15 公里、临长江 2 公里处的大桥镇果园场，发现了一处青铜器窖藏，窖藏青铜器多为实用器皿，共计 30 余件，时代为南朝（见图 3）。④ 江都历来为出南京沿长江北岸东行所经的第一处水上交通枢纽。此批青铜器窖藏的出土地点距离长江不远，其地下保存的形式和出土数量之多，为南京建康都城地区所未见，且个别器物造型带有异域文化色彩，可能与海上交流有关。

---

① （宋）王溥：《唐会要》卷九五《百济》，中华书局，1955 年，第 1710 页。
② 《国史大系第一卷：日本书纪》卷二五《孝德天皇》，经济杂志社，1897 年，第 452 页。
③ 范守荣：《西水关出土大批古代文物和沉船》，南京市地方志编纂委员会办公室编：《南京年鉴·1987》，江苏古籍出版社，1987 年，第 309 页；顾苏宁：《西水关考古喜人》，南京市政协文史（学习）委员会：《百里秦淮话沧桑》，南京出版社，2004 年，第 84 页；胡舜庆、王泉：《几件六朝时期青瓷器上的书法》，文物出版社编：《第五届中国书法史论国际研讨会论文集》，文物出版社，2002 年，第 202 页。
④ 王金潮、田建花、孙淑云、姚智辉：《江都大桥镇出土的南朝窖藏青铜器工艺研究》，载中国文物保护技术协会编：《中国文物保护技术协会第四次学术年会论文集》，科学出版社，2005 年，第 26 页。

图 3　江都大桥镇出土的南朝青铜器窖藏

3．泰州南朝青瓷器窖藏

1994 年 11 月，泰州市西郊苏北电机厂仓库工地挖柱础基槽时，在一个两米见方、深约一米的土坑中发现鸡首壶、盘口壶、双唇罐、莲瓣纹盖罐等 16 件南朝青瓷器，这是泰州地区首次出土数量较多的成组南朝青瓷器（见图 4）。过去江苏出土的六朝青瓷一般都集中于长江南岸与太湖流域，长江北岸极少发现。泰州六朝时称"海陵"，自古以来为长江门户、北出东亚海航路线上的重要枢纽。① 近些年来，泰州及邻近地区相继出土了较多的六朝青瓷，特别是这组南朝青瓷器的出土表明当时六朝青瓷已经横渡长江，在江北沿岸得到了普遍的推广和使用。② 另外，有学者认为这批青瓷器中有来自长江中游湘阴窑的产品，③ 那么其应该是通过长江的水上运输贸易而获得的。

图 4　泰州出土的南朝青瓷器窖藏

4．江苏如皋出土的唐代木船

1973 年 6 月，江苏如皋县发现一艘古代木船。木船船首、船尾已有损坏，船身和船

---

① 蔡则健、吴曙亮：《江苏海岸线演变趋势遥感分析》，《国土资源遥感》2002 年第 3 期；贺云翱：《夏商时代至唐以前江苏海岸线的变迁》，《东南文化》1990 年第 5 期。

② 叶定一：《江苏泰州出土一组南朝青瓷器》，《文物》1996 年 11 期。

③ 韦正：《六朝墓葬的考古学研究》，北京大学出版社，2011 年，第 174 – 175 页。

底以及舱壁板大部分完好，木纹和结构均清晰可见，设有九个水密隔舱，体现了中国造船技术的先进性（见图5）。出土物有"开元通宝"铜钱、日用陶瓷器、兽骨、木水勺和竹席、竹缆绳等。[1] 木船的年代"应属唐代，约在高宗以后"，即应在649年以后。出土地点在唐代距长江较近的通江河口，如皋古属泰州，地理位置处于长江出海口和扬州之间。此船应是一艘航行于江河水网地区的单桅货运船只。

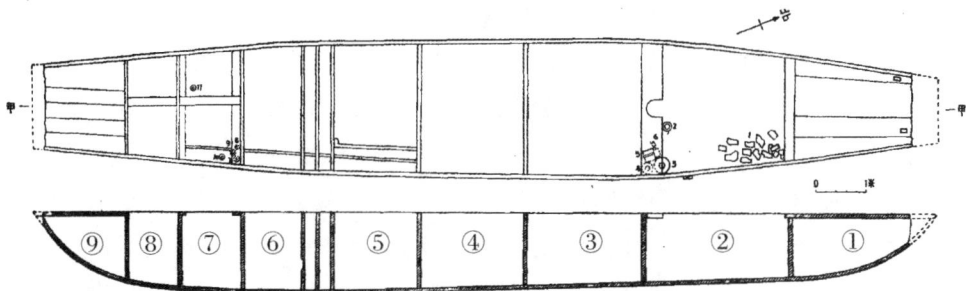

图5　江苏如皋出土的唐代木船示意图

5. 隋代青釉莲瓣纹八系罐（盐城博物馆收藏）

1964年，江苏建湖县上冈轮窑砖瓦厂出土。斜肩、深腹、平足，肩部贴附四桥形系和四环形系，系下饰两周，腹部饰一周仰莲瓣，肩腹部饰圆圈纹和联珠纹。胎质细腻而厚，釉色青绿莹润，制作精湛（见图6）。今上冈镇南与盐城市区相接，在汉唐时期，是离楚州腹地最近的出海口岸，楚州海岸主要在盐城境内。《旧唐书·新罗传》记载：元和十一年（816）十一月，新罗质子金士信等乘船沿海岸南行入唐不幸遭遇大风，漂泊至唐楚州盐城县界。淮南节度使李鄘闻讯上奏朝廷。金士信一行虽经海上惊涛骇浪但幸免于难，之后辗转到达唐都长安。[2]

图6　盐城出土的隋代八系罐

---

[1]　南京博物院：《如皋发现的唐代木船》，《文物》1974年第5期。

[2]　《旧唐书》卷一九九上《东夷》，中华书局，1975年，第5339页。

6. 连云港佛造像及石室土墩墓遗存

连云港，古称"海州"，位于黄海之滨，经历了苏北南下的滩涂型海岸与北去山东半岛的基岩型海岸，东与朝鲜半岛、日本列岛隔海相望，曾是传说中徐福的故里和入海求仙之地，历来是东亚海陆交通的重要节点。

（1）连云港孔望山汉代摩崖造像。

孔望山汉代摩崖造像，位于江苏省连云港市南 2 公里的孔望山南麓西端，是迄今为止发现的中国最早的佛教摩崖造像（见图 7）。孔望山位于江苏连云港市海州古城城东，传说孔子曾登此山而望东海，故名。造像依山崖的自然形势雕成，共有 100 余尊人像，最大的人像高 1.54 米，最小的人头像仅 10 厘米。造像群的题材主要为佛教造像、道教造像与世俗画。雕刻技法分为剔地浅浮雕、阴线刻与高浮雕三种。关于造像的时代，有东汉晚期、"晋魏之后，元魏之前"、南北朝刘宋时期甚至唐代等观点。[①] 2001—2002 年孔望山遗址的考古发掘中发现多处古代建筑遗迹，结合历史记载，可推测此处附近应存在具有宗教性质的建筑。

图 7　连云港孔望山汉代摩崖造像

（2）六神台唐代佛教造像。

六神台位于江苏连云港市辖灌云县伊芦山西峰。造像共 42 尊，分两组（见图 8），于早年即遭破坏，一组在六神台绝顶西南下 1 米处绝壁上约 2 平方米的石窟内。窟内东壁上有高浮雕像 6 尊，其中 5 尊为坐姿佛像，1 尊为立姿力士像。北面 2 尊已残毁不可辨；南面 4 尊保存良好，面目神态尚可看清，这 6 尊佛像即为俗称的六神；另一组造像位于石窟下 1 米处的峭壁上，分布在 5 平方米范围内，共计 36 尊，大部分已残毁不清，但仍可辨出雕刻于龛内，每龛 3 ~ 8 尊不等。所有佛像均属高浮雕，有坐有立，有的还

---

① 俞伟超、信立祥：《孔望山摩崖造像的年代考察》，《文物》1981 年第 7 期；阎孝慈：《论孔望山佛教造像的年代问题》，《考古与文物》1983 年第 3 期；阮荣春：《孔望山佛教造像时代考辨》，《考古》1985 年第 1 期。

有须弥座。在群佛造像顶端石壁上，保留有当时的建筑物榫眼、构成"人"字形的遗迹。佛像的年代已被确认为唐代文化遗存。①

图8　连云港灌云六神台唐代佛教造像

（3）连云港石室土墩墓遗存。

在今连云港锦屏山（孔望山）、云台山，以及灌云县伊芦山等地的山岗上，发现诸多石室土墩遗存，成组成群地分布于当时近海丘陵石山的山脊和山坡面（见图9）。石室平面分为长方形和凸字形两种类型，剖面呈梯形，四壁多用加工较粗、大小不一的块石垒砌而成，顶部则用加工较规整的条石平铺封闭。石室通常长2.0～3.0米、底宽1.4～2.5米、高0.8～2.0米。出土物多为寿州窑瓷器，"开元通宝"铜钱、三彩釉陶碎片和铜勺及铁棺钉等属于唐代的遗物。对于遗存性质，当地俗称是唐代与高句丽征战屯兵的"藏军洞"，也曾被学术界认定为古代的"支石墓"，或认为是春秋吴国"军事设施"等。近年来，有学者根据墓葬的形制与结构，结合文献资料与墓志资料，推断其为

图9　连云港石室土墩墓遗存

① 王迎生：《六神台唐代佛教造像》，《东南文化》1991年第2期。

大唐百济遗民的墓葬。①

7. 胶南市大珠山石窟

胶南市在北魏时属青州高密郡，由胶南海滨的"琅琊台"沿海路北行即可至成山角，地理位置接近海边。今山东青岛黄岛区南的大珠山发现三处小石窟（见图10）：第一处为石屋子沟石窟，位于大珠山镇石门寺东南山沟，石窟为一大岩石凿成，窟内呈房屋状，内壁浮雕佛像11尊，兼雕飞天、云纹；第二处为峡沟南山石窟，位于大珠山镇西北约1公里的山腰间，利用一突出巨石凿成，圆拱方形门，窟顶正中有人字坡，窟内平面呈横长方形，三壁浮雕佛像21尊，均已毁，唯存桃形头光，窟门外留有木构建筑之遗迹；第三处为峡沟西山石窟，位于峡沟南山石窟以西约1公里，为一高大岩石凿成，洞口方形，口外两侧崖面各镌一虎，窟内平面呈方形，窟顶中部有人字坡，内壁浮雕佛像30尊，正壁中心造一坐佛二侍立菩萨，洞内左壁人字坡三角处刻一坐佛，题记有"比丘门师法奉""息舍利"等，右壁人字坡三角处造一坐佛，题记有"息芬常""息恶佛"等，两壁文字皆为带有隶意的楷书，此窟造像虽风化不辨衣纹，但仍可看出属于北齐时代。②

石屋子沟石窟

峡沟南山石窟

峡沟西山石窟

图10 胶南市大珠山石窟

① 纪达凯、陈中：《连云港地区土墩石室遗存时代性质新考》，《东南文化》1993年第1期；张学锋：《江苏连云港"土墩石室"遗存性质刍议——特别是其与新罗移民的关系》，《东南文化》2011年第4期；［韩］朴淳发：《连云港封土石室墓的历史性格》，《百济研究》2013年第57辑；［韩］朴淳发：《入唐百济遗民流向与连云港封土石室墓》，《东南文化》2016年第4期。

② 山东省胶南市《琅琊台志》编纂委员会：《琅琊台志》，齐鲁书社，1997年，第78页；温玉成：《中国佛教与考古》，宗教文化出版社，2009年，第552－553页。

8. 汉代琉璃翁仲（烟台博物馆藏）

共两件，山东威海文登汉墓出土（见图11）。翁仲琉璃质地，呈蓝色半透明状。两件造型基本相同，为半圆雕，均为男性，头戴平冠、合手而立，着长袍，直立正视，体扁长，一件略高，另一件稍矮，表面部分受浸渍略有损蚀。汉与六朝时期，常见用玉质或滑石质地的翁仲来随葬的现象，但因琉璃工艺复杂，极少见琉璃质地翁仲。文登南濒黄海，东邻荣成（成山头），历来属于海上交通的重要口岸之地。韩国百济公州武宁王陵中也出土了一对琉璃翁仲，或许是航海交流的产物。

图11　山东文登汉墓出土的琉璃翁仲

9. 朝鲜半岛西海岸发现的中国六朝等时期的古陶瓷

迄今在韩国百济故地已出土百余件来自中国六朝各时期的陶瓷器，应是通过海上航路传播而来，反映出当时百济政治地理形势变迁和文化交流路线由北渐南演进的轨迹。根据相关资料，将发现于百济的中国古陶瓷（见图12）状况简介如下：①

时期	出土地点	遗物年代	出土遗物
3世纪—4世纪早期 带方郡 百济（汉城时期）	平壤东山洞壁画墓（2011年）	西晋	青瓷狮子灯残件
	传　朝鲜开城附近	西晋	青瓷虎子
	风纳土城、梦村土城	孙吴西晋	钱纹陶器
	忠南洪城郡神衿城址	孙吴西晋	钱纹陶器
	京畿道原州法泉里	两晋之交	青瓷羊

---

① ［韩］赵胤宰：《略论韩国百济故地出土的中国陶瓷》，《故宫博物院院刊》2006年第2期；［韩］成正镛等：《中国六朝与韩国百济的交流——以陶瓷器为中心》，《东南文化》2005年第1期；韦正：《试谈韩国出土钱纹陶器的时代》，《东南文化》2011年第2期；［韩］朴淳发：《从考古资料看山东与韩半岛的古代海上交通》，载成周铎教授追慕论丛刊行委员会编：《百济与周边世界》，진인진出版社，2012年，第438页。

（续上表）

时期	出土地点	遗物年代	出土遗物
4 世纪中晚期至 5 世纪早期 百济（汉城时期）	忠清南道天原郡花城里	东晋	青瓷盘口壶
	传　忠清北道清州市	东晋	青瓷鸡首壶
	忠南天安龙院里墓葬	东晋	黑釉鸡首壶
	忠南公州水村里墓葬	东晋	黑釉鸡首壶、盘口壶、青瓷四系罐等
	全北扶安竹幕洞祭祀遗址	东晋	青瓷罐、黑釉瓷
	全北益山郡笠店里古墓群 M9 石室墓	东晋末刘宋初	青瓷四系罐
5 世纪中晚期至 6 世纪中期 百济（熊津时期）	忠南公州武宁王陵	南朝齐梁	黑釉四系盘口壶、莲瓣六系盖罐、莲瓣六系罐、白釉瓷盏等
6 世纪中期至 7 世纪中期 百济（泗沘时期）	全北益山郡王宫里遗址	北朝	莲花尊瓷片
	忠南扶余扶苏山城	隋唐	青瓷五足砚、黑褐釉罐残片等

图 12　韩国发现的中国古瓷

三、海上航路相关问题探讨

1. "北南道"的形成背景

中国至朝鲜半岛的传统海上交通路线为从山东半岛出发，渡渤海海峡，循辽东半岛，再抵达朝鲜半岛西海岸的"北道"航线。南朝刘宋时期，政治中心位于建康（今南京），刘宋政权致力于中兴并扩张其统治范围，山东半岛及青州以南地区一度被其控制。此时东亚诸国之间政治军事形势也发生了一定变化，朝鲜半岛北部的高句丽，向东南与无同盟关系的百济相对抗，致使途经辽东半岛的传统海上航线"北道"受阻，而百济、新罗与倭国仍与中国南朝政权交好，互派通使进行交流，直航朝鲜半岛的新航路"北南道"因此开辟。这条航线是以建康为出发点，顺江而下，出长江口后即转向沿岸北航，到达山东半岛最东端的成山角一带港湾，然后横渡黄海，到达朝鲜半岛西海岸。① 马端临《文献通考》卷三二四载："倭人……初通中国也，实自辽东而来。……至六朝及宋，则多从南道，浮海入贡及通互市之类，而不自北方，则以辽东非中国土地故也。"②

"北南道"航线的开辟大大缩短了中国与朝鲜半岛西海岸之间的航程，标志着东亚海上交通的航海技术水平已由"地文近岸航海"跨越到"天文离岸航海"的阶段。南朝时期，中国南方政权与百济一直通过"北南道"进行交流，对新罗与倭国的文化发展也产生了重大的影响。③

2. "北南道"横渡黄海的海岸岸点分析

"北南道"横越黄海航路两端的具体岸点地址不见于文献记载。关于中国的出发点，根据地理位置与地貌形势，推测应是在山东半岛突兀于海中的成山角（今山东荣成，泛指赤山浦、乳山浦等周边的出海港口）一带；但是对于从成山角跨海横渡至彼岸朝鲜半岛西海岸的抵达点，则主要有两种推断：

一说为瓮津半岛。它与黄海对岸山东半岛成山角的海上距离最近（海面宽度约 102 海里），具有地理优势。航路由建康出发，顺长江东去，入东海循岸北上，至山东半岛成山角向东横渡黄海，直抵朝鲜半岛西岸的瓮津半岛，再沿海岸航行，向西北到达浿水（今大同江）一线，向东南到达百济境内，举帆南渡纵越朝鲜海峡，可航至日本九州岛。④ 可是，中国南朝刘宋时期，瓮津半岛及附近海域正处于高句丽的统治之下，百济与中国政权的海上交流航线如果经过此区域，势必会遭遇阻挠。隋代之前的文献也未见百济使者自瓮津半岛横渡黄海前往中国的记载。

另一说为泰安半岛。它与黄海对岸山东半岛成山角的海上距离（海面宽度约 165 海里）较瓮津半岛稍远，但是可以避开高句丽的侵扰，循泰安半岛东南而行，直接航入百济境内，并可再行至新罗和倭国。今忠清南道瑞山市所在的泰安半岛，在中国南朝刘宋时期，处于百济的实际控制地域范围内。为了实施"远交近攻"的政策，百济曾多次派遣使者前往中国交流。作为一个海洋国家，百济造船与航海经验丰富，在不断出海交流的过程中势必会探索更加便捷的海上路线，而在此航线的规划中，又要避开高句丽的阻碍，所以可以判断："北南道"航路或许为百济先民所开辟，其横越黄海航路的起讫点

① 曲金良主编，朱建君、修斌分册主编：《中国海洋文化史长编：魏晋南北朝隋唐卷》，中国海洋大学出版社，2013 年，第 209 页。

② （元）马端临：《文献通考》卷三二四《四裔考一》，中华书局，1986 年，第 2554 页。

③ 中国航海学会编：《中国航海史（古代航海史）》，人民交通出版社，1988 年，第 67 页。

④ 陈定櫟、龚玉和：《中国海洋开放史》，浙江工商大学出版社，2011 年，第 60 页。

就在今韩国瑞山市南或北濒临大海的港湾型基岩海岸沿线。①

隋代时，新罗与倭国也在百济的协助下多次遣使与中国交流修好，海上航行多"道经百济"，横渡黄海至山东半岛登陆，再赴隋都大兴（长安）和洛阳；608 年，隋炀帝派遣使团赴倭回访，渡黄海经过百济再继续航至日本；② 660 年，唐命左武卫大将军苏定方率水陆大军 10 万进攻百济，八月，苏定方自成山渡海，百济兵据熊津江（今韩国南部锦江）口抵抗；③ 663 年，唐将孙仁师率淄、青、莱、海四州水军 7 000 人，渡海至熊津江入海处，增援镇守百济故地之刘仁愿、刘仁轨所部，与倭济联军海战于白江口。④ 以上史载所涉及的海上航线都应是以百济开辟的"北南道"航线为主。

3. 瑞山摩崖三尊佛的年代与价值研究

瑞山摩崖三尊佛，坐落于韩国忠清南道瑞山市云山面伽倻山麓溪谷中的巨岩绝壁上。该遗迹于 1958 年被发现，是韩国现存摩崖佛像中开凿年代最久远的遗存之一。主尊以释迦如来像为中心，高 2.8 米，外着宽博袈裟，右侧雕刻观音立像，左侧雕刻弥勒菩萨半跏思惟像。主尊面带如童颜般的微笑，被称为"百济式微笑"。其造像年代通常被认为是六世纪至七世纪，中国学界对此有两种说法：一种观点认为是七世纪所造，⑤另一种观点则认为应造于六世纪三十年代左右。⑥ 从百济与中国的海上交通路线来看，后一种观点更接近客观实际，甚至造像年代还有提早的可能。主要理由如下：

（1）百济与南朝交往频繁。据《三国史记》记载，早在 384 年，胡僧摩罗难陀自东晋都城建康出发循海路赴百济传播佛教，受到王室欢迎，百济佛法自此始。百济圣王十九年（梁大同七年，541），派遣使者前往中国南朝梁朝贡，并请求传入《涅槃》等经书义理与工匠画师等技术人员。可见百济深受中国南朝佛教文化的影响。

（2）百济与南朝的海上交通路线一直是畅通的，尤其在"北南道"航路开辟后，海上交通更加便捷，泰安半岛瑞山地区也成为百济境界的交通要口。作为抵达百济的登陆点，瑞山地区应是最先接触并吸收中国南朝佛教文化的区域。瑞山摩崖三尊佛像所坐落的伽倻山是泰安半岛的最高山岭，登临山顶可俯瞰环视黄海远景，应是当年"北南道"海上航路陆标定位的参照地貌。伽倻山自然环境优美，山中建有开心寺，当年或有

①　在泰安半岛上，瑞山市以西所邻的海岸线多为泥沙海滩型地貌，实不利于船只停泊；其北部以东的南阳湾唐恩浦为通往新罗王城的陆路口岸，年代已稍晚。

②　《隋书》卷八一《东夷传·倭国》，中华书局，1973 年，第 1827 页。

③　《新唐书》卷一一一《苏烈传》，第 4138 - 4139 页。

④　《旧唐书》卷八四《刘仁轨传》，第 2791 - 2792 页。

⑤　全佛编辑部编：《佛菩萨的图像解说（一）总论·佛部》，中国社会科学出版社，2003年，第 113 页；费泳：《中国佛教艺术中的佛衣样式研究》，中华书局，2012 年，第 355 页。

⑥　金申：《佛教美术丛考》，科学出版社，2004 年，第 341 页。

僧人在此结庐修行。

（3）在百济与南朝的海上交通航线中，发现与佛教造像相关的考古资料，可与瑞山摩崖三尊佛像进行分析比较。2008 年春，在今南京新街口东北的德基广场二期工程工地发现一批南朝金铜佛造像，其中一件造像保存较为完好，佛跣足站立，面带笑意，着通肩大衣，双手施无畏及与愿印，立于莲花形宝座上，佛两侧各立一尊菩萨，佛像背面刻有铭文："大通元年八月廿三日超□敬造供养"，大通元年为公元 527 年（见图 13）。这批出土的南朝纪年金铜佛造像，是研究南朝佛教造像样式的珍贵资料。从建康起航，出长江口北行至海州，有孔望山摩崖造像，其雕刻内容被普遍认为含有中国最早的佛教造像（年代应该不晚于东晋），以摩崖、浅窟（龛）、浮雕的形式来表现佛教造像的技法，也会在一定程度上对瑞山摩崖三尊佛的制作产生影响；在前往山东荣成成山角的航线中，又有胶南市大珠山三处小石窟，其制作年代推断为北齐，是目前山东半岛西南海洋沿岸地带仅见的一处与瑞山摩崖三尊佛制作年代相近的同类遗存，可以进行对比研究。

图 13　南京新街口德基广场工地出土南朝金铜佛造像

中国南朝与韩国百济的文化交流，对古代东亚世界的历史发展进程起到了强有力的推进作用。以历史文献为线索，利用文物考古发现，循海上航线去考察两国之间的文化交流，可为这一领域的学术研究发掘新的视角。

作者简介：

陈瑾瑜，南京师范大学文物与博物馆学系博士研究生；周裕兴，南京师范大学文物与博物馆学系教授。

古代印度洋航海贸易中的沉香

——以 7—15 世纪阿拉伯舆地文献为中心[①]

李光宗

[提要] 香料贸易是古代欧亚大陆跨文明贸易的重要组成部分。沉香是基础芳香物质之一，也是贸易的重要商品之一。7—15 世纪阿拉伯舆地文献中有大量沉香相关的记载，涉及沉香的产地、优劣、贸易和消费。沉香贸易将沉香产地采集生产的民众、阿拉伯帝国的商人群体、阿拉伯世界消费沉香的群体连接起来，涉及各个社会阶层，组成一条跨文化贸易链，是"大航海"之前全球史的一个缩影。尽管在世界历史中沉香贸易只是香料贸易的一部分，但它能够将不同文明、不同社会阶层联系在一起，我们可以从沉香贸易中管窥一种物质的世界历史。

[关键词] 阿拉伯帝国；阿拉伯舆地文献；沉香；海上丝绸之路；全球史

阿拉伯帝国（632—1258）的辽阔疆域以及强盛国力催生了大批地理学家和旅行家，因此有大批地理、游记著作问世。阿拉伯商人游走在欧亚非三洲之间，贸易兴盛也带来

---

① 本文系 2017 年度国家社会科学基金项目"全球史视野下汉唐丝绸之路多元文明互动中的殊文异俗外来风研究"（项目编号：17BZS007）资助成果之一。

了游记类地理著作的繁荣。① 这些著作对远东的记述中有大量关于香料的记载，沉香便是其中之一。沉香不仅在欧亚大陆各地被广泛使用，形成了独特的沉香文化，在印度洋航海贸易中也发挥了不可忽视的作用。

　　费琅的《阿拉伯波斯突厥人远东文献辑注》是一部记载 8 至 18 世纪印度洋南海历史、地理的名著，其中大量关于芦荟的记载引起了笔者的注意。该著作中提到雅忽比的《列国志》时就将芦荟认定是沉香："有关沉香的论述。吉蔑芦荟成熟之后，含水量极大。……占婆芦荟是最好最香的，香气也是最持久的。"② 梳理费琅著作中对芦荟的所有记载，他所提及的芦荟及芦荟木确实应该翻译成沉香。③ 阿拉伯古籍中作为香料的 Aloes（沉香）与多汁植物 Aloe vera（芦荟）时常混淆。④ 阿拉伯文字的音点若在传写过程中出现错误，名字便出现讹误。⑤ 另外，阿布尔—法滋尔（Abū'l-Fazl-i'Allami）在《阿卡巴王朝》（Ain-i-Akbari）中记载："芦荟木，在印度土语中又被称为 agar。人们将树枝剪下来之后就埋在土中，没有任何特殊功效的那一部分就会腐烂，剩余的就是纯洁的芦荟。"⑥ 这种描述显然指的是沉香。通过佛经也可以从音韵学角度进行辨别，沉香

---

① 关于阿拉伯古籍中的地理著作的详细情况，可参见张广达为《道里邦国志》所作的前言，[阿拉伯] 伊本·胡尔达兹比赫著，宋岘译注：《道里邦国志》，华文出版社，2017 年。另外，葛铁鹰的《阿拉伯古籍中的中国》（一）—（十五）也有深入的整理和研究，参见《阿拉伯世界》2002 年第 3 期—2005 年第 2 期。

② [法] 费琅编，耿昇、穆根来译：《阿拉伯波斯突厥人远东文献辑注》，中国藏学出版社，2018 年，第 49 页。

③ 笔者认同周运中在《雅各〈光明之城〉新证》（《海交史研究》2018 年第 1 期）一文中根据伊本·巴伊塔尔的《药草志》所描述的"这种药最好的品种乃沉入水中不漂起来的"认为《阿拉伯波斯突厥人远东文献辑注》将沉香翻译为芦荟不恰当，芦荟木不是芦荟，不能译为芦荟，应为沉香的观点。

④ I. Löw, Die Flora der Juden, *Pedaliaceae-Zygophyllaceae*, Hildesheim, 1967, pp. 411 – 414; J. A. Greppin, The Various Aloës in Ancient Times, *Journal of Indo-European Studies*, No. 16, 1988, pp. 33 – 48. 另可参见 John R. Yamamoto-Wilson, Aloes by Any Other Name: Translations of Herbal Terminology in the "Spiritual Epistles" of Juan de Avila, *Translation and Literature*, Vol. 9, No. 1, 2000, pp. 25 – 39.

⑤ 约翰·维利尔斯在《中国和印度洋的紫檀林：公元前 500 年—公元 1500 年的东南亚的贸易》中对沉香的名称进行了语源分析。John Villiers, Great Plenty of Almug Trees: the Trade in Southeast Asian: Aromatic Woods in the Indian Ocean and China, 500 BC – AD 1500, *The Great Circle*, Vol. 23, No. 2, 2001, p. 31.

⑥ Abū'l-Fazl-i'Allami, *Ain-i-Akbari*, Vol. 1, translated from the Persian by Henry Blochmann, Rouse, 1873, p. 80.

的梵语为 aguru、agaru、kālāguru、krṣnagaru，音译为阿伽嚧、恶揭噜。① 宋代释法云的《翻译名义集》也认为"阿伽嚧或云恶揭噜，此云沉香"。② 与前文 agar 在音韵上也同源，可以认定阿拉伯古籍中所记载的芦荟和芦荟木便是沉香。

沉香在中国古代社会生活和文化中历史悠久，形成了独特的沉香文化。东汉时期杨孚的《交州异物志》介绍了沉香的品类，③ 到了唐代，沉香便已经作为土贡。④ 另外，唐代医药文献中对沉香的记载也较前代增多，苏敬的《唐本草》、陈藏器的《本草拾遗》、⑤ 孙思邈的《千金翼方》皆将沉香用于医药⑥。沉香为世所重是在宋代，沉香所发出的香味所营造的幽雅氛围，与士大夫文化相得益彰。丁谓《天香传》对沉香的叙述甚为详备。若论沉香品鉴之精，则首推范成大《桂海虞衡志》中《志香》一篇，周去非《岭外代答》中的《香门》卷就大半取自《志香》。宋代的沉香使用以及沉香文化中的精致趣味和风尚，历代无出其右。

---

① 果滨：《汉译〈法华经〉三种译本比对暨研究》，（台湾）万卷楼图书股份有限公司，2013 年，第 412 页。

② （宋）释法云：《翻译名义集》集三，四部丛刊景宋刊本。

③ （唐）段公路：《北户录》卷三《香皮纸》，中华书局，1985 年，第 107 页。

④ （唐）李林甫等撰，陈仲夫点校：《唐六典》卷二〇，中华书局，1992 年，第 545 页。

⑤ （宋）唐慎微撰，尚志钧、郑金生等校点：《证类本草》卷一三《沉香》，华夏出版社，1993 年，第 363 页。

⑥ （唐）孙思邈著，李景荣等校释：《千金翼方校释》卷三《木部上品》，人民卫生出版社，1998 年，第 53 页。

　　唐宋时期，我国的沉香使用和沉香文化达到相当高的水平，反映了沉香贸易的兴盛。① 同一时期，阿拉伯帝国的沉香贸易和消费也蔚为大观，本文以 7—15 世纪阿拉伯

---

　　① 关于唐宋时期中国的沉香使用、贸易以及文化等研究，可参见［美］谢弗著，吴玉贵译：《唐代的外来文明》第十章《香料·沉香》，中国社会科学出版社，1995 年，第 352 – 354 页；山田宪太郎：《むかしの香料とは》，《東洋史研究》1948 年第 10 卷，第 105 – 120 页；《東亜香料史研究》，（東京）中央公論美術出版，1976 年；《スパイスの歴史：薬味から香辛料へ》，（東京）法政大学出版局，2011 年；温翠芳：《汉唐时代南海诸国香药入华史研究》，《贵州社会科学》2013 年第 3 期；《唐宋两代沉香朝贡贸易变迁研究》，《中国社会经济史研究》2015 年第 3 期；《从沉香到乳香——唐宋两代朝贡贸易中进口的主要香药之变迁研究》，《西南大学学报》2015 年第 5 期；严小青：《中国古代植物香料生产、利用与贸易研究》，南京农业大学博士学位论文，2008 年。涉及国外香料的研究有：家島彦一：《法隆寺伝来の刻銘入り香木をめぐる問題：沈香·白檀の産地と7·8 世紀のインド洋貿易》，文章梳理了沉香的产地和来源，在此基础上研究 7—8 世纪的印度洋贸易，对日本法隆寺刻有铭文的沉香来源于何地进行研究，《アジア·アフリカ言語文化研究》，No. 37，1989 年，第 123 – 141 页。另有田汝英：《香料与中世纪西欧人的东方想象》，《全球史评论》第十三辑，2017 年；《"贵如胡椒"：香料成为中世纪西欧的奢侈品现象析论》，《贵州社会科学》2015 年第 7 期；以及 Sterenn Le Maguer, The Incense Trade During the Islamic Period, *Proceedings of the Seminar for Arabian Studies*, Vol. 45, papers from the forty-eighth meeting of the Seminar for Arabian Studies held at the British Museum, London, 2015, pp. 175 – 183. 等著作或论文。另外涉及阿拉伯世界沉香的外文论文还有 Richard Pankhurst, Across the Red Sea and Gulf of Aden: Ethiopia's Historic Ties with Yaman, *Rivista trimestrale di studi e documentazione dell'Istituto italiano per l'Africa e l'Oriente*, Anno. 57, No. 3 (Settembre 2002), pp. 393 – 419; Dinah Jung, The Cultural Biography of Agarwood—Perfumery in Eastern Asia and the Asian Neighbourhood, *Journal of the Royal Asiatic Society*, THIRD SERIES, Vol. 23, No. 1, Special Issue: Perfumery and Ritual in Asia, 2013, pp. 103 – 125; Amar Zohar and Efraim Lev, Trends in the Use of Perfumes and Incense in the Near East after the Muslim Conquests, *Journal of the Royal Asiatic Society*, THIRD SERIES, Vol. 23, No. 1, Special Issue: Perfumery and Ritual in Asia, 2013, pp. 11 – 30; Martin Levey, Medieval Arabic Toxicology: the Book on Poisons of ibn Waḥshīya and Its Relation to Early, *Transactions of the American Philosophical Society*, Vol. 56, No. 7, 1966, pp. 1 – 130; Anya King, The Importance of Imported Aromatics in Arabic Culture: Illustrations from Pre-Islamic and Early Islamic Poetry, *Journal of Near Eastern Studies*, Vol. 67, No. 3, 2008, pp. 175 – 189; John Villiers, Great Plenty of Almug Trees: the Trade in Southeast Asian: Aromatic Woods in the Indian Ocean and China, 500 BC – AD 1500, *The Great Circle*, Vol. 23, No. 2, 2001, pp. 24 – 43; Dominika A. Kurek-Chomycz, The Fragrance of Her Perfume: the Significance of Sense Imagery in John's Account of the Anointing in Bethany, *Novum Testamentum*, Vol. 52, Fasc. 4, 2010, pp. 334 – 354; Nina Ergin, The Fragrance of the Divine: Ottoman Incense Burners and Their Context, *The Art Bulletin*, Vol. 96, No. 1, 2014, pp. 70 – 97; John Scarborough, Roman Pharmacy and the Eastern Drug Trade: Some Problems as Illustrated by the Example of Aloe, *Pharmacy in History*, Vol. 24, No. 4, 1982, pp. 135 – 143.

舆地文献为中心，研究古代印度洋航海贸易中的沉香，以及沉香在阿拉伯世界中的消费使用，从中管窥这一时期印度洋的跨文化贸易史。

一、古代阿拉伯文献中的沉香

尽管阿拉伯古籍对于远东世界的记述略显碎片化，甚至有些记载带有明显的传说色彩，但我们仍然能够从中爬梳出若干关于沉香的史料，有助于我们了解阿拉伯人对这种香料的认知和利用。

第一，在长期进行沉香贸易的过程中，阿拉伯人认识到沉香的人工结香和收集采获方式。12 世纪阿拉伯学者埃德里奇（al-Edrīsī）的《诸国风土记》详细记录了人工结香的方式："沉香树有枝有叶……挖出其根，数月后砍去枝杈，去其柔嫩部分，得其坚硬之木（即树心）……卖给蜂拥而至的商人们，再由商人们运到其他地区。"[1] 13 世纪的伊本·巴伊塔尔（Ibn Al-Baytār）在其《药草志》一书中也记载了沉香的采集方式："沉香乃某种树根的一部分，从树上弄下来，埋入地下，直到木质腐烂，而只留下纯沉香。"[2] 阿布尔—法滋尔在《阿卡巴王朝》中也有几乎同样的记载："沉香木，在印度土语中又被称为 agar，这是一种树的根。人们将树枝剪下来之后就埋在土中，没有任何特殊功效的那一部分就会腐烂，剩余的就是纯洁的沉香。"[3] 中国文献也对人工结香进行了记载，据《通典·林邑》记载："沈木香，土人破断之，积以岁年，朽烂而心节独在，置水中则沈，故名曰沈香。"[4] 南宋范成大在《桂海虞衡志》中也曾记载沉香的人工结香、收集采获："沉水香出海南黎峒。……香之节，因久蛰土中，滋液不流，结而为香。采时，香面悉在下，其背带木性乃出土上。"[5] 阿拉伯古籍与中国古籍对于沉香的人工结香和收集采获的记载近乎相同，这种知识应该是建立在社会广泛使用沉香的基础上。对沉香的需求及贸易的繁荣促使人们进行人工结香，以获取利润。

第二，阿拉伯古籍还从产地和性状角度对沉香的优劣加以区分。9 世纪的雅忽比（Ya'kūbī）在《诸地志》（*Kitāb al-Buldān*）中认为占婆沉香最优："吉蔑沉香成熟之后，

---

① Abū' Abdallah aš-šarīf al-Edrīsī, *Kitāb-nuzhat al-muštak fi ikhtirāk al afāk*, Leiden, 1860, p. 187.

② Abd Allāh ibn Ahmad ibn al-Baytār, *Traité des Simples* (*Kitāb Al-jami' li-mufradāt al-adwiyah wa-al-aghdhiyah*), Paris, 1877, p. 484.

③ Abū'l-Fazl-i' Allami, *Ain-i-Akbari*, Vol. 1, p. 80.

④ （唐）杜佑撰，王文锦等点校：《通典》卷一八八《边防四》，中华书局，1988 年，第 5090 页。

⑤ （宋）范成大撰，严沛校注：《桂海虞衡志校注》，四川民族出版社，1986 年，第 45 页。

含水量极大。……占婆沉香是最好最香的，香气也是最持久的。"① 伊卜拉希姆·本·瓦西夫（Ibrāhīm Bin Wāsif）的《印度珍异记述要》也有相同的观点："檀香岛，靠近海，岛上产占婆沉香，这里的居民对这种沉香比吉蔑沉香更为重视，占婆沉香质量好、比重大、更能沉入深水。"② 11 世纪初 Al-Tha'ālibī 在《知识的冗言》中认为最好的香料是"西藏的麝香、印度的沉香、al-shihr 的龙涎香、Fansūr 的樟脑……"③ 12 世纪阿拉伯学者埃德里奇（Edrīsī）在《诸国风土记》（Kitāb-nuzhat al-muštak fī ikhtirāk al afāk）一书中认为占婆沉香的质量比吉蔑沉香好："吉蔑岛产优质沉香木，然而被称之为占婆沉香的质量更好。……占婆沉香木质优比重大，入水而沉，比吉蔑沉香木要好得多。"④ 雅库特（Yākūt，1179—1229 年）在《地名辞典》（Kitāb Mu'jam al-Buldān）中也将是否沉入水中作为沉香的检验标准，而且认为在产地就被虫蛀的更好："为了检验这种沉香，当其尚在水中时，取出水面，用锉刀削之，如果木屑浮在水面，证明这不是所选择之木；如果木屑沉入水中，此乃纯沉香，是最好的沉香。在其产地放干，并在海上继续干化，此乃吉蔑沉香；在产地就被虫蛀或在海上被虫蛀的，此乃占婆沉香。"⑤ 12 世纪的阿布尔－法德尔·贾法尔则从颜色和气味角度认为印度沉香最好："最好的沉香也是印度出产的，其主要特征是比重很大。其他的特性是颜色近似黑色，当把它放在火上熏烤后，有一股睡莲的气味，即使烧到最后也与开始一样芬芳。……其香味可以保留在衣服中。"⑥《药草志》则从产地角度对沉香进行更为细致的分类："较好的沉香乃曼达尔沉香，据说，产自印度中部；其次是印度沉香，产自山里……另一种很好的沉香叫萨曼杜尔沉香，产自印度的索发拉；再次乃吉蔑沉香，是索发拉沉香的一种；之后便是卡库尔沉香、野生沉香、中国沉香、占婆沉香，也被称作卡斯穆尔沉香，这种沉香软而有香味。在质量低劣的芦中，有贾拉尔沉香、曼达克沉香、拉瓦克沉香、马里雅坦沉香等。……总之，这种药最好的品种乃沉入水中不漂起来的，凡是投入水中即浮在水面上的则是质量低劣而一文不值的。"⑦《阿卡巴王朝》中记载了几种沉香的优劣："沉香树

① Ya'kūbī, *Kitāb al-Buldān*, Bibliotheca Geographorum Arabicorum, Vol. 7, Leiden：E. J. Brill, 2014, p. 366.

② ［法］费琅编，耿昇、穆根来译：《阿拉伯波斯突厥人远东文献辑注》，第 135 页。

③ Al-Tha'ālibī, *Latā'if al-Ma'ārif*, Cairo, n. d. , pp. 238 – 239.

④ Abū'Abdallah aš-šarīf al-Edrīsī, *Kitāb-nuzhat al-muštak fī ikhtirāk al afāk*, Leiden, 1860, p. 187.

⑤ ［法］费琅编，耿昇、穆根来译：《阿拉伯波斯突厥人远东文献辑注》，第 199 页。

⑥ ［法］费琅编，耿昇、穆根来译：《阿拉伯波斯突厥人远东文献辑注》，第 579 页。

⑦ Abd Allāh ibn Ahmad ibn al-Baytar, *Traité des Simples*（*Kitāb Al-jāmi'li-mufradāt al-adwiyah wa-al-aghdhiyah*），p. 484.

也有许多品种。最好的叫作曼达尔（Mandal）沉香木；从质量角度来看，第二种叫作贾巴尔或信德沉香。……在所有这些品种中，曼达尔沉香木为最佳者。萨曼杜尔沉香木呈灰色、肥大、厚实、坚硬、多汁、没有任何微白点，又耐焚烧。……那些漂浮在水面的沉香木被认为是质地低劣者。"① 13 世纪的伊本·赛义德在《西班牙属马格里布人阿里伊本赛义德对托勒密关于七个气候区的地理书的汇集和摘要》中记载："优质的占婆沉香即由此而获名。……在该岛以西，便是吉蔑岛，吉蔑沉香即由此而获名。它虽然比占婆沉香的质地稍次，但比其他任何地方的产品都要优良一些。"② 同时代的《阿布尔菲达的地理书》也有相似的记载："中国的一个半岛是占婆。最优质的沉香正是从这里出口的。"③

而中国古籍对沉香的优劣品评略微不同，赵汝适的《诸蕃志·志物》记载："沉香所出非一。真蜡为上，占城次之，三佛齐阇婆为下。"④ 他认为真腊（柬埔寨）沉香最优，其次是占城（越南）沉香，再次是三佛齐阇婆（印度尼西亚）沉香，可能与印度沉香较少进入中国有关。

这种通过产地和性状对沉香进行优劣区分是建立在大范围贸易以及长期使用的基础上的，只有大量使用沉香，才能区分其优劣，也才值得区分优劣。尽管有些阿拉伯古籍中关于沉香的知识来源颇具传奇色彩，但是，从性状区分沉香优劣基本上是准确的，文化传播与交流本身就是文化混杂的过程。⑤

梳理阿拉伯古籍对沉香优劣的记载，阿拉伯人基本上认为印度沉香最好，其次是占婆沉香，再次是吉蔑沉香。沉香的优劣以是否沉入水底和香味是否浓郁持久来衡量。我们也发现阿拉伯古籍中不同著作对沉香产地的优劣有不同的观点，可能是因为作者的知识多来源于商人，而商人出于追逐利润的目的往往对沉香夸大其词。

从地理位置角度来看，阿拉伯社会的沉香文化可能受印度影响更深一些。通过阿拉伯帝国学者的著述可以对印度盛产沉香有大致的了解，9 世纪的贾希兹（Al-Jahiz）在《动物志》（Kitāb al-Hayawān）中记载印度国王曾致信倭马亚王朝建立者穆阿维叶（Muawiyah），信中说，他拥有一千头大象，宫殿由金银砖建造，有一千名侍女侍奉，而且有两条河流灌溉着大片沉香树林。⑥ 值得一提的是，阿拉伯原文将印度（al-Hind）误写为中国（al-Sīn），这很有可能是佛教文化引发的误读，在佛教中将释迦牟尼的出生地

① Abū'l-Fazl-i' Allami, *Ain-i-Akbari*, Vol. 1, p. 80.

② Abu'l-Hasan'Alīibn Sa'id al-Maghribī, *Kitab bast al-ard fi-l-ṭūl wa-l-'ard*, Tetuan, 1958, p. 345.

③ Abūlfidā Ismail ibn Ali, *Takwīm al-buldān*, trans. Stainislas Guyard, Paris, 1883, p. 402.

④ （宋）赵汝适著，杨博文校释：《诸蕃志校释》，中华书局，2000 年，第 173 页。

⑤ 陈建：《"杂交"观念与彼得·伯克的文化史研究》，《史学理论研究》2018 年第 2 期。

⑥ Al-Jāhiz, *Kitāb al-Hayawān*, ed. Abd al-Salām Muhammad Hārūn, Ⅶ, Cairo, 1926, p. 113.

迦毗罗卫城认为是"天地之中央也"，是中国，这是天下观的一种反映，[①] 这种世界观在欧亚大陆广泛存在，影响人们对世界的认知[②]。这种观念也影响了阿拉伯古籍的历史书写。贾希兹在另一部著作中这样描述："印度人是天文学和数学的领军人物，尤其是他们的印度数字和药物，他们的国家生产无可匹敌的印度沉香，供应给国王。"[③] 10 世纪的阿拉伯学者塔利比（Abū Mansūr al-Tha'ālibī）写道："印度是一个拥有最稀有产品的国家，而这些产品都是在那里单独发现的。其中包括大象……白檀香、象牙、沉香、丁香等。"[④]

阿拉伯帝国的疆界一度东扩至信德（今巴基斯坦东南部），因此阿拉伯学者对印度盛产沉香必然有深刻的印象。虽然印度人使用沉香的最早时间无确切记载，但在梵语中 Agaru 是指沉香，而印度的宗教文化起源较早，且沉香产于布拉马普特拉河东南部的山岳地带，这一地带与以恒河为中心的印度文明地带相距不远，因此印度人很早就有使用沉香的地理环境基础。我们还可以从印度文学中管窥沉香在印度社会中的广泛使用。古印度史诗《摩诃婆罗多》中就提到多处使用沉香的隆重场景："城里处处点缀着鲜花；街道打扫得十分清洁，并洒了檀香水，使满城显得凉爽宜人，并飘逸着高雅的幽香。很多地方焚着沉香木。"[⑤] 黑公主举行选婿大典时，"场内处处张着五色缤纷的凉篷……上等沉香木焚烧着，香烟缭绕。地上洒了檀香水，许多鲜花扎成的花环使会场更加绚丽多彩"。[⑥] 沉香的袅袅香烟更增添几分神秘色彩，使得"印度人为最富于玄想之民族"。[⑦]

二、阿拉伯社会生活中的沉香

在近代人工合成香料出现之前，天然香料在人们生活中是不可替代的必需品。香料不仅是一种调味品，更是一种奢侈品、药品、防腐剂、解毒剂、化妆品和祭祀神灵的贡品。香料在阿拉伯人生活的方方面面起到至关重要的作用，同时也是阿拉伯人尤其是社会上层精致生活品位的一个重要组成部分。阿拔斯王朝时期宫廷医生约罕那·伊本·马

---

① 李效杰：《丝绸之路与"东国"的指向和变迁》，《唐史论丛》第二十八辑，三秦出版社，2019 年。

② 王永平：《"五王"与"四天子"说：一种"世界观念"在亚欧大陆的流动》，《世界历史》2015 年第 3 期。

③ 'Amr ibn Bahr al-Jāḥiz, *The Life and Works of Jahiz*, translated from French by D. W. Hauter, University of California Press, 1969, pp. 197 – 98.

④ Abū Mansūr al-Tha'ālibī, *Latā'if al-Ma'ārif*, ed. P. de Jong, Leyden, 1876, p. 125.

⑤ 金克木等译：《摩诃婆罗多》第一卷《初篇》，中国社会科学出版社，1993 年，第 550 页。

⑥ 金克木等译：《摩诃婆罗多》第一卷《初篇》，第 474 页。

⑦ 陈寅恪：《金明馆丛稿二编》，生活·读书·新知三联书店，2001 年，第 217 页。

梭亚哈（Yūhannā Ibn Māsawayh，777—857 年）在《芳香物质简论》（*Kitāb jawāhir al-ṭīb al-mufradah*）一书中指出基本的芳香物质主要有五种，分别是：麝香、龙涎香、沉香、樟脑和藏红花。① 可见沉香在阿拉伯世界香料中的地位。

阿拉伯帝国使用沉香可追溯到前伊斯兰时期，7 世纪初，加萨尼王国（Ghassānid）的一位访客曾这样描述贾巴拉国王（Jabala）使用沉香："冬天，他点燃潮湿的沉香。"② 穆罕默德本人早年也曾通过燃烧沉香的方式治疗胸膜炎和其他疾病。③ 阿拉伯帝国征服信德地区之后，沉香也成为信德地区进贡给哈里发的物品。8 世纪哈伦·拉希德（Hārūn al-Rashīd）时期的一份清单曾显示各省的收入，其中信德地区一次就进贡给哈里发 280 玛纳（manna）沉香。④

1. 沉香作为贵重礼品互相赠送

揭示中世纪阿拉伯世界生活的《礼物与珍品之书》曾记载："阿姆鲁·拉伊斯·萨法尔（Amr b. al-Layth al-Saffar）给阿尔·穆塔迪德（al-Mu'tadid）送去了一千兰特（ratels）的麝香，一千米特（Mithqāl）的龙涎香，五十玛纳的沉香木。"⑤ 1192 年，埃及阿尤布王朝首任苏丹萨拉丁（Saladin）给拜占庭皇帝伊萨克二世·安格洛斯（Isaac Ⅱ Angelos）的礼物中有一个装满沉香的箱子，还有许多其他香料。⑥ 戈尼萨文书是中世纪时期埃及福斯塔特犹太人在犹太会堂戈尼萨中存放的文献资料，记录了从公元 950 年到 1150 年生活在阿拉伯世界中的犹太人的活动，⑦ 真实反映了地中海地区阿拉伯帝国、拜

---

① Ibn Māsawayh, *Kitāb jawāhir al-ṭīb al-mufradah*, M. Levey, trans., "Ibn Māsawaih and His Treatise on Simple Aromatic Substances," *Journal of the History of Medicine*, 16, 1961, p. 397.

② Al-Isfahānī, *Kitāb al-aghānī*, Vol. 17, Cairo, 1970, pp. 166 – 167.

③ Abū 'Abd Allāh Muḥammad ibn Ismā'īl al-Bukhārī, *Al-Jāmi'al-Saḥīḥ*, Vol. 21, Cairo, 1937, pp. 7 – 10.

④ Sāleh Ahmad el-'Alī, A New Version of Ibn al-Mutarrif's List of Revenues in the Early Times of Hārūn al-Rashīd, *Journal of the Economic and Social History of the Orient*, Vol. 14, No. 3, 1971, pp. 303 – 310.

⑤ Ibn al-Zubayr, Ahmad ibn al-Rashīd, *Kītab al-Hadāyā wa al-tuāf* (*Book of Gifts and Rarities: Selections Compiled in the Fifteenth Century from an Eleventh-Century Manuscript on Gifts and Treasures*), translated by Ghādah Ḥijjāwī Qaddūmī, Cambridge, Mass.: Harvard University Press, 1996. p. 87.

⑥ C. M. Brand, The Byzantines and Saladin 1184 – 1192: Opponents of the Third Crusade, *Speculum*, No. 37, 1962, pp. 167 – 181. Ansbert, *Historia de expeditione Friderici imperatoris*, ed. A. Chroust, in Quellen zur Geschichte des Kreuzzuges Kaiser Friedrichs I., MGH SSRG, N. S., v, Berlin, 1928, pp. 54 – 55.

⑦ 夏继果：《海洋史研究的全球史转向》，《全球史评论》第九辑，中国社会科学出版社，2015 年，第 9 – 10 页。

占庭帝国以及拉丁西欧各种文明的经济贸易交流、宗教交流。① 文书中记载了商人之间互赠的礼物中就有沉香,② 足见沉香在阿拉伯帝国时期的重要地位。

2. 沉香作为奢侈品供权贵收藏和消费

与中国宫廷贵族一样,③ 阿拉伯贵族也将沉香用于享乐。哈里发和显贵家中常收藏和使用香料,特别是沉香和檀香,几乎达到疯狂的地步。在 628 年希拉克略(Herakleios)在达斯塔格尔德(Dastagerd)占领乔斯宫(Chosroes' Palace)时发现的贵重物品清单中,最重要的就是大量的沉香和大块的沉香木,每块重达七八十磅。④ 尼阿姆·穆尔克(Niam al-Mulk)记录了 929—930 年什叶派叛军阿伯·图希尔(Abū Tāhir)试图摧毁克尔白(al-Ka'bah)时存放在那儿的贵重物品:无法估量的黄金、酒、第纳尔、亚麻、麝香、沉香、龙涎香和其他贵重物品。⑤ 881 年伊朗东部萨法里王朝建立者阿姆尔·伊本·莱思(Amr ibn al-Laith)送给穆塔米哈里发(al-Mu'tamid)200 米纳斯(minas)的沉香木。⑥ 胡齐斯坦及邻近地区的阿巴斯省长阿布·胡萨伊纳利·伊本·艾哈迈德·拉西比(Abu'l-Husaynali ibn Ahmad al-Rasibi)在 913 年死后留下的财产中,就

---

① 李大伟:《戈尼萨文书所记印度洋犹太人贸易》,余太山、李锦绣主编:《丝瓷之路Ⅵ》,商务印书馆,2017 年。

② Moshe Gil, Institutions and Events of the Eleventh Century Mirrored in Geniza Letters, Part Ⅱ, *Bulletin of the School of Oriental and African Studies*, University of London, Vol. 67, No. 2, 2004, pp. 168 - 184.

③ 唐宋时期,贵族使用沉香极尽奢华,《明皇杂录》记载:"玄宗幸华清宫。……又于汤中,垒瑟瑟及沉香为山,以状瀛洲方丈。"(中华书局,1994 年,第 28 页);《开元天宝遗事》记载,杨国忠"用沉香为阁,檀香为栏,揽以麝香、乳香筛土和为泥饰……禁中沉香之亭,远不侔此壮丽者也"(中华书局,2006 年,第 58 页);唐代苏鹗的《杜阳杂编》记载,唐肃宗时宰相元载"造芸辉堂于私第。芸辉香草名也,出于阗国,其香洁白如玉。入土不朽烂,春之为屑,以涂其壁,故号芸辉。而更以沉香为梁栋,金银为户牖。内设悬黎屏风紫绡帐,其屏风本杨国忠之宝也。其上刻前代美女妓乐之形,外以玳瑁水晶为押,络饰以真珠瑟瑟。精巧之妙,殆非人工所及"(中华书局,1985 年,第 5 页)。

④ Theophanes the Confessor, *Chronographia*, 451, lines 3 - 6, trans. Mango & Scott, *The Chromide of Theophanes the Confessor*, Oxford, 1997, p. 451.

⑤ Nizam al-Mulk, *Siyar al-Mulūk*, trans. H. Dale, *The Book of Government or Rules for Kings*, New Haven, Conn. , 1960, p. 235.

⑥ Al-Ṭabarī, Abu Ja'far Muhammad b. Jafar, *Ta'rīkh al-rusul wa'l mulūk* (*The History of al-Tabarī*), translated by C. E. Bosworth, Franz Rosenthal, Joel L. Kraemer, Hugh Kennedy (ed.), Vol. 3, State University of New York Press, 1989 – 2007, p. 2018.

有 4 420 mithkals（重量单位）沉香木。① 《知识之光》一书曾记载 13 世纪中叶也门拉苏里王朝统治者穆扎法尔苏丹的宫廷宴会中使用沉香作为食物香料。② 沉香木甚至还应用于乐器的制作，阿拉伯和波斯琵琶的装饰就曾用沉香木、檀香木或樟树木制作。③ 埃及、叙利亚马穆鲁克王朝苏丹艾什赖弗·舍尔班二世（1363—1376）时期，为苏丹朝圣准备了数不清的菜肴、饮料和各种食物，共 145 050 公斤，所有的甜食都是由纯糖制成的，加上 468 克麝香，还有檀香和沉香。④ 这些记载足见阿拉伯上层社会在沉香消费上的奢侈生活，也正是贵族和社会上层的奢侈生活刺激了香料贸易。

3. 阿拉伯社会使用沉香治疗和预防疾病

阿拉伯社会中，沉香常用来治疗疾病和驱逐蚊虫以及提神，这与中国古代社会对沉香的应用大致相同，《药草志》认为："沉香乃印度木，有芳香味。两个半德拉克马量的沉香根可去胃寒。……能驱使渗透性、油性和黏性入内脏和神经，排除其多余积液，起到健内脏、壮神经的作用，对健脑具有良效，同时有增强感官和心脏之功能。……用沉香熏疗可减少脑中之积液，尚可引起便秘，并能治愈受寒和膀胱功能衰弱而引起的尿失禁。"⑤ 《阿卡巴王朝》中记载："沉香木也有许多品种……这种木头的气味，尤其是第一种的气味可以驱散跳蚤。""人们经常使用沉香木作为香料的成分。一旦服用之后，就会变得精神愉快。"⑥ 通过服用或熏燃预防、治疗疾病也在中国古籍中被广泛记载，王永平在《返魂香与伏虎兽：从罗马到汉朝——〈海内十洲记〉所记西胡月支国朝贡事发微》中指出，香料成为丝路贸易交换中的重要商品，焚烧香料能预防疾病和驱除瘟疫，

---

① Yāqūt ibn-'Abdullah al-Rūmī al-Hamawī, *Kitāb mu'jam al-Buldān*, ed. F. Wüstenfeld, Vol. 6, II, Leipzig, 1866 – 73, pp. 617 – 620.

② Muhammad 'Abd Al-Raīim Jazim（ed.）, *Nūr al-ma'ārif fī nuzum wa-qawānīn waa 'rāf al-Yaman fī al-'ahd al-muzaffarī al-wārif. Lumière de la connaissance：Règles, lois et coutumes du Yémen sous la règne du sultan rasoulide al-Muzaffar*, Centre Français d'Archéologie et de Sciences Sociales de Sanaa, Tome II, 2005.

③ Ibn al-Tahhān al-Mūsīqī, *Hāwī al-funūn wa-Salwat al-Mahzūn*, Press mark, funūn jamīla, p. 539. Henry George Farmer, The Structure of the Arabian and Persian Lute in the Middle Ages, *The Journal of the Royal Asiatic Society of Great Britain and Ireland*, No. 1, 1939, pp. 41 – 51.

④ Taqī al-Dīn Ahmad al-Maqrīzī, *Kitāb al-Sulūk li-Ma'rifat Duwal al-Mulūk*, ed. S. A. 'Āshūr, Vol. 3, Cairo, 1973, p. 273.

⑤ Abd Allāh ibn Ahmad ibn al-Baytār, *Traité des Simples（Kitāb Al-jāmi'li-mufradāt al-adwiyah wa-al-aghdhiyah）*, p. 484.

⑥ Abū'l-Fazl-i' Allami, *Ain-i-Akbari*, Vol. 1, p. 80.

极有可能是从域外传来的。① 笔者推测可能是从印度传来的，印度是沉香产地之一，就地取材预防、治疗疾病有一定的物质基础。佛教礼佛中大量使用沉香，在古代社会中宗教在传播异域文化方面起到不可替代的作用，而中国文化中的南亚元素往往是通过佛教东传而输入的。因此用香料预防、治疗疾病很有可能通过佛教传入中国，那么也就很有可能从印度向西传播到阿拉伯世界。

4. 利用沉香制作药物

阿拉伯人还通过沉香制作复合药物，出生在开罗的犹太医生 Muwaffaq ad-Dīn Abū al-'Asba'ir Ismā'il ībn Hibat Allāb ibn Jumay' 在其论文《复合药物的理论和制备》中认为："在大多数情况下，如果简单的治疗方法不足以治疗，就必须使用复合药物。……如在沉香中添加决明子和肉桂。"② 戈尼萨文书记载了使用沉香配制药品："偏头疼。把泻药和半盎司的沉香一起吃。""每五德拉姆服一片泻药和沉香，泡熟。""玫瑰，三德拉姆；柬埔寨沉香，两德拉姆。"③ 沉香作为药物广泛用于欧亚大陆各文明，也涉及自然科学史的内容，与自然科学研究交叉，在理论建构和具体研究中，也应充分地吸收和转化自然科学的相关成果。④

5. 用沉香薰衣或美容

阿拉伯社会也用沉香来熏衣服，12 世纪的阿布尔·法德尔·贾法尔在《鉴别好坏商品和伪造仿制商品须知书》中写道："占婆沉香……放到火上焚烧之后，其气味与玫瑰花很相似，在焚烧殆尽时与开始时一样香味扑鼻，其香味可以保留在衣服中。"⑤ 阿

---

① 王永平：《返魂香与伏虎兽：从罗马到汉朝——〈海内十洲记〉所记西胡月支国朝贡事发微》，《河北学刊》2017 年第 1 期。

② Hajjī Khalfab, 'Kashf az-Zunūn, Cairo, 1892, p. 86. 中国古代医学也有这种思想，通过"君臣佐使"使药物去除毒性，增加有效性，具体到沉香的医用，则是通过合香的方式增加药性，如唐代孙思邈的《千金翼方》卷三《木部上品》中记载："沉香、薰陆香、鸡舌香……并微温悉疗风水毒肿去恶气。"（人民卫生出版社，1998 年，第 53 页）。欧洲也利用沉香制作药物，12 世纪，欧洲基督教修道院院长维巴尔（Wibald）谈到一种昂贵的香料制成的抗感冒药剂（dicalamentis），其成分包括珍珠粉、丁香、肉桂、高良姜、沉香木、肉豆蔻、生姜、象牙和樟脑。见 Paul Freedman, Out of the East: Spices and the Medieval Imagination, Yale University Press, 2008.

③ R. Gottheil, A Fragment on Pharmacy from the Cairo Genizah, The Journal of the Royal Asiatic Society of Great Britain and Ireland, No. 1, 1935, pp. 136 – 140.

④ 杨文春：《近年来中国环境史研究的回顾与思考——以若干学理探讨为中心》，《鄱阳湖学刊》2016 年第 2 期。

⑤ ［法］费琅编，耿昇、穆根来译：《阿拉伯波斯突厥人远东文献辑注》，第 579 页。中国古代也使用沉香来薰衣，如唐代王焘的《外台秘要》卷三二中的薰衣香方："沉香九两，白檀香一两，麝香二两并和捣……右八味蜜和，用瓶盛埋地底二十日，出丸以熏衣。"（华夏出版社，1993 年，第 644 页）

拉伯人对沉香的功能有一种特殊的迷恋，甚至战士出征的时候混合食用沉香和蜂蜜，他们相信这样死后的尸体可以避免腐臭。① 沉香还用于美容："人们经常使用沉香木作为香料的成分。……研成粉末之后，又常常利用它的特殊效用来搽皮肤和为衣服扑粉。"② 戈尼萨文书多次记载阿拉伯人在地中海商业高峰期使用沉香制作复合香水：由麝香、龙涎香和沉香木制成的两种复合香水，命名为 Nadd 和 Ghāliya。③

6. 沉香是阿拉伯文学中的文化符号

阿拉伯文学生动地描述了沉香。倭马亚时期诗人库撒耶尔（Kuthayyir）的一首诗写道："他们把沉香放在香炉上，让它沁入他们的衣服。"④ 10 世纪的一首阿拉伯诗歌这样记录沉香："为客燃沉香，燃起龙涎香味的烟。"⑤ 阿拉伯诗歌中还常提到由沉香制作的复合香水，如纳得（nadd），这是一种由沉香和麝香组成的香水，⑥ 这种香水往往与奢华的生活方式相关联。

阿拉伯文学巨著《一千零一夜》中也多次出现沉香，反映了阿拉伯人对沉香的迷恋。其中《航海家辛巴达的故事》⑦《艾尔德施尔和哈娅图·努夫丝的故事》《白第鲁·巴西睦太子和赵赫兰公主的故事》《巴士拉银匠哈桑的故事》⑧《洗染匠和理发师的故事》《阿补顿拉·法兹里和两个哥哥的故事》⑨ 皆出现对沉香的描述。民间故事和神话

---

① Iḥsān Ṣidqī al-'Amad, *Al-Ḥajjāj ibn Yūsuf al-Thaqafī: ḥayātuhu wa-ārā' uhu al-siyāsīya*, Beirut, 1973, pp. 137 – 138.

② Abū'l-Fazl-i'Allami, *Ain-i-Akbari*, Vol. 1, p. 80.

③ M. Gil, *In the Kingdom of Ishmael*, Jerusalem, 1997, 4, pp. 929 – 932；S. D. Goitein, *A Mediterranean Society: Economic Foundations*, University of California Press, 1999. 另外，《穆斯林征服后近东香水和香料的使用趋势》梳理了戈尼萨文书对沉香的记载。Amar Zohar and Efraim Lev, Trends in the Use of Perfumes and Incense in the Near East after the Muslim Conquests, *Journal of the Royal Asiatic Society*, THIRD SERIES, Vol. 23, No. 1, Special Issue: Perfumery and Ritual in Asia, 2013, pp. 11 – 30.

④ Al-Sarī al-Raffā, *al-Muḥibb wa al-maḥbūb wa al-mashmūm wa al-mashrūb*, ed. Misbāḥ Ghalāwinjī, Vol. 3, Damascus, 1986 – 1987, Kitāb al-mashmūm, p. 165.

⑤ Margaret Larkin, Abū l-'Alā'al-Ma'arrī's Mu'jiz Aḥmad and the Limits of Poetic Commentary, *Oriens*, Vol. 41, No. 3/4, 2013, pp. 479 – 497.

⑥ Sahlān b. Kaysān, *Mukhtasar fīl-ṭīb*, pp. 198 – 204. ed. P. Sbath, Abrégé sur les arômes par Sahlan ibn Kaisan, *Bulletin de l'Institut d'Égypte 26*, 1943, pp. 209 – 210.

⑦ 纳训译：《一千零一夜》（四），人民文学出版社，1982 年，第 45 页。

⑧ 纳训译：《一千零一夜》（五），第 52、72、207、245 页。

⑨ 纳训译：《一千零一夜》（六），第 127、130、321 页。

是一个民族集体无意识的产物,反映了阿拉伯社会的价值观。① 其中包含的各种事物也是社会生活的生动体现,沉香在《一千零一夜》中多次以珍稀物品出现,反映了阿拉伯世界对沉香价值的认可,也使得沉香成为奢华生活的符号。

7. 阿拉伯社会宗教活动中的沉香

宗教中的仪式往往包括向神供奉奢侈品,香料由于珍贵和具有神秘性,成为宗教仪式不可或缺的物品。作为香料中的珍品,沉香也是世界主要宗教,包括佛教、道教、基督教、伊斯兰教共同认同的稀世珍宝。各主要宗教均以沉香木制作神像及法器为最上品,似乎只有使用珍稀贵重的物品才能体现信众的虔诚。

早期穆斯林先知受基督教的影响喜欢焚烧沉香。② 10 世纪早期地理学家伊本·鲁斯塔(Ibn Rusta)在《亲历记》中记载,清真寺也同样受到基督教教会的影响,在仪式中是用香炉焚烧沉香。③ "人们经常使用沉香木作为香料的成分。……大家还都用它来作神香而焚烧。"④ 五个多世纪后,西班牙旅行家伊本·朱拜尔(Ibn Jubayr)描述了斋月期间在麦加清真寺举行的一场宗教仪式,香炉中燃烧的就是沉香。⑤ 伊斯兰教圣训中经常提到沉香和龙涎香,沉香也经常出现在记录清真寺捐赠的登记册中。⑥

伊斯兰教也用沉香来制作赞珠(Subhah),方便穆斯林赞主赞圣时用以计数:"伽蓝香是一种最好的沉香木……大家用它来作为配制香料的原料,有时也用它来作念珠。"⑦ 崇拜者用它来计算他们背诵的信条的数量。⑧ 焚烧昂贵的香料可以体现信徒对神灵的虔诚,而商人往往出于商业目的对距离阿拉伯帝国遥远的东方香料进行各种神秘化描述,使人们认为焚烧香料可以与神灵沟通。

综上所述,不论是熏燃、制药和香水,还是其他方面,沉香在阿拉伯帝国时期为社

---

① 陆培勇:《从〈一千零一夜〉看中世纪阿拉伯社会主流价值观》,《阿拉伯世界研究》2009 年第 3 期。

② Nina Ergin, The Fragrance of the Divine: Ottoman Incense Burners and Their Context, *The Art Bulletin*, Vol. 96, No. 1, 2014, pp. 70 – 97.

③ Ibn Rusta, *Kitāb al-A'lāq al-Nafisa*, Bibliotheca Geographorum Arabicorum, ed. J. de Goeje, Leyden, 1892, p. 66.

④ Abū'l-Fazl-i' Allami, *Ain-i-Akbari*, Vol. 1, p. 80.

⑤ Muḥammad ibn Aḥmad Ibn Jubayr, *Viaggio in Ispagna*, *Sicilia*, *Siria e Palestina*, *Mesopotamia*, *Arabia*, *Egitto*, Rome, 1906, p. 181.

⑥ Başbakanlik Osmanli Arşivi, Prime Ministry's Ottoman Archives, Istanbul(BOA), TS. MA. d, 4273/0001 – 0009, 4282/0002 – 00011.

⑦ Abū'l-Fazl-i' Allami, *Ain-i-Akbari*, Vol. 1, p. 80.

⑧ P. J. Bearman, Th Bianquis, Clifford Edmund Bosworth, E. Van Donzel, W. P. Heinrichs, *The Encyclopaedia of Islam*, Vol. 10, 2000, pp. 767 – 768.

会各阶层尤其是社会上层广泛使用。从整个社会来说，尽管奢侈品的受众并不占大多数，但是对社会经济结构的影响是深层次的，奢侈品的生产、贸易和相应产生的社会文化现象深刻影响着一个社会的各个方面，沉香作为奢侈品之一也在一定程度上影响阿拉伯帝国的社会。

三、印度洋的沉香贸易

海洋与人类活动息息相关，不论是海洋战争、航海贸易，还是沿海民众的生产生活，都离不开海洋。人类参与海洋的活动往往具有跨文明、跨族群的特征，"以印度洋为例，从遥远的古代开始，印度洋就编织起贸易和人口流动的网络，使得从东亚到东非的广大地区建立起联系"。① 航海贸易是人类海洋活动的主题之一，因技术限制，古代的远洋贸易难以进行大宗生活资料的贸易，主要进行奢侈品贸易，香料就是最重要的奢侈品之一，因此作为香料之一的沉香贸易也就与海洋史有着密切关系。沉香的生产采集、航海贸易、销售、消费都涉及不同文明的群体，沉香贸易具有典型的全球史特征。

阿拉伯帝国商人从事沉香贸易由来已久，达尔吉尼（al-Darjini）在《教长年表》（*Kitab Tabaqat al-Masha'ikh*）中记载了阿卜·乌拜达（Abau Ubayba）曾于 758 年以前从事与中国的沉香贸易。② 此人可能不是最早来华的，然而是迄今为止人们知道的最早留有姓名的阿拉伯帝国商人。

古代社会宗教与商业是密不可分的，尤其是跨文明贸易，宗教依托商业而传播，商业借助宗教进行贸易活动。《中国印度见闻录》曾记载寺院与商人的沉香交易："卡马龙是盛产沉香的地方，而且所产沉香木质最佳。……这种沉香中，有的一个曼那就值二百第纳尔……商人们可以向寺院的方丈买到这种沉香。"③

大约在 9 世纪中叶，伊本·胡尔达兹比赫在其著作《道里邦国志》记载了拉赞尼亚犹太商人的商道，其中贸易物品之一就有沉香："操着阿拉伯语、波斯语……的商人经陆路和海路，从东方行至西方，又从西方行至东方。……他们从中国携带着麝香、沉香、樟脑、肉桂及其他各地的商货返回红海。再将货物运至凡莱玛，再航行于西海中。……他们将商品带到法兰克王国，在那里贩卖。……所有这些道路都是彼此相通

---

① 夏继果：《海洋史研究的全球史转向》，第 11 页。

② T. Lewicki, Les preiers commersants arabes en chine, *Rocznik Orjentalistyczny*, Vol. XI, 1935, pp. 175 – 180.

③ 阿布·赛义德等著，穆根来、汶江、黄倬汉译：《中国印度见闻录》，中华书局，1983年，第 128 页。

的。"① 戈尼萨文书中提到约 1140 年，埃及商人马德蒙·哈桑（Madmun b. Hassan）曾在一封信中嘱托犹太商人亚伯拉罕·伊苏（Abraham Yishu）从印度回来的时候带上优良的沉香，因为它们卖得很好，在阿拉伯帝国具有广阔的市场。② 由此得知，阿拉伯世界中的犹太人与欧洲商人也有广泛接触，来自远东的沉香经过商人的贸易，可以远至欧洲。丝绸之路覆盖了整个欧亚大陆东西两端，欧亚大陆各文明都是丝绸之路的建立者和参与者。③

阿拉伯航海技术高度发展，也从技术层面为沉香贸易提供支持。早期波斯人的航海传统以及经验为阿拉伯人所继承，大量波斯水手被阿拉伯商船雇用，直到 10 世纪，波斯人还承担了阿拉伯的航海贸易。④ 阿拉伯船使用优质船材，如印度马拉巴尔出产的柚木、马尔代夫和拉克代夫岛出产的椰子树，这些树木材质坚硬且耐腐蚀，使船舶非常坚固。⑤ 在航海过程中使用牵星法，利用恒星进行定位导航。⑥ 9 世纪时出现了可逆风行驶的三角帆船，技术的积累和进步使得阿拉伯船舶能够进行远洋贸易。⑦ 航海贸易的繁荣也离不开贸易规则的制定和执行，阿拉伯世界各地区的商人"基于商业实践，在体系内形成了一套切实可行且收效显著的贸易方式和规章制度，将跨地区、跨文化贸易的风险降到了商人们可以容忍的程度"。⑧ 阿拉伯帝国借鉴拜占庭的《罗得海商法》，形成了伊斯兰海商法《关于契约双方权利要求与船舶租赁的伊斯兰法律论述》，为航海贸易提供法律和规则保障，制定海商法也反映了阿拉伯帝国航海贸易的发达。⑨ 另外，信鸽的使用也是航海技术发展的表现之一，837 年阿拉伯军队逮捕胡拉米教派反叛领袖巴比克，用信鸽把消息送给哈里发穆塔西姆（al-Mu'tasim），这是使用信鸽的第一次记载。⑩ 信鸽

---

① ［阿拉伯］伊本·胡尔达兹比赫著，宋岘译注：《道里邦国志》，中华书局，1991 年，第 164 页。

② Goitein, *A Mediterranean Society in Four Volumes*, University of California Press, 1980, p. 53.

③ 夏继果：《海洋史研究的全球史转向》，第 9 – 10 页。

④ Hādī Hasan, *A History of Persian Navigation*, Methuen and Co., Ltd., 1928, pp. 123 – 126.

⑤ George F. Hourani, *Arab Seafaring：in the Indian Ocean in Ancient and Early Medieval Times*, Princeton University Press, 1995, p. 71.

⑥ Alfred Clark, Medieval Arab Navigation on the Indian Ocean：latitude Determinations, *Journal of the American Oriental Society*, Vol. 113, No. 3, 1993, pp. 360 – 373.

⑦ 刘景华：《中古阿拉伯人造船与航海技术的考察》，《湖南师范大学学报》1997 年第 3 期。

⑧ 杜宪兵：《13 世纪世界贸易体系及其维护机制》，《首都师范大学学报》2012 年第 3 期。

⑨ Hassan Khalilieh, *Admiralty and Maritime Laws in the Mediterranean Sea（Ca. 800 – 1050）：the Kitaab Akriyat al-sufun Vis-a-vis the Nomos Rhodion Nautikos*, Brill Academic Publishers, 2006, p. vii.

⑩ Mas'ūdi, *Kitāb al-Tanbīh*, de Goeje, Vol. vii, Leyden, 1893, pp. 126 – 127. 《唐国史补》也曾记载："南海舶外国船也……舶发之后，海路必养白鸽为信。舶没，则鸽虽数千里，亦能归也。"（古典文学出版社，1957 年，第 63 页）《酉阳杂俎》也有类似记载。

的应用解决了航海贸易在海上航行的信息传递问题。

尽管航海技术可以支持远洋直航，但是远洋直航从成本收益来说并非最佳选择，转口贸易也就成为古代航海贸易的最常见形式，而环印度洋的几个港口便成为转口贸易的重要据点。阿拉伯古籍中对几个航海港口的记载为我们描述了一幅沉香贸易的生动画卷。

1. 个罗

中国古籍中唐代的个罗与哥谷罗，即宋代的古罗与葛古罗，也就是阿拉伯古籍中的Kalah 与 Kakula。个罗位于今马来半岛西岸的马六甲、吉打一带，控扼马六甲海峡的交通要道。[①] 早在 2—3 世纪，爪哇海就出现了一个商业网络，进行沉香、檀香等香料贸易。[②]

在阿拉伯古籍中，个罗也是重要的沉香贸易港口，《中国印度见闻录》中记载香料的交易地点在爪哇王控制下的个罗岛（Kalah，今马来半岛西岸），是商品的集散地，交易的物产有沈（沉）香、龙脑、白檀、各种香料以及其他各种商品。[③] 个罗在整个阿拉伯世界被誉为沉香市场。[④] 唐朝黄巢起义之后，外国商人一时不敢前往广州进行贸易，"从尸罗夫港到中国的航运也中断了"[⑤]。因此阿拉伯商人改在马来半岛的个罗与中国商人贸易，雅库特的《地名辞典》也记载了个罗的沉香贸易："个罗。位于印度边远地带，有沉香输出。"[⑥]

个罗港的繁荣有一定的基础和沉淀，马六甲海峡两岸在 9 世纪就已经有相当的发展，费琅指出："其国（室利佛逝）古时与占婆柬埔寨，同为印度移民繁殖之地……大巡礼家义净西行之际，适当其国文化灿烂之时。"[⑦] 从中国来（印度）的学者们，有的在半路上停留在印度尼西亚境内印度人聚居的地方，时间达数月，他们先习梵文，然后

---

① 刘清涛：《唐宋时期海上丝绸之路上的古罗国——基于中文史料的探查》，《海交史研究》2018 年第 2 期。关于个罗的研究，可参见李金明的《唐代广州与阿拉伯的海上交通》，《湛江师范学院学报》2002 年第 2 期；以及项坤鹏的《管窥 9—10 世纪我国陶瓷贸易的域外中转港现象——以东南亚地区为焦点》，《东南文化》2018 年第 6 期。

② Hall, K. R., *A History of Early Southeast Asia*: *Maritime Trade and Societal Development*, 100 – 1500, Rowman and Littlefield, 2011, pp. 31 – 32.

③ 阿布·赛义德等著，穆根来、汶江、黄倬汉译：《中国印度见闻录》，第 109 页。

④ Lawrence Palmer Briggs, The Khmer Empire and the Malay Peninsula, *The Far Eastern Quarterly*, Vol. 9, No. 3, 1950, pp. 256 – 305. 关于 Kalah 和个罗的分析，可以参见 S. Q. Fatimi, in Quest of Kalah, *Journal of Southeast Asian History*, Vol. 1, No. 2, 1960, pp. 62 – 101。

⑤ 阿布·赛义德等著，穆根来、汶江、黄倬汉译：《中国印度见闻录》，第 95 页。

⑥ ［法］费琅编，耿昇、穆根来译：《阿拉伯波斯突厥人远东文献辑注》，第 202 页。

⑦ 费琅：《苏门答腊室利佛逝帝国》，《亚细亚杂志》1922 年 7—9 月号，转引自 K. A. 尼逻干达·沙斯吒利：《印度尼西亚古代史上的室利佛逝》（上），《南洋问题资料译丛》1957 年第 2 期。

再来印度。① 可见东南亚在印度化时期文明程度已经较高，印度移民可能给东南亚带来了沉香的生产采集技术。柯罗姆的《苏门答腊时代》指出："室利佛逝兴起之速……自从印度海舶向东方作长程航行后，以至阿拉伯人由海路而至东方贸易——九世纪时，在广州且有阿拉伯人之居留地——其间室利佛逝所处地位之重要自不待言，且自中国唐代兴起以来，中外贸易极其通畅，更使其地日形重要。"② 马来半岛本身生产沉香，加上印度移民带来了沉香生产技术和沉香文化，东南亚文明的发展促进了马六甲海峡两岸商业的兴起和繁荣，为个罗港的沉香贸易繁荣奠定了基础。

2. 锡兰

锡兰即今天的斯里兰卡，是古代东西方商人的转口贸易据点，也是波斯湾与中国地理位置的中途点，来自东亚和西亚的商人每年都到锡兰岛进行贸易，参与贸易的商人有阿拉伯人、波斯人和埃塞俄比亚人等。③ 早在公元 6 世纪，埃及亚历山大里亚的希腊人科斯马斯（Cosmas Indicopleustes）就记载了锡兰的沉香贸易："作为中介，这个岛吸纳了许多来自印度各地、波斯和埃塞俄比亚的船只，来来往往、络绎不绝。"他接着记载了在锡兰贸易的商品，其中有丝绸、沉香、丁香、檀香等。④

3. 尸罗夫港

尸罗夫（Siraf）是古代波斯湾著名港口，位于今伊朗布什尔省（Bushehr）南部。波斯帝国和阿拉伯帝国初期，尸罗夫一度是西亚与印度、中国进行海上贸易的重要中心之一。9 世纪的《中国印度见闻录》曾记载："货物从巴士拉、阿曼以及其他地方运到尸罗夫（Siraf），大部分中国船在此装货。"⑤ 另外，该书多次称广州是"阿拉伯商人的荟萃之地""尸罗夫商人聚集之地"。⑥ 将尸罗夫商人与阿拉伯商人并列，可见尸罗夫在航海贸易中的重要地位。10 世纪，尸罗夫的波斯船主巴佐尔·本·萨赫里亚尔（Bozorg

① ［印度］贾瓦哈拉尔·尼赫鲁著，齐文译：《印度的发现》，世界知识出版社，1958 年，第 251 页。

② 柯罗姆：《苏门答腊时代》，《孟加拉亚细亚学会会刊》，1920 年，199 页。转引自 ［印度］ K. A. 尼逻干达·沙斯吒利：《印度尼西亚古代史上的室利佛逝》（上），《南洋问题资料译丛》1952 年第 2 期。

③ 韩香：《唐代来华波斯商贾与海上丝绸之路》，《西北民族论丛》第十七辑，社会科学文献出版社，2018 年。另见 ［锡兰］尼古拉斯、帕拉纳维达斯著，李荣熙译：《锡兰简明史——从远古时期至公元 1505 年葡萄牙人到达为止》，商务印书馆，1972 年，第 265 - 266 页。

④ Cosmas Indicopleustes, *The Christian Topography of Cosmas Indicopleustes*, Cambridge University Press, 2010, p. 366.

⑤ 阿布·赛义德等著，穆根来、汶江、黄倬汉译：《中国印度见闻录》，第 7 页。

⑥ 阿布·赛义德等著，穆根来、汶江、黄倬汉译：《中国印度见闻录》，第 115、118 - 119 页。

bīn Šahriyār）将航海者的故事收进《印度珍异记》一书，书中记载了与印度和中国的贸易中发生的丰富多彩而又传奇的故事，① 正是长期的航海活动使他能够编纂这部书。英国考古学家 D. Whitehouse 于 1966—1972 年对尸罗夫遗址进行了六次较大规模的考古发掘，其中五个地点发现大量长沙窑外销瓷，② 可见尸罗夫港口贸易的繁荣。

阿拉伯古籍对尸罗夫港口的记载可以窥探古代沉香贸易的一面，据 10 世纪的伊斯塔赫里（Iṣṭakhrī）在其著作《道里邦国志》（Kitāb al-Masālik wa'al-Mamālik）记载："波斯湾沿岸的主要港口是尸罗夫港。……进口商品如下：沉香木（可燃烧）……檀香、各种印度香水、药品和佐料等。"③ 甚至在 12 世纪初，Ibn al-Balkhī 记录了尸罗夫的货物价值依然达到每年 253 万第纳尔。他进一步补充说，尸罗夫是一个伟大的贸易港口，有香料商店，如樟脑、沉香和檀香木。④

通过梳理阿拉伯古籍对上述港口的沉香贸易的记载，可以看到阿拉伯帝国时期的沉香贸易非常繁荣。从这种繁荣的背后可以看到，从欧亚大陆的东端到西端，通过航海贸易的连接，一幅全球史的画面展现在我们面前。沉香贸易将南亚、东南亚沉香产地的民众、阿拉伯帝国商人群体、阿拉伯世界消费沉香群体连接起来，组成一个跨文明贸易链，形成了原产地（印度、东南亚）人工采集或人工结香，商人进行贸易，欧亚大陆社会上层消费使用的链条，共同铸就大航海之前的全球史。

四、结语

沉香虽然作为奢侈品主要被社会上层消费使用，但是沉香的人工结香、采集、运输和贸易往往涉及不同文明社会的各个阶层，沉香贸易的历史也是一部世界分工的历史。

① Bozorg bīn Šahriyār, *Kitāb'Ajā'ib al-Hind* (*Livre des merveilles de l'Inde*), Arabic Text ed. P. A. Van der Lith, trans. Marcel Devic. M. H. Asadi; reprint of 1883 – 86 Leiden edition. *The Book of the Wonders of India*, ed. and trans. G. S. P. Freeman-Grenville, East-West Publications, 1981.

② David Whitehouse, *Excavations at Siraf: First Interim Report*, Iran, Vol. 6, 1968, pp. 1 – 22; David Whitehouse, *Excavations at Siraf: Third Interim Report*, Iran, Vol. 6, 1970, pp. 1 – 18; David Whitehouse, *Excavations at Siraf: Forth Interim Report*, Iran, Vol. 9, 1971, pp. 1 – 17; David Whitehouse, *Excavations at Siraf: Fifth Interim Report*, Iran, Vol. 9, 1972, pp. 62 – 87; David Whitehouse, "Some Chinese and Islamic Pottery from Siraf," *Pottery and Metalwork in Tang China*, London, 1972, pp. 30 – 34.

③ Istakhrī, *Kitāb al-Masālik waàl-Mamālik*, Bibliotheca Geographorum Arabicorum, Vol. 1, Leyden, 1967, p. 167.

④ Ibn al-Balkhī, *The Farsnama*, G. LeStrange and R. A. Nicholson, eds., Gibb Memorial Series, N. S., I, London, 1962, p. 137.

刘新成在《互动：全球史观的核心理念》中指出："共生圈包括 8—15 世纪以穆斯林商人为核心的'环印度洋贸易网络'或以南亚大陆为中心的'南方世界'"，"以某种文化符号或某种产品的产销为纽带，也会形成互相关联的共同体。"① 沉香也作为一个文化符号，以沉香贸易为纽带，使得环印度洋成为一个沉香"共生圈"。林达·沙佛尔曾在《南方化》一文中提出"南方化"的概念，指出南方化是一个起源于亚洲南部而后传播到全球其他地区的多层次的进程，包括数学的发展，热带和亚热带香料的生产和销售，新商路的开拓，糖、棉花等南方作物的种植、加工和销售等。② 从这个角度来看，以沉香为代表的香料生产、贸易、消费在促进世界历史发展进程的作用也不应被忽视。

正如法国年鉴学派费尔南·布罗代尔所指出的："在描述物质文明的同时，也描述经济文明。后者与前者相辅而行，既干扰它，又在对立中说明它。"③ 真正影响历史进程的是由不同文明各个阶层组成的大众经济生活，是各种贸易。奢侈品的贸易也是如此，尽管消费使用奢侈品的只是少数上层群体，但是奢侈品的生产、运输、贸易组成的链条却延伸至社会下层。尽管在世界历史中沉香贸易仅仅是古代贸易中的一部分，但是它将不同文明、不同社会阶层联系在一起，可以从中管窥一种物质生产、传播的世界历史。

作者简介：

李光宗，首都师范大学历史学院博士后。

---

① 刘新成：《互动：全球史观的核心理念》，《全球史评论》第二辑，中国社会科学出版社，2009 年，第 9 页。

② Lynda Shafer, "Southernization," *Journal of World History*, 1994（5），pp. 1–21.

③ ［法］费尔南·布罗代尔著，顾良、施康强译：《15 至 18 世纪的物质文明、经济和资本主义》（第一卷），生活·读书·新知三联书店，1992 年，第 26 页。

从唐诗看唐朝与南诏的关系^①

石云涛

[提要] 南诏是唐时地处今西南地区边疆族群建立的政权，唐朝与南诏在政治上和文化上的联系非常密切。总体上看，虽然双方时战时和，但政治上趋向统一和文化上走向融合是主流，唐诗中大量涉及南诏以及唐朝与南诏关系的作品的出现便是这种局面的反映。从唐诗中可以看到，尽管由于某种具体的原因导致了双方的对立甚至战争，但双方的关系越来越靠拢，越来越密切。

[关键词] 唐诗；唐朝；南诏；南方丝绸之路；民族融合

南诏是唐时地处今西南地区边疆族群建立的政权，南诏与唐朝的关系反映了古代边疆民族与中原政权错综复杂的关系。唐代南诏是多元文化汇聚之所，在沟通中国与东南亚和南亚之间的交通方面起到重要作用，通过南诏入缅甸和印度的道路被称为"中印缅道"或"南方丝绸之路"。这条道路随着唐朝、南诏和吐蕃政治关系的变化时有通塞。唐诗是唐代社会生活的壮丽画卷，唐朝与南诏的复杂关系以及文化交流在唐诗中得到反映。本文试从诗史互证角度探讨唐朝与南诏的关系，以求正于方家。

---

① 本文为国家社科基金重大项目"汉唐间丝绸之路历史书写和文学书写文献资料整理与研究"（项目编号：19ZDA261）阶段性成果；北京中外文化交流研究基地立项资助（项目批准号：BCERC2020—EA02）。

一、唐朝对南蛮的征服

唐初对西南地区的经营颇有成效，西南地区诸蛮族纷纷归服，当时入贡唐朝的有东谢蛮、南谢蛮、西赵蛮等。① 根据唐诗描写，谢氏入朝是唐朝大军入蛮作战的结果。柳宗元《唐铙歌鼓吹曲十二篇·东蛮》诗云：

> 东蛮有谢氏，冠带理海中。自言我异世，虽圣莫能通。王卒如飞翰，鹏骞骇群龙。袤然自天坠，乃信神武功。系房君臣人，累累来自东。无思不服从，唐业如山崇。百辟拜稽首，咸愿图形容。如周王会书，永永传无穷。睢盱万状乖，咿嗢九译重。广轮抚四海，浩浩知皇风。歌诗铙鼓闲，以壮我元戎。

其诗序云："既克东蛮，群臣请图蛮夷状，如《周书·王会》，为《东蛮第十二》。"② 从诗中描写的战争场面可知，谢氏蛮入朝是唐军远征的结果。唐朝对谢氏蛮的用兵，不见唐史记载，这或许补充了历史文献之不足。唐太宗即位，异域各国、四方蛮夷皆朝拜请服，诗人追怀当年情景，喜不自禁，绘声绘色地描述了东谢蛮首领谢元深率族来朝之盛况。

西南诸蛮时有反复，唐朝时有对诸蛮用兵之举。唐初洱海地区有六个小国，称为六诏，蒙舍诏在南，称为"南诏"。永徽四年（653），南诏细奴逻来朝，唐高宗封细奴逻为巍州刺史。细奴逻子逻盛在武后时入朝。其他五诏与河蛮部落受吐蕃威胁，弃唐归附吐蕃。南诏依附唐朝，在唐朝支持下进行统一战争，在这一过程中唐军出兵征蛮在唐诗中有所反映。据《资治通鉴》记载，咸亨三年"正月，辛丑，以太子左卫副率梁积寿为姚州道行军总管，将兵讨叛蛮。庚戌，昆明蛮十四姓二万三千户内附，置殷、敦、总三州"。③ 唐朝扩大了在西南地区的控制区域。唐朝对姚州蛮的战争是唐助南诏统一军事活动的一部分。骆宾王《从军中行路难》诗反映了这场战争：

> 君不见封狐雄虺自成群，凭深负固结妖氛。玉玺分兵征恶少，金坛授律动将军。将军拥旄宣庙略，战士横戈静夷落。长驱一息背铜梁，直指三巴逾剑阁。阁道岧峣起戍楼，剑门遥裔俯灵丘。邛关九折无平路，江水双源有急流。征役无期返，他乡岁月晚。杳杳丘陵出，苍苍林薄远。途危紫盖峰，路涩青泥坂。去去指哀牢，

---

① 《旧唐书》卷一九七《南蛮西南蛮传》，中华书局，1975 年，第 5274 - 5275 页。

② （唐）柳宗元：《柳宗元集》卷一，中华书局，1979 年，第 24 - 25 页。

③ 《资治通鉴》卷二○二，唐纪十八，中华书局，1956 年，第 6368 页。

行行入不毛。绝壁千里险，连山四望高。中外分区宇，夷夏殊风土。交趾枕南荒，昆弥临北户。川原饶毒雾，溪谷多淫雨。行潦四时流，崩槎千岁古。漂梗飞蓬不暂安，扪藤引葛陟危峦。昔时闻道从军乐，今日方知行路难。沧江绿水东流驶，炎洲丹徼南中地。南中南斗映星河，秦川秦塞阻烟波。三春边地风光少，五月泸中瘴疠多。朝驱疲斥候，夕息倦樵歌。向月弯繁弱，连星转太阿。重义轻生怀一顾，东伐西征凡几度。夜夜朝朝斑鬓新，年年岁岁戎衣故。故人霸城隔，游子滇池水，天涯望转遥，地际行无已。徒觉炎凉节，忽复离寒暑。物华非不知，关山千万里。弃置勿重陈，重陈多苦辛。且悦清笳梅柳曲，讵忆芳园桃李人。绛节红旗分日羽，丹心白刃酬明主。但令一被君王知，谁惮三边征战苦。行路难，行路难，歧路几千端。无复归云凭短翰，空馀望日想长安。

姚州在今云南省姚安县，诗中描写唐军一路南下，经过蜀中各地进入南中作战，渡泸水，直至滇池，剑指哀牢。这些描写反映的正是唐军对姚州蛮的战争。骆宾王集中有《兵部奏姚州道破逆贼诺没弄杨虔柳露布》《兵部奏姚州破贼设蒙俭等露布》两文，反映的是同一史实。陈熙晋据间丘均《王仁求墓碑文》"咸亨之岁，犬戎大扰，枭将失律，元凶莫惩"，认为"此为由蜀至姚州从军之诗"。① 骆宾王《为李总管祭赵郎将文》也与此次战事相关。

开元二十五年（737），南诏皮逻阁战胜河蛮，夺取太和城（今云南大理）。第二年，唐朝赐皮逻阁名"蒙归义"。蒙归义又破洱河蛮，唐封其爵为云南王。玄宗制书说封土的原因是洱河诸部潜通犬戎（吐蕃），蒙归义率兵征讨有功。这一年，皮逻阁兼并五诏，"当是时，五诏微，归义独强，乃厚以利啗剑南节度使王昱，求合六诏为一"。朝廷答应了蒙归义的要求，蒙归义却日益骄慢，"归义已并群蛮，遂破吐蕃，浸骄大。入朝，天子亦为加礼。又以破洱蛮功，驰遣中人册为云南王，赐锦袍、金钿带七事。于是徙治太和城"。② 玄宗《封蒙归义云南王制》对皮逻阁克敌制胜之功大加褒奖。③ 给王昱的敕文称，蒙归义效忠出力，讨伐西蛮，"彼（指五诏）持两端（附唐亦附吐蕃），宜其残破"。④ 皮逻阁出兵，唐遣中使王承训、御史严正诲参与军事，先灭越析，次灭三浪，又灭蒙巂，从而统一六诏。南诏立国，臣属于唐，遣阁罗凤子凤迦异入朝宿卫。

当南诏地属唐朝势力范围之时，南蛮之地成为唐朝贬官流放之所。唐初杜淹、王

---

① （唐）骆宾王著，（清）陈熙晋笺注：《骆临海集笺注》卷四，上海古籍出版社，1995年，第134－140页。

② 《新唐书》卷二二二上《南蛮传》，中华书局，1975年，第6270页。

③ 《全唐文》卷二四，上海古籍出版社，1990年，第116页。

④ 《全唐文》卷二八六，第1282页。

珪、韦挺、郑世翼、李义府、薛元超等人曾被流放到越巂，有相关诗歌传世。杜淹、王珪、韦挺等人因受株连，蒙冤被贬官。① 杜淹在越巂有诗寄长孙无忌，其《寄赠齐公》写自己的心情和路程："赭衣登蜀道，白首别秦川。泪随沟水逝，心逐晓旌悬。去去逾千里，悠悠隔九天。郊野间长薄，城阙隐凝烟。关门共月对，山路与云连。此时寸心里，难用尺书传。"② 从诗的描写可知杜淹离开长安，过成都至越巂。高宗时李义府被流放巂州，有《在巂州遥叙封禅》诗："触网沦幽裔，乘徼限明时。周南昔已叹，邛西今复悲。"③"邛西"即邛州、邛崃关之西，极言其荒僻。上官仪被诛，薛元超坐与上官仪"辞翰往复"，配流巂州，"以诗酒为事，有《醉后集》三卷"，皆不传。④ 卢僎《初出京邑有怀旧林》云："世网余何触，天涯谪南蛮。回首思洛阳，喟然悲贞艰。旧林日夜远，孤云何时还。"⑤ 唐代"南蛮"通常指南诏云南蛮。卢僎是在被贬出京时怀念家乡而赋此诗，从诗中的描写可知他的贬所在今云南之地。卢僎被贬南蛮事，不见史书记载，此诗可补史传之阙。他之被贬南蛮之地，也反映了唐朝对其地实际控制的史实。

二、南诏的壮大和唐朝对南诏的用兵

天宝时唐朝与南诏的关系开始破裂，其原因一是南诏势力日益壮大，不愿意屈身事唐；二是唐朝西南地区的官员腐败，抚之失当。天宝四年（745），剑南节度使章仇兼琼遣使至云南，与皮逻阁言语不相得，引起皮逻阁不满。后皮逻阁卒，阁罗凤立。鲜于仲通任剑南西川节度使，再度引起双方的冲突。天宝九年（750），阁罗凤路过云南郡（姚州），太守张虔陀侮辱其同行妇女，勒索贿赂，阁罗凤不应。张虔陀派人辱骂，并向朝廷诬告阁罗凤。阁罗凤起兵，破云南，杀张虔陀，夺取唐之羁縻州。⑥

天宝十年（751），鲜于仲通率兵八万出戎州、巂州，往击南诏。阁罗凤谢罪请和，

① 《旧唐书》卷六六《杜淹传》，第 2471 页。

② 《文苑英华》卷二四九，中华书局，1966 年，第 1256 页。

③ 《全唐诗》卷三五，中华书局，1960 年，第 469 页。

④ 《旧唐书》卷七三《薛元超传》记载："拜东台侍郎，右相李义府以罪配流巂州，旧制流人禁乘马，元超奏请给之，坐贬为简州刺史。岁余，西台侍郎上官仪伏诛，又坐与文章款密，配流巂州。上元初，遇赦还。"《乾陵稽古》载《薛元超墓志》："以事复出为简州刺史。岁余，上官仪伏法，以公尝词翰往复，放于越巂之邛都。耽味《易》象，以诗酒为事，有《醉后集》三卷行于时。"见周绍良、赵超方编：《唐代墓志汇编续编》，上海古籍出版社，2001 年，第 279 页。《日本国见在书目·别集类》有"《醉后集》三"，当即薛元超著作。今薛元超存诗三首，皆与流放巂州无关。

⑤ 《全唐诗》卷九九，第 1069 页。

⑥ 《旧唐书》卷一九七《南蛮西南蛮传》，第 5280 页。

鲜于仲通不许，进军至西洱河，被南诏击败，唐兵死六万人，南诏方面亦损失惨重。天宝十一年（752），阁罗凤臣于吐蕃，吐蕃册封阁罗凤为“赞普钟”（赞普之弟）。十三年，剑南留后李宓率兵七万击南诏，兵败，全军覆没。李宓出征之际，诗人高适曾有诗送行，其《李云南征蛮诗》祝愿李宓出师获胜：

圣人赫斯怒，诏伐西南戎。肃穆庙堂上，深沉节制雄。遂令感激士，得建非常功。料死不料敌，顾恩宁顾终。鼓行天海外，转战蛮夷中。梯巘近高鸟，穿林经毒虫。鬼门无归客，北户多南风。蜂虿隔万里，云雷随九攻。长驱大浪破，急击群山空。饷道忽已远，悬军垂欲穷。精诚动白日，愤薄连苍穹。野食掘田鼠，晡餐兼僰僮。收兵列亭堠，拓地弥西东。临事耻苟免，履危能饬躬。将星独照耀，边色何溟濛。泸水夜可涉，交州今始通。归来长安道，召见甘泉宫。廉蔺若未死，孙吴知暗同。相逢论意气，慷慨谢深衷。①

此诗序云：“天宝十一载，有诏伐西南夷，右相杨公兼节制之寄，乃奏前云南太守李宓涉海自交趾击之。道路险艰，往复数万里，盖百王所未通也。十二载四月，至于长安，君子是以知庙堂使能，而李公效节。适忝斯人之旧，因赋是诗。”这当是天宝十三年李宓击云南蛮之前入朝时，诗人预祝其成功。

唐朝两次对南诏用兵皆以失败告终，给人民带来深重灾难。诗人同情百姓的痛苦，对统治阶级的穷兵黩武进行了批判和谴责。杜甫《兵车行》反映了天宝年间的战争给人民造成的灾难：

车辚辚，马萧萧，行人弓箭各在腰。爷娘妻子走相送，尘埃不见咸阳桥。牵衣顿足拦道哭，哭声直上干云霄。道旁过者问行人，行人但云点行频。或从十五北防河，便至四十西营田。去时里正与裹头，归来头白还戍边。边庭流血成海水，武皇开边意未已。君不闻汉家山东二百州，千村万落生荆杞。②

史载，朝廷“制大募两京及河南北兵以击南诏。人闻云南多瘴疠，未战士卒死者什八九，莫肯应募。杨国忠遣御史分道捕人，连枷送诣军所。……于是行者愁怨，父母妻子送之，所在哭声振野”③。诗开头描写的正是当年新兵出征父母送别的悲惨画面。又如李白《古风》之三十四：

---

① （唐）高适著，孙钦善校注：《高适集校注》，上海古籍出版社，1984 年，第 223－224 页。
② （唐）杜甫著，（清）仇兆鳌注：《杜诗详注》卷二，中华书局，1979 年，第 113－114 页。
③ 《资治通鉴》卷二一六，唐纪三二，第 6906－6907 页。

羽檄如流星，虎符合专城。喧呼救边急，群鸟皆夜鸣。白日曜紫微，三公运权衡。天地皆得一，澹然四海清。借问此何为，答言楚征兵。渡泸及五月，将赴云南征。怯卒非战士，炎方难远行。长号别严亲，日月惨光晶。泣尽继以血，心摧两无声。困兽当猛虎，穷鱼饵奔鲸。千去不一回，投躯岂全生。如何舞干戚，一使有苗平。①

诗把此次征行的惨败归结为"三公运权衡"。白居易《蛮子朝》也是回顾鲜于仲通败于南诏的往事："臣闻云南六诏蛮，东连牂牁西连（一作接）蕃。六诏星居初琐碎，合为一诏渐强大。开元皇帝虽圣神，唯蛮倔强不来宾。鲜于仲通六万卒，征蛮一阵全军没。至今西洱河岸边，箭孔刀痕满枯骨。"自注："天宝十三载，鲜于仲通统兵六万，讨云南王阁罗凤于西洱河，全军覆殁也。"②此"十三载"当为"十载"之误。

安史之乱爆发后，唐朝自顾不暇，南诏却有意归唐。阁罗凤在太和城中立《南诏德化碑》，表示叛唐出于不得已，对臣属说后世可能再归唐，当指碑给唐使看，让其明白他的本心。阁罗凤知道依附吐蕃害多利少，两国关系不能持久。大历十四年（779），唐朝名将李晟等大破南诏、吐蕃联军，南诏损失惨重。德宗时李晟、曲环率北方兵数千，联合当地唐兵，再次大破吐蕃、南诏军，追击南诏军过大渡河。吐蕃、南诏数次失败，伤亡超过十万人。"吐蕃与南诏合兵十万，三道入寇，一出茂州，一出扶、文，一出黎、雅。""上发禁兵四千人，使晟将之，发邠、陇、范阳兵五千，使金吾大将军安邑曲环将之，以救蜀。东川出军，自江油趣白坝，与山南兵合击吐蕃、南诏，破之。范阳兵追及于七盘，又破之，遂克维、茂二州。李晟追击于大度河外，又破之。吐蕃、南诏饥寒陨于崖谷死者八九万人。"③异牟寻惧唐进攻，迁都羊苴咩城。唐军经行蜀地迎击南诏。贾岛《送李傅侍郎剑南行营》反映了当时的形势："走马从边事，新恩受外台。勇看双节出，期破八蛮回。许国家无恋，盘江栈不摧。移军刁斗逐，报捷剑门开。角咽狖猴叫，鼙干霹雳来。去年新甸邑，犹滞佐时才。"④此剑南行营即唐朝抵御南诏与吐蕃联军的部队，诗人希望李氏入剑南行营幕，在反攻南诏的战争中立功。

德宗贞元年间，韦皋任剑南西川节度使，招抚南诏，南诏请归附唐朝，唐朝与南诏恢复了宗藩关系。成都是南诏赴长安的经行之地，唐朝与南诏来往频繁，其贡使经成都到长安。元稹《和李校书新题乐府十二首·蛮子朝》云：

① （唐）李白著，瞿蜕园、朱金城校注：《李白集校注》卷二，上海古籍出版社，1980年，第152页。
② （唐）白居易：《白居易集》卷三，中华书局，1979年，第70页。
③ 《资治通鉴》卷二二六，唐纪四二，第7270–7271页。
④ （唐）贾岛著，李嘉言校：《长江集新校》卷五，上海古籍出版社，1983年，第59页。

西南六诏有遗种，僻在荒陬路寻瘫。部落支离君长贱，比诸夷狄为幽冗。犬戎强盛频侵削，降有愤心战无勇。夜防抄盗保深山，朝望烟尘上高冢。鸟道绳桥来款附，非因慕化因危悚。清平官系金呿嵯，求天叩地持双珙。益州大将韦令公（马注：韦皋），顷实遭时定汧陇。自居剧镇无他绩，幸得蛮来固恩宠。为蛮开道引蛮朝，迎蛮送蛮常继踵。天子临轩四夏贺，朝廷无事唯端拱。漏天走马春雨寒，泸水飞蛇瘴烟重。椎头丑类除忧患，肿足役夫劳汹涌。匈奴互市岁不供，云蛮通好缵长辕。戎王养马渐多年，南人耗悴西人恐。①

郭茂倩《乐府诗集》解题云："《唐书》曰：'贞元之初，韦皋招抚诸蛮。至九年四月，南诏异牟寻请归附，十四年又遣使朝贡。"题注引《李传》云："贞元末，蜀川始通蛮酋。"② 白居易有同题诗《蛮子朝》回顾南诏崛起的历史，赞叹其归附：

谁知今日慕华风，不劳一人蛮自通。诚由陛下休明德，亦赖微臣诱谕功。德宗省表知如此，笑令中使迎蛮子。蛮子导从者谁何，摩挲俗羽双隈伽。清平官持赤藤杖，大将军系金呿嗟。异牟寻男寻阁劝，特敕召对延英殿。上心贵在怀远蛮，引临玉座近天颜。冕旒不垂亲劳倈。赐衣赐食移时对。移时对，不可得，大臣相看有美色。可怜宰相拖紫佩金章，朝日唯闻对一刻。③

诗题注云："刺将骄而相备位也。"把此次归附视为德宗的威德所致。

三、南诏中兴和对唐朝的臣服

南诏与吐蕃联军被唐军击败，吐蕃悔怒，双方关系开始恶化。吐蕃改封南诏主为日东王，取消其"兄弟之国"的地位。吐蕃在南诏征收重税，险要处设立营堡，要求南诏出兵助防。南诏之主异牟寻决心弃蕃归唐。贞元十年（794），遣其弟凑罗栋、清平官尹仇宽等27人献地图方物于唐。唐朝册封异牟寻为"南诏王"，以御史中丞袁滋持节领使，成都少尹庞颀为副使，崔佐时为判官，宦官俱文珍为宣慰使，刘幽岩为判官，出使南诏，赐异牟寻黄金印，印文为"贞元册南诏印"。使者到达南诏，异牟寻跪受册印，接受所赐服备物，表示"子子孙孙永为唐臣"。④ 南诏在洱海边点苍山神祠与唐使盟会，

① （唐）元稹：《元稹集》卷二四，中华书局，1982年，第288页。
② （唐）元稹：《元稹集》卷二四，第288页。
③ （唐）白居易：《白居易集》卷三，第70页。
④ 《新唐书》卷二二二上《南蛮传》，第6274页。

异牟寻率文武大臣誓言："请全部落归汉（唐朝）"，各部落首领都表示"愿归清化，誓为汉臣，永无离贰"。唐以南诏统领的疆域置"云南安抚使司"，长官为"云南安抚使"，由剑南西川节度使兼任。异牟寻都羊苴咩城，"南去太和城十余里，东北至成都二千四百里"。①

袁滋等由戎州（今四川宜宾）入滇，经石门关时曾刻石记事。袁滋题记摩崖石刻的内容与新旧《唐书》《蛮书》《资治通鉴》诸书记载相同，见证了唐朝与南诏的友好关系。石刻位于今云南省盐津县西南 15 公里之豆沙关，此地乃秦汉"五尺道"重要关隘，由四川入云南之要道。南诏与唐朝和好，开始与吐蕃相攻。"异牟寻攻吐蕃，复取昆明城以食盐池"，"又破施蛮、顺蛮，并虏其王，置白崖城；因定磨些，隶昆山西爨故；破茫蛮，掠弄栋蛮、汉裳蛮，以实云南东北"。②"元和三年，异牟寻死。诏太常卿武少仪持节吊祭。子寻阁劝立，或谓梦凑，自称'骠信'，夷语君也。改赐元和印章。明年死，子劝龙晟立，淫肆不道，上下怨疾。十一年，为弄栋节度王嵯巅所杀，立其弟劝利。诏少府少监李铣为册立吊祭使。劝利德嵯巅，赐氏蒙，封'大容'，蛮谓兄为'容'。长庆三年，始赐印。是岁死，弟丰祐立。丰祐趫敢，善用其下，慕中国，不肯连父名。穆宗使京兆少尹韦审规持节临册。丰祐遣洪成酋、赵龙些、杨定奇入谢天子"。③

从贞元十年（794）南诏接受唐朝册封开始，双方保持了相当长时期的友好关系。南诏王去世，唐朝遣使吊唁，并册封新王。杨巨源《送许侍御充云南哀册使判官》就是这种关系的反映，诗云：

> 万里永昌城，威仪奉圣明。冰心瘴江冷，霜宪漏天晴。荒外开亭堠，云南降旆旌。他时功自许，绝域转哀荣。④

唐朝使臣从南诏归来，会带回南诏物产，其中有南诏王赠送的礼品。如韩愈《和虞部卢四（汀）酬翰林钱七（徽）赤藤杖歌》（题注："元和四年作"）：

> 赤藤为杖世未窥，台郎始携自滇池。滇王扫宫避使者，跪进再拜语嗫呫。绳桥拄过免倾堕，性命造次蒙扶持。途经百国皆莫识，君臣聚观逐旌麾。共传滇神出水献，赤龙拔须血淋漓。又云羲和操火鞭，瞑到西极睡所遗。几重包裹自题署，不以珍怪夸荒夷。归来捧赠同舍子，浮光照手欲把疑。空堂昼眠倚牖户，飞电著壁搜蛟

---

① 《旧唐书》卷一九七《南蛮西南蛮传》，第 5282 页。
② 《新唐书》卷二二二上《南蛮传》，第 6275 页。
③ 《新唐书》卷二二二中《南蛮传》，第 6281 页。
④ 《全唐诗》卷三三三，第 3719 页。

蟭。南宫清深禁闱密，唱和有类吹埙箎。妍辞丽句不可继，见寄聊且慰分司。①

韩愈笔下的这把赤藤杖，是尚书省台郎出使南诏时南诏王的赠品。南诏表示臣属于唐，派其弟子入唐宿卫，并学习中原文化。郑洪业《诏放云南子弟还国》云："德被陪臣子，仁垂圣主恩。雕题辞凤阙，丹服出金门。有泽沾殊俗，无征及犷狁。铜梁分汉土，玉垒驾鸾轩。瘴岭蚕丛盛，巴江越巂垠。万方同感化，岂独自南蕃。"② 放其子弟回国，是推恩南诏的表现。郑洪业年里、生平俱不详，懿宗咸通八年（867）丁亥科状元及第。主考官为礼部侍郎郑愚，该科及弟进士三十人，同榜有皮日休、韦昭度等人。

四、南诏与唐朝的冲突及其衰落

唐朝与南诏的关系不断变化，"唐兴，蛮夷更盛衰，尝与中国抗衡者有四：突厥、吐蕃、回鹘、云南是也"；"凡突厥、吐蕃、回鹘以盛衰先后为次；东夷、西域又次之，迹用兵之轻重也；终之以南蛮，记唐所繇亡云"。③ 在唐朝周边四个强敌中，最终与唐朝同时走向衰亡的是南诏。唐朝与南诏在斗争中共同走向衰亡，起始于唐代后期双方关系的再度破裂。

太和三年（829），剑南节度使杜元颖不晓军事，武备废弛，且苛待部下，士卒引南诏入寇。其时南诏权臣嵯巅用事，南诏军攻破成都外城，掠走数万人，"嵯巅乃悉众掩邛、戎、嶲三州，陷之。入成都，止西郛十日，慰赉居人，市不扰肆。将还，乃掠子女、工技数万引而南，人惧自杀者不胜计"。南诏由此引进先进的丝织技术，"自是工文织，与中国埒"。④ 这可以看作是一场为掠夺唐朝先进丝织技术而发动的战争，也是南方丝绸之路史上丝织技术传播的一个重大事件。韩国磐先生注意到这一事件对南诏丝织业的影响："可见南诏的丝织技术，就是由汉族工匠传入的。"⑤ 这是唐史上一件令人极其伤心的事件，诗人闻此莫不悲伤，因此在唐诗中引起强烈反响。徐凝《蛮入西川后》诗云：

> 守隘一夫何处在，长桥万里只堪伤。

① （唐）韩愈撰，钱仲联集释：《韩昌黎诗系年集释》卷六，上海古籍出版社，1984 年，第 711－712 页。

② 《全唐诗》卷六〇〇，第 6936 页。

③ 《新唐书》卷二一五上《突厥传上》，第 6023 页。

④ 《新唐书》卷二二二中《南蛮传》，第 6282 页。

⑤ 韩国磐：《隋唐五代史论集》，生活·读书·新知三联书店，1979 年，第 406 页。

纷纷塞外乌蛮贼，驱尽江头濯锦娘。①

"濯锦娘"即工于蚕桑丝织技术的成都妇女。雍陶的诗更是真实地反映了其时的战乱和唐人的心情，其《答蜀中经蛮后友人马艾见寄》："酋马渡泸水，北来如鸟轻。几年朝凤阙，一日破龟城。此地有征战，谁家无死生。人悲还旧里，鸟喜下空营。弟侄意初定，交朋心尚惊。自从经难后，吟苦似猿声。"②《哀蜀人为南蛮俘虏五章》其一《初出成都闻哭声》云："但见城池还汉将，岂知佳丽属蛮兵。锦江南度遥闻哭，尽是离家别国声。"其二《过大渡河蛮使许之泣望乡国》云："大渡河边蛮亦愁，汉人将渡尽回头。此中剩寄思乡泪，南去应无水北流。"其三《出青溪关有迟留之意》云："欲出乡关行步迟，此生无复却回时。千冤万恨何人见，唯有空山鸟兽知。"其四《别巂州一时恸哭云日为之变色》云："越巂城南无汉地，伤心从此便为蛮。冤声一恸悲风起，云暗青天日下山。"其五《入蛮界不许有悲泣之声》云："云南路出陷河西，毒草长青瘴色低。渐近蛮城谁敢哭，一时收泪羡猿啼。"③ 在这次战争中，剑南西川节度使属下诸军表现软弱，上述诗中都包含着对这些唐军的谴责，但有个别将领有立功表现。温庭筠《赠蜀将》诗云："十年分散剑关秋，万事皆随锦水流。志气已曾明汉节，功名犹自滞吴钩。雕边认箭寒云重，马上听笳塞草愁。今日逢君倍惆怅，灌婴韩信尽封侯。"④ 此诗题注云："蛮入成都，频著功劳。"温诗就是赞美这位蜀将的战功。

南诏达到了掠夺成都织工的目的，"明年，上表谢罪。比年使者来朝，开成、会昌间再至"。⑤ 文宗准许南诏求和，立约互不相侵。朝廷又用李德裕为剑南节度使，整顿边防，训练士卒，以防南诏再犯。太和四年（830），李德裕出镇成都。"德裕乃练士卒，葺堡郭，积粮储以备边，蜀人粗安。"⑥ 从懿宗时起南诏与唐朝关系再度恶化，其时唐朝天下大乱，南诏乘乱入侵。南诏分两路进犯，一是安南交州，二是剑南蜀地。咸通元年（860），安南引南诏兵乘虚攻破安南交阯城，不久唐军收复安南。咸通四年（863），南诏再攻破交阯城，唐军退守岭南。唐末对南诏的战争中高骈功不可没。交阯陷没后，高骈为安南都护，率五千士兵渡江，在邕州败林邑兵，进攻南诏龙州屯，蛮酋逃走。咸通七年（866）六月，高骈到达交州，多次获胜，士气高昂，杀敌将张诠，李溠龙率万

---

① 《全唐诗》卷四七四，第5384页。

② 《全唐诗》卷五一八，第5917页。

③ 《全唐诗》卷五一八，第5925页。

④ （唐）温庭筠著，（清）曾益等笺注：《温飞卿诗集笺注》卷四，上海古籍出版社，1980年，第77页。

⑤ 《新唐书》卷二二二中《南蛮传》，第6282页。

⑥ 《资治通鉴》卷二四四，唐纪六十，第7873页。

人投降。唐军攻破波风三壁，南诏杨绪思战败逃回，唐军平定安南。

咸通十年（869），南诏犯西川。乾符二年（875），高骈率五千人渡江，到达南定，大破南诏军。监阵敕使韦仲宰率七千人至峰州，补充高骈部队，高骈继续进攻南诏，多次击破之。高骈大破南诏蛮于交阯，杀获甚众，包围交阯城。高骈督励将士攻城，于是攻破城池，杀段酋迁及土蛮为南诏乡导的朱道古，斩道三万余级，南诏余部逃走。高骈又击破归附南诏的土蛮二洞，杀其酋长。高骈僚佐顾云《天威行》诗歌颂了高骈对南诏战争的胜利：

> 蛮岭高，蛮海阔，去舸回艘投此歌。一夜舟人得梦间，草草相呼一时发。飓风忽起云颠狂，波涛摆掣鱼龙僵。海神怕急上岸走，山燕股栗入石藏。金蛇飞状霍闪过，白日倒挂银绳长。轰轰砢砢雷车转，霹雳一声天地战。风定云开始望看，万里青山分两片。车遥遥，马阗阗，平如砥，直如弦。云南八国万部落，皆知此路来朝天。耿恭拜出井底水，广利刺开山上泉。若论终古济物意，二将之功皆小焉。①

李洞《赠高仆射自安西赴阙》："征蛮破虏汉功臣，提剑归来万里身。笑倚凌烟金柱看，形容憔悴老于真。"② 从"征蛮"内容来看，这首诗也是歌颂高骈功勋的。安西当为安南之误。

南诏围攻成都，朝廷任命颜庆复为大渡河制使、剑南应接使，率兵至新都。南诏分兵抵挡，与颜庆复遭遇。颜庆复大破南诏军，杀二千余人，蜀民数千人争操芟刀、白梃以助官军，呼声震野。南诏军步骑数万到达，恰逢右武卫上将军宋威指挥忠武军二千人至，立即与诸军会合投入战斗，南诏军大败，死者五千余人，甲兵服物遗弃于路。高骈到达成都，派步骑五千追击，至大渡河，杀获甚众，擒其酋长五十多人，押送回成都，斩之。修复邛崃关、大渡河诸城栅，又筑城于戎州马湖镇，称为平夷军，又筑城于沐源川，在南诏与西川之间要地，各置兵数千镇守，南诏失去再战的勇气。骠信把儿子作人质送至唐朝，誓约不敢寇边。南诏长期与唐朝交战，"屡覆众，国耗虚"。胡曾《草檄答南蛮有咏》歌颂征蛮将军："辞天出塞阵云空，雾卷霞开万里通。亲受虎符安宇宙，誓将龙剑定英雄。残霜敢冒高悬日，秋叶争禁大段风。为报南蛮须屏迹，不同蜀将武侯功。"③ 贯休《送人征蛮》云："七纵七擒处，君行事可攀。亦知磨一剑，不独定诸蛮。树尽低铜柱，潮常沸火山。名须麟阁上，好去及瓜还。"④ 这些诗歌颂了征蛮将士的英

---

① 《全唐诗》卷六三七，第7302页。
② 《全唐诗》卷七二三，第8300页。
③ 《全唐诗》卷六四七，第7417页。
④ 《全唐诗》卷八二九，第9346页。

勇与胜利。

晚唐时曾对南诏有和亲之议，朝中大臣有人赞同，有人反对，数年未决。广明元年（880），西川节度使陈敬瑄再申和亲之议，朝廷大臣亦赞成之，僖宗"乃以宗室女为安化长公主许婚"。① 南诏王派三位清平官迎接公主。高骈从扬州上书僖宗，说这三人都是南诏重臣，最好将他们毒死，"蛮可图也"。三位清平官被毒死。第二年，南诏又遣使臣来迎公主，携一百多床珍异毡毯入贡。僖宗托故推迟。中和三年（883），南诏再遣使来迎，僖宗约定礼使、副使及婚使，择日送公主南下和亲，"未行，而黄巢平，帝东还，乃归其使"。② 南诏王隆舜死，其子继位，欲与唐朝修好，昭宗不答。此时南诏与唐朝都已天下大乱，数年后皆亡于内乱。乾宁四年（897），南诏汉人权臣郑买嗣杀死南诏王隆舜。天复二年（902），郑买嗣起兵杀死舜化贞及南诏王族八百多人，建立大长和国，南诏灭亡。

五、唐诗中来自南诏的物产

韩国磐先生指出："唐朝时汉人与南诏来往大道，一自成都至阳苴咩城，即清溪路；一自戎州行，即石门路；一自安南入南诏。来往于这些道路上的人颇不少，他们用缣帛等丝织物来交换南诏的产品。从唐人所作《吴保安传》中，可以窥见汉人和南诏间的贸易是相当发达的。"③ "南诏的土特产也相继传入内地。"④ 南诏输入唐朝的物品主要有"铎鞘、浪剑、郁刀、生金、瑟瑟、牛黄、虎珀、氎纺丝、象、犀、越睒统伦马"。⑤ 韩国磐解释"氎纺丝"就是"棉纺纱"："南诏出产白氎布，制作精好。宋人周去非在《岭外代答》中说：'南诏所织尤精好。白色者，朝霞也。国王服白氎，王妻服朝霞，唐史所谓白氎吉贝、朝霞吉贝是也。'这儿所说氎纺丝，就是棉纺纱。唐时所用白氎布，当然有一部分就是来自南诏的。"⑥ 南诏有的药物传入中原地区，唐诗中咏及之。陆龟蒙《云南》诗云：

> 云南更有溪，丹砾尽无泥。药有巴賨卖，枝多越鸟啼。夜清先月午，秋近少岚迷。若得山颜住，芝槎手自携。⑦

① 《新唐书》卷二二二中《南蛮传》，第6292页。
② 《新唐书》卷二二二中《南蛮传》，第6293页。
③ 韩国磐：《隋唐五代史论集》，第407页。
④ 韩国磐：《隋唐五代史论集》，第406页。
⑤ 《新唐书》卷二二二上《南蛮传》，第6275页。
⑥ 韩国磐：《隋唐五代史论集》，第406页。
⑦ 《全唐诗》卷六二二，第7157页。

云南的药通过巴賨人之手贩卖到中原地区，诗中的"芝槎"似亦指养生植物或药物。但在唐诗中主要写到的是其地特产赤藤杖。韩愈《和虞部卢四（汀）酬翰林钱七（徽）赤藤杖歌》："赤藤为杖世未窥，台郎始携自滇池。"其他诗人也常写到南诏赤藤杖。白居易《蛮子朝》写入唐朝贡的南诏使节："德宗省表知如此，笑令中使迎蛮子。蛮子导从者谁何，摩挲俗羽双隄伽。清平官持赤藤杖，大将军系金呿嗟。"来自南诏的赤藤杖被当作礼物在朋友间互相赠送。张籍《赠太常王建藤杖笋鞋》云："蛮藤剪为杖，楚笋结成鞋。称与诗人用，堪随礼寺斋。寻花入幽径，步日下寒阶。以此持相赠，君应惬素怀。"① 又《酬藤杖》："病里出门行步迟，喜君相赠古藤枝。倚来自觉身生力，每向傍人说得时。"② 这种赤藤杖有时是出使南诏的使臣带回赠给朋友。赤藤杖往往成为诗人心爱之物，咏之表达喜爱之情。白居易从亲友处获赠红藤杖，从长安携至贬地江州，不仅扶用，也成为精神上的慰藉。其《朱藤杖紫骢吟》云："扶上山之上，骑下山之下。江州去日朱藤杖，忠州归日紫骢马。天生二物济我穷，我生合是栖栖者。"③《红藤杖》云："交亲过浐别，车马到江回。唯有红藤杖，相随万里来。"④《红藤杖（杖出南蛮）》云："南诏红藤杖，西江白首人。时时携步月，处处把寻春。劲健孤茎直，疏圆六节匀。火山生处远，泸水洗来新。粗细才盈手，高低仅过身。天边望乡客，何日挂归秦？"⑤ 对于制作赤藤杖之原材料，诗人也热情歌咏之，如白居易《三谣·朱藤谣》：

朱藤朱藤，温如红玉，直如朱绳。自我得尔以为杖，大有裨于股肱。前年左迁，东南万里。交游别我于国门，亲友送我于浐水。登高山兮车倒轮摧，渡汉水兮马踬蹄开。中途不进，部曲多回。唯此朱藤，实随我来。瘴疠之乡，无人之地。扶卫衰病，驱呵魑魅。吾独一身，赖尔为二。或水或陆，自北徂南。泥黏雪滑，足力不堪。吾本两足，得尔为三。紫霄峰头，黄石岩下。松门石磴，不通舆马。吾与尔披云拨水，环山绕野。二年蹋遍匡庐间，未尝一步而相舍。虽有隶子弟、良友朋，扶危助寒，不如朱藤。嗟乎！穷既若是，通复何如？吾不以常杖待尔，尔勿以常人望吾。朱藤朱藤，吾虽青云之上、黄泥之下，誓不弃尔于斯须！⑥

① （唐）张籍著，徐礼节、余恕诚校注：《张籍集系年校注》卷二，中华书局，2011 年，第 320 页。

② （唐）张籍著，徐礼节、余恕诚校注：《张籍集系年校注》卷六，第 700 页。

③ （唐）白居易：《白居易集》卷八，第 150 – 151 页。

④ （唐）白居易：《白居易集》卷一五，第 314 页。

⑤ （唐）白居易：《白居易集》卷一六，第 332 页。

⑥ （唐）白居易：《白居易集》卷三九，第 883 页。

在白居易被贬江州时，朱藤杖成为他精神上的最大慰藉，尤其是对于年迈体衰的人来说，赤藤杖简直成了须臾不可离的朋友。裴夷直《南诏朱藤杖》："六节南藤色似朱，拄行阶砌胜人扶。会须将入深山去，倚看云泉作老夫。"① 李洞《上司空员外》："禅心高卧似疏慵，诗客经过不厌重。藤杖几携量碛雪，玉鞭曾把数嵩峰。夜眠古巷当城月，秋直清曹入省钟。禹凿故山归未得，河声暗老两三松。"② 从唐诗的这些描写可知，南诏红藤杖是很受唐人喜爱的器具，生活中不仅自己使用，而且作为礼物赠人。

六、唐文化的辐射与南诏诗人

论及汉族和南诏的文化交流，韩国磐指出："南诏的职官制度有六曹长、八节度，大体受到唐朝的影响。又所行授田制度，也是效法唐朝的均田制的。由于许多汉人流寓或在南诏做官，汉族文化更大量输入南诏。"如王仁求、郑回等人入南诏做官，把汉地儒学和施政策略运用到当地的治理中。也有文学家进入南诏，把汉地文学传入其地。杜光庭"避地南诏，以文章教蒙氏之民"。贾余绚"善属文，唐初寓云南……其后文人流寓者，则成都间丘均、雍陶，咸阳贾岛，皆以避乱至"。③ 唐朝灿烂的文化对南诏产生强烈的辐射作用，受其影响，南诏文学以诗和散文著称。由于与内地联系增多，加之汉族移民不断进入南诏境内，汉族文学在南诏得到广泛传播，南诏大理时期洱海民族之文学见于记录者，大都受汉族文学的影响，因此南诏文学多具有唐代文学的风采。南诏王及其子孙大多习汉文，读儒家之书。阁罗凤"不读非圣之书"，"尝读儒书"。唐朝西泸县令郑回被南诏俘虏，阁罗凤以郑回"有儒学"，"甚爱重之"，令教其子孙。阁罗凤之子凤迦异、孙异牟寻都曾从郑回学儒学，"异牟寻颇知书，有才智"，"人知礼乐，本唐风化"。南诏遣送贵族子弟及大臣到成都就学，前后延续50年之久，就学者上千人。这些就学于成都的南诏子弟将汉文化带回了南诏，大大丰富了南诏的文学艺术，涌现出许多诗人和文人，南诏不少诗文流传到中原，有的还被收录到《全唐诗》《全唐文》中。流传极广的《南诏德化碑》是散文中最著名的代表作，④ 碑文数千言，辞藻典雅，文字

---

① 《全唐诗》卷五一三，第 5861 页。

② 《全唐诗》卷七二三，第 8292 页。

③ 韩国磐：《隋唐五代史论集》，第 412 – 413 页。

④ "南诏德化碑"在今云南省大理市太和村西南诏太和城遗址内，有"云南第一碑"之誉。碑高 3.97 米，宽 2.27 米，厚 0.58 米。正面刻碑文 40 行，约 3 800 余字，现存 256 字。碑阴刻书 41 行，详列南诏清平官、大将军、六曹长等职衔和姓名，经过千百年的风风雨雨，碑文仅存 800 余字。碑文相传为南诏清平官郑回所撰，唐朝流寓南诏御史杜光庭书写。内容主要颂扬阁罗凤的文治武功，并叙述了南诏、唐朝和吐蕃间的关系，以及历次战争的缘由和经过，表明叛唐的不得已和与唐和好的愿望。

流畅，一气呵成，跌宕生姿，颇有唐代散文大家的风采。

在中原文化影响下，南诏涌现出一批有造诣的民族诗人，南诏骠信寻阁劝即著名诗人之一。剑南西川节度使韦皋派崔佐时出使南诏，离开南诏时，"阁劝赋诗以饯之"。① 他的《星回节游避风台与清平官赋》流传至今，诗云："避风善阐台，极目见藤越。悲哉古与今，依然烟与月。自我居震旦，翊卫类夔契。伊昔颈皇运，艰难仰忠烈。不觉岁云暮，感极星回节。元昶同一心，子孙堪贻厥。"② 此诗颇具唐诗风韵。南诏以十二月十六日为星回节，"清平官"类似中原政权的宰相。南诏有别都称善阐府，诗当作于此地。"藤越"是其邻国之名。南诏谓天子为"震旦"。夔、契是帝舜时两位贤臣，骠信的诗用此典夸赞清平官。南诏王自称为"元"，类似于"朕"；谓卿曰"昶"。"元昶"即君臣。从此诗的政治理念、写作水平和用典中可知南诏君王汉化之深。

清平官赵叔达的诗也很有名，其《星回节避风台骠信命赋》便是此次奉和之作："法驾避星回，波罗毗勇猜。河润冰难合，地暖梅先开。下令俚柔洽，献踪弄栋来。愿将不才质，千载侍游台。"③ 作为臣下，当然要颂扬骠信的威德。前两句写其勇，"波罗"指虎，"毗勇"指野马。据说骠信昔年游此，曾射野马和老虎。五六句写骠信的文治。"俚柔"指百姓，"弄栋"是国名。这两句诗的意思是在骠信治理下，百姓和乐，君民一心；异国归附，纳贡称臣。这种君臣酬唱奉和之风和表达的政治理想，与唐朝宫廷风气十分相似。南诏官员中有不少诗人，如清平官杨奇鲲、段义宗、赵眉隆和赞卫姚岑等，他们出使唐朝时曾写诗，并流传后世，反映出南诏诗歌的高度水平。杨奇鲲的诗意境新颖，颇具唐诗韵味，如收入《全唐诗》中的《岩嵌绿玉》："天孙昔谪天下绿，雾鬓风鬟依草本。一朝骑凤上丹霄，翠翘花钿留空谷。"其《途中诗》："□□□□□□□，□□□□□□□。风里浪花吹更白，雨中山色洗还青。海鸥聚处窗前见，林狄啼时枕上听。此际自然无限趣，王程不敢暂留停。"④ 杨奇鲲，南诏宰相，有辞藻，僖宗幸蜀时，曾至行在所朝见。

布燮（清平官）段义宗善诗，存诗五首。其《听妓洞云歌》："嵇叔夜，鼓琴饮酒无闲暇。若使当时闻此歌，抛掷广陵都不藉。刘伯伦，虚生浪死过青春。一饮一硕犹自醉，无人为尔卜深尘。"⑤《思乡作》云："泸北行人绝，云南信未还。庭前花不扫，门

---

① 《旧唐书》卷一九七《南诏蛮传》，第 5283 页。

② 《全唐诗》卷七三二，第 8373 页。

③ 《全唐诗》卷七三二，第 8373－8374 页。

④ 《全唐诗》卷七三二，第 8374 页。

⑤ 《全唐诗》卷七三二，第 8374 页。

外柳谁攀。坐久销银烛，愁多减玉颜。悬心秋夜月，万里照关山。"① 《题大慈寺芍药》："此（一作浮）花不与众花同，为感高僧护法功。繁影夜铺方丈月，异香朝散讲筵风。寻真自得心源静，观色非贪眼界空。好是芳馨堪供养，天教生在释门中。"② 《题三学院经楼》："鹫岭鸡园不可俦，叨陪龙象喜登游。玉排复道珊瑚殿，金错危栏翡翠楼。尚欲归心求四谛，敢辞旋绕满三周。羲和鞭挞金乌疾，欲网无由肯驻留？"③ 《又题》："当今积善竞修崇，七宝庄严作梵宫。佛日明时齐舜日，皇风清处接慈风。一乘妙理应难测，万劫良缘岂易穷。共恨尘劳非法侣，掉鞭归去夕阳中。"④ 他的诗广为流传，其"悬心秋夜月，万里照乡关"，"此花不与众花同，为感高僧护法功"，"玉排复道珊瑚殿，金错危楣翡翠楼"等都是传诵的名句。⑤

关于段义宗，孙望指出："段义宗，南方长和国布燮（官称，相当于宰相）。前蜀乾德中入蜀使，因不欲朝拜，遂禿削为僧。补诗三首。（按《全唐诗》佚句卷收段义宗佚句六句，不见全篇，注只云'外夷'人，其实皆吾中华当时所谓南土藩臣耳，亦兄弟民族也）。"又说："《全唐诗》佚名卷共收段义宗佚诗六句，注云出《吟窗杂录》。其中'浮花'两句，即今补第一首中句；'玉排'二句，即今补第二首中句。另有'悬心秋月夜，万里照乡关'两句，实非佚句，全诗已收入《全唐诗》，署名'布燮'，布燮，长和国人犹言宰相也，非人名，《全唐诗》与作者名等视之，失察矣。"⑥ 从段义宗《题判官赞卫有听妓洞云歌》一诗可知，赞卫姚岑的官职是判官，《听妓洞云歌》是赞卫氏所作，段氏题和。赵眉隆亦"有辞藻"。这就证明，南诏这4位使臣都是能诗之士。

道南和尚，疑为南诏时期的一位僧侣诗人。明万历《云南通志》卷二、天启《滇志》卷二十八皆载有唐道南和尚《玉案山》七律一首，玉案山有筇竹寺，万历《云南通志》卷十三载筇竹寺"唐贞观初建"。元代郭松年曾至此地，有《筇竹寺》诗，见过"梵宇云堆筇竹老"的景象，可以推断道南和尚可能是南诏时筇竹寺僧。其《玉案山》诗云："松鸣天籁玉珊珊，万象常应护此山。一局仙棋苍石灿，数声长啸白云间。乾坤不蔽西南境，金碧平分左右斑。万古难磨真迹在，峰头鸾鹤几时还。"诗生动地描写了

---

① 《全唐诗》卷七三二，第8374页。以上二首署名"布燮"，云"官名，其宰相也"，不知其即段义宗。

② （后蜀）何光远：《鉴诫录》卷六，《知不足斋丛书》第二十二集第170册。《全唐诗》佚句卷仅存首二句。此首句"浮花"，《全唐诗》作"此花"。孙望辑录：《全唐诗补逸》卷一六，陈尚君辑校：《全唐诗补编》，中华书局，1992年，第267页。

③ （后蜀）何光远：《鉴诫录》卷六。《全唐诗》佚句卷存三、四句。第四句"危栏"，《全唐诗》作"危楣"。陈尚君辑校：《全唐诗补编》，第267页。

④ 陈尚君辑校：《全唐诗补编》，第267页。

⑤ 《全唐诗》卷七九五，第8962页。

⑥ 陈尚君辑校：《全唐诗补编》，第267页。

玉案山的美景，述说了这座名山的动人传说。诗中充满道教意味，与其"和尚"身份不合。留有诗名的南诏诗人还有居住在楚雄五楼山的王载玄、张明亨。明天启年间编《滇志》卷十七记载，王、张二人栖居楚雄五楼山，"志在清虚，日载酒峰巅，长啸狂吟，时人莫知识也"。后来遇上"无心昌道人"。到第二年约定的日期，王、张二人重登塞上，口占一首绝句："去年霜草断人魂，满江秋水白纷纷。犹记别离亭畔约，西山塞上未逢君。"吟罢，清风徐来，彩云飞舞，无心昌道人旋即来到。不多时，王载玄随无心昌道人腾空而去，张明亨亦溘然仙逝。由于《滇志》没有说明此诗的出处，其来源不清。

南诏与中原政权的关系反映了历史上中华民族形成过程中的一般规律和特点，地处今云南的各族群汉代时被称为"西南夷"，在沟通中原政权与今缅甸、印度交通与交流中就发挥了重要作用。此后随着中原政权与西南边疆民族的强弱盛衰，双方的关系有时对峙，有时和解，但文化上却一直保持着血脉相连相互融通的一体化和同质化的趋势。到了唐代南诏政权的出现，双方在政治上和文化上的联系更加密切，唐诗中大量涉及南诏以及唐朝与南诏关系的作品的出现便是这种局面的反映。从唐诗中可以看到，尽管由于某种具体的原因导致了双方的对立甚至战争，但双方的关系越来越靠拢，越来越密切。唐朝视南诏为国家的一部分，南诏也以附属于唐为荣幸。唐朝人士喜爱南诏的物产，中原文化受到南诏普遍的热爱，从当时南诏统治者们对唐朝的态度可见其对中原政权始终充满倾心向往之情，从其贵族们的诗歌可见其汉化之深。彼此间的冲突和战争虽然造成双方的暂时对立，但从长远来看却成为西南民族融入中华民族大家庭中的客观条件和重要机缘。

作者简介：

石云涛，北京外国语大学中国语言文学学院教授、北京中外文化交流研究基地研究员。

朝鲜半岛入唐移民地域分布的再认识

——连云港封土石室墓埋葬人群身份论争的启发①

冯立君

[提要]　江苏省连云港市 2011—2015 年调查发现的 474 座封土石室墓，据出土器物判定为唐墓。中外学界关其埋葬者身份的研究，出现新罗移民、百济移民、高句丽移民三种观点。我们通过比较唐朝与海东三国的关系，并结合连云港为唐代为海州所在，地处东亚陆海交通道要冲的地理特征，探讨高句丽、百济、新罗入唐移民与连云港可能存在的交集问题，认为连云港封土石室墓埋葬人群身份为新罗移民的可能性最大，但需比对新罗统一以后的平民而非贵族墓葬形式；高句丽移民说亦存在可能，须比较平壤地区的封土石室墓而非学者强调的集安地区高句丽墓葬；百济移民说的证据较弱。提醒学界注意的是，唐代海州的朝鲜半岛移民可能存在交错关系，他们最终全部融合于唐朝民众之中，对此历史趋势的忽视，或与学界尚缺乏对唐代朝鲜半岛移民的整体性、共时性研究有关。

[关键词]　连云港封土石室墓；朝鲜半岛；入唐移民；海州

---

①　本文系国家社科基金专项项目"东北亚视野下的高句丽、渤海史研究"（项目编号：17VGB006）阶段性成果。

一

2011—2015 年，江苏省连云港市重点文物保护研究所在该市辖境内共调查发现 474 座封土石室墓，其墓葬形制较为多样，出土器物年代判定为唐代。而连云港及其周边地区的墓葬自六朝时期一直到宋代的时段内大多为砖室墓，因此这一批唐代石室墓显得十分突兀，同时也非常值得深入研究。①

2011 年张学锋最早发表相关研究论文，回顾了连云港地区这一批墓葬作为"土墩石室"曾被学术界划入"吴越石室土墩文化圈"，被认定为春秋吴国的军事设施等情况。而他根据墓葬分布、形制特征、出土物等资料，判断其应为唐墓。结合日本入唐高僧圆仁的《入唐求法巡礼行记》对当地新罗移民的相关记载，以及对朝鲜半岛 5—8 世纪"横穴式石室墓"的相关考察，他首次提出：连云港地区"土墩石室"是唐代新罗移民墓葬。② 然而事实上他在文末也指出了"新罗移民说"尚难圆满解决的若干疑点。

随后，其他考古学者们发表了与之迥然大异的见解。2013 年，韩国学者朴淳发刊文认为，墓葬习俗在考古文化当中最具保守性，是强烈地反映民族性的文化领域，因此如果一种墓葬文化在其文化地域以外的地方仍保持原状，那说明一定是伴随着集团迁移等客观事件的发生。他质疑"新罗移民说"，并针锋相对地提出"百济移民说"。③ 此后，他又从入唐百济遗民流向的角度，再次确认这一观点。④ 连云港市重点文物保护研究所的调查者也认为，"这种墓葬形制很可能是一种外来墓葬文化的传入"，通过与江南"石室土墩"、朝鲜半岛百济石室墓之比较，同样将连云港这批封土石室墓埋葬人群的身份推断为隔黄海相望的朝鲜半岛百济人入唐移民。⑤ 日本学者山本孝文强调，江苏省连云港地区的封土石室墓构造，虽然和朝鲜半岛、日本列岛两地皆有类似之处，但与中国的砖结构墓葬和朝鲜古坟的关系也是必须要考虑的。而这些封土石室墓与日本列岛石室墓的相似性，是以朝鲜半岛为中介存在的间接关联。他同样没有忽视该地封土石室墓与百

① 参阅连云港市重点文物保护研究所：《连云港封土石室墓调查与研究》，上海古籍出版社，2018 年。感谢胡耀飞兄惠示资料以及在讨论中提供的启发。

② 张学锋：《江苏连云港"土墩石室"遗存性质刍议——特别是其与新罗移民的关系》，《东南文化》2011 年第 4 期。

③ 박순발：《연운항 봉토석실묘의 역사 성격》，《백제연구》57，2013（朴淳发：《连云港封土石室墓的历史性格》，《百济研究》第 57 辑，2013 年）。

④ 朴淳发：《入唐百济遗民流向与连云港封土石室墓》，《东南文化》2016 年第 4 期。

⑤ 连云港市重点文物保护研究所编著：《江苏连云港封土石室墓调查简报》，《东南文化》2015 年第 5 期。连云港市重点文物保护研究所编著：《连云港封土石室墓调查与研究》（研究篇），上海古籍出版社，2018 年，第 1 – 14 页。

济后期的横穴石室墓在构造上的相通之处。①

　　高句丽考古专家魏存成认为，调查简报认定的墓葬埋藏人群为百济移民是可能的，但他既不否定也未肯定这一推断，而是谨慎地指出张学锋提出的"新罗移民说"同样值得重视。魏先生在2016年撰文阐释说，通过与集安地区高句丽封土石室墓的比较研究，连云港地区封土石室墓群显示：这里有一个稳定的集团长期聚居，因连云港地属河南道之海州，将其推定为"散徙"到河南道的高句丽移民也是说得通的。② 此后，他再次表达出就历史记载透露的信息而言，高句丽移民与百济移民存在成为连云港地区封土石室墓埋藏者的同等可能性的观点。③

　　至此，关于连云港地区这一批封土石室墓埋葬者身份的争论中出现了三种指向：新罗移民、百济移民、高句丽移民。④

　　新罗、百济、高句丽三国自4世纪以来长期争战，北朝隋唐时期，三国都向中原遣使并接受册封，爵号分别与古代郡县相对应：新罗——乐浪郡王，高句丽——辽东郡王，百济——带方郡王。⑤ 唐高宗更是将三国并称为"海东三国"和"三韩"⑥，并列于中原王朝的一体化认知体系中。然而，百济、高句丽在660年、668年相继被唐朝与新罗联合军攻灭，唐廷在两地设立都督府、都护府予以统辖，并内徙大量百济人和高句

---

① 山本孝文：《日本列岛封土石室墓的展开与连云港石室墓》，《东南文化》2016年第4期。

② 魏存成：《我国东北地区的高句丽封土石室墓》，《东南文化》2016年第4期。

③ 魏存成：《我国东北地区的高句丽封土石室墓及连云港封土石室墓墓主人之考察》，连云港市重点文物保护研究所编著：《连云港封土石室墓调查与研究》（研究篇），上海古籍出版社，2018年，第80-81页附记。

④ "移民"和"遗民"存在细微的用法区别。遗民一般指已灭亡政权的民众，有政治意涵；移民则仅指迁徙的人群，偏重地理意味。其实，仅就迁徙唐朝的百济、高句丽人而言，区分强制移民、自发移民以及强制移民中的"遗民"成分显然很重要，值得注意的是学界在"遗民""移民"之外，还有选用"徙民"一词者，不易与现代移民意涵相混淆，参阅蒙曼：《唐朝军事系统中的朝鲜半岛徙民》，《中央民族大学学报》2007年第2期；拜根兴：《唐代高丽百济移民研究》，中国社会科学出版社，2012年，前言。

⑤ 冯立君：《唐代朝鲜郡王考》，（韩国）《中国古中世史研究》第42辑，2016年，第493-526页。冯立君：《带方郡王爵号考：中国与百济关系的新视角》，（韩国）《百济学报》第19号，2017年，第77-126页。

⑥ 《旧唐书》卷一九九上《百济传》，唐高宗给百济国王的诏书中说："至如海东三国，开基自久，并列疆界，地实犬牙。近代已来，遂构嫌隙，战争交起，略无宁岁。遂令三韩之氓，命悬刀俎，寻戈肆愤，朝夕相仍。"（中华书局，1975年，第5330页）

丽人进入内地州县。①

连云港地区数量如此众多的唐代封土石室墓密集分布，其埋葬人群身份问题意义重大，从历史背景来看，这一问题的解决既需要考虑中古时代连云港地处东亚陆海交通要道的地理特征，也需要联系唐代对蕃族的整体政策，还需要东亚区域内考古学的综合再研究。②

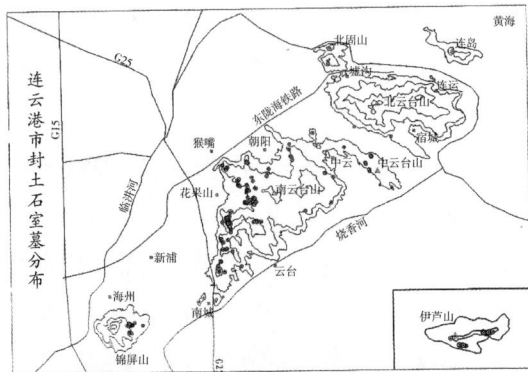

图 1　连云港封土石室墓的分布

资料来源：连云港市重点文物保护研究所编著：《连云港封土石室墓调查与研究》（研究篇），上海古籍出版社，2018 年，第 2 页。

二

唐朝的对外开放，主要表现于文化上对北方游牧文明、西域多元宗教—文明等诸多文化类型的兼容并蓄。③ 包括牧民和农民、汉人和非汉人在内的所有边疆居民共有的文化最

---

①　新罗此后将朝鲜半岛中南部地区都纳入统治，融合百济、高句丽、靺鞨等族群，开始形成新的新罗人。例如统一新罗的中央军队建制九誓幢即囊括上述各族群。参阅［高丽］金富轼：《三国史记》卷四〇《职官志》，吉林文史出版社，2003 年，第 478 页。

②　韦正对连云港封土石室墓出土瓷器的考察结论是，其主体部分为盛唐、中唐时期，与墓葬形制研究结论的年代认识相近，瓷器档次随时间而下降，说明"这批来自朝鲜半岛的人们已经完全接受了唐人的饮食用具"。更为关键的是，他又提出连云港境内的封土石室墓的分布"大集中小分散"，应进行"分区分期研究"。"具体来说，不仅需要将封土石室墓与唐朝灭亡百济、高句丽以后的入唐遗民，以及统一新罗时期的入唐新罗人纳入考察视野，还应考虑到百济与南朝保持良好关系，连云港地区南朝绝大多数时间内为南朝疆土，是否在唐灭百济、高句丽之前已有百济人死葬今连云港。"参阅韦正：《连云港石室土墩墓出土瓷器年代的初步考察》，连云港市重点文物保护研究所编著：《连云港封土石室墓调查与研究》（研究篇），第 127 页。

③　S. A. M. Adshead, *T'ang China: the Rise of the East in World History*, Palgrave Macmillan, 2004.

终酝酿为一种新的文化，这就是文化相互同化的结果。① 也有学者将胡汉融合以及多民族国家的巩固称为大唐帝国的重要遗产。② 在唐初统治者华夷一体的理念下，胡汉分野十分淡漠。同时，唐朝对东、西、北等方向的战争和对外关系也直接导致大量蕃部内附、内徙。唐代人口迁入的一个重要特点就是边地和域外人群向唐朝境内的大量迁移。唐代移民规模大、人数多、民族复杂的程度为历代之最，移民的冲撞、融合带来了经济开发、民族交流、南北混合等一系列新的特征。③ 唐代社会的民族融合促使一大批非汉人精英活跃在帝国的舞台上，例如唐朝著名的蕃将群体。④ 唐朝境内盛行佛教、景教、祆教、摩尼教、伊斯兰教等多元的外来宗教，世界各地珍异的舶来品和通过海路、陆路来到中土的商人充斥着唐朝的名城大都。⑤ 特别是在唐朝这样一个胡汉融合的多民族国家里，非汉人精英以及那些祖先是非汉人但其本人已经融入唐朝社会的人几乎遍布社会各阶层。⑥

在这些来源极为不同的徙民群体中，"海东三国"即高句丽、百济、新罗的入唐民众是我们关注的重点。唐五代时期朝鲜半岛人民迁入中原内地主要集中在三个方面：一是初唐时期（660—668）高句丽人和百济人因国灭被内徙；二是晚唐时期新罗人因被掠卖为奴和来华谋生等迁入中国沿海，新罗人的西迁形成在唐新罗人社会群体；三是各个时期都有一些贵族成员和僧侣因入仕、宿卫、求学等原因入居中国。⑦ 关于前两个方面，目前的研究关注相对较多，成果也不少。

其中，拜根兴《唐代高丽百济移民研究：以西安洛阳出土墓志为中心》⑧ 在入唐移民研究上有较大突破，该书立足新见墓志史料，是国际学术界第一次系统地整理近百年来高句丽、百济入唐移民相关新见史料。该书以实证主义为基本方法，重点考释具体的移民遗迹、遗物特别是墓志材料，由微观考证组成宏观解读，研究本身客观上对高句丽与百济两个命运特征极为相似的群体进行了综合研究，将自晚清罗振玉等人最早笺注海东蕃阀墓志

① Marc. S. Abramson, *Ethnic Identity in Tang China*, University of Pennsylvania Press, 2007.

② 박한제：《대당제국과 그 유산：호한통합과 다민족국가의 형성》，세창출판사，2015（朴汉济：《大唐帝国及其遗产：胡汉统合与多民族国家的形成》，首尔：世昌出版社，2015 年）。

③ 葛承雍：《唐代移民与社会变迁特征》，《中国经济史研究》2000 年第 4 期。

④ 章群：《唐代蕃将研究》，（台湾）联经出版事业公司，1986 年。马驰：《唐代蕃将》，三秦出版社，1987 年。章群：《唐代蕃将研究续编》，（台湾）联经出版事业公司，1990 年。马驰：《唐代蕃将》，三秦出版社，2011 年。

⑤ ［美］薛爱华著，吴玉贵译：《撒马尔罕的金桃：唐代舶来品研究》，社会科学文献出版社，2016 年。

⑥ ［美］班茂燊著，耿协峰译：《唐代中国的族群认同》，人民出版社，2016 年，第 178 页。

⑦ 吴松弟：《中国移民史》，福建人民出版社，1997 年，第 114 页。

⑧ 拜根兴：《唐代高丽百济移民研究：以西安洛阳出土墓志为中心》，中国社会科学出版社，2012 年。

以来对唐代高句丽、百济移民问题的研究向前大为推进。此外，该书在研究范式上也有新进展，正如李鸿宾在该书跋文中所指出的，对于朝贡体系的"宗—藩"型解说模式，作者围绕入唐移民进行了具体而细致的填充，这种从中原看周边的观察视角是传统中原核心说即朝贡体系的进一步伸展。

李鸿宾结合农耕与游牧"内外二重结构"王朝形态理论，针对高句丽和百济移民研究涉及的"中心—边缘"书写范式等学术问题有深入剖析，指出了学界盲点所在，如因为"史籍文献缺少相关的记载"，"我们至今还缺乏半岛方面对此——高丽、百济入唐者的相应的描写"。① 针对苗威另一部《高句丽移民研究》②，李鸿宾清醒地指出，"（高句丽）与其东北西各方势力（这些均非中原势力）同样存在着各种交往和争战，因此它的移民旨向就不只是中原一方"。③ 苗著着眼于历时性的高句丽移民史建构，试图将高句丽整个历史发展时代不断进入中原的人群条理清晰地予以呈现，凸显高句丽作为辽东地域政权与中原之间联系的长期性和持续性，并且有从量化角度强调其他非中原移民方向的倾向。

学界关于高句丽移民的研究，目前主要的推动因素仍是持续更新的新见墓志。中国学者王其祎④、拜根兴、马一虹⑤、王连龙⑥、楼正豪⑦，以及韩国和日本的一些学者展开了这项工作⑧。范恩实⑨、拜根兴等还跳脱具体单方墓志，致力于整体性的高句丽移民群体。王义康从唐代周边民族政策、边州政策的系列研究中，也经常以高句丽、百济

---

① 李鸿宾：《唐代高丽百济移民研究：以西安洛阳出土墓志为中心·跋》，见拜根兴：《唐代高丽百济移民研究：以西安洛阳出土墓志为中心》，第 338 页。

② 苗威：《高句丽移民研究》，吉林大学出版社，2011 年。

③ 李鸿宾：《移民：事项背后的隐喻》，《中国边疆史地研究》2013 年第 2 期。

④ 王其祎、周晓薇：《国内城高氏：最早入唐的高句丽移民——新发现唐上元元年〈泉府君夫人高提昔墓志〉释读》，《陕西师范大学学报》2013 年第 3 期。王菁、王其祎：《平壤城南氏：入唐高句丽移民新史料——西安碑林新藏唐大历十一年〈南单德墓志〉》，《北方文物》2015 年第 1 期。

⑤ 马一虹：《从唐墓志看入唐高句丽遗民归属意识的变化——以高句丽末代王孙高震一族及权势贵族为中心》，《北方文物》2006 年第 1 期。

⑥ 王连龙、丛思飞：《战争与命运：总章元年后高句丽人生存状态考察——基于高句丽移民南单德墓志的解读》，《社会科学战线》2017 年第 5 期。

⑦ 楼正豪：《新见唐高句丽遗民〈高牟墓志铭〉考释》，《唐史论丛》第十八集，陕西师范大学出版社，2014 年。楼正豪：《新见唐高句丽遗民〈南单德墓志铭〉考释》，《西部考古》第 8 辑，三秦出版社，2014 年。

⑧ 例如，金荣官持续对中国内地出土的海东移民墓志予以关注；气贺泽保规也对祢氏家族墓志有不少探讨。

⑨ 范恩实：《入居唐朝内地高句丽遗民的迁徙与安置》，《社会科学战线》2017 年第 5 期。

人为重要事例，对专门以高句丽人或百济人为对象的具体研究有启发意义。①

目前仍缺乏的是对于高句丽、百济、新罗入唐人群的综合研究。拜根兴在《高句丽、百济遗民关联问题研究的现状与展望》一文中指出：国内外对高句丽、百济遗民人口、流向、安置，以及对具体墓志铭的研究分析等取得了不少成就，但现有研究一般多注重个别遗民事迹的钩沉，缺乏对整体宏观的研究和把握；还没有以地域分布的理念，对高句丽、百济遗民的安置地域及其相关因素进行研究。② 在这一领域，姜清波《入唐三韩人研究》③ 填补了一些空白，具有一定开创意义。但是这部著作并不是以"移民"为主题，而主要对"来到"唐朝的使者、王室与权臣、蕃将、商人、僧人、奴婢分门别类进行梳理，仍然没有根本触及几百年间朝鲜半岛西来入华群体性底层民众的移民问题。作者仍主要以传统典籍文献史料为主展开研究，而且受限于"入唐三韩人"研究范畴的预设，看似是对三国人进行总体研究，实际上尚缺乏对唐朝关于"海东三国"整体政策、"三国移民"全局性措置的系统性提炼。数量更为巨大的移民群体，一般难以引起以文献为基础进行历史研究的学者注意，而连云港地区封土石室墓的大规模发现，相信可以使这一领域的研究向前推进。

三

在对这些封土石室墓进行梳理之前，有必要结合唐朝前期（特指 618—676 年）与海东三国关系的实质，阐述唐朝后期（特指 676 年之后）对于高句丽、百济人一体化行政、法律等配套制度和政策以及新罗侨民的政策。

唐朝的法律规定中对于内徙之前的"化外"高句丽、百济人最重要的一条，是当在唐朝境内两国人相犯时，以唐律为准论定刑名：

> 诸化外人，同类自相犯者，各依本俗法；异类相犯者，以法律论。
> 疏议曰："化外人"，谓蕃夷之国，别立君长者，各有风俗，制法不同。其有同类自相犯者，须问本国之制，依其俗法断之。异类相犯者，若高丽之与百济相犯之类，皆以国家法律，论定刑名。④

---

① 王义康：《唐代的化外与化内》，《历史研究》2014 年第 5 期；《唐代周边内附诸族赋役问题探讨》，《中国经济史研究》2016 年第 2 期；《唐代册封与授受四夷官爵试探》，《清华大学学报》2018 年第 3 期。

② 拜根兴：《高句丽、百济遗民关联问题研究的现状与展望》，《中国历史地理论丛》2006 年第 2 期。

③ 姜清波：《入唐三韩人研究》，暨南大学出版社，2010 年。

④ 长孙无忌等撰，刘俊文点校：《唐律疏议》卷六，中华书局，1983 年，第 133 页。

唐开元二十五年（737）《户令》对入唐移民的规定："化外人归朝者，所在州镇给衣食，具状送省奏闻。化外人于宽乡附贯安置，落蕃人依旧贯；无旧贯，任于近亲附贯。"①《赋役令》中又规定："诸没落外蕃得还者，一年以上复三年，二年以上复四年，三年以上复五年。外蕃人投化者复十年。"免去入唐移民十年赋税。《唐六典》卷三《户部郎中员外郎》："凡岭南诸州，税米者上户一石二斗，次户八斗，下户六斗。若夷獠之户，皆从半输轻税。诸州高丽、百济应差征镇者，并令免课役。"② 仁井田陞先生将此条复原为开元七年《户令》。

那么，入唐的高句丽、百济人有多大规模，他们又内徙到哪些地区呢？这和我们要探讨的连云港封土石室墓有极为密切的关系。

唐朝辽东之役中有大量战争俘获的高句丽人进入唐朝内地，苗威《高句丽移民研究》以唐太宗亲征高句丽主要战役和小规模战争两个部分来对高句丽入唐移民进行梳理和数量统计。前一部分合计约为5.8万人，后一部分合计约为6万人，粗略统计为近12万人。如此大量的人口如何安置？在668年高句丽灭亡前，除了高句丽上层之外，一般平民以没为奴婢、赎为平民、编入军队等为主，高句丽灭亡后内徙方向明确包括江淮以南，并州、凉州以西空旷之地，山南、京西、河南、陇右、长安、安东等地：

（总章二年五月）移高丽户二万八千二百……将入内地，莱、营二州般次发遣，量配于江、淮以南及山南、并、凉以西诸州空闲处安置。③

高宗总章元年……平其国，下城百七十六，户六十九万七千。二年，移高丽户二万八千二百配江淮以南、山南、京西。④

高丽之民多离叛者，敕徙高丽户三万八千二百于江、淮之南，及山南、京西诸州空旷之地，留其贫弱者，使守安东。⑤

仪凤二年，授藏辽东都督，封朝鲜郡王，还辽东以安余民，先编侨内州者皆原遣，徙安东都护府于新城。藏与靺鞨谋反，未及发，召还放邛州，厮其人于河南、陇右，弱窭者留安东。⑥

---

① ［日］仁井田陞著，栗劲等编译：《唐令拾遗》，长春出版社，1989年，第146-147页。

② 《唐六典》卷三《户部郎中员外郎》，中华书局，1992年，第77页。

③ 《旧唐书》卷五《高宗本纪下》，第92页。

④ 《通典》卷一八六《边防·高句丽》，中华书局，1988年，第5019页。

⑤ 《资治通鉴》卷二〇一，总章二年五月，中华书局，1956年，第6359页。

⑥ 《新唐书》卷二二〇《高丽传》，中华书局，1975年，第6198页。

　　高句丽人的分布存在分散性，但具有聚居特性。除了分散各州、籍籍无名的群体性居民，唐代高句丽人中的精英分子的出生地也提示研究者，高句丽人的分布地带实际上比上述记录还要宽广，比如唐玄宗近臣陇右监牧王毛仲、河西节度使高仙芝、淄青镇节度使李正己等，皆是其中的代表人物，对于他们的相关研究较多，此不赘述。

　　然而，与高句丽相比，百济人移民受到的关注度略低，其分布情况尚有待深究。[①]

　　百济灭亡后入唐移民有四次：第一次约在660年，百济被唐罗联军攻灭，百济王族、臣僚、百姓被迁徙至唐朝。第二次是664年唐朝平定百济复兴运动，将百济军将（包括黑齿常之、沙咤相如）等带回唐朝。第三次是668年高句丽国都平壤被攻破，唐军押回百济泗沘城陷落时逃往高句丽的百济遗民，与高句丽国王一行一同入唐。第四次为熊津都督府解散后，名义上的熊津都督扶余隆无力在百济故地立足，百济遗民随即入唐。除第一次移居时大约一万两千人的记录外，其他三次因没有具体记载，无法获知准确数量，但大部分移民均是以战俘身份入唐，只有熊津都督府迁至辽东后的移居者才属于自发迁移。[②]

　　关于百济移民的分布，除去王公贵族以及曾为唐朝效力者被安置在洛阳与长安，《资治通鉴》记载其去向之一便是徐州、兖州："徙熊津都督府于建安故城；其百济户口先徙于徐、兖等州者，皆置于建安。"[③] 唐代徐州是连接黄河、长江、大运河的交通要道，而徐、兖两州相距不远，二者都处于淮河的北部支流泗水流域，属河南道管辖。有学者分析认为，百济人内徙徐、兖两州与高句丽人内徙之地类似，都是荒凉待开发之地，目的有二，一是充实空虚地带，二是便于分散治理。[④] 676年在辽东建安古城重新设立熊津都督府后，徐州、兖州的百济人又被移居到建安古城。

　　综上，通过高句丽、百济内徙群体性移民的分布地域来看，无法切实地将海州也就是今连云港地区与高句丽人或百济人文献中记录的首次迁入分布地完全对应。

四

　　那么新罗侨民的分布区域与海州有无交集呢？

---

　　① 冯立君：《汉唐时代与百济历史——研究内涵、历史书写与学术谱系》，《社会科学战线》2019年第10期。冯立君：《百济集史》，社会科学文献出版社，2019年，第71-75页。

　　② 金荣官：《百济遗民入唐经纬及其活动》，拜根兴、冯立君等编译：《古代东亚交流史译文集》第一辑，中国社会科学出版社，2018年。

　　③ 《资治通鉴》卷二〇二，仪凤元年，第6379页。

　　④ 金荣官：《百济遗民入唐经纬及其活动》，拜根兴、冯立君等编译：《古代东亚交流史译文集》第一辑，第154-175页。

关于新罗侨民的研究曾是中韩关系史的一个热点。① 这些入唐的新罗侨民有一个"在唐新罗人"的称谓。中国学者李宗勋《新罗坊考》② 从新罗聚居区的形成诸面相入手，对新罗侨民问题做了开拓研究。陈尚胜重点关注登州、莱州、密州等今山东沿海地区的新罗侨民村落，将其形成原因归为李正己三代淄青镇经营中对新罗人口的掠卖；唐朝在平定淄青镇李氏割据势力后对新罗奴婢所采取的解放政策，使新罗人得以聚居于山东沿海地区；新罗人张保皋在东亚海域的活动，加强了唐代新罗人的凝聚力并促进了新罗侨民社区的形成。③ 韩国学者权惠永《在唐新罗人社会研究》④ 是一部集大成之作，他的这部专著在绪论中用了很大篇幅对中韩日先贤学者对于"在唐新罗人"的多方面研究成果进行了总结和分析。

新罗侨民分布的地域对于解决连云港即唐代海州地区朝鲜半岛移民身份具有重要意义。前辈学者对此的研究，可归纳为如下两点：一是在唐新罗人总体的分布格局；二是张保皋时代新罗人繁盛的东亚海上贸易网络。从新罗人的分布格局可以看到，新罗人集中分布在今山东、江苏、浙江沿海一带。连云港地区处于这一分布区内，但并非核心地带，而是南（浙江）、北（山东）两个集中聚居区之间的一个偏向内陆的连接点。从张保皋时代东亚海上贸易网络来看，连云港地区仍然不是关键节点，而是处在一个相对边缘的区域，在赤山、楚州之间沿海偏向内陆的一片领域，并不突出。⑤

唐代关于新罗人被掳掠到沿海为奴婢的史实，史有明文：

> 长庆元年（821），平卢薛平奏：海贼掠卖新罗人口于缘海郡县，请严加禁绝，俾异俗怀恩。从之。⑥
>
> 长庆三年（823），敕不得买新罗人为奴婢，已在中国者即放归其国。⑦

这些新罗奴婢与成"村落"地落户唐朝的新罗移民群体社会有所不同，因为奴婢必

① 冯立君：《韩国学的"古代对外关系史"视角》，《当代韩国》2015 年春季号。

② 李宗勋：《新罗坊考》，《朝鲜—韩国文化与中国文化》，中国社会科学出版社，1994 年。李宗勋：《新罗村落民生产生活状况》，《延边大学学报》1993 年第 3 期。

③ 陈尚胜：《唐代的新罗侨民社区》，《历史研究》1996 第 1 期。陈尚胜：《论唐代山东地区的新罗侨民村落》，《东岳论丛》2001 年第 6 期。

④ 권덕영：《재당 신라인사회 연구》，일조각，2005（权惠永：《在唐新罗人社会研究》，一潮阁，2015 年）。

⑤ 권덕영：《재당신라인사회연구》，일조각，2005，p. 145，295.

⑥ 《旧唐书》卷一六《穆宗本纪》，第 486–487 页。

⑦ 《旧唐书》卷一六《穆宗本纪》，第 502 页。

然大多居住在城市，而与唐人交错杂居。

　　归结起来，入唐高句丽、百济、新罗人分布的区域大体有如下重叠之处，主要是高句丽人与新罗人可能在今山东沿海地区，百济人与新罗人在徐州、兖州一带有交集。当然这只是根据主要方向假设的，前提是唐朝安置高句丽与百济人之后不再迁徙流散，新罗人有行迹之地即为其分布区。

　　连云港地区，在唐代属于海州。对此，《旧唐书·地理志》"海州"条载：

　　　　海州中　隋东海郡。武德四年，置海州总管府，领海、涟、环、东楚四州。海州领朐山、龙沮、新乐、曲阳、沭阳、厚丘、怀仁、利城、祝其九县。六年，改新乐为祝其。七年，以东楚州属扬府，又以沂州来属。八年，废环州及龙沮、祝其、曲阳、厚丘、利城六县，仍以废环州之东海来属。九年，废涟州。贞观元年，罢都督府。天宝元年，以海州为东海郡。乾元元年，复为海州。旧领县四：朐山、东海、沭阳、怀仁，户八千九百九十九，口四万三千六百九十三。天宝，户二万八千五百四十九，口十八万四千九。在京师东二千五百七十里，至东都一千七百五十四里。①

　　从地理交通来看，唐代海州在东亚陆海交通中的地位较为特殊，荣新江曾以《海州大云寺禅院碑》为出发点，论证唐代海州在与东亚特别是新罗交往中的作用。② 该文的考证一是结合敦煌《水部式》中"沧、瀛、贝、莫、登、莱、海、泗、魏、德等十州共差水手五千四百人，三千四百人海运，二千人平河，宜二年与替，不烦更给勋赐"③，与《旧唐书》"诏发淄、青、莱、海之兵七千人，遣左威卫将军孙仁师统众浮海赴熊津"④ 的记载相联系，将唐朝百济之役海上之战与海州提供的大量海运人员之间的关联揭示出来。

　　更为关键的是，日本僧人圆仁入唐求法过程中得到在唐新罗人的大力帮助，在他的日记《入唐求法巡礼行记》⑤ 中载有他在海州时与新罗人交往的不少记事。

──────────

① 《旧唐书》卷三八《地理志·河南道》，第 1445 页。

② 荣新江：《唐与新罗文化交往史证——以〈海州大云寺禅院碑〉为中心》，《韩国研究》第 3 辑，杭州出版社，1996 年，第 14－34 页。收入氏著：《丝绸之路与东西文化交流》，北京大学出版社，2015 年。

③ 王永兴：《敦煌写本开元水部式校释》，《敦煌吐鲁番文献论集》第 3 辑，北京大学出版社，1986 年，第 44 页。

④ 《旧唐书》卷一九九上《百济传》，第 5332 页。

⑤ 圆仁撰，小野胜年校注，白化文等修订校注：《入唐求法巡礼行记校注》，花山文艺出版社，1990 年。

笔者将该书圆仁与海州直接相关的记载抉出，共计十五条，内容与性质粗略统计如下表所示。

表1　《入唐求法巡礼行记》海州直接相关的记事

记事	相关度	时间
早朝，沙金大二两、大坂腰带一送与新罗译语刘慎言。……又有敕，转牒海州、登州路次州县支给。	直接（海州等支给）	唐文宗开成四年（839）三月廿二日
申时闻唐人道："第二船使以今月十四日发自海州东海县。"……此楚州北有大淮，自西而东流。	直接（海州消息）	三月廿三日
从海口一船来，便问"何处来？"船人答云："从海州来。日本国第二船以今月廿四日出海州到东海县，昨见未发。"	直接（海州来船）	三月廿六日
平明，九个船悬帆发行。卯后从淮口出，至海口，指北直行。……水手稻益驾便船向海州去。望见东南两方大海玄远，始自西北山岛相连，即是海州管内东极矣。申时到海州管内东海县东海山东边，入澳停住。	直接（入海州境）	三月廿九日
新罗水手申云："自此北行一日，于密州管东岸有大珠山。今得南风，更到彼山修理船，即从彼山渡海，甚可平善。"节下应之，而诸官人不肯。	直接（入海州境）	四月一日
第二船头长岑宿祢申云："其大珠山计当新罗正西，若到彼进发，灾祸难量。加以彼新罗与张宝高兴乱相战，得西风及乾坤风，定着贼境。案旧例：自明州进发之船，为吹着新罗境；又从扬子江进发之船，又着新罗。今此度九个船北行既远，知近贼境，更向大珠山，专入贼地，所以自此渡海，不用向大珠山去。"	直接（海州近新罗）	四月二日
请益僧先在楚州与新罗译语金正南共谋：到密州界留住人家，朝贡船发，隐居山里，便向天台，兼往长安。……涉浦过泥。申时到宿城村新罗人宅。暂憩息，便道新罗僧从密州来此之意。……思虑之会，海州四县都游［奕］将下子巡军中张亮、张茂等三人带弓箭来，问："从何处来？"……爰军中等的然事由，僧将僧等往村长王良家。任军中请，具录留却之由与押衙，僧等便作状交报。……爰子巡军中等更加别状，遣报押衙都游奕所。	直接（下船登岸）	四月五日

（续上表）

记事	相关度	时间
天晴，县家都使来请状，依昨样作状与之。子巡将等差夫二人遣泊船处，令看彼船发未。……少时押衙差州司衙官李顺把状走来。其状称："彼九只船发未？专到那岛里看定虚实，星夜交人报来者。"子巡张亮据看船使说便作"船已发，并不见"之状，差人报示于押衙所。	直接 （海州官衙交涉）	四月六日
卯时，子巡军中张亮等二人雇夫令荷随身物，将僧等去。……巳时，到县家。都使宅斋。……少时有一军中迎来。云："押衙缘和尚等迟来，殊差使人催来。"未时，到兴国寺。寺人等云："押衙在此，不得待迟来，只今发去。"寺主煎茶。便雇驴三头，骑之发去。……行廿里到心净寺，是即尼寺。押衙在此，便入寺相看，具陈事由。押衙官位姓名：海州押衙兼左二将十将、四县都游奕使、勾当蕃客、朝议郎、试左金吾卫张实。啜茶之后，便向县家去。更雇驴一头。从尼寺到县廿里。晚头，到县，到押司录事王岸家宿。	直接 （海州押衙）	四月七日
得押衙报，称："明日差使报文登县，取得帖报，专使驰报于赤山院。留心相待者。"院里众僧及押衙并村人皆云："青州以来诸处，近三四年有蝗虫灾……如欲要行，且向扬、楚州界，彼方谷熟，饭食易得。若欲遂本愿，从楚州、海州直大路向北亦得。"	直接 （取道海州）	开成五年（840） 正月廿一日
得县牒及递送人，向州［海州］发去。崔十二郎雇船，排比路粮、碗垒、菜蔬等。一切周备，便相别云："弟子有心欲得留和上从此发送归国，缘众人不肯及官家牒已了，奴力不及，不遂本心。秋后自拟到登州界，方冀相访。"云云。	直接 （向海州进发）	会昌五年（844） 七月十三日
到海州。入县通状，请暂停泊："日本国朝贡使船此间着岸，从此发归本国。圆仁等随使来朝，今归本国，节级递到此间，便是海岸。伏乞暂停泊当州，自觅舟船归本国。"长官云："近者新罗僧亦从京兆府递来，请于当州权泊，使君不肯，便递过。和上请停住事，亦应难。然县司不自由，事须经使君通状。"	直接 （复入海州境）	七月十五日

（续上表）

记事	相关度	时间
到怀仁，管海州。	直接	七月十八日
入州，[见]刺史，请从当州归国，刺史不与道理，仍判云："准敕递过。州司不敢停留。告知者。"	直接 （入海州，拜见刺史）	七月十六日
发。从海州向北无水路，虽傍海行而不见海，终日过野便入山。	直接	七月十七日
到登州，见萧端公——新来赴任。……从海州直到登州已来路境不可行得。……出野入山，出山入野。……向北一直一千三百里尽是山野，虽近海边不曾见海，到登州方始见海。	直接 （离开海州到登州）	八月十六日
闻："入新罗告哀兼吊祭册立等副使、试太子通事舍人、赐绯鱼袋金简中、判官王朴等到当州牟平县南界乳山浦，上船过海。"有人谗佞张同十将："遣国章拟发送远国人，贪造舟，不来迎接天使。"云云。副使等受其谗言，深怪。牒举国制"不许差船送客过海"等。张大使不敢专拒，仍从文登界过海。归国之事不成矣。商量往明州，趁本国神御井等船归国。缘目下无船往南，将十七端布雇新罗人郑客车载衣物，傍海望密州界去。	直接 （徘徊海州附近）	唐宣宗大中元年（847）闰三月十日
黄昏，到海州界东海山田湾浦，泊船候风。	直接 （再入海州界）	五月十四日
发，到中路，风变无定。漂流终日竟夜。	直接 （最后一次离开海州）	五月十八日

　　有学者已经从东亚译语人的视角对此有所揭橥，而实际上唐代新罗人聚居区域在东亚国际关系中的独特角色和历史事实所蕴含的内涵还有进一步挖掘的空间。通过新罗人与日本入唐僧人的互动联系，我们可以看到东部沿海地区新罗人的巨大活力与绵密的动态。特别是海州及其相连地区，无疑有相当数量的新罗人群体存在，他们在东亚交流中发挥的作用经由圆仁不朽的行记而得以彰显。

　　质言之，从地理交通等方面看，高句丽人、百济人、新罗人在海州地区活动的可能性都存在，但是如果将其限定为中下层的群体性移民，则新罗侨民的可能性更高，其在文献中的证据更充分一些。

那么，如果重新对比、检视这一移民群体的考古学资料，会不会有新的发现？

五

从考古学的角度，连云港封土石室墓埋葬人群身份的三种主张全都既存在一定合理性，又有其无法自圆其说的漏洞。首先，这一人群的身份是新罗人的可能性相对而言更大一些。因为新罗人与唐朝关系存续时间更长，往来于半岛与中国东部沿海的可能性不可排除。但需要重新观察新罗统一以后的墓葬形式，特别是平民而非贵族的。高句丽移民说并非错误，从石室墓外形来看确实和集安高句丽墓葬很像，但是即使将之与高句丽人相联系，需要考察的也是平壤地区而非集安地区的封土石室墓。这是由于从时间上讲，连云港地区封土石室墓埋葬人群只能是高句丽灭亡后迁徙而至。集安的国内城在427年以后不再作为都城，至668年时已有二百余年。百济移民说的直接证据也略显不足，但韩国出土的百济墓葬特别是平民墓葬的形制等细节需要对比分析和进一步的细致实证。

因此，笔者在重新对比分析这些观点的正反论据材料的过程中形成一种思路，就是重新梳理7世纪高句丽、百济、新罗墓葬及其考古遗迹。另外，目前对封土石室墓埋葬人群身份的推断结论非此即彼，都是从高句丽、百济、新罗三者中撷取一方，而排斥另外两方。而对于唐代海东高句丽、百济、新罗三国移民的共时性研究不多，也鲜有集中于三者相互关系的研究。在唐代海州，高句丽、百济、新罗三种人群存在交叉的区域，是否有人群混融交错的可能性？前引唐代史料一方面已经透露出高句丽、百济人接触的可能性（甚至"相犯"）及其在法律上的相关规定（赋税、刑法）；另一方面，二者高层的直接互动恐怕也因唐朝辽东政策而牵扯在一起（祭祀泰山、共同安抚、辽东地区羁縻府州的混融，即百济寄居于安东）。而高句丽人与新罗人的接触更为显著，如李正己对新罗的押领，山东境内新罗人之间的联系等。因此，三者在唐代内部的交融无疑是极为可能的。当然，正如唐朝内部各族交织融合的程度较高一样，唐朝的海东人群族际界限的消泯最终将成为必然。① 韩国一些学者所认为的山东地区高句丽人后裔李正己及其子孙的统治对新罗人的不友好与世代仇敌的意识有关，这一观点也具有合理性，因为在新罗境内故百济地区还存在根深蒂固的仇视新罗意识（例如，在甄萱等人残害新罗人、后百济国的重新崛起中，这一线索都有迹可循）。

7世纪末，在唐朝的东北边疆，一部分高句丽人、靺鞨人、汉人凝聚为一个新的政治军事集团，他们趁着契丹人在营州发动叛乱的契机，自辽西东迁进入辽东北部，建立

---

① 冯立君：《高句丽泉氏与唐朝的政治关系》，《社会科学战线》2018年第8期。

政权，后来他们以唐朝皇帝册封的"渤海"为国号，逐步将介于中原王朝、草原帝国、靺鞨世界、统一新罗之间的区域整合进统治区内。而契丹也从辽东、辽西一带崛起，在唐五代以后在中原之北创建了一个草原帝国。早在 7 世纪中叶，新罗统一了朝鲜半岛中南部，百济故地和高句丽南部故地已成为新罗地方统治区的一部分，新罗国家凝聚多族群蜕变为新的政治体，日益形成后来作为朝鲜民族主流文化根本的"新罗文化"。在辽东和朝鲜半岛的高句丽、百济人，分别被吸收进渤海和新罗（此外，除了中原流向，还有不少散入日本、突厥等地）。①

总之，连云港地区封土石室墓埋葬主人的身份是高句丽、百济人的可能性远低于是新罗人的可能性，具体的细节证据还有待补充和丰富，而学界对此认识的不确定性却同时带有莫大的启发性，这让我们更加期待后续史料的探索和发现。

作者简介：

冯立君，陕西师范大学东亚历史研究所研究员。

---

① 最近，对于新发掘的吉林省和龙市渤海国墓葬的石室墓类型，韩国一些学者认为"理所当然地属于高句丽的传统"，这也代表了这部分学者对于高句丽石室墓在东北亚墓葬体系中的历史定位的认识。송기호：《용해구역 고분 발굴에서 드러난 발해국의 성격》，《고구려발해연구》 38，2010（宋基豪：《龙海地区古坟发掘所见的渤海国的性格》，《高句丽渤海研究》第 38 辑，2010年）。

论宋仁宗朝对夏战争的军事决策及西北边防的战略转向

——以定川寨之战的演进为中心①

王战扬

[提要] 在定川寨之战前，宋廷忙于处理契丹渝盟问题，无暇顾及西北，元昊趁机发动定川寨之战。副都部署葛怀敏否决了王沿战前制定的在瓦亭寨设伏待敌和在第背城诱敌深入、出奇制胜的军事决策。葛怀敏为与敌决战盲目行军，弃守转攻。元昊则反客为主，坐镇定川寨，设计诱使葛怀敏进其包围圈，并切断水源，断其后路，诱敌深入，包围了葛怀敏全军，宋军大败。时人评价葛怀敏并不具备将帅的军事素质，因贪功轻敌而致败，苏颂则认为定川寨之战中葛怀敏等将士有矢石之功，消耗了西夏的国力。经此大败以后，宋廷更加厌战，加之元昊也有请和之心，在契丹的撮合之下，两国达成和议，弭兵共处，北宋在西北边防的战略彻底转向保守。宋仁宗朝定川寨之战之所以大败，与中央军事决策的弱化，以及缘边经略安抚使临敌决策与战场统兵官执行之间的矛盾、失误有极大的关系。

[关键词] 宋仁宗；定川寨之战；军事决策；战略转向

---

① 本文系 2021 年河南省高校人文社会科学研究一般项目"北宋西北边防军事决策研究"（项目编号：2021 – ZZJH – 048）阶段性成果。

众所周知，自澶渊之盟以后，宋与辽保持了长期的和平共处，随着西夏的崛起，元昊常利用辽对北宋形成牵制之势，这在好水川之战以后表现得尤为明显。在宋与辽有关渝盟问题交涉的过程中，元昊趁机发动定川寨之战，宋朝在西北边防再次受挫，葛怀敏战殁。以往关于定川寨之战的研究主要侧重于论述战争的经过及其影响等内容，① 本文以军事决策为视角，一是探讨契丹渝盟与定川寨之战的爆发之间的关系；二是论述缘边经略安抚使的临敌决策及副都部署战场执行之间的矛盾与问题；三是考察宋廷战后西北边防的战略转向问题。希冀在前人研究的基础之上，能够对揭示北宋中央与边防之间在对夏战争中的互动关系及其存在的诸多弊病有所助益。

一、契丹渝盟与定川寨之战的爆发

宋与西夏的两次战争失败以后，西北边防士气低落，宋廷逐渐放弃攻策转向守势。然而正当北宋旧痛未平之际，最大的心腹之患辽朝又将渝盟，使其再添新忧，"朝廷为之盱食"②。庆历二年（1042）二月丁丑，"契丹谋聚兵幽蓟，遣使致书求关南地。知保州、衣库使王果，先购得其书稿以闻，且言：'契丹潜与昊贼相结，将必渝盟。请自广信军以西缘山口贼马出入之路，预为控守。'诏札付河北安抚司，密修边备"。③ 辽朝本次想要通过集兵幽蓟对宋朝施加压力，迫使其割关南之地。保州知州王果得知情报以后，将辽与西夏勾结之事上报了朝廷，认为契丹必然背盟，请求朝廷在广信军以西缘山口契丹兵马出入的要道加强防备。朝廷收到奏报以后，下诏令河北安抚司秘密修筑边备。又如"先是，西兵久不决，（刘）六符以中国为怯且厌兵，因教其主聚兵幽、涿，声言欲入寇。而六符及英先以书来求关南十县"。④ 庆历二年三月己巳，"契丹遣宣徽南院使归义节度使萧英，翰林学士、右谏议大夫、知制诰、同修国史刘六符来致书"，其内容如下：

> 弟大契丹皇帝谨致书兄大宋皇帝，粤自世修欢契，时遣使轺，封圻殊两国之名，方册纪一家之美。盖欲洽于绵永，固将有以披陈。窃缘瓦桥关南是石晋所割，

---

① 代表性的相关成果有：（台湾）"三军大学"编著：《中国历代战争史》，军事译文出版社，1983 年；刘庆、毛元佑：《中国宋辽金夏军事史》，人民出版社，1994 年；吴天墀：《西夏史稿（增订本）》，四川人民出版社，1980 年；李华瑞：《宋夏关系史》，河北人民出版社，1998 年。

② 司马光撰，邓广铭、张希清点校：《涑水记闻》卷九《契丹遣使奉书入见》，中华书局，1989 年，第 168 页。

③ 《续资治通鉴长编》卷一三五，庆历二年二月丁丑，中华书局，2004 年，第 3220 页。（以下简称《长编》）

④ 《长编》卷一三五，庆历二年三月己巳，第 3230 页。

迤至柴氏，以代郭周，兴一旦之狂谋，掠十县之故壤，人神共怒，庙社不延。至于贵国祖先肇创基业，寻与敝境继为善邻。暨乎太宗绍登宝位，于有征之地，才定并汾，以无名之师，直抵燕蓟，羽召精锐，御而获退，遂至移镇国强兵、南北王府并内外诸军，弥年有戍境之劳，继日备渝盟之事，始终反覆，前后谲尝。窃审专命将臣，往平河右，炎凉屡易，胜负未闻。兼李元昊于北朝久已称藩，累曾尚主，克保君臣之道，实为甥舅之亲，设罪合加诛，亦宜垂报。迩者郭稹特至，杜防又回，虽具音题，而但虞诈谋。已举残民之伐，曾无忌器之嫌，营筑长堤，填塞隘路，开决塘水，添置边军。既潜稔于猜嫌，虑难敦于信睦。傥或思久好，共遣疑怀，曷若以晋阳旧附之区，关南元割之县，俱归当国，用康黎人。如此，则益深兄弟之怀，长守子孙之计。缅惟英悟，深达悯悚。适届春阳，善绥冲裕。①

书信中首先追溯了自石敬瑭割地以后，关南之地在历史上的主权归属问题，认为后来周世宗及宋太宗得地均不正；其次，元昊向辽朝称臣，已是甥舅之亲，而宋朝与其发生战争却不曾相报；最后，宋朝在缘边修堤筑路，开塘增兵，是不相互信任和不友好的表现。实际上，辽与西夏的甥舅关系是威胁北宋割地的第一条借口。宋廷收到辽的书信以后，朝野震惊，赶紧召集臣僚商讨出使人选，可见辽在宋朝君臣心目中的地位："边吏言契丹泛使且至，朝廷为之旰食，历选可使敌者，群臣皆惮行。宰相吕夷简举右正言、知制诰富弼，入对便殿，叩头曰：'主忧臣辱，臣不敢爱其死。'上为动容。"② 宋朝君臣此时已将处理辽请求割地问题作为头等大事③，西北边防的西夏问题已处于次要地位，富弼临危受命，被宰相吕夷简推荐为使辽谈判人选。庆历二年四月庚辰，"以右正言、知制诰富弼为回谢契丹国信使，西上阁门使符惟忠副之"④。回复的书辞中指出："元昊赐姓称藩，禀朔受禄，忽谋狂僭，俶扰边陲。向议讨除，已尝闻达，杜防、郭稹传道备详，及此西征，岂云无报。"⑤ 宋朝反驳了其与西夏发生战争不曾相告的问题。

而正在宋辽谈判之时，元昊趁火打劫，发兵占据承平寨。庆历二年四月戊子，"元昊之据承平寨"⑥，但不久便被西北边将击退，并没有引起朝廷的重视。后来宋朝将边备的重心转向北部的辽朝，并调遣西北边防的得力边将到北部边防任职。知谏院张方平

---

① 《长编》卷一三五，庆历二年三月己巳，第 3229－3230 页。

② 《长编》卷一三五，庆历二年三月己巳，第 3231 页。

③ 参见李华瑞的观点，他认为"北宋在制定对西夏政策时必先考虑辽朝的态度"（李华瑞：《宋夏关系史》，河北人民出版社，1998 年，第 369 页）。

④ 《长编》卷一三五，庆历二年四月庚辰，第 3234 页。

⑤ 《长编》卷一三五，庆历二年四月庚辰，第 3235 页。

⑥ 《长编》卷一三五，庆历二年四月戊子，第 3238 页。

言："势不得已，莫若且取陕西偏裨之知名者，如狄青、范全辈，每路辄徙一两人。况自西鄙用兵已来，三年于兹，立功将士如青等，未尝得一到京辇，仰望天颜。若以此为名，召之赴阙，量其材器，稍迁用之，追崇勋等，使奉朝请。议者或谓西、北事均，若青等被夺，必恐西帅有辞。且陕西四路，各据千里之地，连城数十，官吏将佐以千计，胜兵众矣，岂不能选练偏裨以自为用，一旦天子登一小校于朝而辞焉，爱君体国者义不如是。及兹盛夏，边未有虞，可速致之。比富弼使归，幸而盟好未渝，即各还之本路，若敌兵南向，且使分捍北方。"① 张方平认为如果契丹渝盟，朝廷在不得已的情况下，可将西北知名边将狄青等人调往抗辽，如果富弼谈判成功，契丹未渝盟，则再将西北诸将归还本路。其后又上奏朝廷令陕西马军东归备辽："今方北备契丹，乃是用骑之地，乞以陕西新团士兵，多换马军东归，一以省关中之挽输，一以备河北之战守。"② 即"抽换陕西兵马待河北事宜"③，这种做法显然容易导致西北边防空虚的后果，为元昊的进犯提供了较大的空间。宋朝没有完全听从张方平的建议，"朝廷虑契丹将渝盟，乃徙（张）亢高阳"④。正当富弼与辽朝谈判之时，集贤校理欧阳修却提出进攻西夏的主张：

兵法曰："上兵伐谋，其次伐交。"敌人通好仅四十年，不敢妄动，今一旦发其狂谋者，其意何在？盖见中国频为元昊所败，故敢启其贪心，伺隙而动尔。今督励诸将，选兵秣马，疾入西界，但能痛攻昊贼一阵，则吾军威大振，而敌计沮矣。此所谓"上兵伐谋"者也。今论事者，皆知西、北欲并二国之力，窥我河北、陕西，若使西北并入，则难以力支。今若我先击败一处，则敌势减半，不能独举。此兵法所谓"伐交"者也。元昊地狭，贼兵不多，向来攻我，传闻北敌常有助兵。今若敌中自有点集之谋，而元昊骤然被击，必求助于北敌，北敌分兵助昊，则可牵其南下之力，若不助昊，则二国有隙，自相疑贰，此亦"伐交"之策也。假令二国刻期分路并入，我能先期大举，则元昊仓皇，自救不暇，岂能与北敌相为表里？是破其素定之约，乖其刻日之期，此兵法所谓"亲而离之"者，亦"伐交"之策也。昊贼叛逆以来，幸而屡胜，长有轻视诸将之心，今又见朝廷北忧契丹，方经营于河朔，必谓我师不能西出。今乘其骄怠，正是疾驱急击之时，此兵法所谓"出其不意"者，取胜之上策也。前年西将有请出攻者，当时贼气方盛，我兵未练，朝廷尚许其出师，况今元昊有可攻之势，此不可失之时。彼方幸吾忧河北，而不虞我能西征，出其不意，此可攻之势也。自四路分帅，今已半年，训练恩信，兵已可用，故近日

① 《长编》卷一三五，庆历二年四月丙申，第3239—3240页。
② 《长编》卷一三七，庆历二年九月癸亥，第3291页。
③ 《长编》卷一三七，庆历二年闰九月壬午，第3298页。
④ 《长编》卷一三六，庆历二年五月甲辰，第3247页。

屡奏小捷，是我师渐振，贼气渐衄，此可攻之势也。苟失此时而使二敌先来，则吾无策矣。臣愿陛下不以臣言为狂，密诏四路之帅协议而行之。①

欧阳修的奏疏可以总结为四点：一是宋与辽通好已四十年，其见宋屡被元昊所败，贪心便起，今当大举攻夏，重振军威，若先击败西夏，则可分辽夏连谋之势；二是宋若攻夏，元昊突遭袭击，必然求助于辽，辽若分兵救夏，便减其南下之兵，如果不救西夏，两国便产生嫌隙；三是元昊长期以来有轻敌之心，现在朝廷正忙于处理契丹渝盟问题，其必然不会料到宋朝有攻夏之举，所以此时发兵可以出其不意；四是现在宋军已经操练，士气正盛，西夏士气低落，正是进攻的有利时机。欧阳修虽在文中援引兵法，实则却不懂兵法，只不过是空谈理论罢了。其在文中也不曾提及粮草供给与军队用水问题，不曾提及统兵将帅的人选问题，亦不识深入之患和敌我形势。一般而言，在长期的战争中，宋军表现出的特点即是长于守御，短于进攻。宋与西夏的延州之战、好水川之战都属于守御之战，尚且大败，以步兵为主的宋军若长途跋涉，深入西夏腹地，粮草军需供给不足，也必然招致失败的结局。何况任福在好水川之战全军覆没，朝廷深受打击，已转攻为守，且处理契丹渝盟问题是朝廷的头等大事，欧阳修的奏疏正好与朝廷在西北的边政理念相悖，当然得不到采纳。如果宋朝贸然采取军事措施，进攻西夏，必然两面受敌，引火烧身。但是从其奏疏却可以看出，处理契丹渝盟问题对宋朝在西北边防军事决策的权衡影响至深。庆历二年七月壬戌，富弼入辽以后，与其国君辽兴宗面谈西夏之事，辽兴宗言："元昊称藩尚主，南朝伐之，不先告我，何也？"弼曰："北朝向伐高丽、黑水，岂尝报南朝乎？天子令臣致意于陛下曰：'向不知元昊与弟通姻，以其负恩扰边，故讨之，而弟有烦言，今击之则伤兄弟之情，不击则不忍坐视吏民之死，不知弟何以处之？'国主顾其臣胡语良久，乃曰：'元昊为寇，岂可使南朝不击乎？'"② 宋廷通过外交的途径，解决了辽朝对其在处理西夏问题上之责问，辽兴宗认为西夏寇边，宋朝理当回击。庆历二年（辽兴宗重熙十一年闰九月癸未）闰九月，宋朝最终以增加岁币为条件解决了契丹渝盟问题，史称"庆历增币"或"重熙增币"。元昊蓄谋已久，在得知宋辽欲重订盟约的情报后，发动了定川寨之战："元昊声言入寇，是月辛未朔，王沿命（葛）怀敏将兵御之。"③ 从庆历二年二月到闰九月长达九个月的时间里，一直忙于处理契丹渝盟问题的宋廷事实上无暇顾及西北边防地区，甚至一度想从西北延边抽将调兵到宋辽边境，以防契丹举兵南侵，为元昊发动定川寨之战提供了契机。宋廷将边政处理重心转向保守和宋辽边防以后，西北边防显然有失对西夏的大力备御。在轻视西夏心

① 《长编》卷一三六，庆历二年五月甲寅，第 3257-3258 页。

② 《长编》卷一三七，庆历二年七月壬戌，第 3284-3285 页。

③ 《长编》卷一三七，庆历二年闰九月辛未，第 3295 页。

态的主导之下，宋廷在定川寨之战前并未做出及时的军事决策，边防统兵官的临敌决策与执行显得尤其关键。

二、定川寨之战的演进与西北边防临敌决策

泾原路经略安抚招讨使王沿在得到元昊入寇的情报以后，迅速做出军事决策，"副都总管葛怀敏率兵出捍，沿教怀敏率兵据瓦亭待之。怀敏进兵镇戎，沿以书戒勿入，第背城为砦，以羸师诱贼，贼至，发伏击之可有功。怀敏不听，进至定川，果为所败"。①本段史料概括地反映了泾原路文臣经略安抚招讨使王沿边防军事决策的制定与武将副都总管葛怀敏执行之间的矛盾，王沿第一道军事决策是令葛怀敏占据瓦亭寨待敌深入，而葛怀敏不执行其决策，率兵直驱镇戎军。这时王沿退而求其次，根据葛怀敏所处的位置，下达第二道军事决策，并在书信中警告葛怀敏不可轻进镇戎军，令其在第背城安营扎寨，预设伏兵，诱敌深入。葛怀敏本次也未执行王沿的军事决策，行军至定川寨被元昊所败。

通过仔细翻检史料，并不难梳理出定川寨之战的整个过程。下面从定川寨之战演进中的具体细节，深入分析葛怀敏在执行泾原路帅臣军事决策及其本身在战场上的临敌决策存在的诸多问题。庆历二年闰九月己卯（初九），葛怀敏首先率兵"至瓦亭寨，遣本寨都监许思纯、新环庆都监刘贺以蕃兵五千余人为左翼、天圣寨主张贵为殿后"②，其在瓦亭寨与许思纯、刘贺、张贵会合以后，并未执行泾原经略安抚使王沿的军事决策，未能在瓦亭寨设伏待敌。"戊子（初十），进屯五谷口"③，实际上此时葛怀敏已出瓦亭寨，准备进兵镇戎军，其目的便是寻找元昊的兵马决战。而王沿见葛怀敏出瓦亭寨，便告诫其勿入，令其在第背城安营设伏。而葛怀敏一心想要与元昊决战，立下奇功，于是违反命令率兵直接到了镇戎军。到镇戎军以后，"知镇戎军曹英、泾原路都监赵珣、西路都巡检李良臣、孟渊，皆自山外来会，沿边都巡检使向进、刘湛为先锋，赵瑜总奇兵为援"④。从以上会兵随行统兵官来看，其皆不是边防久经战阵的知名宿将，无法与先前的刘平、任福等人生前名望相提并论。

诸将在镇戎军会合以后，"及大军次安边寨，给刍秣未绝，怀敏即离军，夜至安远堡北一里而舍"⑤。此时葛怀敏已完全否定了经略安抚使王沿的两道军事决策，大军在

---

① 《宋史》卷三〇〇《王沿传》，中华书局，1985 年，第 9959 页。
② 《长编》卷一三七，庆历二年闰九月己卯，第 3300 页。
③ 《长编》卷一三七，庆历二年闰九月戊子，第 3300 页。
④ 《长编》卷一三七，庆历二年闰九月戊子，第 3300 页。
⑤ 《长编》卷一三七，庆历二年闰九月戊子，第 3300 页。

安边寨驻扎，行军途中粮草虽未尽绝，但是能支撑的时日恐怕已不多。大军虽驻扎在安边寨，但是葛怀敏作为行军统帅，夜间却擅自离营在安远堡北一里处住下。"庚寅（二十），领大军自镇戎军西南，又先引从骑百余以前。走马承受赵政以为距贼近，不可轻进，怀敏乃少止。"① 葛怀敏率兵离开了安边寨和安远堡到镇戎军西南，在行军过程中，其又先率领百余名骑兵走在大军之前，走马承受赵政认为距离元昊越来越近，不可轻易再往前进军，葛怀敏才慢慢停下来。"晚，趋养马城。曹英及泾原都监李知和王保王文、镇戎都监李岳、西路都巡检赵麟等分兵屯镇戎城西六里，夜则入城自守，凡三日，至是亦趋养马城，见怀敏，闻元昊徙军新壕外，乃议质明掩袭。"② 即到了夜晚，葛怀敏军队至养马城，曹英等其余诸将分兵屯驻在镇戎城西六里处，夜间则进城自守，三日以后也都率兵到了养马城与葛怀敏会兵一处。赵珣对葛怀敏上攻敌计策："贼远来，利速战，其众数倍，锐甚。为今之计，且以奇制之，宜依马栏城布栅，扼贼归路，固守镇戎以便饷道，俟其衰击之，可必胜。不然，必为贼所屠。"③ 元昊长途跋涉而来，所带军需粮草有限，利于速战速决，且其军队兵马数倍于宋军，充满锐气。宋军现如今应避敌锐气，据马栏城布下栅寨，控遏其归路，固守镇戎军，保障宋军粮饷通达，作持久之战，等到元昊军队士气衰退，出奇制胜，不然必被元昊军所败。葛怀敏立奇功之心切，认为"兵因敌而制胜"④，必然不听守城而战之策："怀敏不听，命诸将分四路趋定川寨，刘湛、向进出西水口，赵珣出莲华堡，曹英、李知和出刘璠堡，怀敏出定西堡。"⑤

　　葛怀敏抛弃部将赵珣的计策以后，制定出了主动进攻的军事决策，令诸将分为四路进军定川寨与敌决斗，四路大军分别从西水口、莲华堡、刘璠堡、定西堡而出。由此可见，葛怀敏未能认清其作为主场作战的有利地位，放弃了守城设伏而战的地理优势，一味追寻与敌军决战，最终中了元昊的圈套。在四路大军行进的过程中，"辛卯（二十一），刘湛、向进行次赵福新堡，遇贼，战不胜，保向家峡，而赵珣、曹英、李良臣、孟渊等将趋定川，怀敏且令援赵福堡。未行，谍言贼已屯边壕上，复召珣等入定川。会李知和麾下蕃落将报贼五千人列定川寨北，顷之，王文、李知和、定川寨主郭纶又报已拔栅逾壕。怀敏命赵珣与其子宗晟先行，日几午，怀敏入保定川寨。贼毁板桥，断其归路，别为二十四道以过军环围之。又绝定川水泉上流"⑥。刘湛、向进行军至赵福新堡

---

①　《长编》卷一三七，庆历二年闰九月庚寅，第 3300 页。

②　《长编》卷一三七，庆历二年闰九月庚寅，第 3300 页。

③　《长编》卷一三七，庆历二年闰九月庚寅，第 3300 – 3301 页。

④　（北宋）晁补之：《济北先生鸡肋集》卷六四《太常少卿分司西京石君墓志铭》，四部丛刊初编，商务印书馆，1936 年，第 485 页。

⑤　《长编》卷一三七，庆历二年闰九月庚寅，第 3301 页。

⑥　《长编》卷一三七，庆历二年闰九月辛卯，第 3301 页。

遇西夏军，战败后转至向家峡，其余诸将到定川寨以后，葛怀敏令其回援赵福新堡。诸将还未来得及回师救援，葛怀敏得到情报言元昊大军已屯兵壕上，于是诸将回援之师又被召回至定川寨。很显然，宋军的动向已皆在元昊的掌控之中，葛怀敏由于军事情报滞后及四路大军配合不力，已造成尾大不掉之势，宋军已处于被动地位。不久葛怀敏又得到情报言西夏军五千人已到定川寨北，后得到奏报敌军已拔栅过壕。殊不知，这只是元昊大军包围定川寨用于诱敌的一小股势力，而葛怀敏却全然不知，进了元昊的包围圈。葛怀敏命令赵珣与其子葛宗晟率一军先行，将近中午时，葛怀敏已驻军定川寨。西夏军分为二十四道包围了定川寨，并拆毁板桥，阻断了葛怀敏的归路，定川寨上游的水源也被西夏军切断。

定川寨被西夏军团团包围以后，“粮道绝，军馁十日”①，葛怀敏军队已成瓮中之物，十分狼狈：“怀敏为中军，屯寨门东偏，曹英等阵东北隅。贼自偏江川、叶燮会出，四面俱至，先以锐兵冲中军，不动，回击曹英，黑风自东北起，部伍相失，阵遂扰，士卒攀城堞争入。英面被流矢，仆壕中，怀敏所部兵见之，亦奔骇。怀敏为众所拥，蹂躏几死，舆至瓮城，久之乃苏。怀敏选士据门桥，挥刀以拒入门者。赵珣等拥刀斧手前斗，及以骑军回合御贼，贼众稍却。然大军无斗志，赵珣累驰入，劝怀敏还军中。”②葛怀敏军队与敌力战，死伤惨重，其在乱军中也差点送了性命。葛怀敏的军队在西夏军的包围下垂死挣扎，欲突围而出至镇戎军，其与诸将做出了最后的军事决策：

> 是夕，贼聚火围城西隅，临西北部曰：“尔得非部署厅上点阵图者耶？尔善屯军，入我围中，今将何往？”夜二鼓，怀敏赍号召郝从政军来援，至四鼓，召曹英、李知和、王保、赵珣、王文、许思纯、刘贺、李良臣、赵瑜计议，莫知所出，遂谋结阵，走镇戎军。赵珣请自笼竿城往，曰：“彼无险，且出贼不意。”众不从。鸡鸣，怀敏自谕亲军左右及在后者不得动，平明从吾往安西堡，以曹英、赵珣为先锋，刘贺、许思纯为左右翼，李知和、王保、王文为殿后，听中军鼓乃得行。日加卯，鼓未作，怀敏先上马，而大军安堵未动。怀敏周麾者再，将径去，有执鞍者劝不可，怀敏不得已而还。参谋郭京及指使等取刍城中，未至，怀敏复上马，叱执辔者使去，不听，拔剑且击之，士遂散。怀敏骤马东南，驰行二里许，至长城壕，路已断，贼周围之，怀敏及曹英、李知和、赵珣、王保、王文、刘贺、李岳、张贵、赵磷、许思纯、李良臣、泾原巡检杨遵、笼竿城巡检姚奭、都巡检司监押董谦、同巡检唐斌、指使霍达皆遇害，余军九千四百余人、马六百余匹悉陷于贼。③

① 司马光撰，邓广铭、张希清点校：《涑水记闻》卷四《定川砦之战》，第80页。
② 《长编》卷一三七，庆历二年闰九月辛卯，第3301页。
③ 《长编》卷一三七，庆历二年闰九月辛卯，第3301－3302页。

　　葛怀敏与诸将商议突围的军事决策之时，不知从何路而出，赵珣认为笼竿城无险阻，从此路出其不意可以迅速到达镇戎军，被诸将否决。至鸡鸣时刻，葛怀敏令其左右亲军及后军留下断后并掩人耳目，其余诸军可在黎明前从安西堡随其突围。军中鼓号未响，葛怀敏想强行骑马奔逃，到长城壕才知敌军已断其归路，被西夏军直接包围，随行突围诸将皆战死。留在定川寨未参与突围的后军却因不知突围一事在战争中得以保全："初怀敏令军中步兵不得动，及前阵已去，后军多不知者，故皆得存。"① 葛怀敏在定川寨大败以后，"贼长驱直抵渭州，幅员六七百里，焚荡庐舍，屠掠居民而去"②。在定川寨之战中，经略安抚招讨使王沿的军事决策皆是守御之战，主张设伏待敌，出奇制胜，葛怀敏部下赵珣所上计谋也属于守城设伏出其不意之策，但是都被葛怀敏否决。葛怀敏长途跋涉，行军数十日至定川寨，而元昊虽亦远道而来，但能反客为主，坐镇定川寨，设计诱敌，以逸待劳，使葛怀敏部队一步步进其包围圈。被包围后的葛怀敏当然无法施展拳脚，突围不成，只能坐以待毙。纵观否决边防帅臣军事决策以后的葛怀敏，并没有制定出值得称道的计策抗敌，只是一味行军，寻找元昊决战，而当其与敌军相遇之时，也正是其中计之日，盲目轻敌，无勇无谋。而环庆路经略安抚招讨使范仲淹和秦凤路经略安抚招讨使韩琦皆存在救援迟缓的问题："葛怀敏败，贼大掠至潘原，关中震恐，居民多窜山谷间。仲淹率众六千，由邠、泾援之，知贼已出塞，乃还。帝始闻定川事。"③ 韩琦言："臣得还旧职固荣矣，贼犯邻境，臣虽督遣援兵，实无毫发之助。"④ 从史料中还可得知，宋朝中央对定川寨之战军事决策的缺失，"始，尧臣还自陕西，请先备泾原，弗听。及葛怀敏败，上乃思其言"⑤，以至于在战争结束以后，宋仁宗才知晓葛怀敏之败。

　　除上述直接记载定川寨之战演进的相关史料以外，还可以通过时人对葛怀敏的军事素质及定川寨之战的评价中获得更多有助于我们理解其边防军事决策的具体内容。"范仲淹言其（葛怀敏）猾懦不知兵"⑥，范仲淹长期经略西北边防，其言应较为可信。《宋史·葛怀敏传》载："怀敏通时事，善候人情，故多以才荐之。及用为将，而轻率昧于应变，遂至覆军。"⑦ 即葛怀敏通晓时事，善于揣摩朝廷政治动向，又谙熟人情世故，所以愿意推荐他的官员很多。事实上其为将轻率又不懂得随机应变，以致后来大败于定

①《长编》卷一三七，庆历二年闰九月辛卯，第3302页。

②《长编》卷一三七，庆历二年闰九月辛卯，第3302页。

③《长编》卷一三八，庆历二年十月辛亥，第3312页。

④《长编》卷一三八，庆历二年十月辛亥，第3313页。

⑤《长编》卷一三八，庆历二年十月甲寅，第3315页。

⑥《宋史》卷二八九《葛怀敏传》，第9701页。

⑦《宋史》卷二八九《葛怀敏传》，第9703页。

川寨。又如臣僚直接指出："如葛怀敏辈，皆以善承迎得虚誉，误蒙采擢，终败大事。"① 在定川寨之战前，王沿的儿子就曾向其言葛怀敏并非将才，请王沿上奏朝廷更换副帅："先是，（王）沿子豫谓怀敏非将才，请沿奏易之，沿不听，故及此。"② 实际上朝廷也对葛怀敏的军事素质有所认识，但最终不更换葛怀敏的原因是朝中无将可用。庆历三年（1043）七月戊寅，知谏院欧阳修言："至如葛怀敏顷在西边，天下皆知其不可，当时议者但曰：'舍怀敏，别未有人，难为换易。'及其战败身亡，横尸原野，怀敏既不复生，亦须别求人用。"③ 又如庆历三年十二月庚戌，谏官孙甫言："去岁定川之败，陛下忧愤未已，大臣乃言怀敏非材所致，而边事未足以烦圣念。此实欺君之言。且西戎为边患数年，大臣不能选良将，及其败也，则曰将帅非材，以苟免其过，岂非欺君之言乎？责成之术，不可更循前失。"④ 下面一则对话，则清楚地反映了时人对葛怀敏的认识："陈公尝谓宾佐曰：当今名将无如葛怀敏，众唯唯。公曰：怀敏易与耳，他日必败朝廷事。陈公甚怒，后数日，谓公曰：君何以知怀敏必败？公曰：喜功徼幸，徒勇无谋，可禽也。陈公叹曰：君真知兵，怀敏今覆军矣。"⑤

以上史料从宏观上分析了葛怀敏的性格特点、行事风格与军事才能，可知葛怀敏并不具备作为将才的素质，喜立侥幸之功，徒有虚名而已。总体而言，葛怀敏在定川寨之战中表现得过于轻敌，史载："葛怀敏继以轻贼失军。"⑥ 泾原路安抚使王尧臣则从四个方面分析了葛怀敏在定川寨之战中临敌决策的失误："今体量定川之败，其失有四：不住瓦亭，奔五谷口，一失也。离开远堡北，不入镇戎军，由西南直移养马城，二失也。自养马城越长城壕赴定川，三失也。定川见贼不能尽死，四失也。其长城壕深阔各五七丈，最为险固，旧有板桥，为贼毁去，断官军归路，别筑道二十四自行，贼马壅定川水泉上流，将佐无觉知者。而怀敏素强愎，其属谏止，多不听，始则贪功轻敌，至定川，贼众四集，仓皇不知所从，遂议南遁，使数万之众投于死地，劲兵利器如委沟壑，用兵以来，无辱于此。望敕边臣，自今深鉴前弊，不可更驱士旅以陷败机也。"⑦ 可见葛怀敏自瓦亭寨率兵出寨以后，每一步的决策皆存在失误，再加上归路、水源被西夏军切断而不知，其本人刚愎自用，不听部下劝谏，贪功轻敌，最终致败。

---

① 《长编》卷一三八，庆历二年十一月丁酉，第 3327 页。

② 《长编》卷一三八，庆历二年十月丁卯，第 3316 页。

③ 《长编》卷一四二，庆历三年七月戊寅，第 3401 页。

④ 《长编》卷一四五，庆历三年十二月庚戌，第 3515 页。

⑤ （南宋）杜大珪：《名臣碑传琬琰之集》中卷十三《郭将军逵墓志铭》，《景印文渊阁四库全书》第 450 册，（台湾）商务印书馆，1986 年，第 307 页。

⑥ （北宋）王珪：《华阳集》卷四七《夏文庄公竦神道碑铭》，《景印文渊阁四库全书》第 1093 册，（台湾）商务印书馆，1986 年，第 349 页。

⑦ 《长编》卷一三八，庆历二年十二月庚子，第 3328 页。

张方平更加细致地分析了葛怀敏在定川寨之战中军事决策的失误，以及在战争中主帅不临戎行的弊病：

　　即如昨三川（引者按：当为"定川"）之事，若怀敏拥重兵，依险要之地，坚壁而勿与战，令诸寨栅严备以守，即贼遂敢引兵深入，顿于坚城之下，攻则势不能克，留则无粮道可恃，退而有重兵乘其后，此岂与我持久之势哉。以是揣之，必未敢越怀敏而趋渭州也。故贼惟利速战，多方诡计，务以致我也。况我屡北之众，气索势衰，贼聚胜而不骄，法令明而众整。愚常以为此贼虽无大志远略，其实良将也，以任福、葛怀敏等抗之，殆未可与之决胜负于一旦矣。今制贼之术，莫如勿与之战，但能全师严守，贼必不敢深入。若轻有越轶，而我以逸击劳，以轻锐邀重赉，据要害以制胜，庶几乎其有功也。

　　一、窃思前后所以覆军杀将，张贼气，丧国威，使边事至此，未有劳还之期者，其大失在于主将不亲临行阵。《传》曰："国之大事，在祀与戎。"惟祀与戎，君所当亲之，所以为重也。自古行师，何尝有主将不至营阵者。三代、春秋时，国君无不在战阵，秦、汉、三国至于唐，其间书生儒士如诸葛亮、杜预、娄师德、狄仁杰、郭元振等，不可胜举，凡曰将者，未有不在行阵者也。不能亲执干戈以斗者有之矣，至于胡床羽扇，从容于军中可也。主将在行阵，则法令专，赏罚明，士气奋，机便得。不在行阵，事皆反此。自贼犯边境，凡大举入寇，羌酋未尝不亲至也。今诸帅授命，朝廷辄许之以不临戎行。去年任福等败，至今天下归咎韩琦。即如昨者三川之事，虽非王沿督责使趋死地，盖怀敏等势不得不战。王沿悉一路之兵付之怀敏，而自留渭州空城之中。脱若贼越三川而趋渭州，怀敏守便宜不出，渭州被围而急，则王沿将何以处怀敏！虽朝廷固以为纵敌也。怀敏虽拥重师，而王沿乃其统帅，节制所禀，故曰怀敏势不得不战。在愚观之，主将不亲临行阵，师出必无功。不惟无功，且必败大事，切在朝廷审议之。①

张方平指出，如果葛怀敏在定川寨之战中以重兵据险而守，严备寨栅，即使元昊引兵深入也不能攻破坚城，其若留则粮草不足，退则有重兵伏击其后，故元昊不具备与宋军做持久之战的条件，但是葛怀敏却不识敌情，弃守转攻，直接率兵到了渭州。元昊为速战速决，千方百计地引诱宋军中计。如今西北边防应当吸取教训，严守边寨城池，据险制胜，伺机窃敌。自古行军主将皆在军中，有助于严格军队法令，赏罚分明，激励士气。朝廷却允许主将不在行营军队之中主掌大局，如任福之败，韩琦不在行营军中；葛

---

　　①　张方平撰，郑涵点校：《张方平集》卷二一《西事谘目上中书》，中州古籍出版社，2000年，第294－295页。

怀敏之败，王沿亦不在行营军队，所以统兵主将不在军中，出师必然无功且临战必败。

苏颂并没有从战争本身的成败评价葛怀敏等人，而是从其对西夏军事实力的消耗以及战后两国关系的缓和等方面，肯定了葛怀敏等将士的功劳：

> 定川之战，泾原副帅葛公怀敏与虏较者十余日，官军不利，将军同陷于贼。朝廷恻伤，优制赠某卫将军，厚恤其家，官诸子弟者几人。是役也，虽军帅失律，偏师不返，而杀略戎马，破荡区落，盖亦相当。自是元昊势益窘矣。未几遂有纳降之请，则诸将死战，功不为薄。呜呼！古所谓名将帅者，或建殊功，或立奇节，或自致富贵，或不脱患祸。盖义之所在，不以胜败为重轻。若将军起疆陲，捍边围，虽不能俘戎首，覆虏巢以成其宿志。然躬当矢石，卒死虏境，顾其平日自誓之志，是岂苟免以蹈不义者耶？古人所谓援枹鼓立于军门，使百姓皆加勇焉者，其将军之谓乎！①

苏颂认为，葛怀敏等人因违抗经略安抚招讨使王沿的军事决策而败于定川寨，但是却杀伤西夏兵马众多。元昊虽胜，但其损失也相当严重，国家实力被大大消耗，经济日益窘迫，不久便有求和之请，所以定川寨之战中诸将的战功不薄。将帅以义为先，甘当矢石，也是死得其所。

三、定川寨之战后西北边防的战略转向

北宋在西北与西夏的三次大战皆败："自刘平败于延州，任福败于镇戎，葛怀敏败于渭州，贼声益震。"② 经此打击，宋朝的西北边防更加虚弱，厌战情绪高涨。欧阳修《归田录》载："刘平、任福、葛怀敏三大将皆自战其地而大败，由是至于罢兵，竟不能出师。"③ 曾巩《隆平集》载："明年，葛怀敏败，邠、泾以东，皆闭垒自守。"④ 定川寨之战失败以后，"朝廷益厌兵，会契丹使者来，亦言元昊欲归款南朝而未敢，若南朝以优礼怀来之，彼宜洗心自新"⑤。

元昊在与北宋的长期战争中并没有得到太多的经济利益，反而大大消耗了自身的国

---

① 苏颂撰，王同策点校：《苏魏公文集》卷五四《陇干姚将军神道碑铭》，中华书局，1988年，第 827 – 828 页。

② 《长编》卷一三七，庆历二年闰九月癸巳，第 3303 页。

③ 欧阳修：《归田录》卷二，中华书局，1981 年，第 28 – 29 页。

④ 曾巩撰，王瑞来校证：《隆平集校证》卷八《王尧臣》，中华书局，2012 年，第 267 页。

⑤ 《长编》卷一三八，庆历二年十二月乙丑，第 3331 页。

力，造成内部矛盾重重。再加上北宋对其禁绝互市贸易，西夏在经济上日益窘迫，其从宋辽双方签订盟约事件中获得了一定的启示，元昊开始认识到战争不是获取利益的唯一途径。于是元昊利用间接的方式，通过辽朝使者传达了通好之意。宋廷得知元昊的通好之意以后十分欣喜，随即下密诏令庞籍负责招纳元昊："元昊苟称臣，虽仍其僭号亦无害；若改称单于、可汗，则固大善。"① 可见宋廷采取了较为宽容的态度，但在表面上却表现出了一定的矜持："（庞）籍以为元昊骤胜方骄，若中国自遣人说之，彼益骄蹇，不可与言。"② 庞籍到青涧城召来李文贵言："汝之先主及今主之初，奉事本朝，皆不失臣节。汝曹忽无故妄加之名，使汝主不得为臣，纷纷至今。彼此之民，肝脑涂地，皆汝群下之过也。汝犯边之初，以国家久承平，民不习战，故屡为汝胜。今边民益习战，汝之屡胜，岂可常邪？我国家富有天下，虽偏师小恤，未至大损。汝一败，则社稷可忧矣。天之立天子者，将使博爱四海之民而安定之，非必欲残彼而取快也。汝归语汝主，若诚能悔过从善，称臣归款，以息彼此之民，朝廷所以待汝主者，礼数必优于前。"③ 庞籍对李文贵说明了利害关系，并在礼数待遇上给予了暗示，表示宋廷愿意以此换得和平。李文贵叩谢道："此固西人日夜之愿也。龙图能为言之朝廷，使彼此休兵，其谁不受赐！"④ "元昊固欲和，而耻先言。及文贵还，闻籍语，大喜，亟出嵩于井厚礼之，使与文贵偕来。月余，文贵复持刚浪凌及其弟旺令、嵬名、卧誉诤等书抵籍议和。"⑤ 可见宋夏和议实际上是双方一致的愿望。

对元昊请和一事，西北边帅韩琦、范仲淹主张朝廷应审时度势，提高警惕，不可不防其怀有诈和之心："今元昊遣人赴阙，将议纳和。其来人已称六宅使、伊州刺史，观其命官之意，欲与朝廷抗礼。窃恐不改僭号，意朝廷开许为鼎峙之国，又虑尚怀阴谋，卑词厚礼，请称兀卒，以缓国家之计，臣等敢不为朝廷思经久之策，防生灵之患哉。臣等谓继迁当时用诈脱身，窃弄凶器，德明外示纳款，内实养谋。至元昊则悖慢侮常，大为边患，以累世奸雄之志，而屡战屡胜，未有挫屈，何故乞和？虽朝廷示招纳之意，契丹邀通好之功，以臣等料之，实因累年用兵，蕃界劳扰，交锋之下，伤折亦多，所获器械鞍马，皆归元昊，其下胥怨，无所厚获，其横山界蕃部点集最苦。但汉兵未胜，戎人重土，不敢背贼，勉为驱驰尔。今元昊知众之疲，闻下之怨，乃求息肩养锐，以逞凶志，非心服中国而来也"⑥；"盖见西贼强梗未衰，挟以变诈，若朝廷处置失宜，他时悖

① 《长编》卷一三八，庆历二年十二月乙丑，第3332页。
② 《长编》卷一三八，庆历二年十二月乙丑，第3332页。
③ 《长编》卷一三八，庆历二年十二月乙丑，第3332页。
④ 《长编》卷一三八，庆历二年十二月乙丑，第3332页。
⑤ 《长编》卷一三八，庆历二年十二月乙丑，第3332页。
⑥ 《长编》卷一三九，庆历三年二月乙卯，第3348－3349页。

乱，为中原大祸，岂止今日之边患哉。臣等是以不敢念身世之安，忘国家之忧，须罄刍荛，少期补助。其元昊来人到阙，伏望圣慈于纳和御侮之间，审其处置，为圣朝长久之虑，则天下幸甚。"① 不仅韩琦、范仲淹对与元昊议和之事怀有警惕之心，集贤校理余靖则明确反对朝廷与西夏议和：

> 臣窃闻昊贼差私署官入境，相次到阙，欲与朝廷通和事。伏以息兵减费，外域顺命，国家大臣，至于边将，咸欲息肩以休士卒。臣愚料之，以谓挫北敌之气，折西羌之锐，不如不和，最为得策。假如元昊贪我财货，甘心臣伏，此之为祸大于今日，臣请别白言之：伏自国家用兵以来，五年之间，三经大战，军覆将死，财用空虚，天下嗷嗷，困于供给。今乃因契丹入一介之使，驰其号令，遂使二国通好，君臣如初，吾数年之辱，而契丹一言解之。若契丹又遣一介有求于我，以为之谢，其将何词以拒之？若国家又有所惜，必将兴师责我，谓之背惠，则北鄙生患，二境受敌矣。矧西戎自僭名号，未尝挫折，何肯悔祸，轻屈于人？今若因其官属初来，未有定约，但少许之物，无满其意，坚守名分，以抑其僭。虽赐以甘言，彼必不屈，则吾虽西鄙受敌，而契丹未敢动也。何以知之？昨梁适使契丹之时，国主面对行人，遣使西迈，意气自若，自言指呼之间，便令元昊依旧称臣。今来贼昊不肯称臣，则是契丹之威不能使西羌屈伏，彼自丧气，岂能来责？故臣谓今之不和，则吾虽西鄙受敌，而契丹未敢动也。若便与西戎结盟，则我之和好，权在敌国，中国之威于是尽矣。契丹责我，则二鄙受敌，其忧深矣。伏愿陛下与执政大臣密谋而深思之，无令陷敌计中。必不得已而与货财，须作料钱、公使名目，便将灵、盐、银、夏作两镇，则赐与倍于往时，而君臣名分不改矣。或欲速成和好而屈名分，则天下共耻之，虽强兵在境，有血战而已矣。若他年贼自有衅来求和者，权在于我，则不必拒之也，惟陛下裁之。②

余靖认为宋朝为节省军费，休养士卒，所以欲与西夏议和。假如元昊只是贪图财物，其后患无穷。契丹作为媒介使宋夏两国解仇通好，如果其以此为借口向朝廷索取酬谢，若不愿满足，则必然兵戈相见，两面受敌。西夏在与宋的三次战争中一直占据上风，怎会轻易屈从于宋，朝廷应坚守名分，抑制其称僭越之号，保持宋朝之威严，虽西面受敌，但是契丹并不会因此出兵。余靖提醒朝廷不可中元昊之计而屈从西夏名分，酿成国朝之耻。

资政殿学士富弼对宋夏和之事也有所顾虑："今元昊遣其伪官持书，欲议通好，

---

① 《长编》卷一三九，庆历三年二月乙卯，第3354页。

② 《长编》卷一三九，庆历三年二月乙卯，第3354—3355页。

而外皆传言元昊未肯称臣。昨闻传宣下西人所过州郡，加迎候之礼，又令逐州通判就驿燕劳。待之太过，深恐其后难为处置，失中国制御远人之术。兼闻西使之来，盖因契丹所谕，元昊既禀畏契丹，则朝廷可且持重。纵使其议未合，亦有后图。大凡制事在乎初，初若失宜，后难救正。今日又闻西使入见，赐予甚厚，既许其伪辅之称，则元昊自谓得志。臣去年使契丹，与馆伴刘六符语，将来若使元昊复称臣，则本朝岁增金帛之遗。初既不避其名，今又未即如约，枉受前耻而不获后效，甚可惜也。今朝廷过有许可，所忧有二事：若契丹谓中国既不能臣元昊，则岂肯受制于我，必将以此遣使来，未知以何辞答之；若契丹谓元昊本称臣于两朝，今既于南朝不称臣，渐为敌国，则以为独尊矣。异日稍缘边隙，复有所求，未知以何术拒之。臣晓夕思之，二者必将有一焉，不可不早虑也。"① 富弼担忧的主要是朝廷在与西夏议和的过程中，契丹可能造成的威胁。

欧阳修也认为："臣伏见朝廷方遣使与西贼议通和之约，近日窃闻边臣频得北界文字，来问西夏约和之事了与未了。苟实如此，事深可忧。臣以谓天下之患不在西戎，而在北敌，纵使无此文字，终须贻患。朝廷与契丹通好仅四十年，无有纤芥之隙，而辄萌奸计，妄有请求。窃以契丹故习，遇强则伏，见弱便欺。见我无谋，动皆屈就，谓我为弱，知我易欺，故添以金缯，未满其志，更邀名分，抑使必从。无事而来，尚犹如此，若使更因西事揽以为功，别有过求，将何塞请？此天下之人，无愚与智，共为朝廷寒心者也。今若果有文字来督通和之事，则臣谓敌之狂计，其迹已萌。不和则诘我违言，既和则论功求报，不出年岁，恐须动作，苟难曲就，必致交兵。"② 其认为契丹若督促宋夏议和，则应另有阴谋，目的便是趁火打劫，从中渔利，所以朝廷不可不防。"（韩）琦等言元昊虽约和，诚伪未可知，愿尽力塞下，不敢拟他人为代。"③

韩琦等边帅认为在不知元昊议和诚意真假之际，朝廷不可轻易调动西北边防御边人选，仍应加强边备。欧阳修指出朝廷应多听取和重视西北边帅韩琦、范仲淹二人的意见：

今韩琦、范仲淹久在陕西，备谙边事，是朝廷亲信委任之人；况二臣才识不类常人，其所见所言之事，不同常式言事者，陛下最宜加意访问。自二人到阙以来，只是逐日与两府随例上殿，呈奏寻常公事外，有机宜大处置事，并未闻有所建明，陛下亦未曾特赐召对，从容访问。况今西事未和，边陲必有警急，兼风闻北主见在凉甸与大臣议事，外边人心忧恐。伏望陛下因无事之时，出御便殿，特召琦等从容访问，使其尽陈西边事宜合如何处置。今琦等数年在外，一旦归阙，必有所陈。但

① 《长编》卷一四〇，庆历三年四月己亥，第 3361 – 3362 页。
② 《长编》卷一四一，庆历三年五月乙未，第 3382 – 3383 页。
③ 《长编》卷一四〇，庆历三年三月丙申，第 3361 页。

陛下未赐召问，此二人亦不敢自请独见。①

实际上，韩琦、范仲淹二人回朝以后，宋仁宗并没有召见二人，询问关于朝廷与西夏议和的意见，在处理与西夏议和之事上，宋廷一直秘密行事，宋仁宗只召见两府大臣"秘大事"，欧阳修建议朝廷："莫若采大公之议，收众善之谋，待其所言无可采，自用庙谋，固亦未晚。其元昊请和一事，请于使人未至之前，先集百官廷议，必有长策，以裨万一。"② 余靖也指出："今柄臣密议，外不得闻，一虑或失，救之不及，势之可忧者也。伏乞宣谕大臣，凡此北敌、西戎之事，系国安危者，侍从谏诤之官，悉令闻之，使陈利害，不为漏泄。"③

关于宋与西夏议和之事，"两府厌兵，欲姑从之，独韩琦以为不可，屡合对于上前，晏殊曰：'众议已同，惟韩琦独异。'上顾问琦，琦历陈其不便。上曰：'更审议之。'及至中书，琦持不可益坚，殊变色而起"④。可见两府大臣主导着和议之事，而韩琦等人则不主张议和。如欧阳修又指出："今如遣范仲淹处置边防，稍不失所，则贼之胜负，尚未可知。以彼骄兵，当吾整旅，使我因而获胜，则善不可加。但得两不相伤，亦足挫贼锐气。纵仲淹不幸小败，亦所失不至如前后之谬战。此善算之士、见远之人，所以知不和害小，而不惧未和也。臣谓方今不羞屈志、急欲就和者，其人有五：一曰不忠于陛下者欲急和，二曰无识之人欲急和，三曰奸邪之人欲急和，四曰疲兵懦将欲急和，五曰陕西之民欲急和。"⑤ 由于宋仁宗常密诏两府大臣商讨决策，所以和议大局也由不得韩琦、欧阳修等人过分干预。不久韩琦、田况等被从西北召回，为保障和议之事的顺利进展，朝廷放松了对西北边防的经略。欧阳修认为："今议方未决，中道召还，则是使贼知朝廷意在必和，自先弛备。"⑥ 随后他表达了对宋仁宗与两府大臣专断和议之事的不满："臣自去年春，蒙恩擢在谏列，便值朝廷与西贼初议和好，臣当时首建不可通和之议，前后凡十余次论列。然天下之士，无一人助臣言，朝廷之臣，无一人采臣说。今和议垂就，祸胎已成，而韩琦自西来，方言和有不便之状，余靖自北至，始知敌利急和之谋。见事何迟，虽悔无及。当臣建议之际，众人方欲急和，以臣一人，诚难力夺众议。今韩琦、余靖亲见二敌事宜，中外之人，亦渐知通和为患，臣之前说，稍似可采。但愿大臣不执前议，早肯回心，则于后悔之中，尚有可为之理。臣计西贼无故而请和者，不

---

① 《长编》卷一四一，庆历三年五月乙未，第 3382 页。
② 《长编》卷一四二，庆历三年七月乙酉，第 3403 – 3404 页。
③ 《长编》卷一四二，庆历三年七月乙酉，第 3404 页。
④ 《长编》卷一四二，庆历三年七月癸巳，第 3408 页。
⑤ 《长编》卷一四二，庆历三年七月癸巳，第 3411 页。
⑥ 《长编》卷一四五，庆历三年十一月庚寅，第 3506 页。

止与北敌通谋，共困中国，兼欲诈谋款我，并力以吞唃厮啰、摩㖄、瞎毡之类诸族，地大力盛，然后东向以攻中国耳。"①

　　欧阳修等人对宋夏和议之事虽十分忧虑，但其意见却得不到重视，和议大局已定，反对派已无挽回之力。庆历四年（1044）十二月乙未，"册命元昊为夏国主，更名曩霄"②。庆历五年（1045）三月甲申，朝廷下诏："朕以元元之故，已赦曩霄罪，许复为藩臣，纳誓寝兵，与之更始。"③ 庆历五年八月癸酉，诏："夏国比进誓表，惟延州、保安军别定封界，自余皆如旧境。其令陕西、河东严戒边吏，务守疆土，毋得辄有生事"，④ "以夏国元进誓表谕之"⑤。和议达成以后，宋仁宗朝在西北边防的战略彻底转向守势，弛边备，置榷场，开放互市贸易。

四、余论

　　宋朝与西夏的三次战争均告失败，受到了沉重的打击，朝廷主动进攻的热情逐渐消退，其边防理念转攻为守。在定川寨之战前，朝廷忙于处理棘手的契丹渝盟问题，加强了北部边防的军事备御，对西北边防有所放松，在两国交涉的过程中，元昊趁机发动定川寨之战。由于宋朝中央在战前无暇顾及西北问题，所以在战争爆发前未能做出及时有效的军事决策，造成中央最高军事决策的缺失。在西北缘边，泾原路经略安抚招讨使王沿做出了以守御为主的两道军事决策：一是令副都部署葛怀敏在瓦亭寨设伏待敌；二是令其在第背城诱敌深入。但是两道军事决策都被葛怀敏否决，文臣经略安抚招讨使的军事决策与武将副都部署的执行之间存在严重矛盾。葛怀敏在行军过程中的临敌决策是与敌决斗的主动进攻之策，造成其弃守转攻，元昊则反客为主，设计引诱葛怀敏进其包围圈，断其水源及归路，最终在定川寨歼灭了葛怀敏军队。时人认为葛怀敏并不具备大将的军事素质，以贪功轻敌致败，苏颂则认为葛怀敏等人有矢石之功，消耗了元昊的国力。经此战后，宋廷更加厌战，元昊也有纳和之心，在契丹的撮合之下，两国达成和议，弭兵共处，宋朝在西北边防的战略彻底转向保守。

　　需要进一步分析的是，宋朝与西夏签订和议以后，为何未能像宋辽"澶渊之盟"一样保持长久的和平共处局面呢？其主要原因应有以下几点：其一，众所周知，宋夏国力悬殊，且西夏崛起较晚，北宋始终未将其视作对等大国，常有雪耻复仇之心；其二，西

---

① 《长编》卷一四六，庆历四年二月庚子，第 3537 页。
② 《长编》卷一五三，庆历四年十二月乙未，第 3723 页。
③ 《长编》卷一五五，庆历五年三月甲申，第 3763 页。
④ 《长编》卷一五七，庆历五年八月癸酉，第 3798 页。
⑤ 《长编》卷一五七，庆历五年十二月乙丑，第 3813 页。

夏在商品经济上对北宋存在一定的经济依赖，① 当通过正常的途径不能得到满足时，战争便是其获取资源的另一种手段；其三，西夏地狭产薄，在发展的过程中，其生产方式由游牧向农耕博弈演变的最直接表现即是在宋夏边境常有"侵耕"现象发生，由于地理环境的限制，西夏有向东发展的内向驱动力；其四，西夏在与宋交战的过程中，看到了宋廷军事上的虚弱、边备上的空虚，再加上宋廷边政理念保守，更助长了其侵扰的野心；其五，西夏国内政局动荡，时常有政变夺权发生，所以并不能保障统治者对和议盟约维持稳定的认同，战争是其转移国内矛盾，树立统治权威的有效手段。

作者简介：

王战扬，河南大学中国古代史研究中心讲师。

---

① 参见李华瑞《宋夏关系史》，第 328－332、338－343 页。该书在谈西夏侵宋动机时指出：元昊发动侵宋战争具有扩大贸易的目的，却导致宋朝对其实行更严厉的封锁，于是战争与贸易封锁之间形成循环，两国长期打打和和成为最显著的特点。

《完者都史》"七〇五年纪事"译注[①]

邱轶皓

[提要] 本文是对伊利汗国波斯文编年史《完者都史》"七〇五年纪事"的译注。以德黑兰出版的《完者都史》校勘本为底本，参校伊斯坦布尔和巴黎抄本，并参考同时代汉语、波斯语和阿拉伯语文献，对文中出现的人名、地名和术语进行注释。

[关键词] 伊利汗国；元朝；《完者都史》；孙丹尼牙

一、解题

本文是《完者都史》"七〇五年纪事"的汉译和注释。"七〇五年纪事"所记载的史事始自伊历七〇五年一月一日（1305 年 7 月 24 日），终于伊历七〇五年十二月十六日（1306 年 6 月 29 日）。

就所记述内容而言，"七〇五年纪事"分为三个部分：①伊历七〇五年一月一日完

① 本文系国家社科基金冷门"绝学"和国别史项目"《完者都史》译注与研究"（项目编号：19VJX013）、国家社科基金重大项目"'海上丝绸之路'古代中东商旅群体研究"（项目编号：16ZDA118）阶段性成果。本文译成后，曾得到王一丹、党宝海、郭黎、钱艾琳、刘慧、李卫峰等老师的指正，特别是文中涉及突厥语的诸处，得力于松井太教授的校订和提示，今已据各家修改意见改定译文和注释，在此一并致谢。

者都巡游至夏营地；②关于完者都新立都城"孙丹尼牙"（Sulṭāniya，今译苏丹尼耶，在伊朗西北詹章省，距德黑兰 240 公里）的一篇颂辞；③伊历七〇五年一月八日至十二月十六日间完者都的巡游路线、当年伊利汗国境内发生的重要政治事件和名人生卒情况。

和同时代留存至今的其他波斯文史书（如《瓦萨甫史》《孙丹尼牙问答集》等）所述当年史事相比，"七〇五年纪事"中所记载的内容大部分为本书所独有。① 可以推测，哈山尼很大程度上利用了伊利汗宫廷的档案资料。至于那篇描绘孙丹尼牙的颂辞，修辞风格和遣词造句习惯与哈山尼本人的写作习惯差异甚大，其作者当另有其人，但目前尚未找到勘定原作者身份的更多线索。

"七〇五年纪事"的主体部分应该是关于孙丹尼牙的颂辞。但据 Blair 等人研究，孙丹尼牙城的兴建虽然正式开始于 1305 年，但后续的建造工作甚至一直延迟至完者都去世当年（716/1316）。② 因此《完者都史》中的描写应该是城市建设初具规模后追述而成，而绝非 1305 年的实录。此外，"七〇五年纪事"中关于孙丹尼牙城市的情况虽然有较多夸饰之词，却也是我们了解其城市形制、布局和居民构成的第一手资料。而在孙丹尼牙城内，除了完者都为其本人身后所营建的陵寝外，另一组重要的建筑群则是集宗教学校、慈善机构为一体的"仁慈之门"（Abvāb al-birr）。它接续自合赞汗时期（r. 1295—1304）在哈马丹、大不里士兴建的同名宗教学校。③ 1305 年，不少宗教学者受完者都邀请莅临"仁慈之门"奠基仪式，其中包括因反对佛教信仰而与数任伊利汗交

---

① 瓦萨甫关于"叙述孙丹尼牙营造之原委"（Zakr-i isti'mār-i Sulṭāniya）章的主体为一首颂诗，此外未涉及其他政治事件，而《孙丹尼牙问答集》"序章"未录七〇五年史事。'Abdallah ibn Faḍlallāh Sharaf al-Dīn Shīrāzī（Vassāf al-Ḥaḍrāt），*Tajzīyat al-'amṣār va tazjīyat al-a'ṣār.*（*Tārīx-e Vassāf*），Chapkhāna-yi Ṭilāya，Script 711/1312，Facsimile edition of the Fourth Volume from an Autograph Manuscript（Istanbul: Nuruosmaniye Library，MS. No. 3207），2009，pp. 188 – 192；Rashīd al-Dīn，*Mabāḥith-i Sulṭāniyya*，Hashem Rajabzadeh（ed.），Mīrās-i Maktūb，2015，p. 70.

② Sheila S. Blair，"The Mongol Capital of Sulṭāniyya，'The Imperial'，"*Iran*，1986，Vol. 24，pp. 139 – 151. 本田实信《スルターニーヤの建设》，《モンゴル时代史研究》，东京大学出版会，1991 年，第 343 – 356 页。另可参看大不里士大学的 Manūchihr Hamzalū 出版的讨论孙丹尼牙完者都陵墓建筑艺术的专著。Manūchihr Hamzalū，*Hunarhāy-yi Kārburdī dar Gunbad-i Sulṭāniya*，Mākān，2002.

③ 合赞汗时期建设宗教学校的记载，见拉施特著，余大钧、周建奇译：《史集》第三卷，商务印书馆，1997 年，第 383 – 399 页。伊朗学者从同时代波斯文史书中搜集关于"仁慈之门"的资料，其成果见：'Abd al-Ḥamīd Naqrakār，Muhmmad 'Alī Kīnizhād，Azītā Balālī Uskuī，"Sāzmān-i Fazā'ī-yi Shahrhāy Abvāb al-Birr Dawra-yiĪlkhānī，"*Muṭāla'āt-i Mi'mārī-yi Īrān*，2013；Vol. 1: 2，pp. 47 – 63.

恶的西模娘尼。而此举也预示了此后数年伊利汗宫廷中波诡云涌的宗教竞争的局面。

　　"七〇五年纪事"中还包含了许多宗教方面的信息，是我们理解伊利汗国统治阶层持续本地化（即伊斯兰化）过程，以及完者都本人思想发展的重要资料。据本章纪事可知，完者都在正式皈依什叶派之前深受苏菲神秘主义长老拜牙即（Abū Yazīd Ṭayfūr b. 'Īsā b. Surūshān al-Bisṭāmī, d. 874 – 5 或 234/848 – 9）一支的影响。关于其原委，14 世纪伊斯兰神学家哈剌甘尼（al-Kharaqānī）有着较为详细的记述——他是拜牙即后裔和"圣哲"希里（Jamāl al-Dīn al-Ḥasan bin Yūsuf bin 'Ali bin al-Muṭahhar al-Ḥillī, 1250—1325）的密友。据称，完者都是在与信仰拜火教（Mazdaism）的旭烈兀宗王阿剌弗兰争夺汗位时对拜牙即的教法表示"顺从"的。① 这让人联想到，其前任合赞汗同样也是在与信仰基督教的宗王拜都争位之际宣布皈依伊斯兰教的故事。

　　除什叶派教士外，属于在中亚、金帐汗国富于影响力的库不剌维（Kubrāvī）苏菲教团的西模娘尼（'Alā al-Dawla Simnānī, 1261—1336）同样也出现在本章纪事中。西模娘尼出身西模娘本地贵族世家，是游走于伊利汗宫廷、呼罗珊蒙古异密和中亚窝阔台—察合台系宗王之间的苏菲大师。他代表了试图游离于蒙古政治之外，又不得不介入蒙古统治阶层之间的本地知识精英。但西模娘尼在短暂缓和与伊利汗的矛盾后，又因为完者都皈依什叶派而再度分道扬镳。

　　蒙古统治者在中亚、波斯、金帐汗国的伊斯兰化，无不与统治者个人与特定宗教人物（或小圈子）的交往有关。Vásáry 对别儿哥汗（Berke）与著名库不剌维长老巴哈儿即（Shaykh Sayf al-Dīn Bākharzī, d. 658/1260）的宗教联系，以及 Biran 对察合台汗答儿麻失里（Per. Tarmashirin < Mong. Darmaširi（n），源自梵语 Dharmaśrī）之于谢赫·哈桑（Shaykh Hasan）和伊斯兰法学家谢赫·忽三丁·牙即（Shaykh Ḥusām al-Dīn Yāghī）关系的讨论均证实了这一点。② 关于伊利汗皈依案例，目前也已有 Pfeiffer 的研究（Aḥmad-

---

　　①　Aḥmad b. al-Husayn b. al-Shaykh al-Kharaqānī, *Dastūr al-jumhūr fī manāqib Sulṭān al 'Ārifīn Abū Yazīd Ṭayfūr*, Muḥammad Taqī Dānishpazhuh & Īraj Afshar（eds.）, Mīrās-i Maktūb, 2009. 阿剌弗兰的宗教活动，见拉施特著，余大钧、周建奇译：《史集》第三卷，第 337 – 339 页。

　　②　István Vásáry, "'History and legend' in Berke Khan's conversion to Islam," in D. Sinor（ed.）, *Aspects of Altaic Civilization III*（1990）, 230 – 52; reprinted in Vásáry, *Turks, Tatars and Russians in the 13th-16th Centuries*, Ashgate Variorum, 2007; Michal Biran, "The Chaghadaids and Islam: the Conversion of Tarmashirin Khan（1331 – 34），" *Journal of the American Oriental Society*, 2002, Vol. 122: 4, pp. 742 – 752.

Tegüder, Öljeitü)。① 完者都一生曾摇摆于萨满 - 佛教、基督教、逊尼和什叶派之间，而他的内廷圈子也是各宗教派别各施才能、粉墨登场的舞台。拉施特的《孙丹尼牙问答集》、作者佚名的《完者都的训谕》（Favāyid-i Ūljāytū）② 以及继承希里学说的莫卧儿神学家舒什塔里（al-Shūshtarī，1542—1610/11）的《真理的实现和虚妄的消灭》（Ihqāq al-haqq wa izhāq al-bātil）从各自角度记录了活跃于完者都身边的宗教精英们对他施加的影响。③ 与上述宗教作品相比，《完者都史》则提供了这类宗教精英与日常政治的场景，进而提供了一个将充满主观视角的宗教作品放置于现实背景或具体事件中的渠道。研究者或可进一步思考历史情节、书写传统是如何参与宗教主题的历史化过程，从而赋予政治合法性阐释以一种近似历史叙述面貌，同时将异族统治接纳、整合入本地历史记忆的方式与过程。

在伊利汗国和周边政权交往方面，"七〇五年纪事"记录了伊利汗国和元朝、马穆鲁克政权之间的遣使，但在对应的马穆鲁克编年史中未能找到对应的人名。④ 不过孙丹尼牙建城本身即含有抗衡马穆鲁克人控制汉志（Hejaz），进而竞争伊斯兰世界统治者的合法性这一意图，故也可认为是伊利汗国文化政策在外交方面的表现。

本章纪事分别见于罕伯莉校勘本第45—51页，土耳其抄本（Ms. Ayasofya 3019/3，下称：A 本，ff. 156a—159b）和巴黎国家图书馆抄本（Ms. Suppl. Persan 1419，下称：P本，ff. 31a—35b），以及玛丽亚姆德语摘译本第52 - 56页。但罕伯莉校勘本和德译本中有数处不确者，作者已据抄本和他书校正，俱见注释。从译文中也可看出，《完者都史》本章的某些文风已接近志费尼（Juvaynī）开创的"华丽文体"，充斥着大量阿语词汇、对仗和所谓"可视双关语"（即构成对仗的两个词形状相似，但发音和意义迥然不同）

---

① Judith Pfeiffer, "Conversion Versions: Sultan Öljeytü's Conversion to Shi 'ism (709/1309) in Muslim Narrative Sources," *Mongolian Studies*: 22, 1999, pp. 35 - 67; Judith Pfeiffer, *Conversion to Islam among the Ilkhans in Muslim Narrative Traditions: the Case of Ahmad Tegüder*, PhD. diss., Chicago University, 2003.

② Yūsuf Raḥīmlū, Rasāla-yi Favāyid-i Ūljāytū, *Pazhuhashān-i Filsafī: Nashriyya-yi Dānishkada-yi Adabīyāt va Ulūm-i Insānī*, Vol. 106, 1973, pp. 135 - 156; Rasūl Ja 'fariyān, *Sulṭān Muḥmmad Khudābanda "Uljāytū" va Tashaiyu'Amāmī dar Īrān (ba zamīma rasāla-yi Favā'id-i Uljāytū)*, Chāpkhāna I'timād, 2001.

③ al-Qāḍī al-Sayyid Nūr Allah al-Husaynī al-Ma'ashī al-Tustarī (al-Shūshtarī), *Ihqāq al-haqq wa azhāq al-bātil*, Maktaba Āya Allah al-Mar'ashī al-Najfī al-'āmma, 1984, Vol. 1, pp. 70 - 73.

④ Baybars al-Mansūrī, *Zubdat al-fikra fī ta'rīkh al-hijra*, Donald S. Richards (ed.), Beirut: Klaus-Schwarz Verlag, 1998, p. 381 （704 年遣使），p. 382 （705 年遣使）; Shihāb al-Dīn Ahmad b. 'Abd al-Wahhāb al-Nuwayrī, *Nihāyat al-arab fī funūn al-adab*, Dār al-Kutub al-'Ilmiyah, 2004, Vol. 32, p. 69.

等修辞技巧。哈山尼也效仿志费尼，将自己的观点（或劝谕）隐藏在其引用的诗歌和古典文学作品中。不过比起志费尼书内容和文体的完美统一，哈山尼的文风显得堆砌和造作。在译文中，作者也尝试使用不同风格的汉译文对不同的文风加以区别，同时也尽可能保留原文的句式特征。另外，马穆鲁克史家诺外里（al-Nuwayrī）编年史中亦有一章关于孙丹尼牙建城的故事，体现了和波斯史家不同的信息来源和纪事风格，今一并移译于后。

二、译文

七〇五年一月（1305 年 7 月 24 日—8 月 22 日），即突厥历马年七月幸福地来到了。当年的夏营地安顿在孙丹尼牙城和晃火儿月良（Qunqūr-Ūlāng），① 而冬营地则在木干与阿儿兰。②［七〇］五年一月一日（1305 年 7 月 24 日）王旗驰至，意欲一睹晃火儿月良繁荣营造的场景。在宫室和地基上一派令人目驰心狂的繁盛之景。

刻下援引一篇出自它的繁庶居民中的某人之手，并流传于众口的吟诵孙丹尼牙的名章："世间信众的期许之地，阿聃子孙的圣所"——而圣聪睿智的君王自亦能明了：世间所有，势难永存，不如嘉言令名，留诸后世，安详宓穆，或致恒远。

［诗］：
［阿语］陈迹仍经眼，昔人已杳然。

---

① Doerfer 根据 Ardabīl 发现的伊利汗国蒙古语文书，将此名还原为：Qongɣur-Öleng。Gerhard Doerfer，"Mongolica aus Ardabīl,"*Zentralasiatische Studien*，1975，Vol. 9，p. 207. 本田实信指出，Qunqūr-ūlāng 原名 Sharūyāz，自阿八哈时代起就是伊利汗的夏营地。本田实信：《スルターニーヤの建設》，《モンゴル時代史研究》，第 346 页。关于 Qongɣur-Öleng 的汉译名，译者据元代汉文文献译作"晃火儿月良"（元代汉文文献中又有"黄兀儿玉良""黄兀儿于量"等异译）。其义据杉山正明引据清代《西域同文志》，释作："烘郭而，黄色也。土色黄，多柔草，故名。"杉山正明：《ふたつのチャガタイ家：チュベイ王家の興亡》，氏著：《モンゴル帝国と大元ウルス》，京都大学学术出版会，2004 年，第 307 页。另，特木勒认为此名或可与耶律铸诗《婆罗门六首》之四"黄草泊围青草"中之"黄草泊"勘同。参考特木勒：《蒙元纳怜站道上的黄兀儿月良》，《中国史研究》2015 年第 2 期。

② "阿儿兰"即波斯语地名 Arrān，笔者此前在《〈完者都史〉"七〇四年纪事"译注》中将 Arrān 译作"埃兰"（《暨南史学》第十七辑，暨南大学出版社，2019 年，第 95、109 页正文，及第 110 页注释 2）。王一丹老师指出，译成"埃兰"或易与近东古代的埃兰古国（Elam,Elamites，位于伊朗西南胡齐斯坦地区）混淆。因此，笔者此次采取《史集》汉译本的译名，译作"阿儿兰"。

　　在和目光敏锐、心灵手巧的图纸设计师、工程师和建筑师们会商后，（完者都）下令营建一座长宽尺幅均以大不里士禁城为蓝本的城市，它郁郁葱笼如同"中国画苑"（bahār-i Chīn），① 精密优雅好似宗教律条；它高耸越天穹，形制宏伟，似起自深溟潜游的鳌背，直抵七重天上的星宿；它像天堂园一样高贵清新而坚固过之，又好比天女的锁链（？），② 信众济济，穹顶高耸，众美皆备。

　　（君王）又下令在城市中心营造以诸天宫殿为蓝本的四方城堡，其天堂般的厅堂皆合法度，四周由天青色的墙垣环绕，上方高耸起土星一般辉煌的穹顶，壁龛和低处则粉饰着各色藻绘。镀锡的城堡几与青空并美，它好似镶嵌着木星与金星的苍穹，或如苏萨（Shushtarī）的织锦般光彩流幻，③〔它令〕苍翠掩映的峰峦与尘土覆盖的山丘竞惭形秽，也使天堂禁苑相形失色。每一个角落或覆以藤架，或有屋顶承荫；"仁慈之门"（Abvāb al-birr）由经学院、静修院、医院、宴会厅、警戒所以及其他高贵场所组成，共计十九处。④ 宫室殿堂由式样各异的用石膏藻绘的阳台和基座，以及迷人的镶银栏杆所组成；而所有宫殿前的庭院均以白色大理石覆盖，穹顶和拱券则被精细地加以装饰；大理石〔铺就〕地坪饰有地毯，遍植香柏和枞树。禁苑郁郁葱葱，清新好比晨曦初露时的东方，可爱尤胜于花稔时节的春园。那里更有三十余处泉眼，清泉浮涌，而自天堂中流出的河水淙淙，纵横错布。所有的原野、草甸、城市都河水充盈，果木葱茏，士女熙熙。河流两岸则密植（？）⑤ 着阿月浑树、锦葵、棕榈和杜松。数目过万计的商铺里，充斥着中国丝缎织就的衣袍，如同地面香草铺陈的天堂，又好似突厥君王妖娆姬妾的妆楼。

　　城中商铺堆满了各式刺绣、箱奁、杯盏器皿，以及各种镶金嵌翠的奇珍异宝，充盈胜过石榴的汁水；城中市集为各式华贵丝料质地的衣冠所淹没，密无隙地，比无花果更

---

　　① 这个词组里的 bahār 并非"春天"之意，而指"偶像寺院（but-khāna, a Buddhist temple）"，即佛寺。在波斯文学传统里，中国佛寺以遍布壁画和塑像（偶像）而著称。故此处译作"中国画苑"。此条承王一丹老师告知。

　　② 此处似乎缺文。A 本（f. 157b）、P 本（f. 31b）写作：BA（？）ZH，或亦可解释为"牌子"（pāyza）。

　　③ 苏萨，一作"舒什塔尔"，伊朗南部古城，在今胡齐斯坦省，距离阿瓦士（Ahvāz）约 92 公里。

　　④ Mahmūd Farrukh Fasīh al-Dīn Ahmad Fasīh Khvāfī（1375—？）: *Mujmal-i Fasīhī*, Sayid Muhsin Bājī Nasir Ābādī（ed.）, Asatir, 2007, Vol. 2, p. 883. 根据《史集》，"仁慈之门"是合赞汗时期在大不里士（在大不里士又被称作"合赞尼牙"（Qāzāniya））、哈马丹等地修建的宗教学校和慈善机关。这是合赞汗本人彰显其"伊斯兰教君王"（Pādishāh-i Islām）合法性的一系列文化政策之一。而继任的的完者都汗也效仿其前任，下令在其新都城孙丹尼牙同样修建一所宗教中心。《史集》第三卷，第 383 – 399 页。

　　⑤ 抄本作：AWR（اور）, A 本（f. 157a）, P 本（f. 32a）, 问号为整理者所加。

为密实。① ［城中］还有富裕的工匠、手艺人、名声显赫的布商和广受尊重的行商。在那里还有无数的清真寺、道堂和各式楼宇，著作等身的长老、说教冗长的教士、满腹经纶的文人，以及举止高贵的少年在此汇聚一堂。［城中］部分土地此时被闲置，禁止兴建房屋，而另一些则转而开垦为农田、树林和水渠用以牟利。

据圣旨命令施行 (hukm-i yarlīgh nāfizshud)：异密、瓦即儿、篾力、算端，及各色官员，各依品秩等第高下，在城市四周、郊野堡寨和偏远之地兴建各自的别墅王宫，以冬青树装饰的花园和天堂园似的广场。遂命此城为“孙丹尼牙”。

这个城市中各色壮丽的建筑均由文武百官②的最高长官、东西方的管理者、世间诸国的书记，火者·塔术·倒剌·丁·阿里沙·大不里齐（Khvāja Tāj Dawlat Dīn ‘Alīshāh Tabrīzī）主持规划。③ ［他］在如此这般营造完毕后，又以其慷慨、公正和睿智从那个城市里敛取了上百土曼的金币——甚至连一只小蚂蚁也没有吃到丝毫苦头④。

而他（阿里沙）也在此地建了几所别业，并使之成为令世上所有建筑嫉妒的对象，足以令“摩尼的画册”（artang-i Mānī）感到妒恨。⑤ 那些楼宇房屋足可令以天堂花园为蓝本的宫殿、城堡相形见绌。它们的天顶皆用银饰，那里的大门和墙壁均镀金，复饰以宝石，地板与中庭则镶嵌着各色红、蓝宝石，以及柚木、沉香、黄金、乌木和象牙的装

---

① 整理者建议将该词释读为“遗迹，古迹”athār (آثار)，但据上下文，“石榴”（anār）与下一句的“无花果”（anjīr）正好构成一组对仗，故此处仍译作“石榴”。

② 直译为“执笔掌剑者”。

③ 火者·塔术·倒剌·丁·阿里沙·大不里齐，此人姓名一作：塔术丁·阿里沙·吉兰尼 (Tāj al-Dīn ‘Alīshāh Jīlānī)。他是拉施特的政敌，在不赛因汗 (r. 1316 – 1335) 时期任瓦即儿，他一般被认为是历任伊利汗瓦即儿中唯一得以善终的。关于其生平和死亡的不同记录，可参看日本学者岩武昭男的研究论文：《タージュッディーン·アリー＝シャーの死》，《人文論究》，1997年，第47卷1期，第77 – 91页。波斯语文献外，其传记亦见于马穆鲁克人名辞典，名字作：‘Alī Shāh b. Abī Bakr al-Tabrīzī。据称他在任不赛因汗瓦即儿时，又与马穆鲁克算端篾力·纳绥儿·马合木 (al-Malik al-Nāsir Muhammad) 交好。塔术丁·阿里沙卒于724/1324年，年60。Salāh al-Dīn Khalīl b. Aybak al-Safadī, Kitāb al-wāfī bi-l-wafāyāt, Ahmad al-Arnā ‘ūt ＆Turkī Mu st afā (eds.), Dār Ihyā’ al-Turāth al-‘Arabī, Vol. 20, 2000, pp. 455 – 456. 此处参考以色列希伯来大学 (The Hebrew University of Jerusalem) Michal Biran 教授领导的 “Mobility, Empire and Cross Cultural Contacts in Mongol Eurasia” 的数据库信息（http：//mongol. huji. ac. il/database），由 Or Amir 博士英译。

④ 比喻没有任何人从中受罪。

⑤ Artang/Arzhang (Mid. Ir. Ardahang) 是一部摩尼教画册，为摩尼教外典著作（extra-canonical work）。此书旨在以图画的方式向信众说明摩尼教二元论思想。汉文旧译作《大二宗图》，又作《大门荷翼图》，见《摩尼光佛教法仪略》经图。in Encyclopedia Iranica, 1987, Vol. 2, Fasc. 7, pp. 689 – 690；任继愈主编：《宗教大辞典》，上海辞书出版社，1998年，第8页。（此条承王一丹老师告知）

饰板。在为君王准备的宽敞的天棚里，盛饰着各种形制饰银的绘画，它无限优美的线条，搜遍书吏芦苇笔下的词藻也难以描绘。在满含妒意的眼中，那藏红花染黄的泪珠①挥洒到［诗琳］娇羞的面庞②上。他还下令为大厦加上高耸的穹顶，向四方敞开大门，它足以使八重天国的宫门（hasht dar bihisht）艳羡，似天堂般的庭院里到处是飘飘凌虚、登往极乐的仙阶，五色纷呈的锦茵，金碧藻绘的厅堂，好像有雀斑点缀的美人脸颊，又好似绘有五色华彩中国画的壮丽陵寝：

［诗］：

像他这般思虑精纯、为人慷慨，

像他这般天赋高远、面有光彩。

各色希求恩宠的贵人来到跟前，

就像一百扇门的天堂向他敞开。

［阿语］"在那种情形下"，城市里处处星月交辉，门廊上仙女齐翔，每移一步都能撞见令人心驰的美人，每处屋檐下都上演着新奇的情景。突厥人和大食人往来杂处，中国人和乞台人则声名狼藉。③它那天穹般威仪高耸的重楼警惕地注视着各种伤风败俗之事，而仙境芳园和郁金香盛开的池沼交错［分布］有如地球上的阡陌和土地，不受世间俗事的纷扰。花园的每个角落都仿效着天堂的模样，旷野的每个方向都勾起关于天堂的记忆。喧嚣汹涌的人群从地毯铺饰的居所一直伸展到君王的御座跟前，突厥人和大食人的千百种喧哗歌泣之声持续不断，响彻云霄；老人和年轻人热烈争论，年少者也毫不羞怯地与老人们辩说不休。

热衷兴建、爱护臣民是成为一位公正的君王的条件，否则他的统治是非法的。琐罗亚斯德先知的教法称，营造和农业是国家的支柱，是宗教和农事的支出，正教信仰的源泉。而给大卫王的训谕中则令其训诫自己的族人，不要让统治者亵渎并玷污波斯人的血统——啊！他们是何等的人杰，使这个被遗弃的世界变得宜居。

摄诸典籍，谨致嘉言如右。

［七〇五年］一月八日（1305年7月31日）星期六，来自苦和密昔儿的使节亦甫惕合儿·丁（Iftikhār al-Dīn）及其伴当们一行抵达，④并带来了重新缔结和平和友谊的信息。

---

① sirishk，泪水，此处亦用以喻喷泉。

② Gulgūn，文学作品中通常用来特指《诗琳与法哈德》（Shīrīn va Farhād）传说中女主人公诗琳的脸色。

③ 本句中两个对仗的动词：āmīkhta，意为"混合"，引申有"同流合污"之意；āb-rūy…rikhta，有"丢脸""名声败坏""声名狼藉"等义。结合上下文，此处作者或暗讽孙丹牙尼城中各色人等经营各类"伤风败俗"的营生。

④ 亦甫惕合儿·丁，或可与《瓦萨甫史》第4卷中，海都、察八儿与伊利汗约和时提及的使臣 Khvāja Iftikhār al-Dīn 勘同。Vassāf, *Tajzīyat al-'amsār va tazjīyat al-a'sār.* (*Tārīx-e Vassāf*), p. 143.

二月二十六日（1305 年 9 月 17 日）星期六，"愿［真主］赐其福祉与胜利"，世界的君主下令王旗停驻于篯剌合禁地。又下令从那里朝纳黑出汪（Nakhchivān）方向迁往位于木干和阿儿兰的冬营地。

三月四日（1305 年 9 月 24 日）星期六，以"巴布里"（babrī）① 知名的王子成孛罗（Chīnk-Pūlād）② 在奥什诺维耶（Ushnaviya）③ 死于哈里勒·阿塔卑（Khalīl Atābak）之手。

五月半（1305 年 10 月 3 日），兀勒惕儿迷失（Īlturmish < Ūlturmish）④ 哈敦为世界的君主诞下一位面如满月的王子，出于极度的宠爱，为其取名马黑麻·泰福儿（Muḥmmad Ṭayfūr）。出自对"算端之友"（sulṭān al-auliyā）拜牙即（Bāyazīd）和大长老们（mashā'ikh-i kibār）的爱戴⑤——愿真主对他们示以慈悯，（完者都）为其三子分别取名为：毕思坛（Bisṭām）、拜牙即和泰福儿。他深信此举能令他们内心纯洁，而使得任何胜兵（sipāh-i jarrār）、弓箭、斧钺不得加诸其身。

---

①　"巴布里"，意为"虎"。Maryam 译本作：BBRY，未释读。Maryam Parivisi-Berger, *Die Chronik des Qāšānī über den Ilchan Ölǧäitü（1304—1316）: Edition und Kommentierte Übersetzung, Dissertation zur Erlangung des Doktorgrades der Philosophischen Fakultät der Georg-August-Universität zu Göttingen*, Göttingen, 1968, p. 54.

②　成孛罗，乞合都汗之子。Rashīd al-Dīn, *Shu'ab-i panjgāna*, Istanbul, Topkapl-Saral Müzesi kütüphanesi, Ms. Ahmet Ⅲ 2937, f. 145b.

③　奥什诺维耶，伊朗西北部城市，位于西阿塞拜疆省，在乌鲁米耶盐湖西，海拔 1 300 米。

④　《完者都史》中又作：Ūlturmīsh，H 本，（p. 7），《贵显世系》作：Ūl［t］ūrmish。据松井太教授指示，此名为突厥语。上述不同形式意思分别为：īlturmish 来自 ïldurmïš（v. ïldur-, descended down），Ūlturmīsh 来自 Öldürmiš（v. öldür-, "to kill"），Ūlūrmish 来自 Olurmïš（olur-, "to sit; to sit on the throne, to be enthroned"）。此处据《完者都史》中出现的形式，译作"兀勒惕儿迷失"，她是忽都鲁·帖木儿（Qutlugh Tīmūr）驸马之女。Hāfiz-i Abrū（Shihāb al-Dīn 'Abd Allāh Khvāfī），*"My'изз ал-ансаб（Прославляющее генеалогии）": В ведение, перевод сперсидского языка, примечания, подготовка, факсимиле к изданию Ш. Х. Вохидова*, Алматы, Издательство "Дайк-Пресс", 2006, Л766.

⑤　此处提及"拜牙即"全名：Abū Yazīd Ṭayfūr b. Īsā b. Surūshān al-Bisṭāmī（卒于 234/848 年或 261/875 年，Abū Yazīd 一作：Bāyazīd），为伊朗早期穆斯林神秘主义者。此人出身于 Bisṭām 地方（在今伊朗塞姆南省）一改宗伊斯兰教的琐罗亚斯德教家庭，他以苏菲神秘主义宗教学者而知名，自 10 - 11 世纪起，他的追随者逐渐聚集在其位于 Bisṭām 的墓地形成一个苏菲团体。完者都即以其名字的三个部分为自己的三个儿子命名。Gerhard Böwering, "Besṭāmī", in: *Encyclopedia Iranica*, Brill, 1989, Vol. 4, Fasc. 2, pp. 183 - 186. 合赞汗在位时，曾亲往拜谒其墓（称作：Sulṭān Bāyazīd）。《史集》第三卷，第 389 页。谢赫·哈剌甘尼（fl. 14th CE）称，完者都在继位前（701/1301 - 2 年）即已拜谒过拜牙即墓地，而在兀儿忽答黑叛乱时（tughyān va 'iṣyān，见下文注），完者都对其表达了忏悔（tā'ib）与顺从（mūda'）。al-Kharaqānī, *Dastūr al-jumhūr*, p. 363, 380.

［诗］：

白头妇人夜半操劳，（āncha nīm shab kunad zālī）

年迈君王饱食终日。（nakunad hīch khusraw' ī-yi sālī）①

七月半（1306 年 1 月 31 日）星期一，亦黑迷失（Yāghmīs < Yāghmīsh）② 和阿剌璧（'Arab）③ 自东方铁穆耳合罕的宫廷来到了，他们带来了佳音和喜讯。④

八月十七日（1306 年 3 月 4 日）星期四，速浑察·阿合必阇赤（Sūnjāq āqā bītikchī）的兄弟，出身于畏吾儿部的八丹（Bādān）⑤ 之子拜惕迷失（Bāytmish）⑥ 来到了。

八月十八日（1306 年 3 月 5 日），为了设围狩猎，王旗顺道来到古什塔思比（Gushtāsbī）地方。⑦

［八月］二十二日（1306 年 3 月 9 日）星期二，（王旗）返回海边。

---

① 这则联句改编自苏菲神秘主义诗人哈金·萨纳伊（Ḥakim Abū'l-Majd Majdūd ibn Ādam Sanā'ī Ghaznavī，1080－1131）长诗《关于公正和君王善政的故事》（Ḥikāyat dar 'adil va siyasat vujūd pādishāh）第五部的诗句。诗歌内容为哥疾宁算端马合木·札瓦力（Maḥmūd Zāvālī）和一道旁老妇关于公正、仁政的对话。本联原句为："白头老妇夜半操劳，皆因君王善举不行"（āncha nīm shab kunad zālī，nakunad chūn tū khusraw' ī-yi sālī）。

② 此处的 Yāghmīs（意为"下雨"，< yaγ-"to rain, to snow"）当为 Yāghmīsh（回鹘语，意为"收集，收集品"，< yïγ-，"to collect"）的讹写（据松井太教授来函告知）。

③ 此阿剌璧（'Arab）或为速浑察·阿合之子，畏兀儿人。《史集》第三卷，第 22－23 页。

④ 此次遣使事迹不详。据《元史》，成宗大德九年（1305）五月庚辰，"立皇子德寿为皇太子，诏告天下"。亦黑迷失、阿剌璧自元廷来告"佳音和喜讯"或为此事（《元史》卷二一《成宗本纪四》，中华书局，1976 年，第 464 页）。

⑤ 八丹，即《史集》中所载之"八丹那颜"（Bādām Nūyān），为鹰夫长。元代汉文史料又载其名"八儋，以左右手都万户领天下鹰房"（赡思《元甘肃等处行中书省平章政事荣禄大夫公神道碑》，清陈咏修、张惇德纂《（同治）栾城县志》卷一四《碑碣》，同治十一年刻本，叶 53a－53b），转引自陈新元《速混察·阿合伊朗史事新证——兼论伊利汗国的畏兀儿人》，《西域研究》2019 年第 1 期，第 11－25 页。

⑥ Bāytmish 源自突厥语：baytmïš（"what became rich; what made one rich" < v. bayt-"to make one rich"）。

⑦ 地名，一作：Gushtāspī，或 Gushtāsfī，据《心之喜悦》，此地在阿儿兰（Arrān）境内，位于里海海岸，靠近 Kur 和 Aras 两河的入海口。据传，此地为古代君主古什塔斯帕（Gushtāsf）之子（Luhrāsp）所规划。Hamdallāh Mustawfī Qazvīnī, *The Geographical Part of the Nuzhat al-Qulūb*, G. Le Strange (tr.), Brill, 1919, p. 94；V. Minorsky, "A Mongol Decree of 720/1320 to the Family of Shaykh Zāhid," *Bulletin of the School of Oriental and African Studies*, 1954, Vol. 16－3, p. 519. 古什塔斯帕和妻子迦泰芸（Katāyūn）也是波斯古代史诗中的人物，在传说中此王被描述作琐罗亚斯德的保护者。*The Cambridge History of Iran*, Ehsan Yarshater (ed.), Cambridge University Press, 1983, Vol. 3: issue 1, p. 468.

八月二十三日（1306 年 3 月 10 日）星期三，（王旗）自迦兀·巴里的营地（yūrt）移驻于狡涧（Jūy-yi naw）。① 使节们返自铁穆耳合罕御前，并带来海青和猎鹰（sunqūr va jurra bāz）作为方物进献。

伊历［七〇］五年九月一日（1306 年 3 月 17 日），纳只卜·倒剌（Najīb al-Dawla）和一些“一赐乐业”（Isrā'īl）医生一起被带来，②［他们］食用了酸奶粥（dūghbā）和肉以自证其宗教信仰。

十月十一日（1306 年 4 月 29 日），在不鲁罕哈敦的大斡耳朵为合罕的使节举办了宴会，并对［他们］许以恩赐和殊赏。暴乱的煽动者，赛夷·他只丁·兀儿忽答黑（Sayyid Tāj al-Dīn Urghūdāq，即“兀儿忽答黑同党”赛夷·他只丁），③ 由官员的典范、告密者（ayqāqī）的克星④——撒都丁（Sa'īd al-Dīn）和拉施都丁——受命对其展开审讯（yarghū），和他一道煽动和告密的小团伙喧嚣吵闹、词不达意，又高声叫嚷着，进行毫无意义的辩解，［最终］在法庭上供认了自己的罪行。

［七〇］五年十月十九日（1306 年 5 月 4 日）星期三，受命将赛夷·他只丁明正典刑（shahīd kardan），并对舍剌甫丁额玉迭赤（Sharaf al-Dīn īdāchī）⑤、迦马勒·帖必力

---

① 地名，意为“新溪”。

② 《史集》中称其为火者·纳只卜·倒剌（Khvāja Najīb al-Dawla），他曾于 689 年 4 月末/1290 年 5 月上旬被阿鲁浑汗派往呼罗珊去担任脱合察儿的伴当。《史集》第三卷，第 209 页。在同时代阿拉伯语文献中被称作：al-Najīb al-Kaḥḥāl al-Yahūdī（意为：犹太眼科医生纳只卜），皈依伊斯兰教后更名为：纳只卜·倒剌，他是拉施特密友。效力于马穆鲁克的阿拉伯哲学家伊本·泰米叶（Ibn Taymiyya）提及其会见合赞汗时，在场的大臣中就有“犹太眼科医生纳只卜”。Quṭb al-Dīn Mūsā b. Muḥamad al-Yūnīnī, *Dhayl Mir'at al-zamān fī ta'rīkh al-a'yān*: *697 – 711H.*, ed. by Hamzah Aḥmad 'Abbās, Beirut: Hay'at Abū Zaby lil-Thaqāfah wa-al-Turāth, 2007, Vol. 1, p. 292. 此则史料参考 Matanya Gill 博士英译（http://mongol. huji. ac. il/database）。

③ Maryam 认为此人无法查证。Maryam Parivisi-Berger, *Die Chronik des Qāšānī über den Ilchan Ölĝäitü*, p. 208. 但据《完者都史》《续史集》《孙丹尼牙问答录》等记载，可确信此 Urghūdāq 即《史集》中之“豁儿忽答黑”（Hūrghūdāq 或 Hūrqūtāq），为镇守呼罗珊大将之一（《史集》，第三卷，第 256 页）。合赞汗死后，他参与了捕杀另一旭烈兀宗王阿剌弗兰（Ala-Farang，乞合都之子，后与完者都争位者）的事件，随后又被完者都下令以谋乱处死。故此处提及的“赛夷·他只丁”当为兀儿忽答黑同党。Rashīd al-Dīn, *Mabāḥith-i Sulṭāniyya*, p. 64；Ḥāfiẓ-i Abrū（Shihāb al-Dīn 'Abd Allāh Khvāfī）, *Zayl jāmi' al-tavārīkh-i Rashīdī*, Khānbābā Bayānī (ed.), Shirkat-i Tazāmunī-i 'Ilmī, 1936, pp. 5 – 6.

④ ayāq < Turk. ayɣaq，突厥语，意为“告密者、阿谀者”（Denunziant, Sykophant）。Gehard Doerfer, *Türkische und mongolische Elemente im Neupersischen*, Franz Steiner Verlag GmbH, 1965, Vol. 2, pp. 187 – 188.

⑤ īdāchī < Mong. idegeĉi “给食官”（Army Provisioners），源自中古蒙古语 idege (n)“食物”。Doerfer, *Türkische und mongolische Elemente*, 1963, Vol. 1, pp. 188 – 189.

思（Kamāl Taflīsī）① 及其他作乱和被起诉者（ayqāqān va mustarfiʿān）依律处以杖刑。

十一月十日（1306 年 5 月 24 日）星期一，众斡耳朵自必勒撒瓦儿迁出。当年，长老中的算端（sultān al-mushāyikh）、信士的极点（quṭb al-abdāl va al-autād），阿剌·倒剌·本·箆力·舍里甫丁·西模娘尼（ʿAlāʾ al-Dawla b. Malik Sharaf al-Dīn Simnānī）——在近百年中像他一样作为虔诚者支柱的大人物绝无仅有：［他］知识的百花园中宛转有千般曲调，智慧的芳草地上冷杉翠柏高大雍容。② 他自风华正茂之时起就选择独身隐居，以探究世事精微；从童稚龆龄就放弃了青年人追求的新奇的生活。他的学识如同春日鲜美的花果；他的气息风度好比基督的咒语，能令愚顽之徒焕发生机；言辞谈吐就像是炼金术般点石成金，志趣高远直抵青冥。他贞静高雅的思想仿佛使世界在仲夏薰风炽烈之际，沉醉于茉莉的芳香；又好似冬日酷烈寒风中燃起的温暖篝火。俗世的虚荣浮华［于他］就像是成色不足的金币之于老练的鉴定师那样，经其慧眼［窥破］而被轻掷一旁。信士的新月前往他的居所时，就如同盖德尔之夜的月轮熠熠生辉，又时时像琥珀一般迷人。③ 他关于灵性的言论从饱经困苦的心中拂去伤痛，他的片言只语比泉水更甘甜，比锦绣辞章更雅致。［＊当年，阿剌·倒剌·西模娘尼和鲁坤·马剌（Rukn al-Malla）向完者都表示悔过并求其宽恕，遂受后者邀请前来孙丹尼牙参加“仁慈之门”经学院的落成典礼］。④

总之，十二月十七日（1306 年 6 月 30 日）星期二，撒亦的·撒都丁·哈巴失（Saʿīd Saʿd al-Dīn Habashī）在必勒撒瓦儿去世。他的棺椁被运往大不里士，这是遵循公正

① 此人全名为：Kamāl al-Dīn Masʿūd b. Jamāl al-Dīn M. b. Hāshim al-Tiflīsī al-Kātib al-Adīb al-Fāḍil，其父札马鲁丁是纳昔儿丁·图昔好友。迦马勒丁曾任文书，后为异密出班效力。ʿAbd al-Razzāq ibn Ahmad Ibn al-Fuwatī（1244－1323），*Majmaʾ al-ādāb fī muʾjam al-alqāb*，Muhammad al-Kāzim（ed.），Vizārat-i Farhang va Irshād-i Islāmī，1995，Vol. 4，pp. 259－260.

② “高大”（*yāzān*，of tall stature）H 本在 *yāzān* 一词后标问号存疑，检 A 本（f. 157b），P 本（f. 35a）均作 *yāzān*。

③ 盖德尔（Qadr），斋月第 27 晚，传说默罕默德在此夜向其门人降示《古兰经》。

④ 按，此处《完者都史》各抄本均有缺文。德译者玛利亚姆在此处补入一句：“他（指阿剌·倒剌·西模娘尼）就前往麦加朝觐拜谒算端宫帐。”（er... auf der pilgerreise nach Mekka ins heerlager des Sultans），但未给出任何注释。Maryam Parivisi-Berger，*Die Chronik des Qāšānī über den Ilchan Ölǧäitü*，pp. 54－55. 兹检帖木儿时期史家哈菲所著《史事系年》载，705/1305 年，阿剌·倒剌·西模娘尼（书中作：ʿAlāʾ al-Dawla Ahmad b. Muhammad b. Ahmad al-Biyābānkī）为两年前拒绝完者都召见一事表示后悔，并得到后者宽恕。完者都更邀请他前来孙丹尼牙参加“仁慈之门”经学院的落成典礼。Khvāfī，*Mujmal-i Faṣīhī*，Vol. 2，p. 883. 此事亦见西模娘尼自传的阿语版本（未标明日期）。西模娘尼称：“算端派了一名近侍来阻止我前往巴格达，并将我带至完者都官帐。此地名为‘孙丹尼牙’，是他的夏营地。”ʿAlāʾ al-Dawla Simnānī Ahmad b. Muhmmad b. Ahmad Biyābānī，*al-ʿUrwa li-ahl al-khalwa waʾl-jalwa*，Najīb Māyil Haravī（ed.），Instishārāt-i Mawlā，1983，p. 511. 另可参看：Jamal J. Elias，*The Throne Carrier of God the Life and Thought of ʿAlaʾ ad-Dawla as-Simnānī*，State University of New York Press，1995，pp. 29－30.

的合赞汗的意愿。（某次）在他的伴当们将被依律断罪处死时，瓦即儿要求将他也断罪处死。合赞汗说："不，他对我有着牢固的情谊。我永远不会忘记，我在捏兀鲁思叛乱时遭败绩，夜晚天降暴雨，而我随身未带帐篷及任何遮挡之物。撒都丁·哈巴失与异密速台（Sūtāy）① 两人将皮袄（chūqā）覆于我首，② 使我在暴雨侵袭下得以安卧。"③

就在本月同一天，从古里思丹行宫（Kūshuk-i Gulistān）到阿儿答比勒（Ardabīl）的郊区雷电交加，在御前的火不思赤（qubūzchī）④ 和执盏官（suqāt）数人为闪电灼烧而亡。斡耳朵开拔迁移。

［七〇］五年十二月十六日（1306 年 6 月 29 日）⑤ 星期三，（君王）令王旗停驻于兀章草原的驿所。

---

① 速台，见《史集》第三卷，第 246 页。

② chūqā，据 Deorfer 称，该词为借入突厥语的波斯语词，意为"皮袄、羊皮袄"，一作 chūkhā。Doerfer：*Türkische und mongolische Elemente*，1967，Vol. 3，pp. 110 – 114. 穆思妥菲《武功纪》记述"成吉思汗避难班朱泥河"一章中称，"（博儿臣和博罗忽勒）将自己的皮袄覆于其（成吉思汗）体"（ba bālā-yi ū dāsht chūkhā'ī-yi khvīsh），情节与此极为相似。Hamd Allāh Mustawfī Qazvīnī，*Zafarnāma*，Fatemeh 'Alāqeh（ed.），Pazhuhishgāh-i 'Ulūm-i Insānī va Mutāli'āt-i Farhangī，2011，Vol. 7，p. 140.

③ 此处所谓"捏兀鲁思叛乱"，当指合赞汗继位前（688 年 4 月/1289 年 4 月），合赞在哈不伤（Khabūshān，位于 Āb-Atrak 河附近，是 Ostū 省（古代名：Ustuwā）中心，蒙古语名为：Quĉan）、徒思（Tūs）和剌忒干（Rādkān，徒思附近的牧场）地方追击捏兀鲁思叛军。经过买丹（Maydān，今名 Chanārān，在伊朗拉扎维霍拉桑省）过夜时，下了一场暴雨，铠甲和马的甲胄大部分坏了。此后合赞军为捏兀鲁思叛军击溃。《史集》第三卷，第 245 – 246 页。Dorothea Krawulsky，*Ìrān*，*das Reich der Īlhāne：eine topographisch-historische Studie*，Reichert，1978，p. 90，108. 按，"在困难时期，臣下立雪（雨）中为大汗彻夜张氍毺以翳"是蒙古历史记述中的一个传统主题（topos），用以强调君主受臣下拥护从而转败为胜的经历。具体讨论可参看，邱轶皓：《如何进入蒙古历史：两则与"共饮班朱泥河水"相并行的故事及其传播》，《文史》2019 年第 3 期。

④ 火不思赤（qubūzchī），原文作：qubūrchī。Deorfer 已校正，并将该词译作：巴拉莱卡演奏者（Balalaikaspieler，巴拉莱卡，一种中世纪弹拨乐器），Doerfer，*Türkische und mongolische Elemente*，1967，Vol. 3，p. 537；Maryam 译作：弦乐演奏者（Saitenspieler），Maryam Parivisi-Berger，*Die Chronik des Qāšānī*，p. 56. 按，qopuz "火不思"，源自古突厥语 "lute"。Gerard Clauson，*An Etymological Dictionary of Pre-Thirteenth Century Turkish*，Oxford University Press，1972，p. 589.《元史》卷七一《礼乐志五·宴乐之器》载："火不思，制如琵琶，直颈，无品，有小槽，圆腹如半瓶榼，以皮为面，四弦，皮絣同一孤柱。"（第 1772 页）阿不都热西提·亚库甫则将该词译作"大琴"（承松井太教授告知）。阿不都热西提·亚库甫：《古代维吾尔语赞美诗和描写性韵文的语文学研究》，上海古籍出版社 2015 年，第 422 页。

⑤ 此处系年有误。根据上文，七〇五年星期三当为十二月十八日。

三、诺外里（al-Nuwayrī）所载孙丹尼牙建城一节译文①

在一次打猎中，合儿班达率军进入一开阔草原，其地可容种种戏乐。合儿班达骑上吉兰骏马，由其大将出班扈从。他下令在狩猎时不得持有武器，仅凭赤手获取猎物。他的异密们令人惊异地擅长此类运动，不过合儿班达更胜一筹。

玉速甫（al-Yūsufī）说，合儿班达误入一地，发现自己置身于一个拥有众多水源和牧场的地方。当他见到此地时喜不自禁，说，此地胜于世上任一地方。然后他对出班和异密们说，对真主起誓，我有了一个想法。"什么想法？"众人询问，"我打算在此地建一世上最美之城市，它将成为大地的女皇。"

叙述者（al-Yūsufī）说，于是他派出一名使者，前往大不里士与巴格达及他治下的各个地方去搜罗工匠和工程师。不久之后，他们来到他的御座前。他问他们："我想让你们在此地建立一座举世罕有其匹的城市，凭借它我将会万世留名。""我们聆听玉音，谨奉圣旨。"他们回答道，"不过您需要供给我们无数资金和人力。"

叙述者说，他打开财宝库，向全体工匠和所有以他的名义效力的人分配钱财，用来采购工具与补给。这些工匠中有来自摩苏尔及其他地方的犹太人和基督徒，他对他们说："我想让你们按照大马士革和叙利亚的规模和［城市］规划来建造这座城市，但我的城市将要比它们漂亮许多。"他们回答道："我们聆听玉音，谨奉圣旨。"

叙述者说，他们遂开始挖掘护城河并建设城基。拉施倒刺担任建设监察。参与地基建设的人数总计有一万人。一万②人运土，五千人切割石料。共有一千五百辆大车用来运送石料及其他物资，为此征用了一万头驴。他们又建了一千口窑烧砖，一千口窑烧制石灰。五千头骆驼运木料，两千人被指派去山中或别处采伐木材。三千名铁匠被雇用来打制金属片、窗、钉子等东西。那里有五千木匠，五千人铺设大理石。监察官为他们指派了任务以督促其赶工。不久，建筑立了起来，工人们合拢了拱顶，建起了房屋、宫殿和浴室，铺设了水渠，其中水量充盈。他们暂时留在那里，直到城市完工并展示出其美丽、优雅、世所罕匹的轮廓。当工程结束，他们去合儿班达处告知他。他进了城，怀着极大的喜悦赞叹道："这正是我所设想的。"他赐予所有的师傅、劳工和工匠以荣誉袍，并召集全体异密及军队赴宴。"异密们，我们将如何命名该城？""孙丹尼牙（即"算端的城市"）。"他们回答道。随后，他宣称所有臣民将迁往此地。他们确实在各地这么做

---

① 本节不见于埃及出版的诺外里（Shihāb al-Dīn al-Nuwayrī, d. 732/1331 – 32）书校勘本，兹据 D. Little 英译文译出（据开罗图书馆抄本 Cairo Dār al-Kutūb Ms. ma'ārif 'āmma 549）。Donald P. Little, "The Founding of Sulṭāniyya: A Mamlūk Version", *Iran*, 1978, Vol. 16, pp. 170 – 175.

② 当为"五千"。

了——将居民迁往当地。人们乐于居此，觉得其胜于世上任何地方。商人和旅人们前往此地并在城中购置地产、培植果树及其他树木。合儿班达召见拉施倒剌，并任命其为地方长官，委以知民事，称："所有事务均系于汝项，吾则释手不问矣。"合儿班达的公正与慈善的名声传布四方。

我（作者）说，孙丹尼牙即晃火儿月良。它位于大不里士东，略偏南，约八日程。当合儿班达建立此城时即以之为王座所在地。其地近吉兰山脉，约一日程。

合儿班达喜居于城内，当其居处该城时，各地君王均遣使携礼物与珍宝觐见，其中有一人为鲁木君主所赠，身高十五腕尺。他不解任何语言，亦不能语，然其饥则泣，悦则笑。

作者简介：

邱轶皓，复旦大学历史学系副教授。

清代粤海关外洋船牌文本考订①

肖代龙

[提要] 清代粤海关外洋船牌是海关档案中很著名的一种，但其文本在解读方面还存在诸多疑问。从行文程序、叙述内容、签押标判及用印来看，外洋船牌的历史可以分为康熙至道光、咸丰、同治至清末三个时期，存在疑问的主要是前两个时期。本文考订后认为：船牌署衔并非粤海关监督；正文首句中的"题"专指题本，而请旨事则应该追溯到康熙二十四年监督宜尔格图向康熙皇帝的建议。正文末句的转录及断句应该是："若带防船火炮器械，按照旧例填注牌内，毋许多带并夹带违禁货物，取究未便，滇牌。"画行、判日基本相同。标朱，或重在针对沿途征税官员的"不得重征"，或重在针对外洋船商的"取究未便"，并标"照""顺""遵"字。印章有两处，年月上为一个正印，编号上为半个骑缝斜印，文字都是"粤海关监督关防"。

[关键词] 清代粤海关；外洋船牌；文本考订

---

① 本文系国家社科基金重大项目"近代广东海关档案文献整理与数据库建设研究"（项目编号：17ZDA200）、中国博士后科学基金第67批面上资助项目"民国粤海关监督研究"（项目编号：M2020672926）的阶段性成果。

　　清代粤海关外洋船牌是粤海关监督发给外洋贸易船只离华时的凭证，是海关档案中很著名的一种，在中国海关博物馆、粤海关博物馆、广州海事博物馆等机构都有原件或者复制件收藏；同时，作为清代对外贸易的重要凭证，其名称及内容也经常出现在对外贸易的研究中。[①] 但由于其文本在解读方面还存在诸多疑问，导致博物馆的介绍相当简略，研究中引用的内容亦存在不少错误，影响了研究的严谨性，也影响了船牌的价值，很有订正的必要。本文拟对其署衔、正文首句、正文末句、签押标判及用印进行整体考订，以求其本意。

一、船牌的基本内容及形式

　　从行文程序、叙述内容、签押标判及用印来看，外洋船牌的历史可以分为康熙至道光、咸丰、同治至清末三个时期。第一个时期的船牌虽然存在着诸多细节差异，但在这几个方面都基本相同。第二个时期的船牌是在第一个时期的基础上增写了进口税、出口税、船钞及三项总数，此实为一项很重要的改动，是鸦片战争后例规取消，开始向近代化管理的一种过渡形式。第三个时期的船牌实为第二个时期船牌的简化。由于外籍税务司制度的建立，外洋贸易开始在海关监督的监察下由税务司具体负责，而税务司有一套专门管理贸易的方式，船牌原来的功能转移到税务司实行的各种税票单据上去了，内容较之前明显减少。因而出现疑问的主要是前两个时期的船牌，这里先对此类进行考察，最后考察第三个时期的船牌。下面先以现今流传很广的第一、第二时期各一份船牌（见图1、图2）为例，观其基本形式及内容，再以其内容为中心材料加以探讨。船牌文字转录如下：

粤海关洋船牌
　　分守广东粮驿道按察使司佥事署理粤海关印务记录一次朱　　为
　　会题请
　　旨事。照得西洋船只，既经丈抽纳饷，或因风水不顺飘至他省，原非尚往贸

---

① 如景乃权：《比利时所见清"粤海关外洋船牌"》，《文献》2000 年第 4 期；赵磊：《清乾隆时期粤海关外洋船牌刍议》，《客家文博》2016 年第 1 期；王睿：《美国"大土耳其"号来华贸易考辨》，《清史研究》2016 年第 1 期；曹凛：《晚清洋海关的船舶丈量、检验章程》，《中国船检》2016 年第 2 期；陈国栋：《东亚海域一千年：历史上的海洋中国与对外贸易》，山东画报出版社，2006 年；梁嘉彬：《广东十三行考》，广东人民出版社，2009 年；陈国栋：《清代前期的粤海关与十三行》，广东人民出版社，2014 年；Robert E. Peabody, *The Log of the Grand Turks*, Duckworth, 1927；Paul A. Van Dyke, *The Canton Trade：Life and Enterprise on the China Coast, 1700–1845*, Hong Kong University Press, 2005，这些著述中都多次提及或引用到船牌（也称作"红牌"，英文为 Grand Chop）。

图 1　乾隆六年十二月十一日发给"哥德
堡 I"号船商亚氏夢的船牌，现藏于瑞典
斯德哥尔摩"国王图书馆"

易，查有丈抽印票即便放行，不得重征。先经会同定议，具□题在案。今据洋船商亚氏夢装载货物前往瑞国贸易，所有丈抽税饷已经照例完纳，合行给牌。照验为此牌，给本船商收执。如遇关津要隘汛防处所，验即放行，不得重征税饷，留难阻滞。其随带防船火炮器械按照旧例填注牌内毋许多带并夹带违禁货物□□□□□□。

番梢壹百贰拾名　　剑刀叁拾口　　大炮壹拾门

鸟铳叁拾挟　　　　火药拾扣　　　弹子叁百个

右牌给夷商亚氏夢收执

乾隆陆年拾贰月十一日

粤海关

遵照①

---

① 赵磊：《清乾隆时期粤海关外洋船牌刍议》，《客家文博》2016 年第 1 期。这份船牌文字转录及句读参考此文，差别只是在"为会题请旨事"后断句，在具题间留一个空格。最后正文末句由于在转录和断句上出现诸多问题，也是本文探讨的内容，因此这一份及下一份船牌都保留船牌原样。

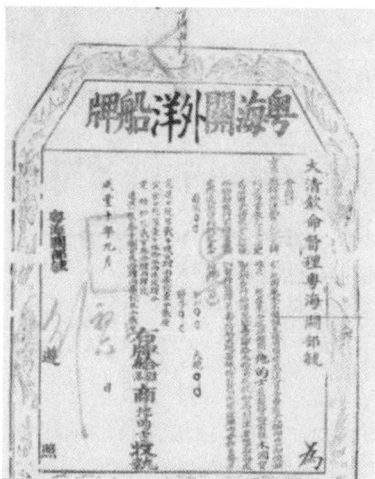

图2　咸丰十年九月初六日发给船商地的士的船牌，现为比利时国际海洋考古学家杰佛瑞收藏

粤海关外洋船牌

大清钦命督理粤海关部毓　为

会题请

旨事。照得西洋船只，既经丈抽纳饷，或因风水不顺飘至他省，原非峀往贸易，查有丈抽印票即便放行，不得重征。先经会同定义，具□题在案。今据洋船商地的士装载货物前往木国贸易，所有丈抽税饷已经照例完纳，合行给牌。照验为此牌，给本船商收执。如遇关津要隘沿海处所，验即放行，不得重征税饷，留难阻滞。其随带防船火炮器械按照旧例填注牌内毋许多带并夹带违禁货物□□□□□□。

| 番硝00 | 剑刀00 | 大炮00 |
| 鸟枪00 | 弹子00 | 火药00 |

完进口税银贰千陆百肆两柒钱壹分贰厘

完出口税银壹千伍拾伍两陆钱肆分

完船钞银贰百叁拾肆两肆钱

通共完银叁千捌百玖拾肆两柒钱伍分贰厘

右牌给杂港商地的士收执

咸丰十年九月初六日

粤海关部毓

遵照①

---

①　景乃权：《比利时所见清"粤海关外洋船牌"》，《文献》2000年第4期。这份船牌文字转录及句读参考此文，差别只是纠正了经、丈、峀、木、滇5个字。

二、船牌署衔并非粤海关监督

船牌是由粤海关监督发给的，但署衔却并非粤海关监督。这是因为按照规定，完整的船牌署衔应该包括任职方式、加衔、职任、升调花样、议叙和监督姓氏六项；而监督只是职任。在具体署衔时，监督会根据情况选择其中一项或几项。粤海关外洋船牌的署衔可以分为以下两种：前衔和后衔。

1. 前衔

前衔位于船牌的最右边，单独一列。比较完整的前衔如乾隆五十三年十月二十七日船牌为"钦命督理粤海关税务内务府坐办堂郎中兼恭领加八级记录二十二次佛"，就包括了五项：①"钦命"是任职方式。清代官员的任职可以分为部选和特授，特授大多是由于有特殊的功绩，由皇帝钦点，是一项巨大的荣誉，因而只要是钦点都会写出。部选则是由吏部根据每年的考核派遣的官员，一般不写。粤海关监督由部选的情况基本没有，在没有钦点的情况下，就采用兼职的方式。在清代共计137任粤海关监督中，有96任是钦点，来自内务府犬马、郎中、司员以及奉宸院卿、上驷院卿、武备院卿等。其余41任是兼任，兼任的人有两广总督、广东巡抚、广州将军、广州城守副将、广东督粮道等。②"督理粤海关税务"为职任，也就是粤海关监督本职，但这只是简称，全称是"钦命督理广东沿海等处贸易税务户部分司"。③"内务府坐办堂郎中"是升调花样，是指前一任职务。④"加八级记录二十二次"则是议叙。据《清会典·吏部》记载：议叙与官职大小无关，为在职时的奖励，分为记录和加级两种，共12个等级：记录一次、记录两次、记录三次、加一级；加一级记录一次、加一级记录两次、加一级记录三次、加两级；加两级记录一次、加两级记录两次、加两级记录三次、加三级。每次奖励选择一种，可以作为以后升迁的依据，也可以在犯错时用来抵销。此外，议叙还可以根据具体情况，在调职时，或者直接随带，或者将原来的一级换算成一次记录。[①] 该监督加八级记录二十二次，说明表现优异，并且随带了奖励。⑤"佛"是指海关监督佛宁，1786年12月到1789年6月在任。⑥这里缺少的加衔，多见于兼职监督的官员，如1905年时的海关监督为岑春煊，署衔为"钦命头品顶戴紫禁城骑马赏穿黄马褂兵部尚书署理两广总督部堂兼管粤海关税务岑"，其中"头品顶戴紫禁城骑马赏穿黄马褂"就是加衔。当然，署衔也有更简洁些的，如乾隆三十七年十二月十日的船牌"钦命督理粤海关税务内务府郎中德"就只包含了4项，咸丰十年九月初六日的船牌"大清钦命督理粤海关部毓"则仅包含3项。

---

① （清）昆冈等：《钦定大清会典事例（光绪朝）》第1册，中华书局，1991年，第92页。

2．后衔

后衔位于船牌的最左边，也是单独一列。与前衔相比，后衔相对简单，就是粤海关监督的本职，但署衔是官方正式称谓粤海关部，而非粤海关监督。监督只是一个职位，清代很多部门都设有监督，并且这个职位很多不同级别的官员都可以担任，比如户部"所辖宝源局，满、汉监督各一人，满员由宗人府、六部、步军统领衙门司员内保送。汉员由六部司员内保送"。① "京师崇文门，正监督、副监督，左翼、右翼各一人。内府大臣及尚书侍郎兼充。其各常关，或部臣题请特简，或由京擎差部司官，或改令外官兼辖。"② 只是，由于粤海关税收很多，大多时候监督都是由皇帝直接委派，少数由地方官兼任，但都是"户部分司"，因而可称关部。

关部是一种地位的象征，总督兼兵部尚书及右都御史称为部堂，巡抚兼兵部侍郎及右副都御史称为部院。海关监督并非地方属员，并且由于其钦派性质，与总督、巡抚往来公文也是用"咨"，以示地位平行而班次略后。粤海关监督在广东省内的地位仅次于总督巡抚，因而称关部，这在当时的称谓中也是很普遍的，如康熙年间李士桢《抚粤政略》记载的："其外洋贩来货物及出海贸易货物，分为行税报单，皆投洋货行，候出海时洋商自赴关部纳税。"③ 鸦片战争后签订的《望厦条约》第十二款记载的："合众国各口领事官处，应由中国海关发给丈尺、秤码各一副，以备丈量长短、权衡轻重之用，即照粤海关部颁之式盖戳镌字，五口一律，以免参差滋弊。"④ 可见，粤海关监督的官方正式称谓就是"粤海关部"，这也就是后衔一直使用该称谓的原因。

三、船牌正文首句解读

首句为"为会题请旨事，照得……具□题在案"。这句话存在以下两个疑问：

1．为何第二个"题"字前有一个空格，第一个"题"字前没有空格

其实，这里的"题"特指题本，这种写法与题本的写作规范有关。清代公文书开始是延续明制，分为题本与奏本，规定大臣上书私事用奏本，公事用题本，即"凡内外各衙门，一应公事用题本"⑤。雍正三年（1725）进一步细化："行令各省督抚、将军、提镇，嗣后钱粮、刑名、兵丁、马匹、地方民务所关大小公事皆题本，用印具题。"⑥ 乾

---

① 《清史稿》卷一一四《职官志一·工部条》，中华书局，1977 年，第 3292 页。

② 《清史稿》卷一一四《职官志一·户部条附仓场条》，第 3278 页。

③ （清）李士桢：《抚粤政略》卷六，（台北）文海出版社，1988 年，第 56 页。

④ 王铁崖编：《中外旧约章汇编》第 1 册，生活·读书·新知三联书店，1957 年，第51 页。

⑤ （明）申行时等重修：《明会典》卷二一二，中华书局，1989 年，第 1059 页。

⑥ （清）昆冈等：《钦定大清会典事例（光绪朝）》第 1 册，第 165 页。

隆十三年，废除奏本。光绪二十七年八月十五日，改题本为奏折。① 由于题本是上行文，对象是皇帝，也就涉及尊称的问题。可以分为两种情况：

一般情况下，如果作为正式上书的题本，有严格的抬头格式；如果是在其他文体，如禀帖、笔记、小说中涉及题本时，原来需要抬头的地方，就使用空格代替。至于抬头，在上行文中规则都是一致的："疏章定式每幅六行，每行二十格，平行空二格，以备抬头。如疏语称宫殿者，上一格。称皇帝上谕，称旨，称御者，上二格。其有应行三抬者，如称天，祖宗庙、陵寝庙号暨列祖谕旨之类。"② 题本属于第一种情况，因而需要抬一格。在其他文体中，如禀帖"贺上司随扈□□圣驾，或蒙□赐宴加级赏□赉花翎黄挂等类，禀中开首将恭谂□大人扈驾时巡赞行盛典等意，点清以下即景抒写，极力揄扬一番中，接写□□天子褒功仰膺异数如彤弓湛露盛轨，倍觉显荣，极力铺张颂美一番，然后转到□宸眷弥隆，懽胪中外，随即自叙慕等情作收"。③ 对于笔记，如"到任三日早谒□□文庙，亲阅神牌庙宇有无损坏"，④ 其中"□"就是在写作中需要留出的空格。船牌中的第二个"题"之前有一个空格，也就是正式文本中抬一格的意思。

特殊情况下，有时"题"字则不抬头，其他文体引用时也就不用留空。"会题请旨"在题本运用中，按规定"题"和"旨"都应该抬头，但实际情况是"旨"都抬头，"题"则是有些有抬头，有些没有抬头。如道光十一年十月初二日由户部尚书禧恩、王鼎，会同吏部侍郎贵庆、湖广清吏司郎中萨麟等13人会题的《林则徐湖北布政使任内经管工程银数相符一案察核无误》⑤，最后一句"谨题请旨"中的"题"和"旨"都抬头了。但是在道光十五年五月二十八日林则徐《宜兴县县丞汪仁俸满循例保荐》（见图3）⑥ 题本最后一句"谨会题请旨"中的"旨"抬头了，"题"则没有抬头，这样转移到其他文体中时也就不需要空格，船牌中的第一个"题"字前没有空格也就是这种情况。

① 刘铮云：《具题与折奏之间：从"改题为奏"看清代奏折制度的发展》，《四川大学学报（哲学社会科学版）》2017年第2期。

② （清）张鉴瀛辑：《宦乡要则》卷一《奏折式》，《官箴书集成》第九册，黄山书社，1997年，第109页。

③ （清）张鉴瀛辑：《宦乡要则》卷三《双红禀式》，《官箴书集成》第九册，第142页。

④ （清）张鉴瀛辑：《宦乡要则》卷二《视学》，《官箴书集成》第九册，第122页。

⑤ 中国第一历史档案馆、福建省林则徐研究会编：《清宫林则徐档案汇编》第1册，海峡文艺出版社，2016年，第339页。

⑥ 中国第一历史档案馆、福建省林则徐研究会编：《清宫林则徐档案汇编》第13册，海峡文艺出版社，2016年，第7页。

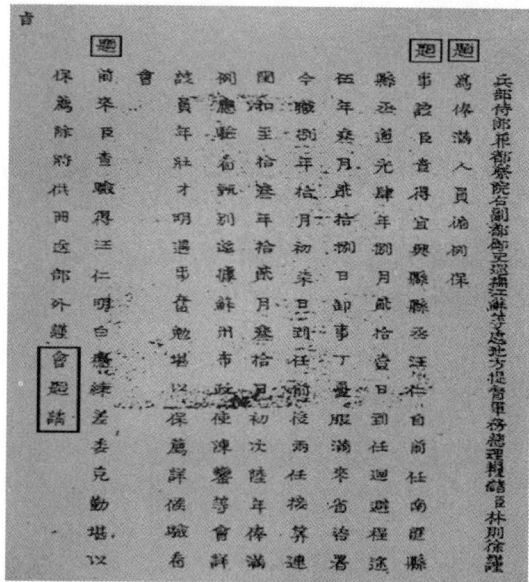

图3　道光十五年五月二十八日林则徐题本

　　还有一种情况，题也不用抬头，就是并不是本人直接面对皇帝，而只是转引别人的题本，如道光十一年十月初二日户部尚书禧恩等的题本中，"题"没抬头的就有三处。① 在奏本中也是如此，如光绪四年十二月初十七日左宗棠奏本《本年甄别过教职佐杂折》② 中有三处"奏"都没有抬头。这样，其他文体引用时也就不需要留空格。

　　2. 会题请旨是什么旨

　　康熙二十四年，江、浙、闽、粤四海关设立，为了规范贸易的管理方式，粤海关监督宜尔格图向康熙皇帝建议："至江、浙、闽、广，俱经开海，若不划一，恐启外夷趋避之端，应照粤省量减。此等丈抽船只，装载回国，或因风水不顺，飘至他省，查验印票，即便放行；其四省印烙船只往外国贸易者，亦照此例。"随即"奉旨俞允"③。船牌中的"旨"也就是指此。其中，"会题"由于涉及四个海关，粤海关监督是在与其他关监督以及户部商议之后才上的题本，所以称为会题。"丈抽""照粤省量减"是指明朝前中期对外商货物实行"抽分"，即按比例抽取货物，但后来由于商人报货奸欺，难于查验且负责的官员贪赃枉法，遂在隆庆五年改为"丈抽"，即以船舶大小分等收取税银。但当时税收过高，于是"夷人屡请，量减抽三分"。而清沿明制，"未禁海以前，洋船诣

----

　　① 中国第一历史档案馆、福建省林则徐研究会编：《清宫林则徐档案汇编》第1册，第339页。
　　② 台北故宫博物院故宫文献编辑委员会编：《宫中档光绪朝奏折》第2册，台北故宫博物院印行，1973年，第127页。
　　③ 《清朝文献通考》卷三三《市籴二》，浙江古籍出版社，1988年，第5155页。

粤，照例丈抽。但往日多载珍奇，今系杂货，今昔殊异，十船不及一船，请于原减之外，再减二分"，为管理上统一，于是要求其他三个海关也照粤海关减税。① 到《南京条约》签订后，沿海各地的通商口岸逐步开放，颁布了专门的货物进出口税则，这一规定就逐渐取消了。

四、船牌正文末句诂正

对于船牌正文末句的转录和点校，还存在争议：

对于乾隆六年十二月十一日的船牌，赵磊认为是："其随带防船火炮器械，按照旧例填注牌内，毋许多带并夹带违禁货物，取究未便滇牌。"②

对于道光十七年正月十三日的船牌，王睿认为是："若带防船火炮器械，按照旧例填注牌内，毋许多带，并夹带违禁货物，取宛（完）未留有余地，后够（购）牌。"③

对于咸丰十年九月初六日的船牌，景乃权认为是："若带防船火炮器械，按照旧例填注牌内，毋许多带，并夹带违禁货物，取宛（同完）未留，后够（同购）牌。"④

三份船牌来自三个时期，但末句是同一句话，这句话出现三种不同的转录和断句方式。考察之下，这三种方式的差异主要体现在两个方面：

1. 最后几个字如何转录和断句

这几个字恰好处于标朱的位置，造成字迹重叠，加上年代久远，更难辨认，应该是：取究（通笞）未便，滇牌。这其实是文书术语，有三种使用方式：①"取究未便"与"牌""票"连用，如清代孔府档案中的"本爵府支领脚价押赴曲阜县衙门，领取执照前往济宁装载赈米，押还来曲交卸，毋得贻误，取究未便，速速滇票。"⑤ 清黄六鸿《福惠全书》："着落该房吏书，照依后开夫马轿杠名数，一一唤备，用过领给工价，毋得迟误，取究未便，须至牌者。"⑥ ②"取究未便"单独使用，如清代孔府档案中，"为供用事，……听候船到，交纳上京应用，毋得临期误事，取究未便"。⑦ "公府为庆贺

① 《清朝文献通考》卷三三《市籴二》，第 5155 页。

② 赵磊：《清乾隆时期粤海关外洋船牌刍议》，《客家文博》2016 年第 1 期。

③ 王睿：《美国"大土耳其"号来华贸易考辨》，《清史研究》2016 年第 1 期。

④ 景乃权：《比利时所见清"粤海关外洋船牌"》，《文献》2000 年第 4 期。

⑤ 王一鸣：《孔府档案中明清时期的牌票研究》，曲阜师范大学硕士学位论文，2019 年，第 26 页。

⑥ （清）黄六鸿：《福惠全书》，《官箴书集成》第三册，黄山书社，1997 年，第 235－236 页。

⑦ 钟遵先：《曲阜孔府档案史料选编》第 2 编，全 1 册，齐鲁书社，1981 年，第 174 页。

事，……即拨壮马一匹，仍备饭食一餐，以便速递，毋得临期误事，取究未便。"① 清褚人获《坚瓠集》："着尔速将诗内俗字，一一开除，庶望有成。如敢仍前抗违，取究未便，慎之毋忽。"② ③ "取究"单独使用，如"尔等广列奇珍，大呈异宝，兼设蜃楼，不得违慢取究"。③ "粮米及铺垫银两，俱要当官明写议单，照数交付歇家，同进完纳，不得推调取究。"④ 从上述可以看出：当"取究"与"未便"连用时，就构成一个固定文书用语"取究未便"；当没有与"未便"连用时，就可以单独使用。所以，船牌正文末句最后几个字应该在"湎牌"前断句。

其含义可以通过相似的句子分析出来："取究未便"就是自取咎责造成不当。"湎牌"中的"湎"在《康熙字典》中注为"与湎同，水貌"，也就是水流动的样子，"湎牌"就是下发船牌的意思，与"速速湎牌"是类似的含义，清代《外官新任辑要》中"标硃定式"载："右仰准此一点；速速湎牌用硃笔勾。"⑤ 可见，"速速湎牌"就是速速下发传牌的意思，这里的"湎牌"是不太紧急的情况。

由此可以判断出，三人存在的问题分别是：王睿、景乃权出现转录错误，断句也跟着错了：将"究"转录为"宛"并理解为通假字"完"，含义上说不通。"未留"或"未留有余地"，则是多加的字。将"湎牌"转录成"后够牌"，并将"够"理解为通假字"购"，实为理解有误，船牌为发给，无须购买。而赵磊则是未在"湎牌"前断句。

2. "并"字处是否应该断句

断句可以借助句意来分析，该句句意并不复杂，就是对两类物品的规定，要求船商遵守。两类物品分别是：①可携带的防船火炮器械。按贸易规定："凡外舶来粤者，先须泊碇于澳门；次经海关监督之丈量；次得监督之许可，船由引水人引入黄埔后先起炮位，俟交易妥后给还。"⑥ 康熙二十四年议准："商人来往大洋，若无防身军器，恐被劫掠，嗣后内地贸易商民，所带火炮、军器等项，应照船只大小、人数多寡，该督酌量定数。起程时，令海上收税官员及防海口官员查照数目，准其带往，回时仍照原数查

---

① 钟遵先：《曲阜孔府档案史料选编》第 2 编，全 1 册，第 253 页。

② （清）褚人获：《坚瓠集》上《坚瓠五集》，全国图书馆文献缩微复制中心，2002 年，第 437 页。

③ （清）刘清韵：《天风引》，王文章主编：《傅惜华藏古典戏曲珍本丛刊》第 106 册，学苑出版社，2010 年，第 379 页。

④ （清）顾炎武：《天下郡国利病书》，上海古籍出版社，2012 年，第 755 – 756 页。

⑤ （清）不著撰者：《外官新任辑要》，《官箴书集成》第六册，黄山书社，1997 年，第 735 页。

⑥ 梁嘉彬：《广东十三行考》，广东人民出版社，1999 年，第 78 页。

验。"① 乾隆五十六年四月，圣谕再次强调："各国来广贸易洋船，向有携带炮位、刀枪等项，由粤海关监督于该船出入虎门时查验开报，例准随带。""而内地出洋商船内转无炮位抵御，该商等即不保护货物，亦各爱惜身命，若拘泥禁止，何以卫商旅而御盗劫！"② 可见，防船火炮器械是可以带的，只需填注即可，如乾隆六年十二月十一日的船牌就填有：剑刀叁拾口；大炮壹拾门；鸟铳叁拾挟；火药拾扣；弹子叁百个。但是，要根据船只大小、人数多少确定携带数量，不能超过。②不得夹带的违禁物品。清代所禁物品众多，并且在不同时期也有所不同，如康熙二十三年颁布上谕，要求福建、广东各省先定海禁处分之例，"若有违禁将硝磺、军器等物私载出洋贸易者，仍照处分其罪"③。到嘉庆、道光时期，则主要是严禁鸦片，如嘉庆二十年三月上谕："鸦片烟一项流毒甚炽，多由夷船夹带而来。嗣后西洋货船至澳门时，自应按船查验，杜绝来源。"④此外，禁止夹带的还有大黄、茶叶、铁、铜、金银制钱等。

根据以上两点可以知道，导致船商自取咎责的就是两项：一是可带的防船火炮器械，多带了；二是夹带了违禁物品。同时，要理解断句还需注意以下两点：①从语法角度，该句式应该是：否定词（如毋得、毋忽、不得）＋事情＋取究，意即不得做什么事而导致咎责。②再则"毋许多带并夹带违禁货物"一句本身是逻辑矛盾的：既然是违禁货物，不能夹带，自然也就不应该存在多带的说法。那么，怎么理解呢？究其原因其实是"多带"后面省略了"防船火炮器械"，补上则恰好逻辑通顺。

综合上述可知，在"并"字处不能断句，且理解时要将"多带"后面省略的"防船火炮器械"补上。船牌正文末句应该转录并断句为："若带防船火炮器械，按照旧例填注牌内，毋许多带并夹带违禁货物，取究（通咎）未便，滇牌。"意思是如果带有防船火炮器械，按照旧例填注在船牌内，不允许多带也不允许夹带违禁货物，否则会自取咎责造成不当，（没有问题后）发给船牌。从而可以判断三人中赵磊没有在"并"前断句，正确。王睿、景乃权都在"并"前断句，失误。

五、船牌签押标判及用印

船牌在签押画行（画行属于签押的范畴，但有时也可称为签押⑤）后，"即将签押

---

① （清）梁廷枏撰，袁钟仁校注：《粤海关志》卷十七《禁令一》，广东人民出版社，2014年，第 346 页。

② （清）梁廷枏撰，袁钟仁校注：《粤海关志》卷十七《禁令一》，第 346－347 页。

③ （清）梁廷枏撰，袁钟仁校注：《粤海关志》卷十七《禁令一》，第 346 页。

④ （清）梁廷枏撰，袁钟仁校注：《粤海关志》卷十八《禁令二》，第 364 页。

⑤ 吴佩林、曹婷：《清代州县衙门的画行制度》，《档案学研究》2017 年第 5 期。

稿送用印处。用毕，即送标判处。标毕，送号件处。挂毕，过细看明，交门房发出"。①
这其中对于标朱的要求较多，如《宦乡要则》中"标硃笔式"规定："凡牌上两为字俱
用硃笔一点，日子用硃笔标写数目字，牌尾用硃笔一圈，下用硃笔草写一遵字。"②《外
官新任辑要》中"标硃定式"规定："船照标照字，……毋违用硃笔圈，右仰准此一
点，速速滇牌，用硃笔勾。"③ 图1、图2船牌都是标朱、判日、画行很齐全的文书。

　　图1的船牌上，有14处标朱，1处判日，1处画行。其中，在14处标朱中，有2处
划圈，圈中的内容是"遇关津要隘""不得重征"，就清晰地表明了船牌的作用，在碰
到关津时，征税的官员一眼便可以看出中心所在。一条竖线是贯穿"右牌给夷商亚氏廖
收执"，这样就知道持牌者的名称，不重征的对象也就一目了然。还有8处点，主要是
点在了6种货物上面。其中，"番梢壹百贰拾名"有两点，随行有120人，说明这艘船
还是很大的；另外4点是最开始的"为"，最后的"遵照"，以及船商名称"亚氏廖"，
去往的国家"瑞国"。通过这14处标朱，就点明了这份船牌的核心要素。再就是船牌正
中朱笔写一个"顺"字，意思与"遵"相同。1处判日即是在"乾隆陆年拾贰月"之后
标明了发牌的时间是十一日。判行就是在后衔正下方写"行"字，表示海关监督批准
执行。

　　图2的船牌上，有8处标朱，1处判日，1处画行。在8处标朱中，包括1圈和1条
竖线、6点。圈中的是"取究未便"。1条竖线是贯穿"右牌给杂港商地的士收执"，这
样可以使征税人员一下看出船商的姓名。"杂港商"是因1858年中英《天津条约》第五
十一款规定，嗣后各式公文不得再提夷字而将"夷商"修改而来的。④ 8处标朱则是
"为""地的士""木国"以及完税的四条记录。同时在船牌的中央朱笔写有"照"二
字，与图1船牌所写"顺"字不同。船牌中的1处判日是"咸丰十年九月"之后填上初
六日。还有1处画行，就是在后衔"粤海关部毓"正下方写上"行"字，表示批准
执行。

　　比较两图可以发现，判日、画行基本相同，但在标朱上有些差异，标的字可以是
"顺""遵"，也可以是"照"。在标的位置上，既有针对关津要隘官员的不得重征、船
商姓名，也有针对船商的"取究未便"，可见具体操作时具有一定的灵活性。

　　船牌为两联单，左牌由"钦命粤海关监查使"收执，以备查考；右牌给洋船商人收
执，以便通行。左右船牌上各有一个正印和半个斜印，由同一个印章盖成，文字是"粤
海关监督关防"，竖排，左边满文，右边汉字。两处印章的位置和形式不同：一个正印

---

① 蔡申之：《清代州县故事（二）》，《中和月刊》1941年第10期。
② （清）张鉴瀛辑：《宦乡要则》卷一《标硃笔式》，《官箴书集成》第九册，第115页。
③ （清）不著撰者：《外官新任辑要》，《官箴书集成》第六册，第735页。
④ 王铁崖编：《中外旧约章汇编》第1册，第102页。

是盖在年月上面，"用印之时。先看申上饬下之分别。平行正印。申上正印。下行惟年月正印"。① 半个是斜印，按规定"下属牌要上有号数，须对号簿事件，将票对簿用斜钤印一颗分两边"，"下属批详上有号数，须对号处钤斜印一颗分两半"②，对于船牌来说，就是将印章斜盖在位于船牌正上方的编号上面，因此左右船牌各有一个半印。

六、同治至清末的外洋船牌特征

1860 年 10 月 1 日，粤海新关成立，实行外籍税务司制度，外洋贸易开始在海关监督的监察下由税务司具体负责，外洋船牌也因功能的转移而在形式及内容上都发生了变化。现将这一时期一份较为典型的船牌（见图 4）转录如下并做简要分析：

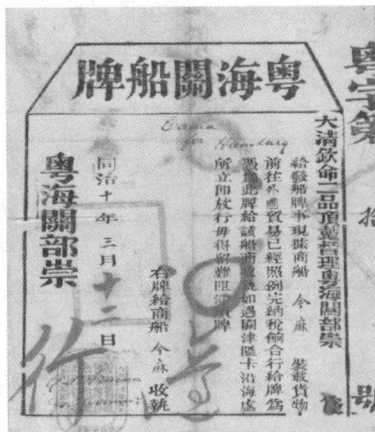

图 4　同治十年三月十二日发给丹国商
船今麻号的船牌，为罗卓英将军旧藏

粤海关船牌

　　大清钦命二品顶戴督理粤海关部崇　 为

　　给发船牌事。现据商船今麻装载货物前往外国贸易，已经照例完纳税饷，合行给牌为凭。为此牌给该船商收执，如遇关津隘卡，沿海处所立即放行，毋得留难阻滞，须牌。

　　右牌给商船今麻收执

　　同治十年三月十二日

　　粤海关部崇

---

①　蔡申之：《清代州县故事（二）》。

②　（清）不著撰者：《外官新任辑要》，《官箴书集成》第六册，第 734 页。

与前两个时期的船牌进行比较可以发现，变化主要体现在以下七个方面：①外形。乾隆六年十二月十一日的船牌长 71 厘米、宽 51 厘米。同治十年三月十二日船牌长 32 厘米、宽 24 厘米，面积只是之前的 1/4.71。四周原有的兽纹图案也消失了。原位于船牌正上方的编号则移到了右边，半个斜印也就从船牌正上方移到了船牌的右边。②正文首句删除了。原首句引用的是康熙二十四年管理海关的圣旨。但自鸦片战争后，相继制定了 1843 年《中英五口通商章程：海关税则》及 1858 年《中英通商章程善后条约：海关税则》等条款，1860 年开始实行税务司制度，原有的管理方式已经大为改变，因而首句失去了作用。③正文末句提到的防船火炮器械、违禁物品都没有再提及，相应的附表也删除了。这是由于晚清海关设立了专门的缉私部门，负责对货物及其他物品进行稽查，也就有专门的报表，因而不用再在船牌上注明。④与咸丰时期相比，缴纳的税款数目也删除了。这是因为税务司专门制定有进出口报关单和船钞单，并且缴纳的税项也比之前更多，而这些都有专门的税单。⑤发牌对象。原来是发给洋船船商，现在是发给洋船，这是由于随着贸易量及贸易船只的不断增多，往往出现一商多船及代理船商的问题，为方便管理进行了调整。⑥洋船去向。原来需要注明具体去哪一国，现在只是笼统地称为外国，目的仅是与国内贸易区分开。⑦用印。原来只需海关监督印章即可，现在还需要税务司副署并加盖税务司关防才能生效。船牌的这些变化反映出，原来由粤海关监督掌握的对外贸易管理权已经逐渐转移到了税务司手中，而这既是晚清海关半殖民化的具体体现，也是晚清海关制度近代化转型的具体体现。

作者简介：

肖代龙，中山大学历史学系博士后。

德国影响下的晚清军事变革：
以荫昌为线索

赵晓芬

[提要] 中国近代化的开启及中西文化碰撞所伴随的战争耻辱，使得"师法西方"成为贯穿晚清军事变革的重要理念。德国在十九世纪七八十年代以后军事优势地位的凸显，是中德间开展广泛军事合作的根本原因。由此，荫昌借助早期留德及驻德公使经历建立起的满汉间复杂的人际、权力网络，成为晚清外交、军事史上的关键人物，并充当了德方向中方输送军国文化的重要媒介。宣统二年（1910）升任陆军部尚书以后，其对军事变革的理解、建白及各项改革举措不仅表现出军事职业化、专业化等近代特征，也显示出军事因素在宣统朝政治生活中的权重进一步上升。中方在中德军事互动中逐步表现出的主动性、选择性与适应性，使得德国军国文化最终植根在中国军事近代化的进程中，其影响直至清亡犹余音未绝。

[关键词] 荫昌；德国；军事变革；军国文化

荫昌，字午楼、五楼，富隆佐领下人，咸丰九年（1859）生于北京城，八旗国子监官学出身，隶满洲正白旗，晚清军事史上的关键人物之一。相较于天潢贵胄，荫昌家世不显，但庚子以后却历任驻德公使、江北提督、陆军部尚书（宣统朝官制改革后正式改为陆军部大臣），成为执掌全国军政的舵手之一。然而，其本人未留下任何日记、文集类史料，由此学界关于荫昌的研究除小传类片段与文章外，鲜有专文。① 作为八旗子弟，荫昌却以德文翻译出身处理外交事务，并因缘际会学习地雷技术，由此跨入新军事领域。其仕途之上升，除因自身业务能力的提高外，一方面依托满汉权贵的拔擢，另一方面则借助与德国长期、紧密的联系在清廷中枢内逐步编织的权力网络。因此，荫昌在晚清政治、外交、军事领域的成长，不仅是其个人经历的简单呈现，也显示出德国因素在军政变革中的深刻影响。宣统二年（1910）二月初七日，陆军部大臣铁良开缺，七月二十五日荫昌回华接任该职，主要围绕国之重计军事改革实现抱负，其明显的师德倾向与摄政王载沣、时掌军谘处的载涛虽未能完全契合，但在打造新军的目标及决心层面则别无二致。

德国自普法一役后展示出的精尖武器、高效率军队、军政合一体制等元素糅为一体的强大军力，为近代中国所钦羡，这些因素构成了德国军国文化的精髓，长期影响了晚清军事变革的走向。② 既往研究一般将目光聚焦到荫昌执掌陆军部时期，对其军事经历缺乏完整关注。本文广罗史料，利用新近出版的驻德公使、参赞日记及相关奏章、电报、书信等，力图通过考辨留德、使德经历在荫昌知识体系形成以及权力强化过程中的作用，进一步探讨荫昌参与的政、军活动如何体现德国军国文化对晚清军事变革的连续性影响，其中夹杂着旗人在参与近代化的过程中对民族、国家以及军、政关系新的理解与思考。

---

① 关于荫昌的研究国内比较早出现在二十世纪八九十年代，苏精介绍京师同文馆出身的外交使节部分辟专文《荫昌》，虽较为简略，但其钩沉的荫昌生平及相关论点为后续研究提供了重要参考。参见苏精：《清季同文馆及其师生》，福建教育出版社，2018 年，第 152 - 155 页。在此前后，美国学者拉尔夫·尔·鲍威尔的《中国军事力量的兴起（1895—1912）》（中国社会科学出版社，1979 年）与澳大利亚学者冯兆基（Edmund S. K. Fung）的《军事近代化与中国革命》（上海人民出版社，1994 年）各专辟一节讨论荫昌在宣统朝陆军部的改革问题。前者主要利用美国陆军参谋处"1910—1911 年每月对中国陆军的报告"与《字林西报》，后者则在 WDGS（美国首都华盛顿档案馆馆藏美国陆军部总参谋部档案缩微胶卷出版物）的基础上，利用了 FO（伦敦档案馆馆藏英国外交部档案）相关档案。鲍威尔与冯兆基都把荫昌放置在中国军事近代化的链条上做了较为客观的审视，对其在陆军部实施的革新举措及遇到的阻碍进行了剖析。王庆帅的专文《辛亥荫昌南下督师及袁世凯出山内情考》（《中国国家博物馆馆刊》2017 年第 11 期）则对荫昌在武昌起义爆发以后督军南下最终却无功而返的内情进行了考证，认为并非荫昌畏战而是清廷事权不一导致了这一结果。此外，德国学者利用德国联邦档案等珍贵资料将荫昌放置在中德外交史领域进行考察，其中具有代表性的是白莎（Elisabeth Kaske）阐释了留德、使德经历对荫昌仕途的影响，参见 Elisabeth Kaske, *Bismarcks Missionäre：Deutsche Militärinstrukteure in China 1884 - 1890*, Harrassowitz, 2002, S. 153. 既存研究对围绕荫昌本人的经历、人事关系等问题并未深入、系统展开，而这部分内容对于重新认识旗人荫昌及清末军事改革有重要意义。

② 关于德国对中国军事近代化的影响，研究成果十分丰富，主要集中在技术转移、军政变革、外交关系、人物群体等各个方面，在此不赘述。

一、荫昌早期军事经历与德国渊源

荫昌出身国子监八旗官学，其父为銮仪卫主事秀彬①，余则暂难考证。作为八旗子弟，本应以传统兵事为主或在既定职官体制内迁转，然而受近代以降中西交通的影响，总理衙门的设立从制度层面打破了皇朝既有体制，使得参与外交事务成为对正职晋升相当有利的兼差。同光之际，恰好又是朝野上下对是否设驻外使馆以及培养翻译人才两个重要的外交问题进行大讨论时期，其结果则是引发了对语言类专门人才的迫切需求，给八旗子弟提供了新的机会。恭亲王奕訢极力主张创建的同文馆，其学生的挑选主要从八旗满、蒙、汉内择资质聪慧，习清文且年在十三四岁以下者（根据丁韪良的说法，同文馆选八旗子弟是因为其无论满汉天生带饷，比较节省经费，且不至于利权外溢）②，荫昌即在同治十一年（1872）被选入德文馆第一班。

同文馆德文班的设立，是清廷计划在德国设驻德公使署的外交人才之预备，同时意味着中德间军事合作的进一步深化。入馆六年后（即光绪三年，1877）荫昌与同班同学赓音泰以翻译生身份随首任驻德公使刘锡鸿赴德。严格意义上说，同文馆每三年大考一次，表现突出者才有机会被选派随使出洋。③ 王家俭指出，甲午战争前中德间关系主要以军事为中心④，所以使署公使与参赞、翻译官不仅是沟通中德关系的重要媒介，也成为清廷向德方购买、校验、运输军火，输入军事人员与技术的主要桥梁。李凤苞在任期内与天津军械局的往来书信、函电对日常事务的详尽记载，展示了早期驻德公使署工作常态。虽然翻译官是非常专门的差使，但因驻德公使馆设立未久，体制未全，使署人员兼理的工作远远超出了本职范围，关键者如采办军火，钻研枪炮、练兵技术，与德外

---

① 其父为銮仪卫主事秀彬，所据为直隶总督裕禄光绪二十五年（1899）八月初七所上奏折，内称荫昌父于七月三十日病故，应按照旗员惯例给假百日回旗丁忧，假满后仍回天津办理武备学堂及旗兵学营事务（中国第一历史档案馆藏，档案号：04 - 01 - 18 - 0054 - 107）。銮舆卫（原为銮仪卫，宣统年间为避溥仪名讳改），"康熙十六年（1677）改经历为汉缺，增置满洲主事一人"，"主事掌章奏，经历掌文移"，满主事为正六品。详见《清史稿·职官四》第十二册，中华书局，1977 年，第 3366 - 3367 页。

② 丁韪良：《同文馆记》，原文出自 H. B. Morse, *The International Relations of the Chinese Empire*, 1918, Vol. Ⅲ, Appendix F, pp. 471 - 478，载朱有瓛编：《中国近代学制史料》第一辑上册，华东师范大学出版社，1983 年，第 160 页。此种说法并不十分准确，八旗子弟并非天生带饷，只有符合当兵资格变为经制兵才有饷可领。

③ 《同文馆题名录》，《中国近代学制史料》第一辑上册，第 63 - 64 页。

④ 王家俭：《德意志帝国对于晚清军事现代化的影响（1875—1895）》，《台湾师范大学历史学报》1999 年第 27 期。

部、兵部及各洋商周旋，处理复杂的外交关系与商业纠纷。① 总体来看，该时期荫昌相对低调，因为第一批留德学生普遍面临着比较繁重的事务与压力，又要在防范病痛折磨，翻译文件之外，偶尔还参加一些使署交际活动，并帮助验收军火。② 其间耳濡目染，荫昌对德国相关军事问题也有了难得近距离观察的机会。

李凤苞卸任之际，正值法国在西南开衅，朝鲜内乱。战争危机将中德间外交周旋、军火交易的压力全部压在驻外公使身上。李凤苞万般无奈之下只能暂缓回华，协助接任者许景澄处理署务。屋漏偏逢连夜雨，德使馆翻译赓音泰又恰遇丁忧即将回旗守制；荫昌则负责押解地雷回华（许景澄函内称"荫昌派解水雷赴京"为误），德使馆翻译将面临无人担任的境地（仅金楷理一洋员翻译）。因此，许景澄一面不断函请北洋"饬令荫昌差事竣后，赶紧回德"③，一面奏请赓音泰暂缓丁忧，以勉强维持署务。李鸿章此时执掌北洋，有了驻德公使署这一媒介，得以绕过在华捐客直接通过公使署进行军火订购，虽然这一过程中也出过一些乌龙事件（比如因为通信不及时出现订单重复等问题），但明显前者更值得信赖。光绪九年（1883），李鸿章要求李凤苞代购一千枚新式地雷（津、粤各半），同时提出安排专人学习施放技术，届时将人与地雷一并送到天津。④ 此时使署人手实在缺乏，李凤苞不得已决定派荫昌（候选知县）执行此项任务。

从荫昌个人经历而言，这无疑是一次具有转折意义的事件。他在回忆中称其于光绪九年、十年（1883、1884）在奥国陆军八十四营修习武备，时间不足两年。⑤ 从后续李鸿章、刘坤一的保荐奏折来看，该大员等似乎已经形成了荫昌在德国军营修习数年，大材可用的印象，这可能与信息的口耳相传出现偏差有关。比较可信的应该是光绪十年

---

① 其时，德国兵部对核心军事技术已经有相当高的保密觉悟，对于中国提出的军事学习要求十分谨慎，一旦触及其优势部分，便会出手阻挠。除此之外，李凤苞已经觉察到克虏伯厂欲垄断中德军火买卖的野心，加之洋商、捐客的干扰，导致纠纷不断。参见张文苑整理：《李凤苞往来书信》（上），中华书局，2018 年，第 143、300 页。

② 苏精提及荫昌在柏林经人介绍与德籍青年连梓（Philip Lenz，后为驻烟台领事）彼此互教中德文，未提更多细节，但可依此判断荫昌的本职工作仍主要为翻译。参见苏精：《清季同文馆及其师生》，第 152 页。

③ （清）许景澄：《致总理衙门函》，光绪十年（1884）七月二十五日，载朱家英整理：《许景澄集》第 1 册，浙江古籍出版社，2015 年，第 113 页。

④ 电报《复出使德国李使》，载顾廷龙、戴逸主编：《李鸿章全集》第 21 册，安徽教育出版社，2008 年，第 131 页。

⑤ 荫昌的回忆参见《奏为前在奥国陆军学习教官福伦次耳等实心教授请赏给宝星事》，光绪二十九年（1903）十一月十三日，中国第一历史档案馆藏，档案号：03 - 7213 - 041。白莎则指出荫昌在维也纳 84 兵团服役了两年时间，此两年应该也是指 1883—1884 年。参见 Elisabeth Kaske, *Bismarcks Missionäre: Deutsche Militärinstrukteure in China 1884 - 1890*, S. 153.

（1884）李鸿章的保荐奏片（时间上距离荫昌回华最近），称"臣面询荫昌，历在德、奥各邦，留心武备，讨论兵法"①。而到十多年以后再看刘坤一、翁同龢对荫昌的表述，便已经变成"游历德国七八年之久，曾在该国充当将弁，于外洋练兵之法最为精熟"②，"此人曾入德奥两国兵队"③。显然这一经历至关重要无疑。所以当荫昌先到广东黄埔军营交接五百枚地雷并教授施放之法时，便被同样渴求军事人才的张之洞"扣下"，拟留粤东差委：

> 此项地雷，经该令传授各徒，虽知用法，惟所知者，不过安放演试之方，至于临阵守隘，如何布置埋伏，必须将领熟悉窾要，运用方合机宜。④

李鸿章发觉后，便开始不停电催张之洞放人回北洋：

> 丹崖派荫昌带旱雷赴粤、津教习，计到粤两月，已演熟，乞催速来津。雷已到，无人知用法，盼甚。鸿。⑤

其时，李鸿章有意通过外交拉拢德国以减轻法国、日本带来的外交与军事压力，很快选雇了一批德国军官来华，以表达军事合作诚意。二十四名德国兵弁陆续来京使得中方翻译与对接军官出现了较大缺口，荫昌则恰恰在语言、军事履历上完全符合北洋需要，因此李鸿章并不理会许景澄要求荫昌交差后迅速返德公使署的要求，而将其安排入北洋海防军营差遣，并指派其为即将开班的、以德国教官为主的天津武备学堂服务。

光绪十一年（1885）正月，天津学堂正式开班，荫昌以候选知府任提调，担任监督并兼翻译。光绪十三年（1887）十月二十五日，武备学堂开办已逾两年，李鸿章援照总署同文馆成案满两年上奏请奖。清单所列保奖人员共十四人，其中荫昌得异常劳绩，

---

① 《奏派德员翻译片》，光绪十年（1884）十一月二十一日，载顾廷龙、戴逸主编：《李鸿章全集》第 10 册，第 666 页。

② 《奏为会办北洋武备学堂三品衔候选道荫昌精熟外洋练兵之法请旨录用事》，光绪二十一年（1895）闰五月二十四日，中国第一历史档案馆藏，档案号：03-5905-065。

③ （清）翁同龢著，陈义杰整理：《翁同龢日记》第 6 册，中华书局，1998 年，第 3073 页。

④ 《咨陆路提督派员讲求地雷》，光绪十年（1884）七月初一，载宛书义等主编：《张之洞全集》第 4 册，河北人民出版社，1998 年，第 2412 页。

⑤ 电报《寄粤督张》，光绪十年（1884）七月初五，载顾廷龙、戴逸主编：《李鸿章全集》第 21 册，第 270 页。

"拟请免选本班以直隶州知州不论双单月尽先选用"① 光绪十六年（1890）三月二十一日，学堂又届两年期满，奏保清单较前次增加两人，共十六人。值得注意的是，此次奏保与前次不同，荫昌并未在十六人之列，而是李鸿章额外在清单后另附一张夹片请示特别褒奖，以显区别：

> 再，武备学堂监督兼翻译事宜尽先选用直隶州知州荫昌，曾在德国使馆当差，熟悉语言文字，素稔德国武备精强，究心已久。自开办学堂以来，一切赖其赞画，心地正直，督课极勤，为洋教习所心服。其整顿堂务，认真周密，条理精详，劳苦倍常，迥非他员可比。现又届二年期满，若泥于定章，概照寻常劳绩请奖，实无以示区别而励人才。该员籍隶满洲，精通韬略，似此文武兼资，尤为难得，拟恳天恩，俯准将候选直隶州知州荫昌给予免选本班，以知府不论双单月尽先选用，俾示优异而资观感。②

由此可知，荫昌在天津武备学堂与德国教习共同承担教学任务，制定改革决策，而且与所雇德国教习相处融洽，语言、业务水平都得到了历练。到光绪十八年（1892）四月二十七日，李鸿章第三次奏保时，荫昌则加三品衔，以道员不论双单月尽先选用。③其拔擢速度之快，令人侧目。

甲午战争爆发以后，督办军务处成为临时的军事总汇机构。19世纪60年代以"师夷长技以制夷"为核心理念的洋务运动主要以器物之学为主，而甲午战败以后，练兵运动旋即被提上了日程。此前德国陆军军官汉纳根企图干预甚至是掌控即将开展的练兵运动，为清廷所察觉并及时扼制，最终选定胡燏棻在天津练定武军十营（规模近五千人），开始了改革军制的试验。从整个经制兵体系来看，胡燏棻的定武军主要从天津、山东一带招募，与旗营无涉，因此到光绪二十一年（1895）十月胡氏另调，督办军务处决定让袁世凯接手定武军的同时，也下定决心整顿旗营。

荫昌在北洋服务期满后，保荐其留京的是两江总督刘坤一（时授钦差大臣帮办军务），后者对荫昌评价极高，认为他饱读兵书，办事勤谨，又在德国学习七八年时间，

---

① 《武备学堂请奖折（清单）》，光绪十三年（1887）十月二十五日，载顾廷龙、戴逸主编：《李鸿章全集》第12册，第241页。

② 《荫昌请奖片》，光绪十六年（1890）三月二十一日，载顾廷龙、戴逸主编：《李鸿章全集》第13册，第344页。

③ 《武备学堂请奖折（清单）》，光绪十八年（1892）四月二十七日，载顾廷龙、戴逸主编：《李鸿章全集》第14册，第398页。

"非戎马粗材可比"，因此寄予厚望。① 督办军务处据此而拟定了荫昌带旗兵赴天津教练之事：

> 再三品衔候选道荫昌前充出使德国随员，曾入彼国武备学堂学习数年，颇知要领，人亦勤干廉直，经刘坤一保奏来京。臣等与之考究外国兵制，语有条理，因念八旗营制日久刓敝，今该道以旗人而留心西学，正可开风气之先，遂饬该道于圆明园八旗、健锐营、外火器营三处，挑选年幼精壮兵丁一百五十名，即由该道管带附入天津武备学堂一体教练，所需各项薪水及杂用等项，均由北洋大臣随时给发。此项旗兵如果学习有成，可为预储他日将才之用，实与袁世凯督练陆军互相表里。且该道与袁世凯同在天津，相距不过数十里，所有教练事宜正可遇求和衷商榷，期于两有裨益，合并附片陈明。②

虽然整顿八旗从十九世纪六七十年代就已经断断续续进行（在京师效果最显著者乃神机营之创设），但此次应该是清廷有意仿照德国军制整顿旗营的开端。此时驻德公使许景澄提出八旗兵制与德国全民皆兵之制相仿，敦促旗制之变通。督办军务处会同八旗都统根据京师的实际情况对许景澄的方案进行了调整，其中对荫昌所带旗兵作了如下安排：

> 臣等前经请旨派道员荫昌挑选精壮聪颖旗兵一百五十人带往天津学习德国兵法，原为预储将材，推广教练张本。拟俟此项旗兵学习有成，择尤派往德国，分赴军营学堂，加意陶镕，期胜营官统领之任。其天姿学业之稍次者，或先调京营，俾充哨队各弁，以收教学相长之益……③

很显然，袁世凯小站练兵以其德式风格被看作中国迈出军事近代化的重要一步，而这个过程并非完全"另起炉灶"，也有八旗的主动参与。荫昌所带的一百五十名旗兵虽

---

① 《奏为会办北洋武备学堂三品衔候选道荫昌精熟外洋练兵之法请旨录用事》，光绪二十一年（1895）闰五月二十四日，中国第一历史档案馆藏，档案号：03-5905-065。

② 《奏为推委候补道荫昌管带八旗精壮幼丁入天津武备学堂学习请旨事》，光绪二十一年（1895），具体月份不详，中国第一历史档案馆藏，档案号：03-5996-050。根据《翁同龢日记》记载，此事与决定袁世凯接胡燏棻练兵为同一天所定，所以该折的具体时间应该也在十月二十二日前后。参见（清）翁同龢著，陈义杰整理：《翁同龢日记》第5册，第2851页。

③ 《奏为遵议变通整顿八旗兵制拟请挑选将校赴德国军营学堂并参用西国营制以强兵事》，光绪二十二年（1896）六月二十三日，中国第一历史档案馆藏，档案号：03-5614-017。

然数量不多，但被安排在相距袁世凯新建陆军及其随营学堂（直隶武备学堂）不远的天津武备学堂，作为德式军官的储备力量与袁世凯进行军事交流与互动。而袁世凯的直隶武备学堂在开办后，也非常积极地请荫昌帮忙举荐教习。此时二人的关系，与其说是袁世凯赏识荫昌，不如说是一种利益的笼络，至少后者在袁世凯小站练兵时为其源源不断注入了新鲜血液。

至此，荫昌依靠其语言优势及德国军营的训练经历正式跨入了军界，到光绪二十五年（1899），他已经由回华前夕的候选知县而至记名副都统。此时恰好是中德关系的积极上升期，这一关系因二者间的军事合作得到了不断强化。苏精认为荫昌在外交上未见重大杰出的贡献，但在军事上则有相当大的名气①，这是从一个比较宏观的视角来说的。就督抚大员的保荐奏折来看，荫昌确实因军事才能得到进一步的赏识，也说明时局对军事人才的渴求，其更深层的意涵是其军事知识体系形成过程中的德国背景。而这些，恰好是甲午一战失利后清廷所迫切需要的。

二、荫昌外交生涯的另一面

19世纪末胶州湾事件是中德关系发生转折的标志，紧接着德国公使克林德被杀则使得本就糟糕的关系进一步恶化。荫昌的政治生命也因此而出现波折。从庚子以前荫昌的活动情况来看，他是旗人之中少有的横跨外交、军事的人才，中德关系的恶化必然对双方军事合作造成冲击，由此本应在军事领域扎根的荫昌被紧急调到山东，与外放署理山东巡抚的袁世凯（率领天津小站七千陆军）共同处理中德纠纷。急欲扩充自己势力的袁世凯对其极尽拉拢，荫昌因此经常往返于直隶与山东之间，帮助处理对德交涉事件。在德方强烈要求下，清廷最终决定派载沣赴德道歉，并选定荫昌全程陪同，以资襄助。荫昌因与德国渊源较深，所以载沣使德之行结束以后，便被直接安排接手吕海寰驻德公使工作，以应对复杂的外交局面。直到宣统二年（1910）荫昌回华任陆军部尚书以前，其两次出使德国（光绪二十七年十二月至光绪三十二年四月，1901—1906；宣统元年二月至宣统二年七月，1909—1910）的情形大多被放置在中国近代外交史领域进行考察②，而较少关注他这一特殊时段在军事领域的成长。实际上这一进程并未断裂，反而成为荫昌执掌陆军部尚书的积淀与序曲。

---

① 参见苏精：《清季同文馆及其师生》，第154页。

② 国内外学者对荫昌这一时期的关注主要集中在他的外交活动上，比如盖艾芮（Erich Gütinger）对荫昌在德情形的阐述。参见：Erich Gütinger, *Die Geschichte der Chinesen in Deutschland*: *Ein überblick über die ersten 100 Jahre seit 1822*, Waxmann, 2004, S. 155.

由于威廉二世的扩张政策将德国陷于外交孤立的状态①，日俄战争以后中德关系出现了缓和迹象。而甲午以后日本又对华积极施加影响，造成了清廷在军事改革的政策上开始向文化血缘更近、更具地理优势的日本倾斜。荫昌在第一任驻德公使任上一方面需要艰难修复已经恶化的中德关系，另一方面仍在安排中方在德修习武备生的学习生活，力图维持中德间正常的军火贸易与军事合作。荫昌虽然在驻德公使任上，但国内关于他即将被调回总理练兵的消息却从未间断。最早在光绪二十八年（1902）底，就有了"北洋招练新军，闻拟调现出使德国之荫昌星使为全军翼长，以政务处总办铁侍郎良副之"② 的传闻。

光绪二十九年（1903）十月十六日练兵处成立，使得身兼多要职的袁世凯成为军事改革的实际擘画者。北洋势力的壮大不仅对原有的经制兵体制造成了冲击，也引起了慈禧的警惕，因此调荫昌回华练兵的消息更加不绝于耳。③ 荫昌对于这一动向十分关注，虽此事最后无疾而终（可能是考虑到驻外公使骤然调动会引发不必要的外交纠纷），但他在光绪三十年（1904）八月二十四日写给载沣的信函中，第一次吐露了对于练兵一事的看法：

> 去冬有调昌回华练兵之信，想因而可以早睹慈颜，曷胜欣慰，遂函达外务部左、右丞，谓练兵之法不可复蹈前辙，如循情敷衍迁就搪塞等弊，概须革除。最好钦定练兵章程，颁行天下，作为练兵之根基。由一处认真举办，渐行推广，以期各省将来兵制、操法、军械均归一律，遇事临敌庶可一战。乃今春友人函云，昌之所请恐难兴办，随作罢论。④

"友人"为谁暂无从考证，大致可以推测其为对军事内情较为熟悉者。关于练兵之事，当权者大都洞悉积弊，对荫昌大刀阔斧的决心有所劝阻，后者只能暂作罢论。总体而观，荫昌主要传达了一种循序渐进的改革理念，即要先定统一之章程，然后以一处为示范，再渐次推广，划归统一。改革的效果最终要落实在战场上，即必须保证拥有一战之实力。这与他在陆军部尚书任上所提出的改革总纲的思路基本一致。

---

① ［日］小池求：《从中德关系看考察政治大臣出洋——以德国考察和德国的对清政策为中心》，《社会科学研究》2011 年第 2 期。

② 《中国近事 委派练军》，《新民丛报》，光绪二十八年（1902）十二月十五日，第 82 页。

③ 王承传著，冯雷、王洪军整理：《王承传日记》，凤凰出版社，2017 年，第 14 - 15 页。

④ 丁进军整理：《荫昌札》三，载《载沣存札选刊》，《历史档案》1992 年第 4 期，第 73 - 74 页。该信函原无年份，仅有日期。依据《王承传日记》所载，大致可推断该函写于光绪三十年（1904）。

光绪三十二年（1906）四月二日，荫昌卸任回国，六月二十四日，着在练兵处行走，预备差遣赴各省考验新军。

现各省虽遵章改练新军，设立陆军各学堂，惟详加察核，或仅具规模，或未合章制，诚恐因循敷衍，复蹈有名无实之弊，致阻进步。臣等悉心酌度，亟应择派晓畅军事之大员，随时驰赴各省分别考验，指示办法乃可以规实行而臻成效。拟请旨饬该副都统在练兵处行走，由臣等随时派员赴各省调查军队、军队学堂及局厂事宜，必能胜任，于戎备大有裨益。①

未满一月，即七月二十三日，江北提督刘永庆病逝于任上，荫昌继而于八月三十日抵浦，九月初五接江北提督印，以陆军部右侍郎署理江北提督约一年的时间（实际在任时间为光绪三十二年七月二十六日至光绪三十三年八月二十四日，1906—1907）。荫昌出任江北提督，其中，载沣提携的成分甚重，其到任以后即向载沣汇报江北之情形：

江北为南北通衢，人情强悍，政治久弛，加以今岁水灾较重，海赣一带，待赈嗷嗷，灾广黎难，殊形棘手。灾民沿运河而下，日以千计，幸有十三协驻此，稍资弹压，或无意外之虞。至新政各事宜，前手粗具规模，一一尚须筹画，初到情形隔膜，整顿毫无把握。惟有殚心竭力，遇事讲求，俟办有端倪，再行随时禀陈，以仰副王爷格外垂青之至意。②

江北提督之设，是漕运总督裁撤以后江北官制改革的产物，"虽武职而兼侍郎衔，节制文武，体制视巡抚，实提督中之地位特异者"③。且历任提督人选或多或少都与袁世凯有关，尤其是光绪三十二年（1906）北洋陆军第十三协南下换驻江北的举动，更坐实了二者间的特殊关系。袁世凯刻意将陆军第十三协调驻江北，本意是想利用富庶的东南地区解决军饷问题。④ 但实际上江北常年受水灾匪患之累，本土饷需都难以为继。荫昌抵任之时，就正值淮、扬、徐、海四州被水成灾，江北数十万饥民南下麇集于督署所在地清江一带。严重的灾情又激起匪患，荫昌紧急与时两江总督端方会商，一面派兵赴

① 《奏为汉军副都统荫昌深通兵学请旨在练兵处行走事》，光绪三十二年（1906），中国第一历史档案馆藏，档案号：03-5972-052。原折未标时间，《袁世凯全集》第15卷所收《练兵处请调知兵大员供任使片》所载具体时间为六月二十四日（第248页）。

② 丁进军：《载沣存札选刊》，《历史档案》1992年第4期。

③ 徐凌霄、徐一士：《谈王士珍》，载《凌霄一士随笔》上，中华书局，2018年，第17页。

④ 吕霞：《江北提督研究（1905—1911）》，暨南大学硕士学位论文，2010年，第30页。

海州剿匪，一面派筹赈局总办淮扬海道杨文鼎开厂赈济灾民，并为其筹划返乡之策。大约两个多月以后局面才基本得到控制。

对于此次险情，荫昌心有余悸，认为"巨患虽平，忧患未已"，因此在该年十二月二十六日向清廷递交的长折中，详细陈述了江北变通防务，编练陆军以及整顿警政、修筑水利四个方面所应办之事宜。① 可以看出，荫昌主政江北，是其首次执一方军政之权柄，行革军政之事，他的外放很可能是为了迎合职官的迁转规则，使其跻身京堂更加顺理成章。当其还在江北提督任上校练新军之时，外界已经开始不断放出荫昌要被调任的消息。一说为时任民政部尚书徐世昌痛陈东三省兵制败坏，请派大员前往，于是袁世凯、铁良竭力奏保荫昌。《字林西报》也称"东三省官制改定后，民政部尚书徐世昌当奉简充奉天总督，前充出使德国大臣现任江北提督荫昌曾在奥京受武事之教育，当奉简充东三省满洲中国军队之总统"②。直到光绪三十三年（1907）五月初五，上谕王士珍赏给侍郎衔署理江北提督，才确认荫昌回京之消息。

荫昌回京后最初住在煤炸胡同冯国璋公馆③赴陆军部办公，其主要工作是校阅新军（考验各镇大臣、阅兵大臣）、考验人才，先后分别校阅了第五镇（山东）、第六镇（京师南苑）。慈禧似乎也比较重视，在其阅操返京后甚至当面垂询荫昌海军处及各省陆军情况。④ 关于为何会询问海军一事，应该与他驻德公使任上关注海军及在江北提督任上整治水患有关系。

荫昌第二次使德是因为津浦督办吕海寰迫切需要正在驻德公使任上的孙宝琦回国帮办路务，因此请旨饬其从速放洋。此时安徽正预备大操，荫昌充阅兵大臣，计划与端方南下。吕氏所请自然遭到了袁世凯的强烈反对，"袁军机则以大操亦关紧要，荫昌随同李文忠（李鸿章）在北洋考求武备有年，不如先令阅操，再行出洋，或派参赞暂代使事，亦两全其美之法"⑤。从事实上看，清廷最终接纳了这一意见，暂派考察宪政大臣于式枚代理德公使署务，荫昌如期南下完成了阅操工作，直到宣统元年（1909）二月才起身赴德。荫昌此次任期较短，约十七个月。其处理署务之余，兼理陆军部事务，配合军谘处以陆军部右侍郎之名参与并签署了诸多重要的军政文件，如陆军惩治泄露机密项、陆军审判试办章程等。荫昌受命接任陆军部尚书时，其正在驻德公使任上且任期未满，所以着寿勋暂为署理，七月才卸任回华。这近半年的时间，虽然军谘处与陆军部的

---

① 《奏为讲求江北应办军政事宜大概情形事》，光绪三十二年（1906）十二月十二日，中国第一历史档案馆藏，档案号：03-5472-113。

② 《政府整顿东三省之计划》，《申报》，光绪三十三年（1907）正月初四，第九版。

③ 《荫昌之重望》，《顺天时报》，光绪三十三年（1907）九月二十八日，第七版。

④ 《荫侍郎召对称旨》，《申报》，光绪三十四年（1908）四月初八，第五版。

⑤ 《孙钦使回国办路之原因》，《申报》，光绪三十四年（1908）九月二十五日，第四版。

各项举措都署有荫昌（未到任）之名，实际上荫昌究竟参与了多少却不得而知。既有研究一般认为，虽然荫昌在执掌陆军部之时提出了诸多革新计划，但最终因在任时间过短而难以实行，加之陆军部左侍郎寿勋署理陆军部尚书近半年时间（恽宝惠认为荫昌在任时部务多赖其赞画，而也有学者认为二人关系不合），因此对其提出的革新举措较少深入解读。然而，陆军部虽然名义上作为执行机关，级别略低于军谘处，但实际上在荫昌上任后也较为积极参与了政令形成过程，因此对其影响力的评估，远不应止步于执行层面。

从荫昌的经历可以看出，庚子以后的清廷在推行新政的过程中，人才缺乏严重限制了改革的速度、深度与广度。正因为荫昌几乎汇集了当下清廷迫切需要的人才特点，所以才被视作大才，各个领域都在竞先起用，尤其是在军事改革领域。德国在中国近代化过程中，一向被视为效仿对象，不仅对满洲少壮亲贵载沣、载涛兄弟等影响颇深，对以练兵起家的袁世凯也有重要意义，荫昌也由此必然与北洋一系产生联系。凌霄、一士有言："世凯练兵时，所置将领偏裨，有取自旧将者，有取自学生者，旧将多淮军人物，学生亦鸿章督直时所造就，而世凯又夙受鸿章卵翼者也。故北洋派之系统，论者仍推鸿章为鼻祖云。"[1] 照此来看，荫昌与李鸿章发生交集便是其与北洋产生关系之始。天津武备学堂作为李鸿章培养北洋系武备人才之制造厂，荫昌在此浸润近十年，逐步由监督升至总办，与初生代北洋系军官段祺瑞、王士珍、冯国璋等建立了最初的师生联系，后者又被推荐给袁世凯辅助直隶武备学堂，成为北洋系的支柱力量。荫昌也由此与袁世凯结识，并因其驻德公使的特殊地位，成为后者索要留德人才的重要渠道。奏准后，袁世凯又无一例外地将这些人才尽可能安置在了新军系统中。师生之谊、提携之恩，复杂的人情夹杂着官场的利益，使得对荫昌本人的定位与认识变得更有难度。

荫昌两次出任驻德公使，其时间节点都耐人寻味。第一次是中德关系严重恶化，第二次则是光宣之际权力转换时期。两次时间节点都是在清廷极度需要稳定中德关系以创造良好外部环境的关键时刻，目的在于争取喘息空间及更有利的改革条件。所以无论从中方还是德方来看，荫昌都是一个十分关键的人物，至少在维系二者关系这一角色上得到了双方的认可。而中德关系一旦有所缓和，逐步显现出步入正轨的迹象，清廷又迫不及待想将其召回，希图他能在军事领域有所作为。这必然与他旗人的身份及阅历有关，至少从清廷的角度会显得更加可靠。同时可以看到，德国军国文化的要素组成中，除武器制造方面有一定的技术垄断外，中德合作的武备学堂军事教育及以德国为模板建立的新式陆军无疑取得了成功，因此庚子以后军事改革的发展并不因中德关系的变化而停滞，而是在进一步深化当中。这也表明晚清军事改革在师法西方的问题上，增加了更多

---

① 徐凌霄、徐一士：《北洋军阀之形成》，载《凌霄一士随笔》上，第 419 页。

的主动性和选择性。这种倾向实际上是在对外来文化进行本土化调适，不仅体现在晚清军事改革的深度、广度上，也体现在荫昌及满洲少壮亲贵对晚清军政体制的认识与改造上。

三、"回归部落"抑或另塑"军国"：宣统朝军事改革中的荫昌与满洲少壮亲贵

文、武在政治上的关系，具体表现为军控制政，还是政控制军的问题。徐勇的研究指出，军人政治的产生是军政关系失衡的产物。就此而言，清朝大部分时期的国家整体模式属于"文官控制"，即"文治"型军政关系。① "军国"一词在中国传统语境里，除有"治国"的特殊含义外，主要表示一种分离的概念，所谓"国之大事，在祀与戎"。军国者，乃军事与国家统治方略的合体，体制上表现为文武殊用，兵民分道。在兵燹连年的动乱时期，"军国"的内涵则更偏向于表达国家进入一种暂时性的战争紧急状态，所有关于战事的方针大政皆以"军国"相称。清军入关前逐步形成的兵民一体军事专制体制，在入关以后打散重组，与封建一统融会贯通，形成了早期的经制兵制，其开国之武功，更多趋向于精神层面的强化，制度层面却相对弱化了。而德国军国文化的内核，无疑是普鲁士的军事专制主义，表现为普鲁士战争部在军事领域享有极大话语权以及将军队与皇权紧密结合在一起。② 单就概念而言，二者内涵不尽相同，但宣统朝清廷军事改革又恰恰表现出了诸多军事专制特征，可谓殊途同归。清末新政以立宪为主要政治议题，无论参考哪种宪政模式，本质上都是国家权力的重组与再分配。吊诡的是，其时政局激烈动荡，宪政推进却政出多门，处于其间的军事指挥机构虽然努力统一事权，划分权限，但最终因某些重要环节的缺项以及晚清特有的社会问题，其以德为师的目标最终走向了似马非马的尴尬境地。

从庚子以后清廷全面铺开的新政中，军事领域方面有一个现象尤其值得注意，那就是陆军贵胄学堂的建立及其相关制度的创设。设立陆军贵胄学堂目的在于：一是提供给

---

① 军政关系表现为政治形态，包括国家整体模式属于"文官控制"还是"武官控制"两种。徐勇指出，如果实施限制军人政治权力的"差别主义"原则，国家整体模式属于"文官控制"，综合而言即是"文治型"军政关系；反之，社会的"军人至上"与权力系统由"武官控制"，即是"武治型"国家，其典型为军国主义的军政关系。可参见徐勇：《近代中国军政关系与"军阀"话语研究》，中华书局，2009 年，第 8 页。

② 参见［德］米夏埃尔·施蒂默尔著，李超译：《德意志帝国：一段寻找自我的国家历史，1848—1918》，中信出版集团，2017 年，第 32 页。

王公大臣子弟以仕进之途，为其进入新军事系统打开新路径；二是试图以勋华贵胄身入学堂，亲习士伍示为垂范，以达到"风声所播，薄海景从"① 的效果。因为随着八旗人口增多及战斗力下降，晚清王公子弟仕进之路变得窄狭，奕䜣辅政时虽然力图趋新改制，但大多恪守成例，并不为王公子弟经营，甚至导致后者因"不获任事之苦况而入于下流"②。宣统朝亲贵政治出现很可能是久被压抑之下的一次激烈的权势反弹，而载沣摄政时期也被公认为晚清变政最激烈的阶段。

这一情形的出现早有征兆，并非偶然。载沣与其弟载涛、载洵及同辈宗室生长于变局之中，对英、德、日等以强大军力立国的国家体会颇深。载沣对武力的尊崇有迹可循，但是否盲目还比较难下结论。张之洞在弥留之际将载沣一句"有兵在"视作亡国之语③，未免偏激。细究载沣摄政时期，清廷力图权汇军谘，统一军令，实现军事集权的这种倾向，可以发现其总体上是在向一种高度集权的军事体制靠拢。禁卫军的设立就是另外一个典型的例子，不仅挑选京旗骨干，而且在其扩充第二期时将筛选范围扩大到闲散宗室，理由是"各国宗亲贵胄咸以身列军籍为荣"，"禁卫为国军之冠，体制尤隆，以宗支而执戈为兵，更足以树国民模范"④。不仅如此，还进一步将陆军贵胄学堂与禁卫军对接，学堂毕业生将派充禁卫军名誉军官。

> 伏查东西各国近卫军办法，多于官长额缺之外，增设名誉军官。凡皇族贵胄初入军旅，即令充此职练习实施任务。所以楷模士卒，兴起国民尚武之思，亦使历练有成，蔚为异日远到之器，法至善也。⑤

载沣使德期间，亨利亲王曾告以"德皇室制度即亲如皇帝、皇子无不自陆军学习毕业，以至身入联队当兵，由低级军官以至将领"，提醒载沣皇室应以揽握兵权、革新武备为第一要事。⑥ 而军谘处关于禁卫军体制、地位之安排，几乎与亨利建议如出一辙。

---

① 《奏为拟定陆军贵胄学堂章程并拟先行试办请旨事》，光绪三十一年（1905）九月二十一日，档案号：03-5764-045。

② 徐凌霄、徐一士：《晚清亲贵之仕进》，载《凌霄一士随笔》上，第506页。

③ 此处用了胡钧在《张文襄公（之洞）年谱》中的记载。参见胡钧：《张文襄公（之洞）年谱》，文海出版社，1973年，第282页。

④ 《奏为禁卫军挑选兵丁请兼挑闲散宗室事》，宣统元年（1909）十一月十二日，中国第一历史档案馆藏，档案号：04-01-18-0057-037。

⑤ 《奏为酌拟陆军贵胄毕业学员派充名誉军职办法并选调陆军游学毕业学生差遣委用事》，中国第一历史档案馆藏，档案号：04-01-16-0303-098。

⑥ 载涛：《禁卫军之建立与改编》，载文安主编：《晚清述闻》，中国文史出版社，2004年，第41页。

荫昌于宣统二年（1910）二月初七接任陆军部尚书，七月二十六日由德抵京上任。回国前陪同载涛完成了其在德国的军事考察活动。他对于京师的军政局面大抵心中有数，对载沣的艰难处境感同身受①，所以在回国之前向外媒公开表示摄政王的态度将直接决定他改革的实际成效，并希望后者能给予他足够的信任②。其时清廷推行的军事改革，除了京师加强皇族武装以作垂范外，宣统元年（1909）五月二十八日，内阁奉朱谕依照宪法大纲，由皇帝亲任大清帝国陆海军大元帅（因皇帝冲龄，暂由摄政王载沣代理）。八月初七，管理军谘处事务大臣载涛、毓朗请旨筹拟大元帅典礼三条：

一、请特制大元帅御宝以资遵奉。

一、请钦定大元帅军服以符体制。

一、请钦定大元帅尊称以昭崇奉。③

简而言之，即为专刻钤章处理军政大事；以军服为常服；皇帝尊称要明确显示军政大权之执掌。其中第二条无论文武均以军服为常服，此乃立宪国"所以崇尚武之精神，表军国之主义者，意深且远"④。可以看出，军谘处（府）设立以后，主要通过新军系统，即编练京师、近畿六镇，同时控制地方新军各镇、统一部派军事参议官在督练公所来推动军政革新。荫昌在陆军部的各项改革举措，展现出明显的德式风格，一方面提高了部门效率，另一方面将陆军部在司法审判、教育、马政、交通、军工等方面与其他部门逐步划清权限，呈现出独立化、系统化趋势。虽然因其动作太大招致多方不满，但得到了军谘处（府）的大力支持。然而，从军事体制上来说，清廷面临着一个长期以来都未能妥善解决的问题，即旧式军队如何向新式军队过渡的问题。目前清末军事改革的研究也大多侧重于新军事力量的成长，而对旧式军队改造问题的关注略显薄弱。⑤

前已述及，庚子以后为贵胄勋爵子弟专设陆军学堂，是清廷为其仕进创造新路径的一次尝试，这一点与德国皇族皆入行伍十分类似。但二者的区别在于，清朝还有一个庞

---

① 《荫昌复寿勋函（从德国发）》，宣统二年（1910）三月二十八日，载中国第二历史档案馆编：《中华民国史档案资料汇编》第一册，江苏古籍出版社，1991年，第36页。

② General Ying Chang, *The North - China Daily News*, April 15th, 1910, p. 7.

③ 《奏为谨拟大元帅典礼请旨饬议事》，宣统元年（1909）八月初七，中国第一历史档案馆藏，档案号：04 - 01 - 01 - 1095 - 062。

④ 《奏为谨拟大元帅典礼请旨饬议事》，宣统元年（1909）八月初七，中国第一历史档案馆藏，档案号：04 - 01 - 01 - 1095 - 062。

⑤ 李英全主要从制度变化、武器装备、操练方法等具体方面对晚清八旗、绿营、淮军、防军在全国范围内的改造进行了梳理。该研究对上述问题认识的深化有一定的启发。参见李英全：《更新而不去旧——晚清旧式军队的整顿与改造》，华中师范大学出版社，2014年。

大的特权阶层——旗人。旗人的特殊之处则是以军事组织为基础，虽然到了晚清处于不断衰落的状态，却仍然保持着相当庞大的数量。再加之革命党的造势，满汉民族矛盾凸显，八旗改制的问题也就变得格外敏感复杂。而 19 世纪以后的德国，文化多元，民族众多，皆统一于强大的军力之下，所谓"有清以武功定天下"，清军定鼎中原同样仰仗于此。由此，二者所体现出的军力在整合民族、文化方面的巨大能量，为晚清军事改革提供了新的思路。

光宣之际设立的变通旗制处，直到清亡都未能发挥有效作用，完成对八旗整体的调整及安置，其症结为生计问题得不到有效解决。而荫昌也明白在这样一种情形下，类似于德国那样的普遍兵役制在中国是行不通的，因为这样大规模的兵数很容易失控，所以他试图对欧洲的普遍兵役制进行改良以适应中国国情。① 早在光绪三十一年（1905）日俄战争尘埃落定之时，清廷就密电荫昌（时为驻德公使），详询如何因应日俄和局及接受东三省善后办法，荫昌复电曰：

> 息战后，设法移民入奉省，以杜他国移民往彼。一面选公廉干练之汉大臣一员拨入旗籍，为东三省总督。吉、江二省各派巡抚一，汉员亦归入旗籍。此三省至少需有十五万新兵，修筑铁路、军路、扩充电线邮局，设关卡立人据，以杜奸细；开商埠，以杜一邻国强占利权，取矿产以求富余，随机应变办理……②

如果说此时荫昌还将入旗籍作为一种政治殊荣拉拢汉人，是对共治传统的延续，那么他与寿勋联合上奏的《敬陈时局阽危宜早定军国大计管见事》第二条"划分军界"，则明显地表现出其欲弱化"旗"的族群属性，重新将其作为一种军事单位进行利用的倾向：

> 我朝以八旗劲旅扫荡寰区，伟烈丰功，昭垂奕禩，时势纵云变易，名义仍赖保存。中国幅员之广，既已超轶全球，将来划界分军，即所定三十六镇全数练成，亦断断不敷分布。是宜预定军管区域尽力编练，徐待观成。拟先按版图所属二十二行省及蒙古西藏各部落，划为军管八区，即用黄白红蓝正镶旗色分别支配，每旗区各立一大军，统为八大军。每大军立若干分军，每分军立两镇或三镇，每镇所属协标营队编制如常。将来分划标区，亦可从兹规定。如此按区征练，是举当日八旗人尽为兵旧制，推行全国，满汉何分，咸归旗籍。如蒙俞允，应即妥拟办法奏请钦定

---

① General Ying Chang, *The North - China Daily News*, April 15th, 1910, p. 7.
② 王承传著，冯雷、王洪军整理：《王承传日记》，光绪三十一年（1905）六月初六，第 97 页。

颁行。①

前已述及，督办军务处成立之初，彼时已在德八载的驻德公使许景澄就曾提出仿照德制变通八旗制度的具体办法。他在深入总结德国军制特点的基础上将其与清朝军制作比照，认为"惟满、蒙、汉八旗之制，凡隶于旗者皆可为兵，正与西制尽人当兵相合"②。这是试图将德国"全民皆兵"特征融入八旗体制内的第一次尝试。相较于许景澄的八旗改制，荫昌的划分军界已经远远脱出了体制本身，是以"旗"作为军事单位来划"区"，旗内分镇。与此相配合的是普及军国民教育，"伏查东西列邦主国多用军国主义政治方略……考讲各国，皆以重兵尚武列为学堂普通课程"③，此乃将军事教育正式引入基础教育的滥觞。

与传统聚焦在如何将八旗问题融入新军的思路相反，荫昌认为"全民皆旗"才能与"全民皆兵"相类同，不仅回归了八旗在清人关前设立之初的本意，且与德国军国体制有相同内核。这一建白为旗制的变通提供了新的方向，因此负责变通旗制处之溥伦、那桐拟奏请添派荫昌参与变通旗制事宜：

> 顷闻官场人云，伦贝子那相国现已决定奏明监国请添派荫午楼参预变通旗制事宜，缘荫大臣前曾对于旗制问题颇有建白（闻改旗为镇确为荫大臣所建议），故拟请旨派其参预一切以资擘画。④

这说明荫昌对"旗"的理解，颠覆了传统八旗作为一种带有族群色彩的军事社会组织的原有属性，成为新的军事载体。但变通旗制处自设立以来，所要解决的已经不仅是军事问题还有社会问题。在新的军事基础尚未形成、旗人出路未能妥善安排以前，骤然变通旗制很可能在旗人内部造成恐慌甚至动乱。而种种迹象表明，荫昌力图以德国为蓝本重建国防体系，这个体系的建立，既依托于种族问题的让位，也需要其他各相关机构的大力支持，最终难以绕开制度层面的界定。但清末立宪运动中对于军事权力的归属一直存有争议。一方面，在宣统三年（1911）四月初十内阁官制发表时，明确了军谘府独立向陆海军大元帅直接负责。另一方面，虽然荫昌、载涛等据理力争，于军事机关最重要的度支部却独立于内阁、弼德院、军谘处之外，且内阁又摆出不负军事责任的姿态，

---

① 《奏为敬陈时局阽危宜早定军国大计管见事》，中国第一历史档案馆藏，档案号：03 - 7594 - 016。

② （清）许景澄：《请变通八旗兵制将校折》，中国第一历史档案馆藏，档案号：03 - 5614 - 018。

③ 《奏请学部按照军国民教育宗旨编订京外普通文学课本规则事》，宣统二年（1910）十二月二十七日，中国第一历史档案馆藏，档案号：03 - 7572 - 120。

④ 《荫大臣参预旗制之先声》，《大公报》，宣统三年（1911）四月二十四日，第二张。

这就使得军谘处的独立变得有名无实，反而陷入一种孤立的境地。

　　"亲贵集权"一直被学界认为是造成清朝崩溃的主要原因，但这一现象形成的源流中，德国军国文化的影响潜移默化。李中清、胡祥雨等利用《缙绅录》量化数据库对清末时期旗人、宗室官员在新旧部门交替时期的官职变化、满汉比例进行了量化分析，指出旗人在新时代竞争中有被汉人取代的危险，因此清廷化除"满汉畛域"有其切实的政治意涵。① 这一观点说明，不应以清末宗室占据中枢核心官职的表象去审视汉人权势的衰微。相反，恰恰是汉人势力的膨胀率先冲破了长期以来的满汉平衡，导致皇权本能的修复与重建。光宣之际伴随着慈禧与光绪的相继离世，政治权力重新洗牌，载沣以摄政王之躯辅弼幼主，旋即以兼任陆海军大元帅革新军政，体现了甲午以后成长起来的满洲少壮一代的改革思路。荫昌在其中的参与，说明虽然晚清整军大多援引清朝以武功定天下之伟烈，但也主要停留在尚武精神层面，已经很难从体制层面寻求借鉴。而在以德国军国主义为指导的"军国"另塑过程，则遭到了更多制度、财政等现实因素的掣肘。因此，军谘处、陆军部的改革注定是支离破碎的，未能成为系统，进而形成德国式强有力的军政合一体制。这一终极的现实目标消散以后，军国主义便只剩下一些强力表征，如武力即强权，军队至上，等等。这些理念深深扎根在中国本土，在辛亥以后与地方政权相结合，遗祸无穷。

四、余论

　　中国近代化进程以战争为序曲拉开帷幕，由此军事改革成为晚清变革的重要内容。然此种变局，乃亘古之所未有，前无可借鉴之师，清廷只能就目之所见、耳之所闻，对德国展现的军事优势极尽推崇，"以德为师"无形中成为19世纪中期以后引领中国走向军事强国的不二法门。随着中西军事文化交流的不断深入，技术发展上的层次与时间落差对技术输入国的负面影响愈发明显，清廷无尽的人力与财力投入依然无法冲破德国对核心军事技术的封锁，因此甲午一战后这一热潮似乎有所降温，继而在兵制方面进行了一定程度的突破。庚子以后的大练兵运动，致力于打造新的军事力量，也由此触发了新的问题，即一旦制度层面发生变化，就如同多米诺骨牌效应一样，必然要与清末的立宪

---

　　① 李中清等认为，在改革过程中，旗人原有的官职与人数基本没有变动，只是在核心官职的领导权方面占据了优势；而旗人官员比例的下降，是因为汉人官员数量的剧增导致的。胡祥雨则通过考察京师司法官员的满汉比例认为清廷在中枢力保满洲贵族的优势，是基于京师与地方中层官员被大量汉人占据的事实，有其合理性。详见陈必佳、康文林、李中清：《清末新政前后旗人与宗室官员的官职变化初探——以〈缙绅录〉数据库为材料的分析》，《清史研究》2018年第4期；胡祥雨：《清末新政与京师司法官员的满汉比例（1901—1912）——基于〈缙绅录〉数据库的分析》，《清史研究》2018年第4期。

运动发生联系。

毋庸置疑，伴随学习西方理路变化的各个军事要素是同时发展的，只是不同时期在某一方面出现了一定程度的倾斜，这种倾斜并非无迹可寻。荫昌个案的特殊之处在于，虽然中德关系的建立与文化往来先于他个人历史的出场时间，但他是中德正式建交以后第一批随使德国、亲历德国军国文化的关键人物之一。德国军国文化在输入晚清的过程中，其形态因人而异，不同的社会阶层存在不同的解读，而荫昌的仕途轨迹则恰恰反映出清廷上层对这一文化的理解。

有清以来，武职的正途一直都不是科举，而是行伍实战，因此有以军功拜相者，与文职不同。① 而像荫昌这样以外交、练兵而跻身部堂者，在清传统职官体制内看似是异类，实则反映出在战争频次相对较少的清末新政过程中，军事知识储备、学习背景及语言等技术性内容成为挑选军事人才的新标准。

庚子以后荫昌逐步在清廷上层拥有话语权，到宣统朝执掌陆军部，他开始将自己对德国军国文化的理解付诸实践。因此，对该文化的形态如何定义是不能广而言之的，需要更加细化的观察和研究，其中对个案的关注不可或缺。② 而要在晚清大变局的文化框架内寻找这一变化的规律，思考来自何方、去向何处，必然要回归到国家政策真正的制定者这一维度来进行讨论，而不能完全被新生事物的耀眼光芒遮挡，才有可能更加全面评估晚清军事改革在中国军事近代化过程中的作用与影响。

荫昌的旗人身份同样值得注意，曾国藩之语"汉人得一十人，不如旗人得一人"，谓之语意深远③，暗示了旗人在大变局中的相对优势地位。这种优势地位与传统意义上的"首崇满洲"不同，是皇权在大变局中的式微反衬出来的，在朝廷急需用人而人才又匮乏之际，荫昌便显得尤其可贵。但就荫昌个人来说，他对清廷改造的主旨基本超脱了满族利益的自我伸张，这一点从他对八旗改制的计划可以看得出来。从外交层面来说，鸦片战争以后中德关系受政治形势的影响在"蜜月"与低谷中几经沉浮。洋务运动及大练兵时期，因德国军事技术（以克虏伯为代表）与陆军的压倒性优势，中德间有过多层面的紧密合作。然而威廉二世继位后，俾斯麦的保守政策受到颠覆，德国在东亚实行扩张政策，清廷中枢及地方大员由此主动减少了与德国的交往频次，转而向其他国家（如日本）寻求依靠。而荫昌似乎并没有因此受到太多影响，自始至终他都被认为是典型的"德派"人物，并争取一切机会与德国进行军事合作，同时并没有资料显示他有明显排

① 徐凌霄、徐一士：《武科（三）》，载《凌霄一士随笔》下，第 1620 页。

② 如戴海斌对张之洞与德国军事教习的研究，揭开了张之洞在采西法练兵过程中由师德转向师日的深层缘由。参见戴海斌：《张之洞与德国军事教习》，载《晚清人物丛考·初编》，生活·读书·新知三联书店，2018 年。

③ 刘坤一：《奏为会办北洋武备学堂三品衔候选道荫昌精熟外洋练兵之法请旨录用事》，光绪二十一年（1895）闰五月二十四日，中国第一历史档案馆藏，档案号：03 - 5905 - 065。

斥与日本等其他国家军事合作的行为。① 这似乎表明荫昌也跳脱出了外交羁绊，走向了更为纯粹的、带有浓厚国家意味的以军兴政的道路。

总体来说，荫昌的眼光和布局是立足于全国的，无论是军械厂的规划、马政的改革，还是新军的布置。虽然有些计划不切实际，短时间内难以实现，但是至少在可预见的范围内，他试图将德国军国文化的优势部分移花接木，修修剪剪，使之扎根于中国本土。那么他在这条路上走了多远？目前所能看到的，是其在立宪推行不断划分权限的争议中，为军权争夺更大的独立与自主性，但是在争取军费独立问题上遭遇了失败，而要求内阁负军事责任的问题又无疾而终。如果从政治层面来讲，直至清亡，少壮权贵依靠振军在政治生活中争夺的话语权还是十分有限（对新军的实际控制力同样影响这一结果），虽然前者在政治重组的过程中一度非常活跃，但仍与德国军政一体的高度集权体制相距甚远。这也意味着，支持他改革的摄政王载沣、军谘大臣载涛等满洲少壮派亲贵在政治上的失败。

以荫昌为代表，清廷在军事问题上不遗余力效仿德国的长期后果是什么？这个问题十分复杂，近代以来清廷力图融入世界体系并占据优势地位，这一愿景需要发掘更多文化上的同质性来实现。比如，清廷必然不会理所当然俯首于西方的军国文化，而要从自己的文化中寻找部分依据，于是从清初"我朝以武功定天下"中直接萃取出了尚武精神。因此，"尚武"成为清亡前半个多世纪的民族精神支柱，振军的成功与失败不断在这一精神中汲取力量。这样一来，至少在精神层面二者同质化了。德国军国文化最初所呈现出来的器物之强的印象，长期影响着时人对德国的认知，而随着晚清军事改革的深化，军事力量在争夺政治话语权方面的优势也逐渐表现出来。光宣之际变通旗制处成立，裁旗成为一个时间问题，意味着满人统治的最后表征，立国之基础即将被摧垮，因此，牢牢把握改造过的旗军以及新军各镇，成为保证爱新觉罗的江山不更名改姓的救命稻草。此时满洲权贵理解的江山，与近代萌生的国家观念到底有多大龃龉，可能在本质上并未有太大区别。

为了从更长时段、更多维度看清楚军事因素对中国近代社会发展的影响，暂且搁置满汉的问题不谈，单就晚清军事变革的后果来看，这一影响是深远的。陈志让先生指出中国近代的军绅政权结合，是辛亥以后军阀政治出现的渊薮。更进一步来说，晚清的军事改革从更宏大的背景，尤其是文化层面为这种军政变态提供了土壤。其中，尚武精神的大肆弘扬以及新晋权贵聚集在新的核心军事机构，使得军事与政治权力的关系赤裸裸地展现出来。在这个过程中，作为长期被效仿的对象，德国的影响不仅体现在军事工业上，还对兵制改革、立宪等问题产生了连锁效应。虽然从各自历史发展的过程来看，德

---

① 胡思敬曾论"外党"曰："策士好谈形势，皆云莫强于德，莫富于美，莫狡于日本"，而"德党以荫昌为首，陆军部附者甚多，故新军悉用德操"。参见胡思敬：《国闻备乘》，上海书店出版社，1997年，第80页。

国体制与王朝体制碰撞后，在中国本土产生了扭曲与变异，但内核却是不变的，即以军立国，这也是晚清变革的旨归。

然而，荫昌虽然顺应了晚清亟变时代在军事、外交走向职业化过程中对专业化人才产生的巨大需求，但其在业务能力上越是提升，越接近理解德国军国之强的内核，思想与行为就离旧有皇朝体制越远，对后者破坏力可能就越大。李文杰在研究中国近代外交官群体的形成问题中，就暗示总理衙门成立以后，因其体制的松懈与差使保奖制度的优厚，反而深刻影响了京官的流动问题，[①] 同理，荫昌对晚清军事进行德国式改造的愿景也间接影响了政治走向，军事力量对政治的支撑作用更加凸显。然而，荫昌虽以德式作派而名扬军界，但细细考究，大多数对现实有影响力的举措最终还是流于表面。比如为人一直所诟病的剪发、易服、军礼、军乐等方面改革虽然卓有成效，但真正触碰体制的东西，又非其一人之力所能撼动。即使他身在体制之中，甚至已经是执掌陆军部的最高领导人，依然孤掌难鸣。更何况，军权的斗争，满汉的矛盾，始终是埋伏在这一过程中的暗礁潜流，而 19 世纪末 20 世纪初的德国也政局动荡，危机四伏。德国式的军国体制，最终只能是橘生淮北，难以结出果实。

作者简介：

赵晓芬，中山大学历史学系博士研究生。

---

① 参见李文杰：《中国近代外交官群体的形成（1861—1911）》，生活·读书·新知三联书店，2017 年，第 159 页。

晚清中美高桥轮船案研究（1862—1885）

赖泽冰

[提要] 高桥轮船是 1862 年苏松粮储道台杨坊向美商熙尔租借的一艘军火船，1863 年被白齐文等人掳往苏州太平军，最后被清军轰坏。从 1863 年至 1885 年，乔治·西华德、何天爵、安吉立和杨约翰等美国驻华使领官员就轮船租用债务与多任上海道台、恭亲王、沈葆桢和李鸿章等进行交涉。案件长期搁置的原因与清政府中央与地方二元外交体制有关。整个交涉过程中，美国驻华使领官员善于利用规定维护美国在华商人利益。而参与交涉的清政府官员中李鸿章更富有外交策略和手段，在中法局势紧张之际消除了中美因债务交涉所产生的隔阂。

[关键词] 高桥轮船；白齐文；恭亲王；乔治·西华德；李鸿章

两次鸦片战争期间，美国先后与清政府签订了《望厦条约》和《天津条约》，取得通商、传教和领事裁判权等诸多在华利益。在条约体制之下的晚清中美交往中，各种纠纷屡见不鲜，高桥轮船案即是其中一个持续时间较长的案件。高桥轮船是 1862 年常胜军指挥美国人华尔（Frederick Townsend Ward）通过苏松粮储道台杨坊向美商租借的一艘军火轮船，1863 年被美国人白齐文（Henry Andrea Burgevine）率人在上海松江附近掳掠，随后开往苏州加入太平军，最后在与清军的战斗中被轰坏。关于此事，中外学者在对常胜军和太平天国的研究中多有提及，可论述并不详细。① 另有学者认为中法战争时美国为给清政府添麻烦，要求结算耽搁许久的高桥轮船债务。② 这一说法有待商榷，同光时美国与清政府围绕此船的债务交涉持续 20 余年，交涉文件在中美往来照会中均可看到。本文将在前人研究的基础上，梳理高桥轮船案始末和债务交涉，以此来探讨晚清中美关系的相关问题。

一、1863 年被轰坏的高桥号轮船

1860 年初，太平天国虽然解除了清军江南大营对天京的围困，军事上也重新规复长江流域地区，但他们同时面临清政府和西方列强联合剿灭的危机，即中外联合绞杀太平天国的局面。③ 常胜军即是其中的典型。常胜军创始人华尔，1860 年来到上海。时值太平军围攻淞沪地区，苏松太道吴煦和杨坊得知华尔"长于战阵"，遂向江苏巡抚薛焕推荐。1862 年初华尔率队解除太平军对松江府城一带的围攻，薛焕"将所带各勇命名常胜，许其添勇教练，并委提中营参将李恒嵩协同管理"。华尔即"集勇四千五百余名，并添雇外国兵昼夜教练"，所用"枪炮、火药、炮弹及开花炸弹均系购自西洋"。④ 自 2 月中旬开始，太平军围攻上海，很快占领浦东大部分地区。华尔率领的常胜军配合清军在上海战场取得一系列胜利，先是 2 月 21 日夺回了被太平军占领的高桥镇，直至 5 月初又先后攻下周浦、萧塘、王家寺、龙珠庵桥、四径、七宝和青浦等地。⑤ 常胜军的胜利离不开欧美蒸汽船的帮助，是时他们拥有"熙春茶号""玫瑰号"和"宝顺号"等轮船。⑥ 另据美国传教士晏玛太（Matthew Tyson Yates）的《太平军纪事》介绍，华尔认

---

① 牟安世：《太平天国》，上海人民出版社，1979 年，第 456－457 页；邓元忠：《美国人与太平天国》，华旅文化事业中心，1983 年，第 210－212 页；罗尔纲：《太平天国史》第 4 册，中华书局，1991 年，第 2358－2363 页；[美] 马士著，张汇文等译：《中华帝国对外关系史》第 2 卷，上海书店出版社，2006 年，第 92 页；[美] R. J. 史密森著，汝企和译：《19 世纪中国的常胜军：外国雇佣兵与清帝国官员》，中国社会科学出版社，2003 年。

② 胡益祥：《中法战争期间美国的阴谋活动》，《史学月刊》1964 年第 9 期。

③ 罗尔纲：《太平天国史》第 1 册，中华书局，1991 年，第 140－142 页。

④ （清）吴煦：《常胜军始末》，载静吾等编：《吴煦档案中的太平天国史料选辑》，生活·读书·新知三联书店，1958 年，第 125－126 页。

⑤ 茅家琦：《太平天国对外关系史》，人民出版社，1984 年，第 252 页；[美] R. J. 史密森著，汝企和译：《19 世纪中国的常胜军：外国雇佣兵与清帝国官员》，第 58 页；（清）吴煦：《常胜军始末》，载静吾等编：《吴煦档案中的太平天国史料选辑》，第 126 页。

⑥ [美] R. J. 史密森著，汝企和译：《19 世纪中国的常胜军：外国雇佣兵与清帝国官员》，第 117 页。

为松江与上海两地的兵力运输目前"只用帆船来往，甚为不稳"，所以他要求杨坊能够购买一艘小火轮船作为差遣船。杨坊邀请他到上海自行寻觅，6 月 1 日在美国商人熙尔（Charles E. Hill）处租到一艘船，并命名为"高桥号"，以此来纪念常胜军在高桥战役中的胜利。"华尔于是统兵到各处攻击内地之太平军，逼令节节退却。"① 据熙尔称，他与杨坊订有租用合同，即每月付给租金白银三千两，如船损坏给银一万二千两作为船价。② 高桥轮船是一艘"吃水仅三尺的螺旋桨船"，而且"航行经济，武器精良"，在当时的苏淞战场上只有它"能上行穿过松江闸门"。③

1862 年 9 月，华尔在进攻慈溪县城时中枪阵亡。常胜军先后由白齐文和英国军官约翰·奥伦（John Holland）率领，至 1863 年春又由另一位英国军官戈登（Charles George Gordon）接任。④ 华尔去世后，高桥轮船仍未归还熙尔。10 月 26 日，杨坊致信吴煦称：

> 高桥轮船之事，该行中已到弟处索银数次。诚以认租，不如买船。目前只少阿堵中物，现与该行主说，总俟阁下到沪，再作计较。此船已用数月，谅已不能推诿。⑤

杨坊所言"该行"即美国旗昌洋行，1862 年在上海建有轮船公司。⑥ 租借高桥轮船时，熙尔正在上海旗昌洋行工作。⑦ 12 月 7 日吴煦称："常胜军四千名，计大小轮船十七只。"但是，这 17 艘轮船中并无高桥轮船。⑧ 可知，常胜军可能也不再对此船拥有使用权。常胜军再次提及高桥轮船是在 1863 年 4 月 27 日李恒嵩写给李鸿章的信中：

> 戈兵嘱转请大人迅派高桥轮船一只前来，如太仓得手，既可与海参轮船从青阳港径取昆山，即此时一面攻太，一面先令轮船在近昆水路游驶，作两路并攻之势，似亦虚实兼用，牵制逆匪一法。⑨

---

① 杨家骆编：《太平天国文献汇编》第 6 册，鼎文书局，1973 年，第 940－941 页。

② 黄嘉谟主编：《中国近代史资料汇编·中美关系史料（光绪朝）》第 1 册，台湾"中央研究院"近代史研究所，1988 年，第 138 页。

③ ［美］R.J. 史密森著，汝企和译：《19 世纪中国的常胜军：外国雇佣兵与清帝国官员》，第 117 页。

④ （清）吴煦：《常胜军始末》，载静吾等编：《吴煦档案中的太平天国史料选辑》，第 126 页。

⑤ 太平天国历史博物馆编：《吴煦档案选编》第 2 辑，江苏人民出版社，1984 年，第 372 页。

⑥ ［美］刘广京著，邱锡鑅等译：《英美航运势力在华的竞争（1862—1874 年）》，上海社会科学院出版社，1988 年，第 3 页。

⑦ 黄嘉谟主编：《中国近代史资料汇编·中美关系史料（光绪朝）》第 1 册，第 194 页。

⑧ 太平天国历史博物馆编：《吴煦档案选编》第 2 辑，第 388 页。

⑨ 《李恒嵩致李鸿章禀》，载金毓黻等编：《太平天国史料》，中华书局，1955 年，第 314 页。

此时李恒嵩已升为副将，仍是常胜军协办。当是时，戈登为配合李鸿章攻打苏州的计划①，准备进攻太仓和昆山。李鸿章回信称：

> 此次攻太，自须志在必得，即请戈兵官莫要性急，稳慎办去，庶无意外之虞。至一面攻太，一面派令轮船在近昆水路游驶，作两路并攻之势，亦是牵制贼势之法，惟高桥轮船尚未买妥，如定妥后，再派员驶赴青阳江应用可也。②

由此可知，李鸿章并没有采用杨坊的建议购买此船。5 月 2 日，太仓直隶州城被戈登、李恒嵩和程学启等率兵克复，并趁势向昆山进发。③ 新任苏松粮储道台郭嵩焘在 5 月 7 日的日记中称"中丞以高桥轮船船主未定，未能开行"④。5 月 26 日，李恒嵩再次给李鸿章写信称：

> 与戈登筹商，今日队伍驻菉葭浜，高桥轮船现亦驶至，嗣后进剿情形随时再禀肃此恭叩勋安。敬再禀者，高桥轮船现遵饬暂留，俟攻昆山后，即令驶回沪城听候遣用。合并附禀。禀抚宪。四月初九日赵屯港水次发。⑤

也就是说高桥轮船直到 5 月 26 日才驶到常胜军中，且攻下昆山后还得驶回上海。5 月 31 日，昆山等地亦被清军收复。⑥ 目前暂无材料表明高桥轮船在清军收复昆山中具体扮演什么角色，而它真正成为焦点话题则是在 8 月初被白齐文掳掠开往苏州太平军之时。

华尔死后，白齐文成为常胜军最有权势之人，但其性格桀骜不驯，难与中国官员相处。1861 年 1 月，白齐文用武力逼迫杨坊交付军饷而遭李鸿章开除，后因寻求复职无望，心生怨恨，滋生投靠太平军的念想。⑦ 7 月 29 日，白齐文从上海出发前往湖州和苏

---

① ［美］R. J. 史密森著，汝企和译：《19 世纪中国的常胜军：外国雇佣兵与清帝国官员》，第 173 页。

② （清）李鸿章：《复李蔼堂副将》，载顾廷龙、戴逸主编：《李鸿章全集》第 29 册，安徽教育出版社，2008 年，第 219 页。

③ （清）李鸿章：《克复太仓州折》，载顾廷龙、戴逸主编：《李鸿章全集》第 1 册，安徽教育出版社，2008 年，第 236 页。

④ （清）郭嵩焘：《郭嵩焘日记》第二卷，湖南人民出版社，1981 年，第 95 页。

⑤ 《李恒嵩致李鸿章禀》，载金毓黻等编：《太平天国史料》，第 326 页。

⑥ （清）李鸿章：《克复崑新折》，载顾廷龙、戴逸主编：《李鸿章全集》第 1 册，第 281 页。

⑦ 熊秋良：《李鸿章与白齐文事件——兼论李鸿章处理涉外事件的原则和方法》，《安徽史学》1999 年第 2 期。

州。① 他与几个随从在三里洲遇到高桥轮船前任船长钟思（C. F. Jones）。钟思当时在福来徹公司（Messrs Fetcher & Co.）旗下专门运输丝绸的运发船充当船长，白齐文一行搭载此船去苏州。② 8 月 2 日，英国来华军医马格里（Samuel Halliday Macartney）乘坐高桥轮船从上海前往松江府城，行至青浦县豆腐浜，白齐文率领数十名外国人将此船劫掠。③ 他们掳掠这艘船时没有遇到任何阻碍，并且顺利地开往苏州。④ 白齐文一行在苏州待了 11 天，其间他还组建一支军队，随后驾驶高桥轮船沿着大运河前往丹阳，然后骑马两天去盛泽，最后乘船抵达南京。⑤ 上海英国陆军上尉霍夫（Hough）介绍："白齐文和他所招募的那三百党徒讲好条件，除他们应得的薪金外，他们可以任意抢掠攻占的城市，包括上海在内。"⑥ 白齐文在南京见到李秀成，之后返回苏州。可他并未被敕封王位，而是归入谭绍光部下充当武官，教练洋枪。⑦ 白齐文叛逃和高桥轮船被劫，使得戈登心生内疚，写信给李鸿章表示要辞职，但又害怕常胜军里与白齐文关系好的士兵可能也会随之叛逃。⑧ 不仅戈登有此困扰，8 月 7 日上海怡和洋行负责人开斯维克写信给香港总部的仆希佛尔也提到"大家都说戈登的大部分部下都在等机会叛变"，白齐文正在苏州率领一批欧洲人和受过训练的中国人，无疑在酝酿一个大动作。不过白齐文掳掠的轮船"官军的给养自然是困难的"⑨。9 月，钟思拆下高桥轮船上需要修理的机器去上海修理。同行的白齐文则去买枪，但没有买到，21 日他们回到苏州。⑩

---

① 黄嘉谟主编：《中国近代史资料汇编·中美关系史料（光绪朝）》第 1 册，第 236 - 237 页。

② 《英国档案馆所藏有关太平天国的史料》之《钟思的志愿陈述书》，载王崇武、黎世清：《太平天国史料译丛》第 1 辑，神州国光社，1954 年，第 64 - 65 页。

③ （清）李鸿章：《致吴晓帆观察》，载顾廷龙、戴逸主编：《李鸿章全集》第 29 册，第 218 页；黄嘉谟主编：《中国近代史资料汇编·中美关系史料（光绪朝）》第 1 册，第 236 页。

④ 《1863 年的回顾》，载上海社会科学院历史研究所编译：《太平军在上海：〈北华捷报〉选译》，上海人民出版社，1983 年，第 491 页。

⑤ 《英国档案馆所藏有关太平天国的史料》之《钟思的志愿陈述书》，载王崇武、黎世清：《太平天国史料译丛》第 1 辑，第 65 页。

⑥ ［英］贺冀柯著，黎世清译：《戈登在中国》，载王崇文、黎世清编：《太平天国史料译丛》第 1 辑，第 184 页。

⑦ 《会防处翻译新闻纸选录》，载太平天国历史博物馆编：《吴煦档案选编》第 5 辑，第 425 页。

⑧ ［英］贺冀柯著，黎世清译：《戈登在中国》，载王崇文、黎世清编：《太平天国史料译丛》第 1 辑，第 183 - 184 页。

⑨ 严中平辑译：《怡和书简选》之《上海通信》3，载北京太平天国历史研究会编：《太平天国史译丛》第 1 辑，中华书局，1981 年，第 169 - 170 页。

⑩ 《英国档案馆所藏有关太平天国的史料》之《钟思的志愿陈述书》，载王崇武、黎世清：《太平天国史料译丛》第 1 辑，第 67 页。

1863 年 9 月 28 日，戈登带领常胜军攻占苏州城附近的宝带桥。① 10 月 1 日，钟思指挥高桥轮船和另外两只炮舰与常胜军海生轮激战 3 个小时。次日清晨，钟思在海生轮停泊的地方散步时遇到戈登。戈登说："只要你们能离开太平军，我完全可以保证你们的安全。"钟思婉拒邀请，回到苏州后便向白齐文汇报此事，后者表示愿意会见戈登。3 日至 4 日，钟思又先后两次前往常胜军处传递信件。7 日至 8 日，钟思与白齐文又先后会见戈登两次，双方洽谈的议题仍旧是白齐文一行退出太平军，而戈登要保证他们的安全。白齐文决心离开太平军有两个原因，一个是他们在太平军的薪酬没有得到满足，另一个是慕王公然张贴布告称杀死或捕捉外国人均有奖励。② 白齐文强烈寻求戈登保护的原因是，在他叛逃后，李鸿章曾通过吴煦照会美国驻上海总领事乔治·西华德（George Frederick Seward），坚持要悬赏逮捕白齐文，并用中国法律惩戒他。③ 至于高桥轮船，据 10 月 7 日的赫德日记介绍，"火轮高桥号正使戈登苦恼"④。白齐文打算将它变卖成钱，补发给为太平军作战而未得到薪资的军官和士兵。⑤ 9 日，李秀成命白齐文率领 40 名欧洲人乘坐高桥轮船，去进攻苏州北门外清军总兵程学启的军队。由于北门附近河道钉有木桩，白齐文借口未去。船长钟思很自信地说："如果不是河床内的障碍物阻挡了高桥轮，程学启基本被抓获。"那天夜里，白齐文让钟思去见戈登，商谈退出太平军的方式。10 日，李秀成又让白齐文前往常熟去攻打围攻无锡的清军，此次装备有两艘炮艇，其中高桥轮船还装有 32 磅的大炮。11 日下午 3 点抵达常熟附近，12 日早上 7 点与清军交战，成功俘获清军 15 艘炮艇。但在 10 点钟时，高桥轮船却爆炸了，船载大炮被炸落水里，原因可能是高桥轮船上的大炮火花或者清军的火炮击中船里的弹药库。⑥ 呤利（Augustus Frederick Lindley）则称是"船上负责大炮的欧洲人酗酒导致弹药库起火爆炸，

---

① 《英国档案馆所藏有关太平天国的史料》之《报告苏州军情》，载王崇武、黎世清：《太平天国史料译丛》第 1 辑，第 55 页。

② 《英国档案馆所藏有关太平天国的史料》之《钟思的志愿陈述书》，载王崇武、黎世清：《太平天国史料译丛》第 1 辑，第 67－69 页。

③ 《英国档案馆所藏有关太平天国的史料》之《英国驻上海代理领事马安致卜鲁斯的信》，载王崇武、黎世清：《太平天国史料译丛》第 1 辑，第 51－52 页。

④ ［美］凯瑟琳·F. 布鲁纳等编，傅曾仁等译：《步入中国清廷仕途：赫德日记（1854—1863）》，中国海关出版社，2003 年，第 401 页。

⑤ 《英国档案馆所藏有关太平天国的史料》之《白齐文自述》，载王崇武、黎世清：《太平天国史料译丛》第 1 辑，第 80 页。

⑥ 《英国档案馆所藏有关太平天国的史料》之《钟思的志愿陈述书》，载王崇武、黎世清：《太平天国史料译丛》第 1 辑，第 70－71 页；《戈登、李恒嵩致李鸿章禀》，载金毓黻等编：《太平天国史料》，第 347 页。

船头被炸毁"①。白齐文让军中管带马惇（J. D. Morton）将这尊 32 磅重的大炮从水中捞出，并将其安装在另一艘轮船上。② 李秀成对高桥轮船也非常重视，当得知此船被炸毁后，他非常烦恼地说："我宁可丢掉五万两银子，也不愿意高桥轮船爆炸。"③ 钟思和马惇等人于 15 日离开苏州去投靠戈登，白齐文等到 19 日才以就医借口前往上海，一到上海便被美国领事差人逮捕，并随即送往日本。④ 至于高桥轮船的结局，有很多种说法。10 月 15 日钟思自述说高桥轮船的船壳可以浮起来。⑤ 同日李鸿章给曾国荃写信称"高桥轮船立时烧毁"⑥。英国档案则称"高桥轮在那天被炸沉，此后全体外国人奉命退回苏州，清军前进夺取高桥轮的残骸和它所装载的军火"⑦。在松江制造开花炮弹的英国人花乾甚至还说，一位姓张的清朝官员拜托洋人厉德设法将高桥轮船捞起，拖到苏州修好后开往南京，而且他还曾经见过此船在长江航行。⑧ 1866 年 5 月 17 日，郭嵩焘给总理衙门的信中亦曾提到"少荃官保所置之高桥轮船为最廉矣，而皆已损坏"⑨。总之，不管是李鸿章还是李秀成，都很重视这艘轮船，最主要的原因是它是一艘吃水很浅的轮船，可以在长江流域下游的内河航行，具有相当重要的战略价值。

二、乔治·西华德与同光之际的中美高桥轮船债务交涉

尽管被轰坏的高桥轮船去向不明，由于熙尔控追高桥轮船租用价，使得中美双方从地方到中央围绕这一债务问题交涉 20 余年。熙尔的诉求能付诸行动与乔治·西华德有关，后者系美国国务卿威廉·西华德（William Henry Seward）的侄子，1862 年至 1875

① ［英］呤唎著，王维周译：《太平天国革命亲历记》，中华书局，1961 年，第 510 页。

② 《英国档案馆所藏有关太平天国的史料》之《白齐文自述》，载王崇武、黎世清：《太平天国史料译丛》第 1 辑，第 81 - 82 页。据白齐文介绍，马惇亦参加了 1863 年 8 月 2 日掳掠高桥轮船的行动，并且从中得到 1 000 元的赃款。

③ 《英国档案馆所藏有关太平天国的史料》之《马惇的志愿陈述书》，载王崇武、黎世清：《太平天国史料译丛》第 1 辑，第 73 页。

④ 罗尔纲：《太平天国史》第 4 册，第 11365 - 11366 页。

⑤ 《英国档案馆所藏有关太平天国的史料》之《钟思的志愿陈述书》，载王崇武、黎世清：《太平天国史料译丛》第 1 辑，第 70 页。

⑥ （清）李鸿章：《复浙江抚台曾》，载顾廷龙、戴逸主编：《李鸿章全集》第 29 册，第 257 页。

⑦ 《英国档案馆所藏有关太平天国的史料》之《报告苏州军情》，载王崇武、黎世清：《太平天国史料译丛》第 1 辑，第 56 页。

⑧ 黄嘉谟主编：《中国近代史资料汇编·中美关系史料（光绪朝）》第 1 册，第 226 页。

⑨ （清）郭嵩焘：《致总署》，载梁小进主编：《郭嵩焘全集》第 13 册，《集部》1，《书信》，岳麓书社，2012 年，第 185 页。

年担任美国驻上海总领事。① 1858 年中美《天津条约》第 28 款规定："大合众国民人因有要事向大清国地方官辩诉，先禀明领事等官，查明禀内字句明顺、事在情理者，即为转行地方官查办。"② 高桥轮船案发生在上海，加上西华德与中国通商口岸的美国商人有不少一致观点③，所以他有义务和热情去反映熙尔的诉求。高桥轮船被轰坏后，熙尔向美国驻上海领事法院提出诉讼，案件由西华德和吴煦共同审判。在两次庭审中，西华德都对赔偿作出判决，但轮船租用合同却在第二次庭审时从美国驻上海领事馆的保险箱中不翼而飞。④ 尽管西华德判决熙尔可获得赔偿，但并没有得到吴煦的认同。从 1866 年至 1875 年，西华德又先后与应宝时、沈秉成和冯焌光等三任苏松太道交涉过，但都没有实质性进展。1867 年左右，应宝时对江苏巡抚李鸿章说："高桥轮船不略予赔偿，终难结局。"而且当时"有索赔三万之说"，因为杨坊已于 1865 年过世，吴煦又不肯认账，所以此案得以拖延。⑤ 沈秉成则传唤杨坊的伙计"傅宜絟等到案会审"，最后以没有欠银凭据，不予办理，此案遂再次耽搁。⑥ 1875 年冯焌光接任后，熙尔请求杨坊家属赔偿船租和船价。⑦ 西华德也与冯焌光交涉过四次。⑧ 冯焌光"细核全案，无欠银实据，历年已久，万难追还，屡与剖办，案悬不结"⑨。按规定此时的乔治·西华德只能与上海道台一级接触，但 1861 年至 1869 年担任美国国务卿的威廉·西华德负责外交⑩，乔治·西华德应该能利用这一政治资源，可在已公布的中美往来照会中，蒲安臣（Anson

① 刘广京：《19 世纪后半期的美国与中国》，载［美］欧内斯特·梅等编，齐文颖等译：《美中关系史论：兼论美国与亚洲其它国家的关系》，中国社会科学出版社，1991 年，第 64 页。

② 王铁崖编：《中外旧约章汇编》第 1 册，生活·读书·新知三联书店，1957 年，第 95 页。

③ 刘广京：《19 世纪后半期的美国与中国》，载［美］欧内斯特·梅等编，齐文颖等译：《美中关系史论：兼论美国与亚洲其它国家的关系》，第 95 页。

④ Letter from the late Consul General, requesting an investigation of the affairs of the Consulate General at Shanghai, China, January 23, 1878, in *U. S. Congressional Serial Set*, No. 1815, Session No. 1, p. 15.

⑤ （清）李鸿章：《复沈幼丹制军》，载顾廷龙、戴逸主编：《李鸿章全集》第 32 册，安徽教育出版社，2008 年，第 44 页。

⑥ 黄嘉谟主编：《中国近代史资料汇编·中美关系史料（光绪朝）》第 1 册，第 155 页。

⑦ 黄嘉谟主编：《中国近代史资料汇编·中美关系史料（光绪朝）》第 1 册，第 166 页。按：此条材料记载熙尔与冯焌光交涉在 1874 年，实误，当为 1875 年。据贾熟村考证，冯焌光于 1875 年 1 月 2 日奉旨补授苏松太道，参见马昌华主编：《淮系人物列传：文职·北洋海军·洋员》，黄山书社，1995 年，第 51 页。

⑧ 黄嘉谟主编：《中国近代史资料汇编·中美关系史料（光绪朝）》第 1 册，第 156 页。

⑨ 黄嘉谟主编：《中国近代史资料汇编·中美关系史料（光绪朝）》第 1 册，第 155 页。

⑩ 李定一：《中美早期外交史》，北京大学出版社，1997 年，第 300 页。

Burlingame）、劳文罗斯（Ross Browne）、镂斐迪（Frederick F. Low）和艾忭敏（Benjamin Avery）等美国驻华公使并未在任期内就高桥轮船债务照会总理衙门或南洋大臣。

1876 年 2 月，因艾忭敏病缺，乔治·西华德接任美国驻华公使。[①] 来到北京的西华德随即两赴总理衙门交涉高桥轮船债务，并于 7 月 31 日照会恭亲王，要求通知冯焌光严饬杨坊家属"将所有欠之款五万四千两及数年应加利银"，包括 14 个月租价"银四万二千两"，船价"银一万二千两"，外有数年利银。[②] 8 月 6 日，恭亲王照会西华德称："除由本衙门咨行南洋大臣，饬将此案详细确查妥速办理，一俟声覆到日再为照会外，相应先行照复贵大臣查照可也。"[③] 据研究，1861 年总理衙门在北京设立后，虽然作为清政府负责对外交涉的最高洋务机关，但与南北洋大臣和各省督抚将军在体制上是平行的。[④] 所以恭亲王按规矩，先是咨行南洋大臣沈葆桢，再由他敦促冯焌光办理。冯焌光表示虽在应宝时于公文中查到"有租银一万二千两等语"，可同时发现金能享（Edward Cunningham）和英商汉璧礼（Tomas Hambury）"算常胜军各账，因常胜军军营中并未雇用是船"，所以"四个月租银一万二千两并修船作篷等款，断在不应还之列"。既然如此，熙尔"所控十四个月船租更无追还之理"。10 月 22 日，恭亲王照会西华德表示："此案事隔十余年，人亡物故，租契欠据一概皆无，若欲武断偿还，理难责其听许，希贵大臣平心察阅为要。"10 月 27 日，西华德复函反驳，请求恭亲王和总署去询问李鸿章高桥轮船一事，还提供人证马格里请沈葆桢查证。[⑤] 12 月 9 日，西华德照会恭亲王索要吴煦拖欠华尔欠款，即华尔常胜军的军需由上海各洋行置办，但 1862 年华尔去世后吴煦没有与各洋行清结欠款。未清之款在 1864 年算定，"通共欠银一万三千六百八十一两四钱六分，又洋银七千七百零三角，一并有迄今十三年之利息"。而且认定高桥轮船系杨坊为清朝所雇用，故想让清政府归还租价款。[⑥] 这样一来，西华德将高桥轮船案和华尔洋行欠款案一并索赔。12 月 21 日，美国驻华公使馆参赞何天爵（Chester Holcombe）在总署被告知中方"甚愿清结各款"。[⑦] 12 月 23 日，西华德再派何天爵"持拟办此二案完结之法"前往与总署大臣商办，但并没有得到受理。与此同时，总署也收到李鸿章回函。他表示常胜军雇船购器一事自己从不过问，"常胜军一切账目均系吴道煦、杨道坊经手"。高桥轮船是被白齐文掳获且与清军作战时被轰坏，"洋人以轮船助逆，中国何能

①　黄嘉谟主编：《中国近代史资料汇编·中美关系史料（光绪朝）》第 1 册，第 97 页。

②　黄嘉谟主编：《中国近代史资料汇编·中美关系史料（光绪朝）》第 1 册，第 137－138 页。

③　黄嘉谟主编：《中国近代史资料汇编·中美关系史料（光绪朝）》第 1 册，第 138 页。

④　吴福环：《南北洋大臣的设立及其与总理衙门的关系》，《河北学刊》1991 年第 1 期。

⑤　黄嘉谟主编：《中国近代史资料汇编·中美关系史料（光绪朝）》第 1 册，第 155－156 页。

⑥　黄嘉谟主编：《中国近代史资料汇编·中美关系史料（光绪朝）》第 1 册，第 165 页。

⑦　黄嘉谟主编：《中国近代史资料汇编·中美关系史料（光绪朝）》第 1 册，第 172 页。

代认租价与赔价"。"如果应还，当日西领事何不面向吴道索讨，乃于吴道已故五年之后复向尊处饶舌。况当日既未立有租船凭据，自未可于事后空言索赔。"建议总署"无论其如何全力相争，应据理辩驳，以静制动"。① 因此，总署前后三日对何天爵不同的态度可能与李鸿章回函有关。

1877 年 1 月至 5 月，中美双方主要围绕契据和证人等进行了多个回合照会。恭亲王坚持认为没有租用契据就不能证明杨坊租借高桥轮船，甚至怀疑杨坊与熙尔串通，西华德则认为有人证即可证明。人证方面，恭亲王认为美方提供的花乾、莫盖纳夫楞、聂戈耳和洛其各等原告证人口供前后矛盾，而西华德则认为中方提供的傅宜绅和李渭等被告证人口供多为不实，"作证于被告者毫无驳倒于原告者"②。从照会内容看，恭亲王并没有将李鸿章所提该船系白齐文掳获作为反驳重点，反倒被美方找到一份 1863 年李鸿章札文，内写"中国高桥轮船"③。5 月 26 日，恭亲王与何天爵面谈称："今欲了案，只有写信与南洋大臣，令其在外想法了结。"④ 美国在此案多年纠缠不清，也令李鸿章"致烦荩虑"，于 6 月 15 日写信让沈葆桢想办法解决。⑤ 何天爵来到南京后，沈葆桢"告以已饬沪道设法妥结"。何天爵却嚣张回复道："总署交南洋，不能见沪道。且与总署说定，是本国与中国要件，不涉杨、吴两家事。本银分毫不能让，两下只要商量银若干，便可归结，余事不要提起。"沈葆桢表示如果不在上海结案，至少需要两个月时间。何天爵回答说还钱不必再查案，如果能在北京结案也不需要来南京。沈葆桢称"既来南洋，明系事难遥断，须查得的实分明，方足以服人心"。何天爵则说如果这样，就告诉总署南洋大臣不肯办理此事。沈葆桢坚持"如果不查清楚，我是不能办的"。第二天，何天爵"自携案卷来云，紧要证具在此，可不必再提上海的卷么？"沈葆桢表示"汝卷看清后，仍须提上海卷来对错不错"。何天爵又说："高桥一案，或有可疑，先将朋生案于数日内了结，我去个把月再来结高桥之案，何如？"沈葆桢"告以案未看清，无从豫定，看完后给汝回信可也"。6 月 26 日，沈葆桢拟好高桥案和华尔欠款案节略"交洋务委员送去"何天爵处。⑥ 沈葆桢在节略中承认杨坊租用过高桥轮船，但"租价非系每月

① （清）李鸿章：《复总署议美使索租船旧欠》，载顾廷龙、戴逸主编：《李鸿章全集》第 31 册，安徽教育出版社，2008 年，第 511 页。1876 年 12 月 3 日，总署发函李鸿章询问高桥轮船状况。

② 黄嘉谟主编：《中国近代史资料汇编·中美关系史料（光绪朝）》第 1 册，第 179 - 182、192 - 195、222 - 226、234 - 236、240 - 241 页。具体照会时间分别是：1877 年 1 月 15 日恭亲王照会西华德，2 月 5 日恭亲王照会西华德，3 月 27 日恭亲王照会西华德，4 月 10 日西华德照会恭亲王，以及 5 月 28 日恭亲王照会西华德。

③ 黄嘉谟主编：《中国近代史资料汇编·中美关系史料（光绪朝）》第 1 册，第 236 页。

④ 黄嘉谟主编：《中国近代史资料汇编·中美关系史料（光绪朝）》第 1 册，第 291 页。

⑤ （清）李鸿章：《复沈幼丹制军》，载顾廷龙、戴逸主编：《李鸿章全集》第 32 册，第 44 页。

⑥ 王庆元、王道成编：《沈葆桢信札考注》，巴蜀书社，2014 年，第 537 - 538 页。

三千两，可按每月五百两作租，计十三个月"，"船价按八千五百两，计算租价，不应起息，船价可以加利，每年每百两按十两起息，共计十四年，此银应归杨太记还清"。① 6月28日，何天爵回复称："节略所断，不能遵照。"沈葆桢说："我是准情酌理断的，依不依原不能勉强的。"何天爵再称："高桥利银，我情愿让去二万余金，只要十万，朋生本利，丝毫不能减去。"沈葆桢最后反驳说："若不照情理，只争银数，虽再减亦无办法。"何天爵只有愤然而去。② 6月30日，沈葆桢照会何天爵称，高桥轮船欠款应由杨坊家属归还，"然贵参赞如欲迅速归账，本大臣即可饬上海关先行垫发完案，再饬该两家呈缴，以清款目"③。沈葆桢同时将断案节略和照会寄给李鸿章，自责"身处富庶之地，不能面面周旋，固宜无所逃罪也"④。7月5日，沈葆桢照会西华德，再次提出由杨坊家属归还二万零四百两，可由上海海关先行垫付。⑤ 这一赔偿方案与美方预想相差过大，7月26日西华德照会恭亲王希望高桥轮船案仍在北京了结，恭亲王坚持应在南洋办理。7月30日，何天爵到总署与恭亲王面谈时称："高桥船一案，利息可商，各洋行之账，须要加利，请由本衙门转致南洋大臣放宽一步，才能了结，否则还将函复贵大臣函底与其阅看。"恭亲王表示去信沈葆桢"是无不可"，但不能在信中"令其宽让一步"，只能嘱咐赶紧办结。⑥ 8月1日，西华德照会总署表示不满沈葆桢的方案，觉得美方吃亏。⑦ 8月5日，何天爵到天津面见李鸿章时称："杨姓家资在沪者计值数十万，即照数赔偿，犹不失为巨富。"经李鸿章"切实开导，再三驳辩，又允减至八万"。⑧ 8月9日，西华德照会恭亲王称"仍欲将此事由南洋了办，本大臣难以允行"⑨。8月17日，恭亲王复函称在北京商办只会"彼此争辩，永无了结之期"⑩。10月12日，西华德照会恭亲王抱怨总署在高桥轮船案办理中"悉听总督之言照办"，而自己被当成驻省钦使对待。⑪ 11月5日，西华德再次照会恭亲王表示"高桥船之案，本银五万四千两，至于利息可以

①　黄嘉谟主编：《中国近代史资料汇编·中美关系史料（光绪朝）》第1册，第244页。

②　王庆元、王道成编：《沈葆桢信札考注》，第538页。

③　黄嘉谟主编：《中国近代史资料汇编·中美关系史料（光绪朝）》第1册，第244页。

④　王庆元、王道成编：《沈葆桢信札考注》，第538页。

⑤　黄嘉谟主编：《中国近代史资料汇编·中美关系史料（光绪朝）》第1册，第245－247页。

⑥　黄嘉谟主编：《中国近代史资料汇编·中美关系史料（光绪朝）》第1册，第291页。

⑦　黄嘉谟主编：《中国近代史资料汇编·中美关系史料（光绪朝）》第1册，第278－279页。

⑧　（清）李鸿章：《复署江海关道刘》，载顾廷龙、戴逸主编：《李鸿章全集》第32册，第92页。

⑨　黄嘉谟主编：《中国近代史资料汇编·中美关系史料（光绪朝）》第1册，第287页。

⑩　黄嘉谟主编：《中国近代史资料汇编·中美关系史料（光绪朝）》第1册，第291页。

⑪　黄嘉谟主编：《中国近代史资料汇编·中美关系史料（光绪朝）》第1册，第302页。

再为商酌定案"①。12 月 26 日，恭亲王照会西华德称依旧坚持按沈葆桢方案赔偿。次日西华德称万万不能按此法了结，"此等案件虽云细故，于两国所关亦甚紧要"②。西华德热心为熙尔讨债的做法虽然得到美国国务院的支持，但并非所有在华美国官员都认同。1878 年，美国驻上海总领事约翰·迈尔斯（John C. Myers）就觉得整个案件是非正义的主张和可怕的提议，中国官员认为这是欺诈行为。除非在大炮威胁下，不然中国是不会支付任何赔偿。③ 迈尔斯的意见其实是对中美关系的担忧。

三、广东赔款余存与中美高桥轮船债务交涉的结束

从 1863 年至 1877 年间，乔治·西华德不管是作为上海总领事，还是驻华公使，都不遗余力地反映熙尔的诉求。当然，他的努力也并非无效，总理衙门从最初矢口否认杨坊租借此船，到最后由沈葆桢抛出赔偿方案，不过双方依旧没有达成妥协。虽然乔治·西华德直到 1880 年才卸任驻华公使，但在 1879 年的中美往来照会中却没有关于高桥轮船的信息，高桥轮船案纠纷也留给了他的继任者安吉立（James Burrill Angell）和杨约翰（John Russell Young）去解决。

1880 年 8 月，新任美国驻华公使安吉立来到北京，首要任务是修改 1868 年《中美续增条约》。该条约规定中美两国人民可自由往来，大量华工前往旧金山等美国西部地区务工，引发当地人排斥。美国总统海斯（Rutherford Birchard Hayes）为谋得连任，欲修约限制华工来博取西部选民支持，故将安吉立派往中国。清政府为保障华工在美权益，促进中美贸易发展，以及希望美国协助禁毒，便在 11 月 17 日签订中美《续修条约》和《续约附款》。④ 完成这一任务后，安吉立与总署重提高桥轮船和华尔洋行赔款问题。12 月 3 日，安吉立照会恭亲王，就高桥轮船案索赔五万四千两，自 1863 年该船被轰坏之日起每年每百两加利十两，加至结案。⑤ 12 月 22 日，恭亲王回复表示只认还二万零四百两。⑥ 12 月 27 日，安吉立又希望清政府照数还清，以免两国因此龃龉而生芥蒂。1881 年 1 月 8 日，恭亲王照会安吉立称，美方以人证为凭，各执一词，沈葆桢赔

---

① 黄嘉谟主编：《中国近代史资料汇编·中美关系史料（光绪朝）》第 1 册，第 320 页。

② 黄嘉谟主编：《中国近代史资料汇编·中美关系史料（光绪朝）》第 1 册，第 324－325 页。

③ Letter from the late Consul General, requesting an investigation of the affairs of the Consulate General at Shanghai, China, January 23, 1878, p. 16.

④ 参见李定一：《中美早期外交史》，第 397－403 页。

⑤ 黄嘉谟主编：《中国近代史资料汇编·中美关系史料（光绪朝）》第 1 册，第 729 页。

⑥ 黄嘉谟主编：《中国近代史资料汇编·中美关系史料（光绪朝）》第 1 册，第 733－734 页。

款方案本相让之意，就案论案。① 1 月 19 日，安吉立回复认为高桥轮船凭据被偷，希望清政府公平结案。② 由此可知，安吉立并没有完成债务交涉任务，清政府依旧只肯执行沈葆桢方案。10 月 1 日，安吉立将美国驻华使馆事务委署给何天爵，并于 10 月中旬回美国。10 月 25 日，何天爵抵达北京开始署任美国驻华公使。③ 何天爵将沈葆桢所拟办法视为"无用空言"，于 12 月 29 日照会恭亲王称奉美国政府命令，请清政府尽快还清各洋行及高桥船各账目，否则纠缠不清，有碍两国关系。1882 年 1 月 8 日，恭亲王回复表示自己一向秉公办理，"中外账目，均凭字据，有据者易于取偿，无据者难以照给"。至于因此事破坏两国关系一说未免过失。④ 8 月 20 日，杨约翰履任美国驻华公使一职。⑤高桥轮船依旧是杨约翰继任后的任务，并在 9 月 27 日和 10 月 29 日照会恭亲王，甚至还称系念在两国交谊最敦，才一直隐忍。⑥ 11 月 1 日，杨约翰和何天爵前往总署商谈，提出三个解决方案："第一如数清还，第二可请外国钦差核断，第三可交北洋李中堂想一办法云云。"11 月 17 日，恭亲王同意由李鸿章来了结。⑦ 此案兜转近二十年，依旧来到李鸿章手中，此时他已为直隶总督和北洋大臣。

1883 年 1 月 8 日，李鸿章致函总署称："美国洋行及高桥轮船旧案，昨交翻译委员伍廷芳细核。据称查照西例，无据欠账，原可勿还，而沈文肃续经议断，允还银四万余两，亦未分析，应俟何天爵到津，再与妥商办法。"⑧ 可知赔款从二万四千两提到四万余两，但远远满足不了美方要求。1 月 13 日，何天爵抵达天津，与李鸿章会晤时"互相往复辩论，必索全还，几于唇焦舌敝"⑨。2 月 4 日，李鸿章照会何天爵，表示华尔洋行案由"本署大臣在军饷内"赔偿"三万七千六十五两六钱二分八厘"。而"高桥轮船各账，俟后稍缓再行议结"，提议在美国广东赔偿余存扣除。⑩ 所谓广东赔偿余存，即指第二次鸦片战争时美国广东商亏银，1858 年清政府决定赔偿五十五万两，由"广东、上

---

① 黄嘉谟主编：《中国近代史资料汇编·中美关系史料（光绪朝）》第 1 册，第 740 页。

② 黄嘉谟主编：《中国近代史资料汇编·中美关系史料（光绪朝）》第 1 册，第 746 - 747 页。

③ 黄嘉谟主编：《中国近代史资料汇编·中美关系史料（光绪朝）》第 2 册，台湾"中央研究院"近代史研究所，1988 年，第 815 页。

④ 黄嘉谟主编：《中国近代史资料汇编·中美关系史料（光绪朝）》第 2 册，第 831 - 832 页。

⑤ 黄嘉谟主编：《中国近代史资料汇编·中美关系史料（光绪朝）》第 2 册，第 900 页。

⑥ 黄嘉谟主编：《中国近代史资料汇编·中美关系史料（光绪朝）》第 2 册，第 903、913 - 914 页。

⑦ 黄嘉谟主编：《中国近代史资料汇编·中美关系史料（光绪朝）》第 2 册，第 921 页。

⑧ （清）李鸿章：《复总署筹议海陆二线》，载顾廷龙、戴逸主编：《李鸿章全集》第 33 册，安徽教育出版社，2008 年，第 196 页。

⑨ （清）李鸿章：《复总署议结美国洋行及高桥轮船各账》，载顾廷龙、戴逸主编：《李鸿章全集》第 33 册，第 214 页。

⑩ 黄嘉谟主编：《中国近代史资料汇编·中美关系史料（光绪朝）》第 2 册，第 940 页。

海、福州三口税项船钞内，扣洋银七十四万七千零二十元，除交还应赔商亏外，尚余洋银二十三万九千一百六十五元零，由该国存放生息，日久延不归还"①。1879 年美国总统格兰特（Ulysses Simpson Grant）访华时，曾有天津筹赈局绅董禀其批允，转商美国上议院核办。至 1883 年时，广东赔偿余存已有六十余万两之多。② 实际上，由于李鸿章的美国顾问毕格德（William N. Pethick）与杨约翰关系不错，早在照会何天爵前就将这一方案通过毕格德告知杨约翰。1883 年 1 月 23 日，杨约翰密函表示"似肯出力"。何天爵面见李鸿章时也说："如洋行、高桥各案清结，赔款余存必即议还。"因此李鸿章遂决定先督促美国归还广东赔偿余存，高桥轮船欠款再从中扣除，"就数划数，在中国并不吃亏"。而且还让驻美公使郑藻如就此事在美国活动。③ 2 月 22 日，何天爵表示广东赔款余存"须上议院会议议允，方能办理"，"高桥案与存款一事，情理原非一致，高桥案系以事理而言，归存款系以情谊而言"。④ 李鸿章预想并没有那么容易完成。高桥轮船案的处理方案也让杨约翰感到忧虑，因为这个问题长期不解决会使得中美关系处境尴尬。⑤ 3 月 14 日何约翰照会恭亲王称："盖此存款与所欠美商各账，原系事非一类，若欲将存款与债案同行了结，于两国体统实为未合。"⑥ 3 月 24 日和 5 月 22 日，恭亲王两次照会杨约翰，表明支持李鸿章方案。⑦ 11 月 7 日，杨约翰再次表示："本国若闻贵国立此俟归还存款方结高桥之意，实难得惬于心。……本大臣既将所奉国谕，与前次文内相同之意声明，应请嗣后商办高桥一案，须将广东余款一事搁开，毋庸提及。"⑧ 随后，恭亲王与杨约翰又互相扯皮，11 月 26 日恭亲王称只允许归还高桥船本银，28 日杨约翰不同意只还本银，要求加利息。⑨ 12 月 16 日，恭亲王回击称，如执意要本利一并索赔，万难照办。次日，杨约翰依旧坚持要价五万四千两，利息为每年每百两加利十两。⑩

① 《总署奏美国划还商亏银两片》，载（清）王彦威等辑，李育民等点校：《清季外交史料》卷五七，湖南师范大学出版社，2015 年，第 1165 页。

② （清）李鸿章：《议结常胜军旧欠洋债折》，载顾廷龙、戴逸主编：《李鸿章全集》第 10 册，安徽教育出版社，2008 年，第 150 页。

③ （清）李鸿章：《复总署议结美国洋行及高桥轮船各账》，载顾廷龙、戴逸主编：《李鸿章全集》第 33 册，第 214 页。

④ 黄嘉谟主编：《中国近代史资料汇编·中美关系史料（光绪朝）》第 2 册，第 941 页。

⑤ History of the Ward Eatate Claim, in United States of America Department of State（ed.）, *Papers Relating to the Foreign Relation of the United State*, 1888, Part Ⅰ, Government Printing Office, 1889, p. 207.

⑥ 黄嘉谟主编：《中国近代史资料汇编·中美关系史料（光绪朝）》第 2 册，第 947 页。

⑦ 黄嘉谟主编：《中国近代史资料汇编·中美关系史料（光绪朝）》第 2 册，第 950、971 页。

⑧ 黄嘉谟主编：《中国近代史资料汇编·中美关系史料（光绪朝）》第 2 册，第 990 页。

⑨ 黄嘉谟主编：《中国近代史资料汇编·中美关系史料（光绪朝）》第 2 册，第 994 – 995 页。

⑩ 黄嘉谟主编：《中国近代史资料汇编·中美关系史料（光绪朝）》第 2 册，第 1000 – 1002 页。

与此同时，中法已在越南山西开战，由于前线战局不利，1884 年 4 月 8 日爆发甲申易枢事件，恭亲王被慈禧免去军机大臣和总署大臣职务。① 4 月 12 日，庆郡王奕劻接任总署大臣。② 中法战争局势和甲申易枢也使高桥轮船案谈判发生一些变化。美国政府提出"须得付还高桥本、利实据，非此则议院还五十八万二千元不成"，并在 3 月底通过外交部告诉郑藻如称"拟将高桥案折中调处，系交本银五万四千两并息银减为五厘"。郑藻如没有同意。6 月 2 日，杨约翰告诉李鸿章："以议政院派议之员均谓广东赔款应还中国，一俟政院众绅商准，即可照办。"但是并未提高桥之案，就是在等清政府归还高桥轮船本利款后再了结。而且熙尔回到美国，李鸿章"闻其与议院绅员声气颇通，势必从中播弄，耸令杨、何等向钩署饶舌，允还高桥本、利，议绅始肯商准将广东本、利全还耳"。6 月 13 日，李鸿章致函总署表示："广东赔款本息并计五十八万三千余元，约合行平银四十六七万两，除扣赴（付）高桥本、利外，中国尚余银三十数万两，如能办得到此，两国积欠既清，在我亦尚合算。鸿章曾经与议此事，前谓赔款一日不还，高桥账一日不结，原为互相钳制起见。"③ 此时中法战局已经愈演愈烈，清政府在 8 月马尾海战后正式向法国宣战。李鸿章当然是想尽快了结高桥轮船案，有利于拉拢美国调停中法战争。9 月 17 日，杨约翰与柔克义（William Woodville Rockhill）前往总署拜会奕劻。柔克义对奕劻说："杨大人深愿将中法之事调妥当，即本国亦必以杨大人为能办事。"还说："高桥轮船一案可否亦令李中堂商办？"奕劻回复道："我们函嘱李中堂商办可也。"④ 美方这一言论很明显就是想通过调停中法战争，作为了结高桥轮船案的谈判砝码。最后，通过郑藻如在美国的活动，美国政府答应归还广东赔款余存，"中国高桥轮船之款即在此项内划抵"⑤。目前暂无更多资料说明为何美国政府突然同意李鸿章的方案，但后者为此也做了很多努力。1884 年 1 月 1 日，李鸿章致信郑藻如设法通过"精通西洋律学"和"誉望素崇"的美国外交家笛锐克（William Henry Trescot）到美国议院怂恿"索回广州赔费，允于赔还后酌给若干犒劳"。⑥ 1885 年 3 月 3 日，美国国会通过法案，决定将

---

① 孔祥吉：《甲申易枢与中法战争》，《中国人民大学学报》1989 年第 1 期。

② 《德宗景皇帝实录》卷一八〇，光绪十年（1884）三月壬辰条，载《清实录》第 54 册，中华书局，1987 年，第 506 页。

③ （清）李鸿章：《致总署论美国积存赔款》，载顾廷龙、戴逸主编：《李鸿章全集》第 33 册，第 394 - 395 页。

④ 故宫博物院档案馆编：《中法越南交涉资料》上，载邵循正：《中法战争》第 5 册，上海人民出版社，1957 年，第 544 - 545 页。

⑤ 《总署奏美国划还商亏银两片》，载（清）王彦威等辑，李育民等点校：《清季外交史料》卷五七，第 1165 页。

⑥ （清）李鸿章：《致郑玉轩星使》，载顾廷龙、戴逸主编：《李鸿章全集》第 33 册，第 340 页。

583 400.9 美元的广东赔款余存归还中国，并从其中扣除高桥轮船债务费用 130 000 美元。① 3 月 9 日，杨约翰照会总署称："现由议院议准，奏经国主画押，尤将所存广东赔款余存之银还之中国。"② 由于此时熙尔已经去世，3 月 25 日，美国国务院给熙尔的两位遗产执行人波特兰市的小约西亚·德拉蒙德（Josiah H. Drummond, jr.）和纽约市的霍雷肖·托姆布雷（Horatio N. Twombly）支付 13 万美元，这笔钱是由华盛顿里格斯公司（Messrs. Riggs & Co.）通过纽约美洲银行支付。两位执行人在公证人约翰·丘（John J. Chew）的见证下签署免除高桥轮船债务书，并提供收据。③ 4 月 24 日，美国国务卿贝亚（Thomas Francis Bayard）派遣美国国务院书记官（Chief Clerk, Department of State）塞维伦·布朗（Sevellon A. Brown）携带一张价值 453 400.9 美元的汇票交由郑藻如汇给清政府，该票亦由里格斯公司通过纽约美洲银行提供。布朗同时还将熙尔遗产执行人的高桥轮船债务收据和免除书交予郑藻如。贝亚希望通过此事的愉快解决，继续维护中美双方的友好关系。④ 4 月 25 日，郑藻如回复美国国务卿贝亚收到赔偿款项，并代表清政府确认熙尔遗产执行人高桥轮船债务的免除书。郑藻如也希望此事的圆满解决能加强两国关系。⑤ 4 月 28 日，奕劻奏片称"余款除扣高桥轮船价银十三万元及酬给经手洋人五千四百元，实收到美银四十四万八千元零"。奕劻等总署官员决定将剩余款项交予郑藻如收存，作为出使英、德、美等国经费。⑥ 至 7 月，陆续拨给出使费用计"银二十八万两，合美银三十八万三百四元"。1886 年 1 月 20 日，奕劻以"海军衙门需款甚殷"，又奏清廷将"尚余美款银五万四千四十三元零"拨予。⑦

四、结语

综上所述，高桥轮船案并非影响中美关系的重大案件，却是在条约体制之下交涉时

---

① Chap. 349: An act relative to the Chinese indemnity fund, in *The Statutes at Large of the United States of America, From December, 1883 to March, 1885, and Recent Treaties, Postal Conventions, and Executive Proclamations*, Vol. XXIII, Government Printing Office, 1885, p. 436.

② 黄嘉谟主编：《中国近代史资料汇编·中美关系史料（光绪朝）》第 2 册，第 1108 页。

③ Receipt of the Executors of Charles E. Hill, in United States of America Department of State (ed.), *Papers Relating to the Foreign Relation of the United State*, 1885, p. 184.

④ Mr. Bayard to Mr. Cheng Tsao Ju, in United States of America Department of State (ed.), *Papers Relating to the Foreign Relation of the United State*, 1885, pp. 181 – 182.

⑤ Mr. Cheng Tsao Ju to Mr. Bayard, in United States of America Department of State (ed.), *Papers Relating to the Foreign Relation of the United State*, 1885, pp. 182 – 183.

⑥ 《总署奏美国划还商亏银两片》，载（清）王彦威等辑，李育民等点校：《清季外交史料》卷五七，第 1165 页。

⑦ 中国史学会主编：《洋务运动》第 3 册，上海人民出版社，1961 年，第 16 页。

间较长的债务事件，美国学者史密森（Richard Jay Smith）即称 1862 年华尔去世后，高桥轮船"成为引人注目的争论和持久讼争的对象"①。从中可以得出以下三点认识：

首先，自 1861 年总理衙门成立后的中央与地方二元外交体制从某种程度上促使该案长期搁置。回顾整个案件，高桥轮船系常胜军创始人华尔通过苏松粮储道台杨坊从美商熙尔处租用，其调遣权也归属李鸿章，但由于租船合同丢失，使得恭亲王和上海道台等并不肯偿还债款，但又无法驳倒美方提供的人证口供，以致中美双方互相扯皮，各说各话，交涉时间长达 20 余年。在美国驻华公使眼中，总理衙门应该是清政府对外交涉的最高机构，但恭亲王却以体制原因坚持高桥轮船案发生在上海就应该由南洋大臣办理，也以沈葆桢论断作为交涉依据。

其次，中美条约体制形成后，美国驻华使领官员善于利用规定维护美国在华商人利益。纵观整个交涉过程，美国驻华使领官员有时表现强势，但也都是在条约规定范围内去反映美国在华商人诉求，特别是乔治·西华德的表现。正如美国学者保罗·克莱德（Paul Hibbert Clyde）称："乔治·西华德在对华外交上是一个表现欲望强烈和思想独立的政治家，而且有时在外交工作中凸显侵略性。在一些悬而未决的交涉中，他都积极主动去表达自己观点。"② 案件交涉时期的中美关系相对和平稳定，美方并没有因为案件久久不能了结而恶化与清政府的关系，甚至在中法战争期间反转接受李鸿章赔偿方案，还积极参与中法战争调停。

最后，整个轮船债务交涉中，李鸿章的外交策略和手段明显高于恭亲王和沈葆桢。恭亲王作为总理衙门最高领导人，在与多任美国驻华公使的交涉中表现得体，而且不轻易屈服，但在双方僵持不下的谈判时也没有提出有效方案。沈葆桢作为两江总督和南洋大臣，在与何天爵的交涉时虽然提出解决方案，但态度过于强硬。李鸿章则非常老道，懂得放弃一些利益，比如用军饷偿还华尔洋行欠款；同时富有外交手段，迫使美国人接受用广东赔款余存扣除高桥轮船赔偿，将清政府损失降到最低，也在中法局势最为紧张之际消除中美因高桥轮船案产生的隔阂。

作者简介：

赖泽冰，中国社会科学院大学研究生院博士研究生。

---

① ［美］R. J. 史密森著，汝企和译：《19 世纪中国的常胜军：外国雇佣兵与清帝国官员》，第 117 页。

② Paul Hibbert Clyde, *Attitudes and Policies of George F. Seward, American Minister at Peking, 1876 - 1880*, Some Phases of the Co-operative Policy, in *Pacific Historical Review*, 1933, Vol. 2, Iss. 4, p. 388.

熠熠珠光

——以晚清广东基督徒为中心的讨论

吴　宁

[提要]　对中国基督徒而言，在成为基督徒之后，他们的社会生活就进入了另一方天地。虽然皈依基督教是个人的抉择，但其信仰的过程却深深地打上了社会、政治、文化的烙印。他们是谁？因何而信？信了之后会怎样？基督徒群体与中国社会之间的关系与张力如何？本文依据基督教差会年报、会讯、传教士的书信以及若干华人基督徒传记、回忆和自述，细描晚清广东基督徒的社会形象、社会境遇、时代回应，分析作为社会群体之一的中国基督徒社会适应的过程及策略。观往验来，以期对深入认识传统和现代中国的宗教与社会关系有所增益。

[关键词]　晚清；广东基督徒；自立自传自养

晚清时期，中国基督徒大部分是身处主流社会之外的边缘人群。除了一些担任牧职的牧师或传道人通晓文字外，绝大部分平信徒都是没有受过教育的，鲜有回忆录存世，中文资料对他们的记录少之又少。即便有记载，也大多出现在教案中，以"惹是生非的刁民和仗势欺人的教匪"的姿态表现。对中国基督徒的观察和了解，只有通过传教士的信件、发表在当时传教士办的报纸上的文章、差会的年报和记录，以及外国观察家所写的日记、杂记、回忆录或游记中的点滴记载，来拼补他们在晚清时期的活动。

如何使这些沉默无语、面目模糊的中国基督徒的形象从灰暗的背景中凸现出来，探究清末中国语境下基督徒信仰确立的过程、皈信后社会对其基督徒身份的回应及基督徒社会适应的过程，这是一个具有观往验来意义的课题。本文以美南浸信会在华南的传教活动为中心，依据美南浸信会的年报、传教士的书信以及若干中国基督徒传记、回忆和自述，描绘那些有名或无名的中国基督徒的形象，从分析他们的皈依历程入手，探讨晚清中国基督徒身份转化与社会互动的关系，以期对我们进一步深入认识传统与现代中国宗教与国家关系有所增益。

一、选上的与被召的信徒

鸦片战争前，因清政府禁教，基督新教在华传教成果寥寥，信徒人数屈指可数。早期信徒多是传教士的语言教师、仆佣、厨师或工人，后来范围逐渐扩大到其亲朋好友、街坊邻居中。虽然信徒人数少，但这些人后来几乎都成为"教会的柱石"，如蔡高、梁发、屈昂、何福堂、杨庆、黄梅等，在中国基督教会早期历史上起着重要作用。鸦片战争结束后，传教士发现中国人"尽管依旧反外，但是其中掺杂了恐惧和尊敬，这是以前不曾有过的"①。传教的道路开始顺畅，传教相对便利起来。这时的中国基督教可谓进入了"哈里路亚"的传教时代。②

（一）选上的信徒

19世纪60年代被传教士称为"哈里路亚"的年代。这是因为第二次鸦片战争后，中英签订条约，为传教带来了更大的便利。传教士不仅可以在通商口岸租地建立教堂，而且可以公开传教并吸收华人信徒。1860年是中国教会最有进展的一年，也是美南浸信会广州传教站不同寻常的、喜悦的一年，经基律、纪好弼两位牧师亲手施浸的信徒有37人，加上原有信徒一共58人，③在南关成立了第二浸信会。第二浸信会成为当时广州颇具规模的基督教会。此年12月12日，基律在写回传道部的信中这样描述广州传教的前景：

---

① The Commission，1858，4；美南浸信会注重差会的历史研究，将其全部档案数据化，上传网络供学者下载使用。网址为：https://www.imb.org/research/archives/。本文所使用的英文档案如：The Commission；Foreign Mission Journal；Annual Report of Southern Baptist Convention 均来自该网站电子文档。原来的粤东浸信会解散，信徒并入第二浸信会。

② 香港浸会大学历史系李金强教授认为，1860年以后是传教士的"哈里路亚"时代，每天都有人接受基督教，每次传教士都心怀喜悦地称颂"哈里路亚"感谢上帝。对传教士而言，1860年之前和1860年之后的传教境遇简直不可同日而语。

③ China Mission Report，1846 - 1855，［microform］Accession number：2623，香港浸会大学图书馆特藏部。

对福音传播的前景我们充满信心。我们今年几乎每个月都有受浸的人，还有几个人在听到福音后期望能立刻受浸。这样的情况一整年都是。①

…………

我们每个月都有人受浸。今年有 37 位中国人受浸，其中 16 名是女性。当时共有 40 人申请，37 人通过，……信徒总数达 58 人，其中女性 20，男性 38。女性年龄最长者 74 岁，最幼者 13 岁。男性年龄最长者 71、72 岁，最幼者 15 岁。②

1860 年，基律在日记中喜悦地写道：

余等前途之光明一如上帝允余等之祷告。在此一年中，深知上帝偕我几无月不举行施浸也。③

想象一下 19 世纪中叶的广州，在商铺林立的街道上，一群人围着一个外国人听他用生硬的粤语讲述上帝拯救罪人，旁边还有一个中国助手帮忙散发一些单张。多数人听完后就四散离去，个别人还会留下进一步交谈。外国人顺势邀请感兴趣的听众去附近的一间临街小房，继续畅聊刚才的主题。慢慢地，这个房间汇集起数十位听众，每过七天固定聚会，平时也有一些小聚。一些人提出受浸的请求，经过考核，合格者被外国人领到珠江边参加一个全身没入水中叫作"浸礼"的仪式。仪式后，他（她）就成为一名中国基督徒。他（她）是谁？来自什么样的家庭？是社会精英还是普罗大众？为什么要选择做一个基督徒？

一封写于 1874 年的信，揭开了这些平信徒面纱的一角：

这次施浸 5 人：一个是杨庆的儿子。他在嘉约翰的医院学习西医，直到最近才接受基督教，他说他常常会半夜醒来思考这个问题（按：指是否受浸皈依基督）；一个是做苦工的人；一个曾经吸食鸦片且纳妾的医生，他的儿子在我们开办的学校里读书；一个是我们观察了很久才同意施浸的妇女；一个是官府的职吏，但因为信主而被除名，他还带来另一个希望受浸的人。④

---

① Report of Rev. C. W. Gaillard, for 1860, Canton, China, Dec. 12th, 1860; The Commission, 1861, 4.

② China Mission Report, 1846 – 1855, ［microform］Accession number：2623；Report of Rev. C. W. Gaillard, for 1860, Canton, China, Dec. 12th, 1860；The Commission, 1861, 4；1860 Annual Report of Southern Baptist Convention.

③ 刘粤声主编：《广州基督教概况·两广浸信会史略》，香港浸信教会，1997 年，第 419 页。

④ Foreign Mission Journal, 1874, 9.

这次的受浸者具有一定的代表性。首先，基督教家庭依然是信仰传递最主要的原因。早期皈信基督教的信徒中，我们可以看到家庭作为改宗信教机制所发挥出的巨大作用。在每次施浸中，总有几个出自基督教家庭或受基督徒亲友影响而成为信徒的例子。如 1859 年，在加州帮助叔未士传教的黄梅回国，受雇于基律。黄梅的妻子、哥哥 Wong Meng（58 岁）以及养女（23 岁）都是由基律施浸。其次，是受浸阶层的广泛。这次受浸者中有来自社会底层的苦力，有享有一定社会地位、受人尊敬的医生，有在政府机构中做事的官吏（且不说他的职位大小），还有一位妇女。1874 年，距条约签订、口岸开放已有 20 余年，距马礼逊在中国传教也有 67 年，国人对基督教的接受度已有很大提高。受浸者来源广泛，已不像早期信徒基本出自基督教家庭，并且即便是出自基督教家庭，甚至是一位著名牧师的后代，但作为一个有着独立思想的个体，他也会在接受基督教的时候反复地思考，最后才会决定受浸与否。

这封信中除了报告受浸者的情况，还特别提到有一个佛教徒：

> 1874 年 6 月的圣经班，人数 12～15 人，其中有一位学生是佛教徒。①

这种改宗或改教②的现象在美南浸信会的报告中出现过好几例。例如，在 1879 年，有一个鞑靼人（满族人）被施浸：

> 西南受浸者中有一个是鞑靼士兵，今年 58 岁，他是一个全然渴望基督的人，已有两个月固定来到教堂。③

1872 年，纪好弼给一位改宗的天主教徒施浸。牧师们对这位天主教徒进行了为期八个月的考察，最后才决定接纳他改宗加入浸信会。④ 还有一个改教的例子，发生在 1887 年的连县三江。继 1842 年叔未士给长老会的罗哲斯施浸事件之后，时隔 45 年，美南浸信会和美北长老会又一次发生了洗浸之辩。事情源自连县陈心鉴的皈信："初有陈心鉴

---

① Foreign Mission Journal, 1874, 9.

② 改教是指跨宗教传统的转换，指宗教忠诚上的"长距离"改换，如从犹太教改换到基督教，或由基督教改换到印度教等；而改宗是指宗教传统内部的转换，从一个宗教群体转换到另外一个宗教团体时，并没有涉及改教性的剧变，如浸信会员变成天主教徒，或者逊尼派穆斯林变成什叶派穆斯林。见［美］罗德尼·斯达克、罗杰尔·芬克著，杨凤岗译：《信仰的法则——解释宗教之人的方面》，中国人民大学出版社，2004 年，第 143 页。

③ Foreign Mission Journal, 1879, 1.

④ Foreign Mission Journal, 1872, 10.

闻道甚喜。时适长老会牧师上连，劝之领洗，陈坚执浸礼，许之，遂受浸于连州之河流。"1886 年，陈锦胜、李泽海到三江布道后，"陈心鉴因闻李泽海谓洗礼会无施浸权，复赴省再领浸礼于惠爱八约福音堂，遂惹起洗浸问题。于是长老会着洗礼略论，浸信会着水礼追真以辩明之"①。1887 年 8 月 15 号，纪好弼在其日记中记述："有某教授向余宣读汉文婴儿洗礼之短文，其文甚无价值，惟有少数华人教友，或为其诱惑也。"② 纪好弼写了一篇回应婴儿受浸的文章与其辩论，题目是"浸礼之真意"，并将长老会的短文和自己的回应印刷在同一张纸上，广为散发，影响很大。

（二）被召的信徒

浸信会历史上也有儿童要求受浸的情况。按照美南浸信会的教义，不能给未有自主意识的儿童施浸。基律记述了一个有趣的例子：

> 一个 8 岁的小女孩要求受浸，我一下不知道该怎样处理。她实在是太小了。她的父亲、母亲、两个姐姐都已经受浸了，所以她觉得很孤单。她的父亲叫她等待，但是她说她是上帝的信徒，有受浸的权利。她的父亲不会读也不会写，但他是一位非常热心的信徒，已经引领了几个人信主。③

基律 1856 年 9 月 29 日写回传道部的信中，讲述了一个叫 Loke 的华人慕道者的故事：

> 上个月初，我的礼拜堂来了一个要求受浸的人。他是一个积极的慕道者，说他不需要一个木头和石头做成的神。于是他来到了我的礼拜堂参加每次的活动，持续了三四个月。一次布道后，他和我一起散步，和我讨论他所认识的福音，并询问我《圣经》中的问题。我邀请他到我的住处来，可以知道更完备的答案。他答应了我一定会来，然后就消失了三个月。当他再次出现在礼拜堂时，我正在布道。他一直等我上完圣经班的课程，我当时讲解在《圣经》中的浸礼仪式。他问我是否是礼拜堂的牧师，我说我是。他又问我是否一定要去香港受浸，我回答他说我可以在任何有足够水的地方施浸，可以在礼拜堂附近，也可以在我房子附近的河里。他看起来非常惊奇我们要到河里受浸。这个人读过《马太福音》和《马可福音》，而且还是

---

① 《连县三江教会》，载刘粤声主编：《广州基督教概况·两广浸信会史略》，第 357 页。

② 湛罗弼著，余和聪译：《纪好弼牧师传（十一）》，《真光杂志》1929 年第 28 卷第 10 号，第 71 页。

③ The Commission, 1859, 2.

非常认真地在读。他告诉我为什么不再拜偶像的经过。去年8月他的两个儿子死了，于是他请了佛教徒来做法事。他看了他们的书和他们的表现后，觉得很失望，认为那是错误和无用的，决定放弃偶像崇拜。他转而信仰基督，每天两次祷告。他对祷告有自己的想当然的理解，他同时做法利赛人和被逐出教会人做的那种祷告以及《圣经》上的基督教他的门徒所做的祷告。他说他在一些传单上看见另外一种祷告的方式，就像耶稣在《马太福音》第6章5—15节教他信徒做的那种祷告。我的中文教师几个月前就曾告诉我有这样一位奇特的祷告者，可是我当时不知道就是他。我的中文老师认为这不是耶稣基督门徒的祷告。回答完我的问题，他问我是否能为他施浸。我没有直接答应，而是问他为什么想要受浸。他说他读了《罗马书》，知道信基督的人是要受浸的，并要到各处传福音。他住得离广州很远，想在回家之前受浸。我告诉他受浸并不意味着被拯救，他说他明白，只有信仰基督才能得到拯救。我坚持让他再过一阵才能受浸，毕竟他还有《圣经》的一些部分还没弄明白。我送给他一本《马太福音》和粦为仁的《马太福音注释》，以及其他一些福音书，要他仔细阅读。如果下次再来的时候，他仍要求受浸，那么我绝对不会延迟为他施浸。他住在上百里远的地方，有时我想我是否应该为他施浸，毕竟他住得太远了。①

Loke即中国早期基督信徒的典型代表，早期信徒面临的问题在他身上都有表现：对基督教教义理解的懵懂，自己对《圣经》的释读，各种教派的不同教义的迷惑，对外国人的国籍还无法辨明，等等。其中最为有害的是前两点，对教义的曲解是"罪恶"发生的渊薮，太平天国就是极为典型的例证。几乎所有来华的传教士都注意到这个问题，信徒加入教会后的神学教育成为亟为重要和迫切的需求。

中国基督教发展初期，信徒非常少。传教士并未因所结的果子少，就放宽了施浸或施洗的标准。美南浸信会华南区的传教士对选择信徒受浸，持特别严格和谨慎的态度。申请者的素质要符合要求：他必须是参加过多次集会，对基督教和《圣经》有了一定的了解，并且公开承认基督是其救主，在行事为人上表现出一个基督徒的形象。在提出申请后，还要被教会中的执事或传教士严格审查，认为合格者，还需在全体信徒面前口述其信主的过程，后方被施以浸礼。有的传教士甚至是以挑选受浸或受洗者严格而闻名的，如罗孝全和威灵，都是严格甚至到苛刻的地步。有一个关于施洗严格的著名例子，就是和洪秀全相关的。罗孝全1856年在美国发表的文章回忆对洪秀全申请受洗的经过：

　　他申请受洗并加入教堂。一个委员会受委派考察他的情况，向教堂提出报告。

---

① The Commission，1857，1.

他们去他的本村，花了几天作了详细的调查，报告持肯定态度。于是请他来教堂接受公开考核。就在要吸收他的时刻，主席（按：即罗孝全）对他说，"成为教堂的一名成员，并不是某种雇佣，也与金钱的报酬无关。我们不应出于邪恶的动机而加入教堂"。那时他说，"我穷，没有生活来源，加入教堂将丢掉我的职业，我不知以后会怎样过活"——他为没有物质保证而对加入之事犹豫，我为担心他的动机而对是否给予那样的保证踌躇。洗礼被无限期地推迟了。①

罗孝全没有给洪秀全施洗，洪秀全在广州的生活无着，又不知何时才能受洗。1847年，他失望地离开广州，去广西寻找冯云山，从此走向了新的道路。

成为基督徒是一种动态和渐进的过程。受浸或受洗不是结束而是开始，这是一个持续进行、不断完善的过程。当信徒成为美南浸信会教会中的一员后，传教士非常注意对其性格操守和属灵生活的培养。信徒被要求遵守教会纪律，定期参加集会以及圣经班的学习，并且要求按照教义进行奉献，力求树立每一位信徒对教会的责任意识。如果一旦发现有违背教义②和不去教会的行为，被指出而不改正者，就会被除名。在浸信会每年的教会人数报告中，总会发现有一些教徒被除名。这其中甚至有杨庆、黄梅的亲戚，也有一些极有希望成为传道人但最终还是遗憾地被除名的。还有一些是恶习重犯的信徒，但是，除名后传教士会督促他改正，观察他的悔改情况，有的在悔改后还会被重新接受。

基律1858年给杨庆的妻侄阿平施浸。传教士对阿平的期望很高，认为阿平是非常得力的帮手，不仅是因为阿平所表现出来的传教热忱，更因为他是杨庆的亲戚。基律和纪好弼大力栽培阿平，期望他能成为得力的传道人，为传教作出贡献。纪好弼每次去乡间巡回布道的时候，阿平都是他的随身助手之一。但是1868年7月，教会决定"痛苦地将他除名"，原因是：

> 阿平不能很好地控制自己的脾气。他是一位脾气暴躁的年轻人，多次在教堂前打骂他的妻子，发泄怒火。我们不得不暂停他的工作，同时也解除了传教站对他的雇佣关系，期望他能有所改变。可是他对他的所作所为没有真心的悔改。尽管平静下来后他有一丝的抱歉，但仍对我们的劝诫装聋作哑。几天前，他又开始纵容自己的坏脾气，殴打了他的妻子并和他的母亲吵架。我认为开除他是唯一的办法，教会

---

① 王庆成：《洪秀全与罗孝全的早期关系》，载广东太平天国研究会编：《太平天国与近代中国》，广东人民出版社，1993年，第282页。

② 违背教义是指有违背《圣经》戒律的行为，如杀人、奸淫、偷盗、作假见证、吸食鸦片、纳妾、不孝敬父母等。

会议对此也没有反对的意见。如果你们读过亨利·马丁是如何对待他坏脾气的年轻助手的话，一定会理解为什么我会这样做。我已经忍受了他很多年，他的脾气越来越坏，没有任何改进。我希望他能认识到这种坏脾气也是一种罪，并能净化改正，然后恢复和教会的关系。①

黄梅的儿子也被教会除名。黄梅有个儿子叫黄方，在肇庆教会做医生，有一天和教会发生了被形容为初期教会里的矛盾事件重演的争执，后被除名。②

1868年5月，肇庆教会将一名五六年前入教的文人从教会中除名。据报告，此人受浸前戒了鸦片，后来重抽，同时教会怀疑他参与赌博。而且，尽管他在过去的两年中都有来肇庆，却从未来看望过教会，所以教会决定将其除名。教会的执事写信给另一名犯了戒律的会员，劝诫他悔改并邀请他参加公众崇拜。③ 广州教会除名两人，一个是因为偷东西而被除名；一个是不认罪，不诚实，但是他悔改后，教会经过讨论重新接受了他。④

纪好弼在一次布道时，用《圣经》中《喜筵》的譬喻来阐发美南浸信会对吸收信徒的理念：被召的人多，选上的人少。⑤ 这一点表达了美南浸信会在选择信徒时的认真和谨慎的态度。由于在接纳信徒时经过严格的考查，加之受浸后教会重视对信徒的培养和神学教育，美南浸信会信徒素质普遍较高，自治、自传、自立能力相对较强。在教案频发的1860—1900年间，美南浸信会华南教区没有出现一例因为信徒本身的素质而引发的教案。1836年至1912年，美南浸信会在华南的传教发展以广州为中心，下设教堂33座，传教站72个，有西人教士42名、华人教士149名，拥有会众5 154人以及42所

---

① Foreign Mission Journal, 1868, 12.

② Foreign Mission Journal, 1877, 11.

③ Foreign Mission Journal, 1868, 9.

④ Foreign Mission Journal, 1883, 7.

⑤ 《马太福音》第22章第2—14节：天国好比一个王为他儿子摆设娶亲的筵席，就打发仆人去，请那些被召的人来赴席。他们却不肯来。王又打发别的仆人，说："你们告诉那被召的人，我的筵席已经预备好了，牛和肥畜已经宰了，各样都齐备，请你们来赴席。"那些人不理就走了。一个到自己田里去；一个做买卖去；其余的拿住仆人，凌辱他们，把他们杀了。王就大怒，发兵除灭那些凶手，烧毁他们的城。于是对仆人说："喜筵已经齐备，只是所召的人不配。所以你们要往岔路口上去，凡遇见的，都召来赴席。"那些仆人就去到大路上，凡遇见的，不论善恶都召聚了来，筵席上就坐满了客。王进来观看宾客，见那里有一个没有穿礼服的，就对他说："朋友，你到这里来，怎么不穿礼服呢？"那人无言可答。于是王对使唤的人说："捆起他的手脚来，把他丢在外边的黑暗里，在那里必要哀哭切齿了。"因为被召的人多，选上的人少。

不同类型的学校，共有学生 1 345 名。①

二、深广且昂贵的委身

《圣经·以赛亚书》（和合本）第 49 章第 11—12 节：“我必使我的众山成为大道，我的大路也被修高。看哪，这些从远方来，这些从北方、从西方来，这些从秦国来。”向中国传教，被很多传教士认为是写在《圣经》的话语，是每个基督徒预定的使命。

传教士来到中国，“自认为他们所从事的是这样一种事业，它进行精神指导，而且也提供广泛的生活帮助，将引导中国民众走上人道和文明化的正确道路。传教士宣传一种适合中国教会管理的社会模式，主张由教会和神职人员处理各类事务。传教士主要怀有宗教动机，他们在中国也首先要实现宗教的目标。他们的活动是以一种明确的普世主义世界观为基础的。基督教化包含着一种整体的观念，意味着彻底地和毫不妥协地改造和改变本土的宗教和社会关系。对于与他者的交往来说，除了‘信徒的完全顺应’或者对‘非信徒’的坚决排斥外，别无选择”②。但是，传教士的努力并未如他们预想的那样将中国基督教化。费正清在《美国与中国》一书中写道：“中国在 19 世纪 60 年代的对外开放有利于基督教的布道事业。天主教在旧有基础上发展，到了 1894 年在中国已经有了 750 个欧籍传教士，400 个中国神甫和 50 多万信徒。传入中国较晚的耶稣教差会在 1894 年时共有 1 300 个传教士，主要是英美人，并且在 350 个大小城市和村镇里建立了 500 多个传教站。每个站有 1 所教会、牧师住宅、临街的礼拜堂。教会通常会附设 1 所小学，可能还有 1 所医院或配药处。可是他们总共只吸收了不到 6 万个基督徒！中国显然没有注定要成为一个基督教国家。但是教会学校和医院以及教会的理想和活动造成的影响是极大的：传教士们劝导平民信奉宗教，翻译西方著作，提倡女子教育，协助旧式慈善赈济机关的活动，协助推动现代化的新工作。将来的历史学家们无疑会作出结论说，基督教的这种影响虽然对中国人民有明显的帮助，可是也对于中国社会起了很厉害的瓦解作用。……事实上这期间的传教运动，不论它的精神和教义方面的效果如何，仍然是对中国现代化的一个极深刻的刺激。一般说来，反教暴动的主要原因，由于人民的迷信恐惧如义和团者较少，而由于中国绅士们的猜忌者居多。绅士们的特殊地位，在社会、思想以及最后在政治方面，都直接受到一个来自国外享有特权的文化侵略者的新阶

---

① 1912 Annual Report of Southern Baptist Convention.

② 余凯思：《在“模范殖民地”胶州湾的统治与抵抗》，山东大学出版社，2005 年，第 484 - 485 页。

级的威胁。"① 基督化中国的理想在传播过程受到中国民众的排斥和抵抗,教案频频爆发。

教案频发的原因有教内教外之分:一是教内原因,既有皈信后引起的文化冲突,又有部分传教士依恃条约特权传教逾分以及信徒依恃传教士行为有失检点;二是教外原因,晚清中国士绅反教甚烈,上对朝廷呼吁,下对大众灌输。民教冲突,即所谓"教案",也便此起彼伏,不断发生。②

信徒在皈信基督教后放弃敬拜祖先和捣毁偶像的文化冲突行为,往往会引起周围亲族和邻居的不安。信徒往往会被驱逐出族甚至被抓到官府等等。纪好弼在 1869 年的年报中,列举了一起村民反教的事件:

> 去年秋天,即 1868 年的秋天。我们的执事冼怀堂和我的一个助手阿张,去乡村传教和售卖圣书。有一位听众晚上将他们接到自己家里,对他们的布道表示出了极大的兴趣。后来这个慕道者放弃了对祖先牌位的崇拜并打碎了偶像。这种接受新宗教的做法激怒了慕道者的邻居,由于慕道者拥有一定的财产,所以乡邻们采取了另外的办法来对付他。乡邻付给地方官府 10 元钱要求把慕道者抓起来,罪名是勾结海盗。当着地方官员的面,慕道者先后被打了 400 下和 500 下,但是他并不承认指控的罪行。③

晚清中国社会发生剧烈变迁,社会反应也异常激烈和极不寻常。文化冲突是引起教案的其中一个原因,而西力的冲击才是教案频发最深层次的动因。清帝国的大门被武力打开之后,随着列强在中国社会各个方面的渐渐深入,上至皇亲贵胄,下至黎民百姓,都被迫认识到家国正在遭受损害。中国人被素来鄙夷的番夷欺辱,民族情绪高涨。不论是来牟取利益的商人或军人,还是来传播"福音"的传教士,帝国上下一律以夷敌视之。当传教士利用条约保护条款要求地方官员给予释放或返还财产的时候,往往就成为民教冲突的导火线,引起士绅阶级对基督教的进一步反感。在整个社会仇外反教的大背景下,作为与外国人密切接触并接受外国宗教的中国基督徒,在坚守信仰的过程中,委身的代价深广且昂贵。

许有章是叔未士、罗孝全时代的传道人,1844 年受洗,受洗后即在各乡镇派书传

---

① [美] 费正清著,孙瑞芹、陈泽宪译:《美国与中国》,商务印书馆,1971 年,第 145 页;John King Fairbank, *The United States and China*, Harvard University Press, 1958.

② 吕实强:《晚清中国知识分子反教言论的分析之一》,载《近代中国知识分子反基督教问题论文集》,广西师范大学出版社,2011 年,第 3 页。

③ 1869 Annual Report of Southern Baptist Convention.

道。他于 1849 年写信给罗孝全，历数五年来作为传道人经历的艰辛，"毁谤恶言，难以入听"，"怒骂者固有之，掷石者亦有之，东奔西逐，历经艰辛"①。陆朝镇是纪好弼最为倚重的一位华人助手，他陪同纪好弼在广州附近乡村进行游历布道。1860 年，陆朝镇在三水乡间传教的时候被抓：

陆朝镇从包中拿出《马可福音》，递给检查他的官员，向官员解释说，他认为这是一个好的教义。官员翻了几页扔还给他，对他说，中国有许多好的书，不需要外国人的书。然后命人鞭打他，指控他带外国人到乡下来。陆朝镇声辩不是他带外国人来，而是神指引他们到万民的地方传福音。陆朝镇因此又被鞭打。官员再次指控陆朝镇和纪好弼在大沙庙前布道时拿走了一些珍贵的石头。尽管陆朝镇抗议说这是不真实的，是诬蔑，但他仍被关进了监狱继续殴打。第二天，陆朝镇被送到公局（由当地的官员和耆老士绅组成的议事团）接受裁决。幸运的是，公局里有一位陆朝镇的朋友，为陆朝镇申辩，声称公局如果继续关押陆朝镇的话，外国人就会来"炸掉"公局和村子。陆朝镇因此被释放。②

陆朝镇被释放后，在纪好弼的劝勉下，用更大的热情去宣讲福音。他带着更多的书，走更远的路，向更广阔的人群传递"好消息"。他不惧怕进监狱，他相信这是上帝对他的试练，并且上帝会保佑他。③

黄伯母，广东清远县洲心墟人，陪同牧冕开辟对广西妇女的传教工作，在广西各处传道 24 年，是广西基督教传教史上杰出女传道人。黄伯母自述年轻时热心拜佛，却从未从中得到真正的快乐，接受基督教是受到她女邻居的影响。女邻居带着孩子到广州博济医院接受眼疾治疗，孩子眼疾痊愈后，这位妇女在广州皈信了基督并且加入了教会。回到清远，女邻居向黄伯母传讲福音，黄伯母听了就信，将家里的偶像扔掉，开始信仰基督。随后黄伯母家发生的一件大事使得全家都对基督教深信不疑：黄家一位出生数月的男孙，因为患了不治的重病，依照当地的风俗，黄家将濒临死亡的孩子放在屋外，让他自己死去。这时，邻居的那位女信主抱起这个孩子，召集黄家全体一起恳切祷告，结果"神迹"出现，孩子转危为安，并在短时间里恢复了健康。黄家欢欣异常，将这个孩

---

① 王庆成：《洪秀全与罗孝全的早期关系》，载广东太平天国研究会编：《太平天国与近代中国》，第 282 页。

② The Commission, 1861, 1.

③ 有意思的事情是，陆朝镇被抓，纪好弼希望能通过领事来干预释放陆朝镇。领事的回答却令纪好弼失望，领事认为中国人有权做他们自己想做的事情，他不能干预。同时还劝纪好弼，广州有那么广阔的地方传教，为什么要去乡下传教呢？参见 The Commission, 1861, 3 (5).

子起名叫"帝保",以纪念及赞美上帝的鸿恩。黄伯母不断在邻人和亲友之间传道,以自己的亲身经历为基督做见证。1878 年左右,她的大女儿和两个邻居一起来到广州,在惠爱八约教会受浸。① 当时信主的基督徒会遭受迫害。从广州回到清远后,黄家开设的药材店被人捣毁,损失严重,甚至有人四处寻找黄伯母,要用石头将她打死。到处张贴的布告上号称不许乡民到黄家药店买药,禁止与黄家的人交往,同时散布谣言说他们出售的药材中混有西药,服食的人将神志不清地去信奉基督教。最终乡民联合起来将黄家全家驱逐出境,他们被迫离开洲心墟,名誉和财产都因为信仰基督教而被毁于一旦。黄家搬到清远居住,以制作、出售泥制小炉为生。清远此时已经建立了教会,黄伯母的儿子和儿媳也都加入了教会。她的儿子还去广州参加了五仙门的圣经班,为将来当传道人做准备。② 黄伯母坚持每个主日停业去礼拜堂崇拜,在她的引领下,周围有五六个朋友和邻居都成了信徒。1882 年,中法战争爆发,排外反教的风潮兴起,清远的教堂被捣毁,信徒也遭到迫害,黄伯母家更是首当其冲的目标。家中的物品和家具全被劫掠一空,黄伯母带着媳孙逃到山里躲避,后来被儿子黄心堂接到广州避难。

清远地区反教情绪一直高涨,纪好弼在清远传教时,教堂被毁,信徒被打:

> 8 月,这间由纪好弼负责的礼拜堂受到一群暴徒的攻击,当时信徒们正在礼拜堂内崇拜。礼拜堂严重毁坏,一些信徒被石头袭击,多处受伤。一个几周前受洗,曾在我们的学校学习的女孩子被石头投掷,并遭到其他方式的辱骂。助手在夜里在士兵的监视下离开。在 1880 年间,共有 10 个人在这个传教站受洗。迫害使得三位

① 在早期的妇女或者信徒的信教过程中,被医治的神迹感动转而接受救主一直都是信徒接受基督教信仰的主要方式,从黄伯母信教的过程我们也可略见一斑。另外,张亦镜的母亲也是因为同样的原因决志信主的,参见区守真:《外祖母张太夫人事略》,《真光杂志》1939 年第 38 卷第 6 号,第 35 – 37 页。

② 黄伯母在 55 岁时报名进入美南浸信会创办的女子学校读书,经过数月学习很快就将《圣经》新旧约的全本完全背诵下来。从女子学校学成后,她陪伴牧冕同行,在西江沿岸并进入广西内陆传教,数十年如一日,始终热忱地给那些难以接触福音的妇女传扬福音。后来因年老体迈,不能四处奔走、长途跋涉才定居梧州,继续在梧州思达医院服务,直至八十多岁的时候,才真正休息。黄伯母一家在美南浸信会华南传教史上是值得浓墨重彩书写的:黄伯母的儿子黄心堂热心传道,服务清远教会多年;她的儿媳担任女传道也有很多年;长孙帝保,即黄石如医生,在梧州思达医院学习医学,他不但精通医学,而且在传道上很有天赋,后来成为梧州思达医院的院长并负责梧州教会的教务,黄石如的儿子黄汝光对香港社会和浸信会也有很多贡献;黄伯母的第二和第三孙都是信主的商人;第四孙则是黄启明,毕业于岭南大学,留学美国获教育硕士学位,1918 年起担任广州培正中学校长,为扩展校务,十年间先后三度赴美澳各地募捐,是华南基督教教育界的佼佼者。

信徒离开他们的家去往其他地方避难。①

有关清远教会的教案，中方档案是这样记载的：

清远县福音堂教堂被众吵闹弹压息事

清远县详窃城内有美国传教福音堂一所，其传教习教之人与士民人等趋向殊异，果能各守本业，毋稍听信浮言，自不至寻衅滋端，迭经剀切晓谕，以期民教相安。本月初三日午后，忽然聚有多人前至福音堂吵闹，并纷纷拾石抛掷，即经访问，刻速会营亲诣弹压，毋许恃众滋事。该教士鲁聘儒并教习之人当时亦经避出。推原起事之由实因该教士鲁聘儒兼知医理，前月有外来妇人因患毒疮，往求医治。该处附近之人见有妇人行进福音堂，疑为教士引诱，已有烦言。是日，在福音堂讲耶稣教又有妇人赴堂听讲，且该教士眷属即在福音堂内居住，时有妇女出入，以致不理人口。此福音堂被众吵闹之原委也。现经会营弹压解散查勘，该福音堂瓦面有被石掷穿小孔三处，传教习教之人均无被石掷伤，堂内物件亦无毁坏遗失。该教士现已将眷属行李概搬回省，经派拨差勇保护出境，所有习教之人亦已四散，民人已照常安居乐业，除饬差查明滋事之人获案究惩外，合将城内福音堂被众吵闹已弹压息事缘由具禀察核。

光绪六年七月　日　禀两广督院②

教堂被毁后，信徒积极重建，至1881年初，就已经开始在礼拜堂进行公开布道：

年初我们成功地拿到了清远礼拜堂。这间礼拜堂去年8月被暴徒毁坏，门口被砖围砌，不让我们进入。我（按：指纪好弼）让罗国祥去了那里，设法拿回礼拜堂。如果不行，就另租一间。罗国祥到了清远，召集了数位会众，一起去礼拜堂，拆开阻碍物，清理了垃圾，然后召开三天的布道大会，罗国祥去见地方官员，要求他出布告告诉百姓不要再骚扰基督徒。③

1883年10月7日，清远教会成立，这不但是清远第一间浸信教会，也是浸信会在

---

① 1881 Annual Report of Southern Baptist Convention；Foreign Mission Journal，1880，12.

② 《清远县福音教堂被众吵闹弹压息事》，徐宗亮等编：《近代中国史料丛刊续编·第47辑·通商约章类纂》卷22—24，文海出版社，1977年，第2314－2316页。

③ 1882 Annual Report of Southern Baptist Convention；Foreign Mission Journal，1881，1；Foreign Mission Journal，1881，4.

北江区域成立的第一间教会。① 罗国祥被立为清远教会牧师，当时会友38人。② 这里反教很严重，持续时间很长，清远教堂的命运多舛。清远教会成立后不久，受中法战争影响，礼拜堂再一次被夷为平地，信徒开的商店也被捣毁。1885年，又遇到洪水的侵袭。在这样的考验下，信徒表现出强烈的自立精神：

> 我们的信徒在石角和清远表现出了崇高的精神。1884年的时候他们受到了迫害，房屋被捣毁，财产被侵占。今年再次遭遇洪水的袭击。他们自己筹集资金来支付石角的礼拜堂，在自己的房屋里崇拜。清远的会众在学校租了一间房屋集会。当他们筹集到足够的用于石角礼拜堂的钱后，他们还将在清远城的附近再建一间礼拜堂，地皮由其中的一位会众提供。③

每一次反教的风潮，都如一次大浪淘沙的过程。19世纪70年代，正当传教士在为"哈里路亚"时代来临而欢呼喜悦的时候，中国人的反教活动在全国范围内开始。血与火的洗礼使得传教士和中国信徒们开始深切反省，为什么怀抱"拯救"的信念和带来"福音（好消息）"的他们会遭到如此强烈和普遍的抗拒？基督教该用什么样的方式才能在中国传播和根植？一些具有民族意识和自立意识的中国信徒，认为基督教"传自泰西，教士东来，恒被官民误会，目信徒为洋奴汉奸，视福音为异端邪教，苟欲雪兹奇耻，释彼群疑，使国人晓然于基督教实天来之达道，则非我华人自设教会自传福音不可"④。中国教会必须要去掉洋教的外衣，基督教还是要依靠中国人自己传播，教会必须自办、自治、自传和自养。19世纪下半叶到20世纪初，是中国基督徒起而建立自立教会的成长期，在此阶段，华人自立教会在各地纷纷成立，数量众多，有些还具有重大的影响力。

三、自传、自养和自治的必由之路

对于自立教会的自传、自养和自治的概念，早在海外传教运动产生之初，就由一些有远见的传教士提出了。浸信会的威廉·克理（William Canrey）在向印度传教的过程

---

① Alexander, Mary Charlotte, *Seedtime and Harvest in the South China Mission of Southern Baptist Convention 1845 – 1933*, Foreign Mission Board, Southern Baptist Convention, 1934, p. 70.

② Foreign Mission Journal, 1884, 2.

③ 1886 Annual Report of Southern Baptist Convention.

④ 国材辑：《会史》，《兴华浸信自立会四十五周年纪念特刊》，兴华浸信自立会出版，广东省档案馆馆藏，1949年，第2页。

中，渐渐发现有培养本地信徒参与传教事业的需要。1805 年，他向国内传道部特别强调培养本土传道员和牧师传福音的重要性。其他在海外宣教的差会也纷纷认识到本地传道人的作用。譬如在 1826—1866 年担任美部会干事的鲁弗斯·安德森（Rufus Anderson），1841 年写了《论在异教国家培养本土传道员》，文中他对传教策略和目标的认识是"去培植和发展自立有效的教会，教徒完全来自本土的教会。每个教会本身都是完整的，其牧师和信徒应是同一种族的。"① 他的观点对美国的海外传教运动起了深远的影响。安德森和英国的亨利·樊（Henry Venn）几乎同时提出在宣教区建立和促成"自治、自养、自传"的三自教会，这一被称为"安德森—樊公式"（Anderson-Venn Formula）的著名宣教策略后来不仅在差会内被广泛接受，而且还得到宣教区新兴教会的普遍认同。② 在这些具有远见的外国传教士的推动下，各宣教国家开始培养本地传道人，目的是建立自立、自传、自养的教会。

在中国传教事业中，最早将此身体力行的传教士是郭士立。1844 年，郭士立创立福汉会，特色就是由中国信徒自己管理、由中国人向中国人传教。郭士立认为"中国福音之传播端赖中国人本身之工作，非外人所能代庖"③。郭士立为传教而做的不懈努力，以及他的本地教会的建立模式，借助华人助手传教、西教士仅是辅助华人助手的"本地教会概念"④，提示和激励了后来的传教士们。内地会的创办者戴德生的"本色化"策略在很大程度上是承袭了郭士立的概念。⑤ 而郭士立的"传教原则含有上述'自养''自治''自传'的精神"⑥。

在华南的各基督教传教团体中，美南浸信会是较早开始身体力行实践华人自传的差会之一。罗孝全在郭士立的影响下，是最早依赖华人传道的西教士之一。美南浸信会的华人自传事业开始得较早，其中一个重要的原因是当时美南浸信会海外传道部缺少传教

---

① Rufus Anderson, *Foreign Mission：Their Relations and Claims*, Charles Scribner and Company, 1869，p. 117，转引自任达：《近代中国与基督教（1840—1911）》，载中国社会科学院近代史研究所编：《近代中国与世界——第二届近代中国与世界学术研讨会论文集》（第三卷），社科文献出版社，2005 年，第 552 页。

② 徐以骅：《美国新教海外传教运动史述评》，载徐以骅主编：《宗教与美国社会——美国宗教的"路线图"》（第 1 辑），时事出版社，2004 年，第 328 页。

③ 施利他氏：《郭士立牧师传》，第 43 页，转引自李志刚：《郭士立牧师在港之历史及其所遗中文资料》，载李志刚：《香港基督教会史研究》，道声出版社，1987 年，第 70 页。

④ A. J. Broomhall, Barbarians at the Gates, pp. 328 - 330，转引自蔡锦图：《戴德生与内地会（1832—1953）》，建道神学院、基督教与中国文化研究中心，1998 年，第 22 页。

⑤ 蔡锦图：《戴德生与内地会（1832—1953）》，第 22 - 23 页。

⑥ 吴义雄：《19 世纪末 20 世纪初基督教对华传教战略之转变》，《中山大学学报（社会科学版）》2004 年第 6 期。

士，没有充裕的人手可以派往海外。这在很长的一段时间成为其海外传教事业发展的最大阻碍，几乎每一封写回传道部的信件都在呼吁增加海外传教力量。华南浸信会不得不自力更生，自己培养华人作为传道人发展传教，并有意识地引导他们向自立的方向前行。湛罗弼认为：

> 一位外国传教士的花费可以支持十位中国传道人。在传福音的工作上，培训一位中国人比外国人自己工作更有效。一个外国人要通过学习才能了解中国人的行事方式、生活习惯、社会风俗，而一个中国人是身处这样环境，他们本身就是中国人，更了解中国人的所思所想。中外之间的这种隔阂只有通过信徒来打破。在早期，外国人通过武力来传福音。现在仅我们这个宗派的信徒在中国就已经有几千人了，现在到了外国传教士特别注意训练中国传道人自己做有效传福音工作的时候了。[①]

西教士大力鼓励和培养华人教牧人员在传教事业中发挥作用，华人教牧拥有相当的权力，比如对申请受浸或受洗者的甄别，革除违反教会规章的信徒，考察本地传道人是否符合要求等事务，以及在联会中拥有投票权以及决策参与权。清末民初，美南浸信会华南教区出现了一批表现出色的华人牧师群体：

（1）本地信徒自己培养而成的牧师：杨庆，陈梦南；

（2）国外教会返回或自中国向外国传教的牧师：黄梅，曹发选，刘福；

（3）牧师家族：黄伯母—黄心堂—黄石如、黄启明；李会珍—李济良—李耀邦；冯湘南—冯景谦；谭保德—谭希天；杨海峰—杨元勋；等等。

虽然"三自"的概念由外国传教士首先提出，最初"三自"精神的实践也是在西教士的指导下进行的，但后来"三自"却成为华人信徒自发自觉的行动。如1860年闽南长老会成立的"漳泉大会"，实行教会自养自治，就是华人自己尝试进行的自立实践。19世纪下半叶到20世纪初，是中国信徒自己起而建立自立教会的成长期，华人自立教会在全国各地纷纷成立，脱离西差会的控制谋求独立发展。

广州作为基督教来华最早的宣教工场，在华人教会自立事业上亦早着先机。美南浸信会的华人信徒陈梦南，一直胸怀建立华人自己教会的壮志，1873年，发起成立华人自立教会——华人宣道堂，目的是要建立自养自立自传的华人教会。此乃"近代中国信徒创设自立教会的先河"[②]。英国循道会广东传教区在20世纪初也有若干教会实行自养，佛山成立了该会的第一处自立自养教会，所办医院靠自己的经费维持，并建立了中国式

---

① R. E. Chambers, Training Chines Workers, *Foreign Mission Journal*, 1907, 6.

② 李金强：《自立与关怀——香港浸信教会百年史1901—2001》，商务印书馆，2002年，第40页。

的礼拜堂。① 香港也是比较早建立华人自立教会的地区。但此时华人自立传教事业的发展，基本上属于由外国传教士提倡和指导下进行的阶段，华人自己的声音是微弱的，基本上小到可归于无。虽然这些早期的自立教会因为这样或那样的原因都没有持续很长时间，可是他们的精神却激励着一代代的中国基督徒为建立中国人自己的教会而不懈努力。

四、结语

以上信徒，分属不同类别，有的出生于基督教家庭，有的是社会精英，也有生活在偏远山区的妇女，但更多的是身处社会底层的劳苦大众，代表着不同时期不同背景不同身份的中国基督徒。他们对宗教和社会以及时代的回应，不是他个人的，也不是那个时代某些人的，而是许多当代人也同样面对并为之困惑苦恼的。

身处 19 世纪下半叶"千年未有之变局"晚清社会的中国人，面对应接不暇的新事物，思想上受到巨大的冲击。对中国基督徒而言，选择在当时整个社会对基督教并不认同甚至仇视的处境下，改变千年的传统与儒家信仰去接受外来宗教，是要付出巨大代价的。基督徒在接受救恩之后，他们的生活就进入了和普通百姓完全不一样的新天地。他们不拜偶像，不拜祖先，不参加乡里迎神赛会，却参加主日崇拜、祷告奉献，并和外国人密切接触，这一切都显得那么迥然不同。由于从一开始就和中国的主流社会发生冲突，他们是不被接纳的一群特殊"子民"，被排斥在普罗大众之外，属于社会边缘人群。虽然皈依基督教是个人的抉择，但是信仰和侍奉的过程中深深地打上了社会、政治、文化的烙印。时代风潮中的中国基督徒，如同一粒沙被包裹在蚌壳内，经过痛苦的磨砺后，形成弥足珍贵的珍珠，散发出熠熠珠光。

从 19 世纪 50 年代到 20 世纪初，中国基督徒在反教排外风潮中经受惊涛骇浪的考验，委身的代价深广又昂贵，信仰的力量支持他们度过艰难岁月。在经历打击迫害的时候，有人也曾怀疑动摇，但更多的信徒开始认真思考中国教会如何脱去洋教外衣、改变"污名"化的刻板印象以及基督教对中国社会的真正意义，让基督教扎根中国并最终成为本土化的宗教。而探索中国基督教发展的方向，实现自立、自养和自传的中国教会，走基督教中国化的道路，至今仍是摆在中国教会面前一项既济未济的使命与任务。

作者简介：

吴宁，广东省民族宗教研究院副研究员。

① 张照：《清末民初英国循道公会在华南地区的发展》，暨南大学博士学位论文（未刊稿），2016 年，第 64 - 65 页。

"建国政府"筹组问题研究

王志伟　夏　泉

[**提要**]"建国政府"筹组是由关余事件及广东政局突变而诱发，同时，也是孙中山晚年"党国思想"及"建设观"由"思想"走向"实践"的初步达成。1924年1月4日大本营军政会议决定了政府名称，筹组思路经历了由"军—政"向"党—政"的嬗变。三民主义和五权宪法是政府宗旨，实施"三民主义"是首要任务，扫除民主共和障碍，培养国民的权利与义务意识是职责；政府建制是五院并立，行政院下设八部以应对国内外事务。政府筹组过程一波三折，由"造势升温""筹备祛热"直至"待建冷寂"。在国民党"一大"上，"建国政府"被改名为"国民政府"，最后搁置处理，成了"建国政府"的最后归宿。革命阵营人心不齐，自乱阵脚；改组方式引起了国民党要员之间的权力角斗；考虑奉张皖段的意见反馈，以及东江陈炯明系粤军始终震撼广州革命大本营，是新政府一直难以成立的基本缘由。

[**关键词**]"建国政府"；孙中山；筹组

学界关于孙中山"建国政府"的研究，论著并不多。① 前辈学人在关涉论著中或偶有谈及，但着墨慎重，浅尝辄止者多，对新政府背后的精蕴、内在脉理、建构过程及时代意义缺乏关注和揭橥。本文从"建国政府"筹组缘由、预设、过程、被搁置及其原因等方面予以探究，借以厘清新政府建构过程的内在脉理，凸显其标志近代中国政党和政府初次"合体"的时代价值。

一、筹组动因及相关议题

"建国政府"筹组是由关余事件及广东政局突变而诱发，同时，也是孙中山长时段救国思考的结晶。

首先，关余事件是新政府筹组的诱因。在关余冲突时，英国外交使团坚持说："与之直接交涉的广州政府只是地方政府，而不是中央政府"②，不予对等谈判的外交地位，"因未得外交团承认而受的种种不便"③，深感侮辱的孙中山因此决定组建与北京政府分治的新政府。

其次，为应付南北政局之纷争。有论者指出："当日南方无政府"④，"十一省客军云集广州，舆论多表示反感，孙文尝谓彼等愈反对我愈决意改组（建国政府），名正言顺，看他们尚有何词攻击客军等语"⑤；有人认为此举是为了适应建立反直同盟的需要，"于是放弃以联合反直各方为目的的建国政府"⑥；亦有人认可该举系为了给东征和北伐奠基，⑦"意在成立北伐之总机关"⑧。

---

① 相关成果有：张希坡：《中国近代法律文献与史实考》，社会科学文献出版社，2009 年；刘曼容：《谋划与奠基：孙中山对广州国民政府组建的历史贡献》，载中国社会科学院近代史研究所编：《纪念孙中山诞辰 140 周年国际学术研讨会论文集》上，社会科学文献出版社，2009 年；丁旭光：《孙中山与近代广东社会》，广东人民出版社，1999 年；李吉奎：《孙中山》，广东人民出版社，2010 年。

② 李玉贞：《联共·共产国际与中国（1920—1925）》第 1 卷，东大图书股份有限公司，1997 年，第 356 页。

③ 万仁元编：《中华民国史史料长编》，南京大学出版社，1993 年，第 28 - 29 页。

④ 沈云龙编：《孙中山先生演说全集》，文海出版社，1966 年，第 110 页。

⑤ 《建国政府又将产生》，（香港）《华字日报》，1924 年 1 月 7 日第 1 张第 3 版。

⑥ 《国民党改组与建国政府的酝酿》，《东方杂志》1924 年第 21 卷，第 4 号第 3 版。

⑦ 参见孙中山：《复胡汉民等电》，《建国粤军月刊》（第 2 期），广东省档案馆，全宗号：军系，类别号：84，第 32 - 33 页；梁鋆力：《广州议组建国政府》，《中华英文周报》1924 年第 10 卷第 243 期，第 319 页；李振华：《近代中国国内外大事记》，文海出版社，1984 年，第 4545 页。

⑧ 王杰、张金超编：《田桐集》，华中师范大学出版社，2016 年，第 394 - 395 页。

　　再次，孙中山个人"热衷"也是不可忽视的因由。有论者强调，"大本营决议组织建国政府一事，此议酝酿已久，孙氏之建国热，近来已达极点"①。

　　最后，孙中山晚年"党国思想"及"建设观"的成熟，为新政府的筹组提供了宏观意旨、实践手段及思想保证，也从根本上保证和推动了政府筹组进程。② 1924年伊始，孙氏从理论高度解答了筹组新政府的原因，认为"今天民国的国基还没有巩固，我们必要另做一番功夫，把国家再造一次"③，故而，"现在革命党的责任还是要先建国，尚未到治国"④，胡汉民对此表示赞同："革命的目的是在建设，如果革命只有破坏而没有建设，就不能算是革命。我们革命不但是用之于破坏，尤当用之于建设。"⑤

　　政府名称关涉国家大体，1924年1月4日，革命大本营在穗举行军政会议时曾就未来政府定名以议题形式展开讨论。⑥ 会上，孙中山解释了筹组新政府的必要性："为应时势之需要，当早日成立政府，然既采取革命精神，推翻北廷，吾南方革命政府须妥正其名，始为各方所仰戴"⑦，并提议将其命名为"建国政府"。

　　会间，蒋光亮、杨庶堪、刘震寰等人提议用"护法政府""建设政府"或"国民政府"等命名。对于"护法政府"之名，孙中山明确否决："护法之名，吾辈年前曾沿用，后来曹锟以毁法之身，图谋总统，遂假护法之名，恢复国会，国会议员又不惜卖身从贼，吾辈此时已不应拥护猪仔国会矣。"⑧ 至于其他名称，经会议表决，"多数赞成定名'建国政府'，克日即交大本营各部筹备成立"⑨。对于此事，《商报》亦记曰："支晚元帅府会议，文武要人皆列席，孙提三事，组正式政府、出师北伐、财政统一。孙言

---

① 《孙中山组织建国政府之续闻》，《时报》，1924年1月15日第1版。

② 孙氏"建设观"是一项系统工程，含文化、经济和政治三部分。文化上，开始主张"新旧并举"，即倡导国民性新塑，同时，转目关注中国传统道德；经济上，著《实业计划》总体宏观布局国内经济建设的战略规划；政治上，写《民权初步》示范民主政治建设，倡导"正式政府"组建及着手改组国民党。

③ 全国政协广东省委员会文史资料研究委员会编：《中国国民党"一大"史料专辑》第42辑，广东人民出版社，1984年，第6页。

④ 中国第二历史档案馆编：《中国国民党第一、二次全国代表大会会议史料》上，江苏古籍出版社，1986年，第5页。

⑤ 胡汉民：《胡汉民先生演讲集》，《中山文献》影印民智书局1927年版，广东人民出版社，2017年，第49册，第692页。

⑥ 广东省档案馆：《孙中山与广东：广东省档案馆库藏海关档案选译》，广东人民出版社，1996年，第505页。

⑦ 《孙文之时局会议详志》，《盛京时报》，1924年1月15日第7版。

⑧ 毅庐：《建国政府议决在粤成立》，《申报》，1924年1月12日第4版。

⑨ 毅庐：《建国政府议决在粤成立》，《申报》，1924年1月12日第4版。

护法告终，'护法'二字不宜援用，结果，定名'建国政府'"①，政府之名始得暂定。

对于如何组建政府，经由"军—政"向"党—政"模式嬗变。起初，孙中山打算以军政要人"拥戴"方式，②成立带有过渡性质的临时政府。具体设想是"分两步"走，先由麾下军政要人拍电"劝进"，然后再成立政府③。但是，此举遭到军系政要的反对，并没有取得良好效果，时论曰："孙文拟设建国政府，许崇智函称建国二字，徐树铮曾用之且失败，不宜沿用，故暂缓设立"④，滇军范石生激烈时更不惜以"拥兵作乱"方式相威胁。⑤

军政要人的反应促使孙中山放弃"军政府"设想，开始寻找新的政府成立方式。继而，孙中山决定通过召开全国性质的党代会，由党众选举国家元首，有媒体披露，"议由党选举总统，总统产生后，设立建国政府，以总统兼大元帅，出师北讨"⑥；另有舆论揭载，"总统选举问题，昨经帅府一度会议之后，此事遂在酝酿之中，顷闻帅府传出消息，谓总统选举，系用公开运动，凡有选举权，除根据约法外，并以现入国民党，有党员资格者为合格，选举票超过三分之二当选"⑦，进而成立新政府，这也是国民党第一次全国代表大会紧急召开的重要原因，有论者指出，"孙文定十五日召集国民党会议，由各省代表解决国事，以党会代国会，举建国总统"⑧。

以"党代会"代表选举国家元首，在当时的中国仍属新生事物，是一种全新的国家治理模式，即由故旧"军—政"制度向新式"党—国"体制嬗变，自此之后国家政权存在的力量来源由军政改为政党，党众奋斗取代了军阀寡头或政治家个体努力，党员正式成为国家政治生活的主导力量。同时，这种以党建国和以党领政方式，是将"建国政府"归结为孙中山在中国践行"党国思想"初次实践的根本缘由所在。⑨

"建国政府"宗奉的政治指导性的纲领文件是《建国大纲》，同时，该大纲名称的

---

① 《中山提议北伐》，《商报》，1924年1月8日第1张第2版。

② 《孙中山不日将宣布广州为独立军政府》，《时事新报》，1924年1月18日第1张第1版。

③ 《孙文拟设建国政府》，《大公报》，1924年1月15日第2版。

④ 《兴华》，1924年第21卷第3期，第32页。

⑤ 《孙中山决组建国政府》，《越铎日报》，1924年1月11日第1版。

⑥ 《滇军不受孙文指挥》，《晨报》，1924年2月17日第2版。

⑦ 《总统选举问题之所闻》，（新加坡）《新国民日报》，1924年3月1日第10版。

⑧ 《香港来电》，《时事新报》，1924年1月13日第1张第1版。

⑨ 孙中山建立党国的"本意"可分为两个阶段，即"以党建国"和"以党治国"两个时期。"以党建国"肇其端，"以党治国"承其绪。建国阶段，党员处于核心地位，"以党为掌握政权之中枢"［参见广东省社会科学院孙中山研究所编：《孙中山全集》第9卷，中华书局，1986年，第122页］，负担建国重担，因工作重心不同，该时段又分军政、训政及宪政三个时期。

由来，也与"建国政府"有莫大关系。① 该大纲制定的初衷就是为"建国政府"量体打造，是为了给新政府领导和垂范政治建国运动提供具体的文本参考和理论指导，有学者强调："以党建国的依据，则是建国大纲"②；是改组后的国民党党众需要始终恪守和奉行的政治建国总纲领，是具有法理性的政治文件，"作为国民政府建国施政的最高依据，内容虽仅二十五条，然于建国精神，建设程序，中央及地方政制，基本国策，地方自治等大经大本，无不有明确具体而进步的规定"③。宋庆龄先生也说："先生《建国大纲》二十五条实为施行三民主义、五权宪法之基础，而图国家长治久安之至道也。"④

根据《建国大纲》规定，行将成立的"建国政府"所奉行的宗旨是三民主义和五权宪法；政府任务是实施民生、民权与民族三大主义。⑤ 具体而言，自"建国政府"成立之日始，其身份意义层面，对内是中国具有法理正当性的中央政府，对外是具有完整国际话语权的代表中国的唯一合法政府；其具体任务层面，宏观上是在国民党的领导下垂范"以党领政"和"以党建国"的程序样式，微观上是以广东为活动根据地，管控和统一粤省财政，支援孙中山北伐前线。同时，在革命大本营随孙中山北移后，留守广东的"建国政府"是对抗陈炯明系粤军的革命重心所在，"建国政府之任务，为统一全国，发扬民治，修明内政，辑睦邦交。并首先进行北伐，实行武力推倒曹锟、吴佩孚"⑥。政府存在的时限不定，但阶段清晰，即分为军政、训政以及宪政三个时期，⑦ 待民智大开和宪法得定，宪政使命已达，则新政府失却存在意义，彼时当自行解散，归政于民治政府；⑧ 政府的职责在于扫除民主共和的障碍，培养国民的公民、权利与义务意识；政府部门的建制是五院并立，行政院下设八部以应对日常国内外事务。⑨

① 梁惠锦：《〈台湾民报〉中有关国父孙中山的记载》，《研究孙中山先生的史料与史学》（复印本），广州大元帅府纪念馆藏，台湾"国史馆"，1975 年，第 545 页。

② 李云汉：《中国国民党史述》，台湾中国国民党党史委员会，1994 年，第 446 页。

③ 李云汉：《中国国民党史述》，第 460 页。

④ 孙中山治丧处编：《哀思录》，初篇插页，1925 年，载《宋庆龄选集》上，人民出版社，1966 年，第 35 页。

⑤ 《广州国民政府建国大纲草案》，《晨报》，1924 年 3 月 2 日第 2 版。

⑥ 《中华民国史事纪要》，本日条，第 36 - 39 页。《告国人文》或未公开发表，原件现存"党史会"。罗刚：《中华民国国父实录》，台湾罗刚先生三民主义奖学金基金会，1988 年，第 4519 页。

⑦ 《孙中山发表建国大纲》，《清华周刊》，1924 年第 321 期，第 38 - 39 页。

⑧ 孙中山：《建国大纲》，青年书店，1924 年，第 9 页。

⑨ 《建国政府定期成立》，《国际公报》，1924 年第 2 卷第 8 期，第 2 页。

二、筹组过程

政府筹备起自 1924 年初，讫至 1925 年 3 月孙中山逝于北京，在此时间段内，关涉"建国政府"的筹备努力，舆论报道以及臧否呼声，有从"众说纷纭"到"热闹非凡"，最后逐渐"冷淡消弭"的显著特点。本文以孙中山不同时期对"建国政府"认识心态的转捩为标准展开讨论。总体上看，筹备过程大致分为三个时段：

第一个时段：从 1924 年初到国民党"一大"开幕前后。孙中山积极热衷推动，催促新政府尽速筹备，有论载："建国政府赶速组织，限二月一日成立。"① 同时，由于各方舆论褒贬不一，南北各派对"建国政府"的各种解读、猜测以及辩解"五花八门"，报刊成为各方角力的"主战场"，鉴于该阶段的时况特点，可以将其定义为"造势升温"阶段。

在此时段，如何将"建国政府"付诸实践是中心议题，是孙中山及各位筹备委员共同努力的方向。作为南方革命大本营的统帅，孙中山在此阶段始终保持积极乐观的态度，通过通电、谈话、电召国民党政要及预开筹备会议等方式，展现其对尽速设立"建国政府"的急迫心情；② 各位受孙中山指派参与新政府的筹备委员们，以"实干"代替"虚辩"方式，表达对孙中山的支持以及对新政府的期盼。

1924 年 1 月 15 日，新闻舆论界首度披露了同月 8 日众筹备委员召开新政府筹备会议的重磅消息："大本营八日召集各军长官开会议，商议东江及建国事宜，伍朝枢、李烈钧等讨论组织政府事，决二月一日成立，添设交通、司法两部，建设部改为工商部，大本营直辖各军，改编为建国军，饬孙科在河北择地为公府地土云"③，同时，"逗漏"会议决议内容：

经费方面，"所需筹备经费，自应酌量拨给，以便办公。特令财政部拨发款五万元，为一切筹备要需"④。

政府选址方面，"金以河南士敏土厂，远距城市，交通极蒙不便，将来政府成立，拟迁移河北。另择规模宏伟地点为白宫所在"，并决定"交孙市长妥代办理"⑤。至于总统府及各部衙署所在，有所争议，一说是"将来之建国总统府，及各部衙署，闻将以现

---

① 《建国政府赶速成立》，《新申报》，1924 年 1 月 16 日第 3 版。

② 《致廖仲恺汪精卫电》，1924 年 1 月 5 日，载尚明轩编：《孙中山全集》第六卷，人民出版社，2015 年，第 600 页。

③ 《粤省东江将有大战》，《晨报》，1924 年 1 月 11 日第 2 版。

④ 《孙中山一定要过总统瘾》，《社会日报》，1924 年 1 月 23 日第 2 版。

⑤ 《建国政府之地点》，《泰东日报》，1924 年 1 月 20 日，第 7 页。

在大本营之士敏土厂改建"①。

政府成立日期择定方面，"各筹备员佥以建国政府成立，愈速愈妙"，原因是"盖以兴师北伐，及关余交涉案，皆待政府成立后，始有发展"，因而"议限于一月内，赶速筹备"，"如组织妥协，则以二月一日为建国政府成立期，但至迟不得过二月月半"②，亦有论强调，"为二月一日成立"③。

政府组成方面，"大本营原分设六部办公，现建国政府，拟增设交通、司法两部，以宏规模，又建设部将改组为工商部，其余各部，均仍旧贯"④；《申报》揭载，"内阁之组织，拟设财政部、司法部、工商部、交通部、陆军部、教育部、内政部、海军部；公府内部则拟设高级幕僚处、参谋处、秘书处、参军处、拱卫处、会计处等"⑤；《新申报》曾对公府各处统属做了报道："（一）高级幕僚处，统属为帅前参议，国务参议顾问，侍从武官；（二）秘书处统属机要科、军事科、撰拟科、铨叙科、印铸科、总务科；（三）参谋处统属军定课、机要课、军学课、副务课；（四）参军处统属警卫科、内务科、交际科；（五）会计司；（六）拱卫。"⑥

军队方面，"大本营中央直辖各军，一律改编为建国军"⑦，"内部名称则以省名类别之"⑧；对于军队的统帅组织架构，当时构想"置大元帅一员，大元帅下设元帅三员，元帅下之设联军总司令若干人云"⑨。

第二个时段：从国民党"一大"开幕到该年3月初。此时筹备进入实质议程，党内各种声音交杂，时人有说"设置建国政府之议，刻已无形打消，中山国民党有力分子，多主缓办"⑩，孙中山一改以前意气风发的积极姿态，转而"审慎"起来，主张稳步推进，择机相势行动。南北各方逐渐察觉了孙中山筹组"建国政府"的真正用意以及广东当时政局对政府筹备的"牵碍"，舆论关注焦点开始转向对国民党"一大"的报道；党内同志在国民党"一大"会议上围绕着政府名称、成立与否，以及奠基日期等进行多方讨论，自此党外纠纷转化为"党内斗争"，国民党"一大"成了当时"主战场"，因此，

①　觳庐：《广东建国政府之酝酿》，《申报》，1924 年 1 月 12 日第 6 版。

②　《粤孙筹设建国政府续讯》，《北京日报》，1924 年 1 月 16 日第 2 版。

③　《孙中山设建国政府》，《国民公报》，1924 年 1 月 20 日第 1 版；《建国政府成立期》，《泰东日报》，1924 年 1 月 12 日第 2 版。

④　《孙大炮兴高采烈》，《社会日报》，1924 年 1 月 11 日第 2 版。

⑤　觳庐：《广东建国政府之酝酿》，《申报》，1924 年 1 月 12 日第 6 版。

⑥　《建国政府之筹备会议》，《新申报》，1924 年 1 月 16 日第 6 版。

⑦　《建国政府定期成立》，《国际公报》，1924 年第 2 卷第 8 期，第 73 页。

⑧　《广东建国政府之酝酿》，《大公报》，1924 年 1 月 26 日第 2 版。

⑨　《建国军组织之内容》，《北京日报》，1924 年 2 月 16 日第 3 版。

⑩　《孙中山不设建国政府》，《大公报》，1924 年 1 月 31 日第 1 张第 2 版。

该时段可视作"筹备祛热"时段。

国民党"一大"虽在不尽如人意的情况下落幕，但还是取得了积极成果，全会通过《组织国民政府案之必要案》议案，该提案的通过标志着"建国政府"的筹备获得国民党全体与会党员代表的赞同，自此筹组不再仅是孙中山及部分革命领导的个人诉求，而成了法定的国民党的整体意志；① 同时，做出决议，命令各省国民党党员担负起宣传职责，《社会日报》载"全场一致表决，作为一种提案，由各省代表至本地向士农工商尽力宣传此项政府创设之必要，俟人民彻底明了后，再行成立"②；确立了行将成立的"建国政府"所需奉行的方针与政策，也即是后来以《建国大纲》闻世的国民党政府组织草案，"以上即为草定之建国政府大纲，此大纲内之条文，关系甚巨，将来有无加以改修与建国政府究能照此大纲成立与否，其间关系重大"③。

第三个时段：从 1925 年 3 月初到孙中山抱病北上长逝。各政要为在新政府中谋得权力，国民党内纷争不一，党众人心不齐，临时加急组织"建国政府"无疑是一种政治冒险行为。同时，孙中山冗事繁杂，广东政局矛盾复杂；冯玉祥发动"北京政变"后，孙中山抱病北上，关涉"建国政府"的筹备工作更是一度被搁置，因而该阶段可定位为"待建冷寂"时段。④

虽然当时支持革命的民众仍驰电孙中山，"上海川民自决会昨上孙大元帅两电，谓赞成改革政务，组织政府"。但"建国政府"的成立之期一拖再拖，主意多变，比如 3 月 1 日《新国民日报》"总统选举问题之所闻"中言及"似产出总统之后，即成立建国政府，以总统兼任大元帅，统帅北伐，此项手续大约须四月筹备妥当，五月即产出总统云云"⑤；同月 11 日，《本报专电》又云"南方建国政府之筹备需三个月始可竣事"⑥，

---

① 国民党"一大"将新政府的名称由"建国政府"改为"国民政府"。"国民政府"中的"国民"，是特指国民党，而非泛指国家普通民众，"而于建设国家，尚有应研究之问题二：一立即将大元帅政府变为国民党政府，二先将建国大纲表决后，四出宣传，使人民了解其内容，结合团体，要求政府之实现"。参见广东省社会科学院历史研究所：《孙中山全集》第 9 卷，中华书局，1986 年，第 103 页。

② 《建国政府问题程度》，《社会日报》，1924 年 2 月 16 日第 7 版。

③ 《国民政府大纲草案》，《广州民国日报》，1924 年 2 月 22 日第 3 版。按：《建国大纲》与建国政府之间的关联，孙曾对记者言，"记者问：'建国政策如何？'孙答曰：'建国宣言不日即当正式发表，条目悉载大纲中。'"参见《与北京〈东方时报〉记者的谈话》，载广东省社会科学院历史研究所：《孙中山全集》第 9 卷，人民出版社，2015 年，第 129 页。

④ 许师慎：《国民政府建制职名录》，台湾"国史馆"，1984 年，第 11 页。

⑤ 《总统选举问题之所闻》，（新加坡）《新国民日报》，1924 年 3 月 1 日第 10 版。

⑥ 《本报专电》，（新加坡）《新国民日报》，1924 年 3 月 11 日第 2 版。

至本月 21 日选电言孙中山"主缓设，先从宣传入手"①，此后，关于"建国政府"的讯息渐渐消弭。

三、筹组被搁置

国民党第一次全国代表大会于 1924 年 1 月 20 日在广州开幕，鉴于许崇智及部分国民党员对政府定名存有歧见，会议决定将政府名称改定为"国民政府"②，"召开中国国民党第一次全国代表大会，议决定名为'国民政府'"③。即使如此，汪精卫仍然持有不同意见，认为"只限于提出建立国民政府之必要案，就此做个决议，但不是突如其来提出要组建政府并名之曰'国民政府'"④。

"建国政府"筹备有时，努力艰辛备至，最终却以被"搁置"方式落幕，"于是组织政府一事，遂因搁浅"⑤，个中缘由实在值得后人玩味与探析。

革命阵营的内讧，是新政府难以速成的根本原因。革命阵营人心不齐，自乱阵脚，"在这里参加大会的国民党重要人物在'建国政府'之成立日期的问题上有些分歧。有人主张新政府应在北伐军组成之前建立，而另一些人则认为，此事宜等到本政府完全控制了广西省以后再办。孙逸仙听了各方面的意见，现正在考虑是加速还是推迟举办此事"⑥。新政府筹组，实际上是权力重新分配、利益再次分组的过程，在此过程中，如果不能进入权力核心就意味着下一时段会遭受被边缘和被隔离的境遇。围绕着如何筹备"建国政府"这个中心议题，大本营内部分歧，各党政要人提出的意见，看似都以公心是凭，仔细推究易知，公心背后其实裹杂着权力之争。国民党派系之间为权力之争而角力不已，党内意见不一，严重干扰了孙中山正式组建新政府的决心，延缓了他筹谋成立新政府步伐，导致在政府成立日期上，抉择难断和一拖再拖⑦。

政府组建方式的欠妥导致了革命阵营的纷扰，是政府被搁置的间接缘由。以大本营为班底，依凭在原来部委基础上增添新的机关部门的筹组方式，必然导致整改结果的不彻底性。旧的利益所有者摇身一变成为政府新贵，依然可以牢牢掌控住自家的既得利

---

① 《选电》，（新加坡）《新国民日报》，1924 年 3 月 21 日第 2 版。
② "建国政府"与广州"国民政府"的异同，参见王志伟：《孙中山晚年筹组"建国政府"问题研究》，广东省社会科学院硕士学位论文，2018 年，第 77—79 页。
③ 全国政协文史资料室编：《文史资料存稿选编（军政人物）》上，中国文史出版社，2002 年，第 402 页。
④ 李玉贞：《联共·共产国际与中国（1920—1925）》第 1 卷，第 389 页。
⑤ 《广州国民政府建国大纲草案》，《晨报》，1924 年 3 月 2 日第 2 版。
⑥ 广东省档案馆编译：《孙中山与广东：广东省档案馆库藏海关档案选译》，第 629 页。
⑦ 《孙中山不设建国政府》，《大公报》，1924 年 1 月 31 日第 1 张第 2 版。

益，而其他试图通过政府重组以跻身政府核心的国民党高层领导的愿望自然落空，面对徒劳无功的境遇，他们大多以"事不关己，高高挂起"的冷眼旁观心态来对待"建国政府"的筹组。①

孙中山考虑奉张皖段意见以及东江战事长期得不到解决，是新政府难以成真的重要原因。考虑奉张皖段的意见与回馈，《退庵年谱》载"总理于先生濒行时，以军事方案多种嘱转交段张，并属与段氏说明如何与段氏分负建国之责"②，掣肘"建国政府"的组织与成立，"张作霖之意见，亦希望此间成立正式政府，张氏当先行赞助，然后共谋北伐"③，但是支持是假，真心不足，当孙中山真正付诸实践时，奉系很快就以"先统一粤省"，然后再组政府为借口，明着劝，暗地阻，借以达到阻挠孙中山"建国政府"的创立，④ 香港《华字日报》说"闻卢永祥张作霖均不赞成，言对于广州组织政府不敢闻命"⑤。

东江陈炯明系粤军的存在，始终对广州革命大本营产生震慑，《社会日报》记"但因东北两江军事，正在紧急，不得不暂行从缓。故"建国政府"成立之迟速，刻以东北江战事之成败为标准"⑥，《盛京时报》刊"预料东江完全肃清之期，殆将不远。丁此时机，亟宜筹备北伐，进行建立合法新政府"⑦。

四、结语

"建国政府"是20世纪20年代孙中山在"以党治国"思想指引下，以广州为根据地，着手筹划建立有别于中华民国旧政权的一种崭新样板政府。此举标志着孙中山新型国家治理模式的初具雏形，成为国民党恪守的"党国体制"的滥觞，并为形式上统一全国之后的国民党提供了一种领导和治理国家的全新范式。

"建国政府"由关余事件诱发，是孙中山为应付粤省内外政局而特设，同时，也是孙中山晚年"党国思想"及"建设观"由思想走向实践的初步达成。政府实际定名在1924年1月4日大本营军政会议上。筹组方式思路经历了由"军—政"向"党—政"的嬗变。孙中山"以党领政"和"以党治国"的主张，开创了中国政党政治新范式，

---

① 张学良口述，唐德刚记录：《张学良回忆历史》，山西人民出版社，2013年，第110页。

② 《叶退庵先生年谱》（手稿本），广东省立中山图书馆特藏部藏，第217页。

③ 《建国政府议决在粤成立》，《申报》，1924年1月12日第4版。

④ 汤锐祥：《护法时期孙中山轶文集》，海洋出版社，2011年，第280页。

⑤ 《二十廿一两日国民党大会纪闻》，（香港）《华字日报》，1924年1月23日第1张第3版。

⑥ 《建国政府从缓原因》，《社会日报》，1924年2月13日第7版。

⑦ 《孙文之时局会议详志》，《盛京时报》，1924年1月15日第7版。

为统一全国之后的国民党政府提供了治国方式借鉴。

"建国政府"的宗旨是三民主义和五权宪法；任务是实施"三民主义"；职责是扫除民主共和障碍，培养国民的权利与义务意识；政府建制是五院并立，行政院下设八部以应对国内外事务。政府筹组过程一波三折，由"造势升温""筹备祛热"直至"待建冷寂"。

在国民党"一大"上，被改名为"国民政府"以及被搁置处理，成了"建国政府"的命运归宿，尽管如此，其筹建过程仍为以后从事国民政府建设的人员提供了一次难得的训练机遇。

革命阵营人心不齐，自乱阵脚；改组方式引起了国民党要员之间为权力角斗；考虑奉张皖段的意见和反馈，以及东江陈炯明系粤军始终震慑广州革命大本营，是"建国政府"一直难以成立的基本缘由。

作者简介：

王志伟，暨南大学文学院历史系博士研究生；夏泉，暨南大学文学院历史系研究员。

宗藩体制下的司天效法
——朝鲜李朝书云观与观象监初探①

梁永泽

[提要] 书云观与观象监是明、清藩属国朝鲜李朝的司天机构，负责本国历书推编、观象测候、刻漏报时、堪舆诹吉等事宜，伴随宗藩关系的发展运营五百余年，其机构建制、职官职能、管理制度等均效法同时期中国明、清钦天监。在宗藩"颁—奉正朔"的背景下，因清代官方历法多次变更，为使每年历书及推报交食与清钦天监一致，李朝政府屡派天文官赴北京学习天文历法、购置天文书籍和观测仪象，形成"赴燕官"制度。这一过程，反映出宗藩体制下朝鲜李朝对中国政治与科技权威的双重认同，客观上促进了中国天文学向东亚周边国家的传播。

[关键词] 观象监；书云观；司天；宗藩体制；效法；赴燕官

长久以来，中国天文学不仅"敬授民时"② 指导农业生产，受"天人感应"观影响，据天象警醒人事、预测吉凶的天文学（Astrology），也被视作强化君权的工具，为中

---

① 本研究时间跨度前后达 1 400 余年，其间，朝鲜半岛历代政权依次为三国时代（高句丽，前 37 年—668 年；百济，前 18 年—660 年；新罗，前 57 年—935 年）、高丽王朝（918—1392）、朝鲜王朝/李朝（1392—1910）。

② 班固撰，颜师古注:《汉书》卷二十一上《律历志第一上》，中华书局，1964 年，第 973 页。

国历朝统治者所重视。① 同时，中国作为历史上东亚文明的中心，被东亚文化圈②内的朝鲜、日本、安南、琉球等国效法，各国纷纷设置司天机构或天文官，自行开展观象测候、推步制历等天文活动，以满足王朝统治③及社会文化需要，如朝鲜李朝"观象监"、越南阮朝"钦天监"④、日本江户时代"阴阳寮"⑤、琉球"造历官"⑥ 等。其中，朝鲜李朝观象监（前期称"书云观"）最具藩属国特征，掌管观象测候、推步制历、刻漏报时、堪舆择吉等事宜，从机构建制到整套天文学体系，均体现对同时代明、清钦天监的学习与效法。

　　一衣带水的地缘关系及深厚的文化渊源，使朝鲜王朝成为东亚封贡体系中的模范藩属国，堪为明、清中国与周边国家邦交的榜样。⑦ 因此，以朝鲜李朝司天机构作为研究对象最具典型意义，作为宗藩关系下科技文化交流的物质载体，其设置、发展及天文活动深受中国影响。然而，国内迄今尚无学者对此展开系统考察，惟见石云里先生在相关研究中对李朝观象监有所涉及，但其侧重于中国古代科技传播的具体事实，并未对机构

---

① 江晓原先生指出："天文"在古代中国人心目中，正是今人所说的"星占学"（Astrology），非现代意义上的"天文学"（Astronomy），历代官史中诸《天文志》，皆为典型的星占学文献。参见江晓原著：《天学真原》，凤凰出版传媒集团、译林出版社，2011 年，第 3 页。

② 公元 7—8 世纪，中国周边国家在大量吸收中华文明的基础上，逐渐产生文化趋同，东亚文化圈形成。参见杨军、张乃和主编：《东亚史》，长春出版社，2006 年，第 146 页。

③ 例如朝鲜李朝政府就"把天文学提升为使自己对王国统治合法化的一种手段"，参见林宗台：《从中国学习西方天文学——朝鲜王朝后期西方天文学引入新论》，《科学文化评论》2011 年第 1 期。

④ 越南阮朝钦天监的机构设置及职能，与中国清钦天监大致相同。参见骆玉安：《论中越文化交流中的古代天文历法和数学图书传播》，《中州学刊》2008 年第 4 期。

⑤ 明治维新前，日本官方司天机构称"阴阳寮"，内分阴阳道、天文道、历道、漏刻道四科，掌管本国天文、历算、占卜、报时等事宜，其机构设置、天文历法及观测仪象"在某些方面虽略有改动，但基本是照搬或学习模仿"中国古代天文学。参见姚传森：《中国古代天文历法、天文仪器、天文机构对日本的影响》，《中国科技史料》1998 年第 2 期。

⑥ 琉球设"造历官"一职，掌管推编本国历书，自明成化元年（1465）起，先后派造历官金锵、杨春枝、周国俊、蔡肇功等人赴福建学习历法，康熙十七年（1678）蔡肇功赴福建"从薛一白而学历法"，四年后学成回国"以掌历法而造大清《时宪历》，颁行国中"。参见《久米村系家谱》上册，《那霸市史》资料篇，第一集第六卷，那霸市企画部市史编集室，1980 年，第 55、932、365－377 页；球阳研究会编：《球陽》，（东京）角川书店，1982 年，第 226 页。

⑦ 全海宗：《清代中朝朝贡关系考》，载费正清（John King Fairbank）编，杜继东译：《中国的世界秩序：传统中国的对外关系》，中国社会科学出版社，2010 年，第 81 页。

设置、建制等具体情况予以梳理。① 韩国学者的研究多限于韩国史视阈，仅对本国司天机构的管理制度、历书推编、仪象制造、机构变迁、天文官等具体问题进行分析，疏于对宗藩关系下本国与中国明、清司天机构之间关系的讨论。② 迩来，笔者通阅李朝后期天文官成周悳（1759—？）编撰于1818年③的《书云观志》四卷，成氏"搜剔典章，旁及掌故象迹"④，对李朝观象监的历史沿革、规章制度、工作方法等作前所未有之详尽总结，这为笔者进一步探究书云观与观象监的设置及发展提供了宝贵的原始文献，惜国内至今无学者对此关注和利用。与此同时，笔者翻阅《高丽史》《朝鲜李朝实录》《承政院日记》《燃藜室记述》《增补文献备考》等韩国古代史料，发现相当数量与"书云观""观象监"相关的记述，这都有助于推进该问题的研究。为此，本文在充分利用《书云观志》的基础上，结合其他中韩史籍文献，以中外关系史的视角，对比中国历代司天机构及官制，梳理朝鲜半岛司天机构的源流及传承、职官职能、管理制度等，分析其对中国天文学的效法。同时，考察李朝天文官对中国明、清天文知识学习跟进的过程，由此反映中国古代天文学的传播及影响。

一、朝鲜半岛司天机构的源流与传承

朝鲜半岛古代政权在效法中国官制的基础上引入天文学，与中国古代天文学渊源颇深。西晋末年，中国在朝鲜半岛设置郡县已达四百年，天文历法知识定在此期间传入，⑤随后兴起的百济、新罗、高句丽三国或在此基础上设天学官掌管历法。《周书》记，六

① 参见石云里：《古代中国天文学在朝鲜半岛的流传和影响》，《大自然探索》1997年第2期；石云里：《西法传朝考（上）》，《广西民族学院学报（自然科学版）》2004年第1期；石云里：《西法传朝考（下）》，《广西民族学院学报（自然科学版）》2004年第2期；石云里：《中朝两国历史上的天文学交往（一）》，《安徽师范大学学报（自然科学版）》2014年第1期；石云里：《中朝两国历史上的天文学交往（二）》，《安徽师范大学学报（自然科学版）》2014年第2期，等等。

② 韩国学者对观象监的研究，如李基元：《朝鲜时代观象监的职制及考试制度研究：以天文学部门为中心》，《韩国地球科学学刊》2008年第1期；闵丙喜等：《朝鲜时代观象监与观天台位置变迁的研究》，《天文学论丛》2010年第25卷第4号，第141 – 154页；朴权洙：《朝鲜后期观象监参与发行的历书研究》，《韩国科学史学会杂志》2015年第1期；罗逸星：《历经七代的观象监官员家庭》，《2015年度韩国气象学会秋季学术大会论文集》，2015年，第450 – 452页，等等。

③ 见（李朝）《承政院日记》卷一〇九，纯祖十八年（1818）十二月三日："本监即钦天换时之所，而文献不足，事例无稽，监官成周悳，裒辑故实，汇成《书云观志》四编。"（韩国国史编纂委员会影印本，1961年，第127b页）

④ （李朝）成周悳编撰：《书云观志》卷首序，（首尔）诚信女子大学校出版部，1982年，第4页。

⑤ 朱云影：《中国文化对日韩越的影响》，广西师范大学出版社，2007年，第87页。

世纪百济设有"日官部"①；《三国史记》载：新罗"置天文博士一员，漏刻博士六员"②；高句丽设"日者"③。其中，高句丽"日者"称谓明显源自《史记·日者列传》，裴骃《集解》记有"古人占候卜筮，通谓之'日者'"。④ 而新罗"天文博士"与"漏刻博士"，则与唐代天文官称谓相同，《唐六典》载"隋置天文博士"⑤，唐代沿设此官至武则天"改天文博士曰灵台郎"⑥，另据《旧唐书》司天台置"漏刻博士九人"⑦，随着唐朝成为东亚文化圈的核心地区，⑧ 双方在科技文化交流中，新罗遂借鉴唐代天文官制。不仅如此，当时新罗已设立瞻星台，《朝鲜史略》记新罗国王德曼在七世纪中期"作瞻星台"⑨，《增补文献备考》也记"瞻星台，在今府东南二里，善德主十六年正月，炼石筑台，上方下圆虚其中，人由中上下，以候天文"⑩，德曼即善德女王（632—647年在位），其所造瞻星台，即今位于韩国庆尚北道之庆州瞻星台，为古代朝鲜半岛现存最早的天文观测建筑实物。此外，据《增补文献备考》新罗"孝昭王时，僧道证自唐回，上《天文图》"⑪。在此后的政治文化交流中，高丽深受同时期中国各王朝的影响，这从其司天机构命名即能反映出来。据《高丽史》所述：

> 书云观，掌天文历数测候刻漏之事。国初分为太卜监、太史局……显宗十四年，改太卜监为司天台。……睿宗十一年，改司天台为监。忠烈王元年，改司天监为观候署，后复改司天监。三十四年，忠宣并太史局为书云观……恭愍王五年，复改司天监……又别立太史局……十一年，复并司天、太史为书云观……十八年，复分为司天监、太史局……二十一年，复并为书云观……⑫

① 令狐德棻等：《周书》卷四九《异域上》，中华书局，1971年，第886页。

② （高丽）金富轼：《三国史记》卷九《新罗本纪第九·景德王》，西南师范大学出版社、人民出版社，2011年，第78页。

③ （高丽）金富轼：《三国史记》卷一五《高句丽本纪第三·次大王》，第118页。

④ 《史记》卷一二七《日者列传》，中华书局，1963年，第3215页。

⑤ （唐）李林甫等撰，陈仲夫点校：《唐六典》卷一〇《秘书省》，中华书局，1992年，第304页。

⑥ 《新唐书》卷四七《百官志二·司天台》，中华书局，1975年，第1216页。

⑦ 《旧唐书》卷四三《职官志二·司天台》，中华书局，1975年，第1855页。

⑧ 杨军、张乃和主编：《东亚史》，第273页。

⑨ （李朝）佚名撰：《朝鲜史略》卷一，载《四库提要著录丛书》三五，北京出版社，2011年，第19页。

⑩ （李朝）洪凤汉等纂，古典刊行会编：《增补文献备考上》卷三七《舆地考二十五》，（首尔）东国文化社，1957年，第483页。

⑪ （李朝）洪凤汉等纂，古典刊行会编：《增补文献备考上》卷二《象纬考二》，第40页。

⑫ （李朝）郑麟趾撰，孙晓主编：标点校勘本《高丽史》卷七六《百官志一·书云观》，西南师范大学出版社、人民出版社，2014年，第2433–2434页。

　　高丽朝司天机构虽几经易名，但大多借用中国历朝司天机构称谓，反映出高丽与辽、宋、金、元等中国政权之间的关系。"太卜监"之"太卜"，亦称"大卜"，为周朝掌管卜筮最高职官，见郑玄注《周礼·春官·大卜》有"问龟曰卜。大卜，卜筮官之长"① 的解释，《史记·日者列传》云："太卜之起，由汉兴而有。"② "司天台"及"太史局"为唐朝司天机构称谓，见《旧唐书》"司天台，旧太史局，隶秘书监"③；《金史》记金朝司天机构亦名"司天台"④；据《宋史》，宋代司天机构一名"太史局"⑤。"司天监"则为宋、辽、元朝司天机构称谓，如《宋会要》中"以判司天监、太常博士马韶为德安州应城县令"⑥，《辽史》载其国亦设"司天监"⑦，《元史》记"司天监，秩正四品，掌凡历象之事"⑧。高丽后期，司天机构更名为"书云观"，按《书云观志》解释，此称谓源自《左传》"分至启闭，必书云物"⑨ 之规，该称谓延续至李朝初期。此后"书云观改称观象监"⑩，"观象监"得名亦源自中国，按《承政院日记》的解释：

　　　　周官则以史为大，此云天子灵台，诸侯观台，我国观象监之名，亦仿此矣。⑪

　　其命名直溯周朝灵台之制，按《毛诗正义》"天子有灵台者，所以观祲象察气之妖祥"⑫ 的说法，灵台为观察天象与奉神占星之所，是中国最早的天文观测机构。如此，藩属朝鲜的司天机构与中原王朝关系密切久远。类似说辞在《高丽史》中也有：

　　　　周衰，历官失纪，散在诸国，于是我国自有历。⑬

---

　　①　顾颉主编：《卜筮集成》第 1 卷，载中国神秘文化典籍类编：《古今图书集成·艺术典》，重庆出版社，1994 年，第 17 页。

　　②　《史记》卷一二七《日者列传》，第 3215 页。

　　③　《旧唐书》卷四三《职官志二·司天台》，第 1855 页。

　　④　《金史》卷五六《百官志二·司天台》，中华书局，1975 年，第 1270 页。

　　⑤　《宋史》卷一六四《职官志四·太史局》，中华书局，1977 年，第 3879 页。

　　⑥　《宋会要辑稿·职官三十二·之一》，中华书局，1957 年，第 3001 页。

　　⑦　《辽史》卷四七《百官志三·司天监》，中华书局，1974 年，第 788 页。

　　⑧　《元史》卷九〇《百官志六·司天监》，中华书局，1976 年，第 2296 页。

　　⑨　（李朝）成周悳编撰：《书云观志》卷一《官职》，第 13 页。

　　⑩　《李朝世祖实录》卷三八，世祖十二年（1466）一月戊午，第 8 册，韩国国史编纂委员会影印本，1961 年，第 2 页。

　　⑪　《承政院日记》卷一〇五，英祖二十三年（1747）四月二十四日，第 109a 页。

　　⑫　（汉）毛亨撰，（汉）郑玄笺，（唐）孔颖达疏，李学勤主编：《毛诗正义》卷一六，北京大学出版社，2000 年，第 130 页。

　　⑬　（李朝）郑麟趾撰，孙晓主编：标点校勘本《高丽史》卷五〇《历志一》，第 1529 页。

　　李朝史官有意将古代朝鲜天文历法追溯到周朝，因古代朝鲜与中原王朝的交往始于周朝，《尚书大传》有"箕子不忍周之释，走之朝鲜，武王闻之，因以朝鲜封之"① 之说，朝鲜自此被封为周朝诸侯国，"开启了与中国王朝依赖从属的事大关系以保证他们的安全"②。可见，这种叙述方式意在强调朝鲜自周代就以中国诸侯国的身份存在，天文历法与中原王朝一脉相承，为本国设置司天机构找到名正言顺的缘由，借以重申其藩属国地位。

　　朝鲜李朝司天机构的设置沿革，大致可以"明清更迭"为节点，分为前、后两个阶段。在此期间，机构位置及建制规模发生变化，引进新的历法系统，增设职官与购置书籍仪象。

　　首先，是机构位置与建制规模的变迁。李朝初年"因丽制置书云观"③，机构连同称谓皆承袭高丽旧制。衙署位置，据《增补文献备考》"观象监，在北部广化坊，国初建"④，推知其位于汉阳城北十二坊之一的广化坊附近。此后增设内书云观，《燃藜室记述》有"世宗二年更子三月，上命设内观象监（笔者注：应作书云观）"⑤，显然内书云观设于1420年。其衙署位置，据《书云观志》"本监，一在景福宫迎秋门内"⑥ 及《增补文献备考》中"观象监，在尚衣院南，今在迎秋门外"⑦，大致推知内书云观廨舍应在景福宫迎秋门附近。此后"书云观改称观象监"⑧，内、外观象监同时工作⑨，每日分别向朝鲜国王呈报气象观测情况。如：

　　　　（李朝成宗二十一年十二月癸丑）内、外观象监所启，或云三四尺，或云二三

---

　　① （汉）伏生撰，（汉）郑玄注，（清）陈寿祺辑：《尚书大传》卷四《周传·洪范》，载东郭士等编：《东北古史资料丛编（第一卷）——先秦两汉三国卷》，辽沈书社，1989 年，第 8 页。

　　② 李恩静（Eun-Jeung Lee）：《儒家思想中的安全：以朝鲜为例》，载汉斯·冈特·布劳赫等编，张晓萌译：《全球化和环境挑战：21 世纪的安全观重构》，南京出版社，2015 年，第 200 页。

　　③ （李朝）成周惠编撰：《书云观志》卷一《官职》，第 13 页。

　　④ （李朝）洪凤汉等纂，古典刊行会编：《增补文献备考上》卷三八《舆地考二十六》，第 501 页。

　　⑤ （李朝）李肯翊编：《燃藜室记述》别集卷一五《天文典故·瞻星》，景文社，1976 年，第 582 页。

　　⑥ （李朝）成周惠编撰：《书云观志》卷一《官廨》，第 24 页。

　　⑦ （李朝）洪凤汉等纂，古典刊行会编：《增补文献备考上》卷三八《舆地考二十六》，第 490 页。

　　⑧ 《李朝世祖实录》卷三八，世祖十二年（1466）一月戊午，第 8 册，第 2 页。

　　⑨ 燕山君一度"革观象监，降为司历署"，中宗即位后恢复如初。参见《燕山君日记》卷六三，燕山十二年（1506）七月丁酉，第 14 册，第 60 页。

尺，所见不同何耶？①

（李朝中宗二十七年十二月戊寅）内观象监单子……外观象监单子……外观象监官员，必不用心看望也。②

（李朝中宗二十八年十月丁丑）去夜星变，内观象监，则言四方如雨；外观象监，则言百数。③

（李朝中宗三十四年九月乙未）此变，内、外观象监，一样见之乎？④

朝鲜国王对内、外观象监观测结果严格比较，予以批评或褒奖，充分显示其监督权威，反映出统治者对天文观测的重视程度。关于李朝前期内、外观象监衙署建制规模，史料语焉不详，但按《燃藜室记述》"上命设内观象监，建瞻星台"⑤ 与《书云观志》"本监……一在北部广化坊，有观天台"⑥ 的记述，可知二者均设观天台（俗称瞻星台）⑦，用以观象测候。外观象监观天台遗址至今犹存，该台高3.46米，台面尺寸为2.4米×2.5米，以花岗岩砌成，台北筑石阶供上下，台面围有石栏，中间为支撑简仪的垫石，由此可见李朝初期遗构。⑧

1592—1598年，日本太阁丰臣秀吉先后两次发动侵朝战争，韩国史称"壬辰倭乱"，战乱中景福宫"旧阙烧残"⑨，致使"御所权设于闾阎"⑩，内、外观象监亦"遇兵燹"⑪，其遭受破坏的程度，从《燃藜室记述》"壬辰之乱，书云观天仪象，举为灰烬"⑫ 及《书云观志》"乱后文籍散失"⑬ 记述看，监内衙署、书籍仪象等均被烧毁。

---

① 《李朝成宗实录》卷二四八，成宗二十一年（1490）十二月癸丑，第11册，第671页。

② 《李朝中宗实录》卷七三，中宗二十七年（1532）十二月戊寅，第17册，第386页。

③ 《李朝中宗实录》卷七六，中宗二十八年（1533）十月丁丑，第17册，第475页。

④ 《李朝中宗实录》卷九一，中宗三十四年（1539）九月乙未，第18册，第331页。

⑤ （李朝）李肯翊编：《燃藜室记述》别集卷一五《天文典故·瞻星》，第582页。

⑥ （李朝）成周惠编撰：《书云观志》卷一《官廨》，第24页。笔者曾亲往首尔考察，广化坊观天台标识牌注明其建于李朝世宗大王十六年（1434）。

⑦ （李朝）成周惠编撰：《书云观志》卷一《官廨》，第24页。

⑧ 广化坊观天台，为韩国第296号史迹，位于今首尔特别市钟路区苑西洞206番地，即韩国现代建设公司大楼前方，为李朝初期外书云观所在地。

⑨ 《李朝高宗实录》卷四四，高宗四十一年（1904）七月十五日（阳历），第3册，第332页。

⑩ 《李朝宣祖实录》卷一六五，宣祖三十六年（1603）八月乙未，第24册，第517页。

⑪ （李朝）成周惠编撰：《书云观志》卷一《官廨》，第24页。

⑫ （李朝）李肯翊编：《燃藜室记述》别集卷一五《天文典故·仪象》，第589页。

⑬ 《李朝宣祖实录》卷一二七，宣祖三十三年（1600）七月壬寅，第24册，第87页。

据《李朝宣祖实录》中大量记述，战争虽未影响观象监官观象测候等工作，① 但此后约九十余年，观象监无固定办公廨舍。直至清朝初期，朝鲜国王李焞（1674—1720 在位）有志复兴本国天文学，他屡派历官赴北京清钦天监学习时宪历法，同时为改善观象监天文官的工作环境，下令重新修建观象监办公衙署，进而借此强化其统治权威。② 成周悳《书云观志》详细记述了观象监重建经过：

> 改建昌庆宫之金虎门外，庆熙宫之开阳门外，皆有观天台。肃宗戊辰（1688），领监事南九万躬审基址，创设官衙，乃金虎门外本监也。观天察直之制度，一时盛备。吏隶工匠，亦各有服事之所。若开阳门外本监，则创建于壬午（1702），而监官李国华、宋遄等董役，台观设置之规略同，厅事东西室较少。③

由上可知，观象监两处新衙署皆不在景福宫内，一处位于汉阳城东离宫——昌庆宫金虎门外，另一处位于汉阳城西南的离宫——庆熙宫开阳门外，不仅形制相仿，且与李朝前期内、外观象监一样均设观天台。金虎门外观象监今存观天台，该台高 2.2 米，形制与李朝初期广化坊观天台相近。④ 此后百余年，经数代朝鲜国王经营，到 1818 年成周悳编撰《书云观志》时，两处新观象监已颇具规模（见图 1）。除观天台外，各筑有官厅、公事堂、三历厅、日课厅、印历所、天文直庐等办公场所 60 余间，⑤ 还建有日晷台、测雨台，以备安装简仪、日晷、测雨器等天文观测仪象⑥。从《李朝高宗实录》及《承政院日记》记述看，李朝后期观象监虽分设两处办公廨舍，但无论推步制历还是向国王奏报观测结果，均以"观象监"这一机构总称身份出现，这与内、外观象监分别工作的情况不同。伴随甲午中日战争清王朝惨败，《马关条约》签订，标志朝鲜与清王朝宗藩关系的终结，观象监亦随之被裁撤。⑦

---

① 如《李朝宣祖实录》卷八四载："观象监官员来言：'白虹贯日'云。"再如《李朝宣祖实录》卷一七三载："观象监奏日食。以雨，不得见其象。"参见《李朝宣祖实录》卷八四，宣祖三十年（1597）一月庚戌，第 23 册，第 148 页；《李朝宣祖实录》卷一七三，宣祖三十七年（1604）四月辛巳，第 24 册，第 599 页。

② 具万玉：《肃宗代（1674—1720）天文历算学的整备》，《韩国史学研究》2012 年第 24 期。

③ （李朝）成周悳编撰：《书云观志》卷一《官廨》，第 24 页。

④ 金虎门外观象监之观天台，为韩国第 851 号史迹，位于今首尔特别市钟路区卧龙洞昌庆宫内，建于 1688 年，高 2.2 米，以花岗石砌筑，台上有石栏与垫石，一面设石阶。

⑤ （李朝）成周悳编撰：《书云观志》卷一《官廨》，第 25－28 页。

⑥ （李朝）成周悳编撰：《书云观志》卷一《官廨》，第 25－27 页。

⑦ 《李朝高宗实录》卷三二，高宗三十一年（1894）七月乙酉，第 2 册，第 499 页。

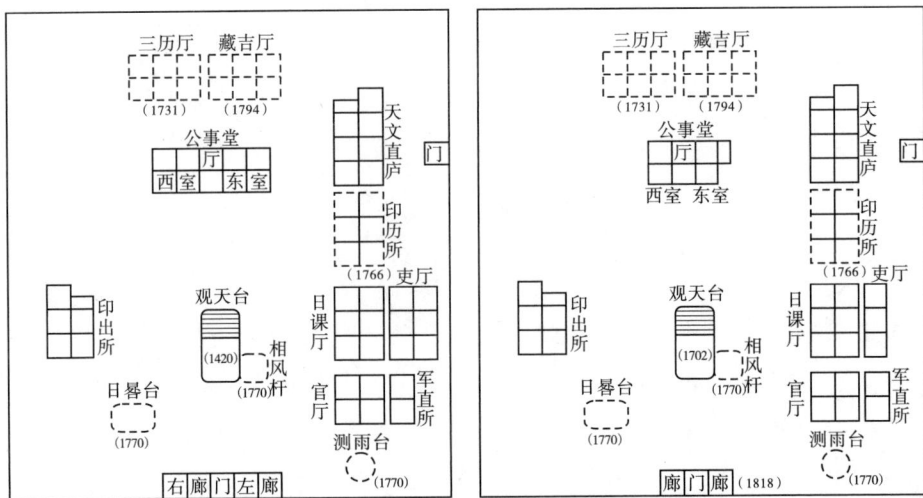

图 1　金虎门外观象监、开阳门外观象监平面设想图①

其次，是前后采用不同的历法系统。李朝前期奉明正朔，书云观与观象监以明朝《大统历》推编本国历书。伴随明清易代与新宗藩关系的确立，清官方历法为西洋《时宪历》，为推编历书之需，朝鲜国王多次派天文官赴北京清钦天监学习时宪历法。据《李朝正祖实录》载：

> 仁祖朝，故相金堉始请用《时宪历》。至孝宗朝，始以新法推步日躔月离。至肃庙朝，始以新法推步五星。②

"肃庙朝"即国王李焞在位期间，观象监不仅掌握《时宪历》推编本国历书，还能以新法推步日月五星。清代《时宪历》自乾隆朝改称《时宪书》③，分为《时宪书》④《七政经纬躔度时宪书》⑤《月五星相距时宪书》⑥ 三类，观象监统以"三书"⑦ 或"三

---

① 引自闵丙喜等：《朝鲜时代观象监与观天台位置变迁的研究》，《天文学论丛》2010 年第25 卷第 4 号，第 147 页。

② 《李朝正祖实录》卷三三，正祖十五年（1791）十月壬子，第 46 册，第 248 页。

③ 为避乾隆帝弘历讳，《时宪历》改称《时宪书》。

④ 如《大清乾隆六十三年岁次戊午时宪书》。

⑤ 如《大清道光十三年七政经纬躔度时宪书》。

⑥ 如《大清光绪六年岁次庚辰月五星相距时宪书》。

⑦ 如《书云观志》载："大殿进上三书一件。"参见（李朝）成周悳编撰：《书云观志》卷二《进献》，第 133 页。

历"称之，特增设"三历官"一职"掌推步星历"①，并设"修述官"一职"掌推步交食"②，《书云观志》规定"三历、修述官十二员，分掌四时、推测历日"③。在引入新历法系统的同时，朝鲜天文官从北京购置天文书籍、星图星表及观测仪象，供观象监天文官学习与使用，如观象监官安重泰"捐私财购得《七政四余万年历》三册、《时宪新法五更中星纪》一册、《二十四气昏晓中星纪》一册、《日月交食稿本》各一册及西洋国所造日月圭一坐"④，在此过程中，一些西方天文知识传入观象监，促进李朝天文学的发展。

综上，受中国古代天文学影响，朝鲜半岛历代设有司天机构，李朝观象监由高丽书云观旧制发展而来，伴随宗藩关系兴衰运营五百余年。

二、李朝司天机构的职官设置及职能

高丽及李朝天文官设置深受中国影响，从其职官称谓、员额设定两方面足以看出。李朝初期，书云观的职官设置沿袭高丽旧制，《李朝太祖实录》载：

> 判事二，正三品；正二，从三品；副正二，从四品；丞二、兼丞二，从五品；注簿二、兼注簿二，从六品；掌漏四，从七品；视日四，正八品；司历四，从八品；监候四，正九品；司辰四，从九品。⑤

高丽末期书云观的职官设置为：

> 判事，正三品；正，从三品；副正，从四品；丞，从五品；注簿，从六品；掌漏，从七品；视日，正八品；司历，从八品；监候，正九品；司辰，从九品。⑥

---

① （李朝）成周悳编撰：《书云观志》卷一《官职》，第20页。
② （李朝）成周悳编撰：《书云观志》卷一《官职》，第21页。
③ （李朝）成周悳编撰：《书云观志》卷二《治历》，第80页。
④ 《李朝英祖实录》卷三五，英祖九年（1733）七月己亥，第42册，第367页。
⑤ 《李朝太祖实录》卷一，太祖元年（1392）七月丁未，第23页。
⑥ （李朝）郑麟趾撰，孙晓主编：标点校勘本《高丽史》卷七六《百官志一·书云观》，第2433页。

可见二者职官设置完全相同。根据《高丽史》记述①，书云观职官设置是由高丽文宗旧制②发展而来，笔者通过比较发现，书云观"丞""正""注簿""司历""监候""司辰"等职官称谓均与高丽文宗时相同，而《旧唐书》载唐代司天机构设"丞""五官正""主簿""五官司历""五官监候""五官司辰"等职官。③ 据此推知，高丽文宗时司天机构官制效法唐朝，进而影响至李朝初期书云观的职官设置。另据《高丽史》，书云观"掌漏""视日"两职官称谓承自高丽忠烈王时期，虽然在中国历代司天机构中没有这两个官职，但在中国古代典籍中却能找到其出处。据《唐六典》"挈壶正、司辰掌知漏刻"④，可知"掌漏"与"挈壶正"相似。而"视日"，《史记·陈涉世家》记周文"尝为项燕军视日"，裴骃《集解》云"视日时吉凶举动之占也"，⑤ 再据《旧唐书》"灵台郎，正八品下，掌观天文之变而占候之"⑥，可知"视日"与"灵台郎"职责相似。上述职官称谓反映出书云观受中国天文学影响之深远。与此同时，李朝司天机构在职官数额上也参照中国钦天监，世宗二年（1420，永乐十八年），《李朝世宗实录》载：

> 中朝钦天监各品员数只十一，我朝书云观员数至二十七，实为冗滥……革掌漏四内二、视日四内二、司历四内二、监候四内二、司辰四内二。⑦

此事未见《书云观志》载录。据《明史》，明钦天监各级品官共 40 人，其间裁汰 18 人，换言之，明钦天监职官人数最少时为 22 人，并非 11 人，但此事从侧面反映出李

---

① 《高丽史》卷七六载："恭愍王五年，复改司天监，判事以下复文宗旧制……又别立太史局，令以下品秩亦复文宗旧制。十一年，复并司天、太史为书云观，改定官吏。"参见（李朝）郑麟趾撰、孙晓主编：标点校勘本《高丽史》卷七六《百官志一·书云观》，第 2433 页。

② （李朝）郑麟趾撰，孙晓主编：标点校勘本《高丽史》卷七六《百官志一·书云观》，第 2433 页："文宗定司天台判事秩正三品；监一人，从三品；少监二人，从四品；春官正、夏官正、秋官正、冬官正各一人，从五品；丞二人，从六品；注簿二人，从七品；卜正一人、卜博士一人，并从九品。太史局判事一人、知局事一人、令一人，从五品；丞一人，从七品；灵台郎二人，正八品；保章正一人、挈壶正二人，并从八品；司辰二人，正九品；司历二人、监候二人，并从九品。"

③ 《旧唐书》卷四三《职官志二·司天台》，第 1856 页。

④ （唐）李林甫等撰，陈仲夫点校：《唐六典》卷一〇《殿中省》，第 249 页。

⑤ 《史记》卷四八《陈涉世家》，第 1954 页。

⑥ 《旧唐书》卷四三《职官志二·司天台》，第 1856 页。

⑦ 《李朝世宗实录》卷七，世宗二年（1420）三月辛巳，第 2 册，第 375 页。

朝天文官设置借鉴明钦天监。①

《经国大典》载，李朝观象监基本职能为"掌天文、地理、历数、占算、测候、刻漏等事"②。在借鉴中国明、清钦天监的基础上，观象监结合本国实际情况及需要，围绕天文学、地理学、命课学、禁漏四个方向培养技术生徒与设置职官。天文、地理、命课三门学科合称为"阴阳科"③，"观象监三学入属生徒"由阴阳科考试选拔产生，④ 录取者将由所在学科"教授"与"训导"官系统传授业务与定期考核，⑤ 业务精熟者会受到奖励，这与清钦天监"监官以时考其术业而进退之"⑥ 的做法如出一辙。截至壬辰倭乱前，观象监技术官生至少有 60 余人⑦。李朝后期，观象监官生额数达 250 余人⑧。笔者试比较明、清钦天监职官设置，对李朝观象监主要职官及职掌范围分析如下：

1. 三历官、修述官、推步官

观象监天文学科设三历官"掌推步星历"，修述官"掌推步交食"，推步官"掌推步内篇"。⑨ 明至清初严禁民间私习天文，明钦天监规定"监官毋得改他官，子孙毋得从他业。乏人，则移礼部访取而试用焉"⑩，清钦天监亦规定"监官升转不离本署，积劳止加升衔"⑪，因此出现技术官世袭承业的现象。如清代天文世家何氏家族，1667—1838 年，族人何雒书、何君锡、何国宗、何廷禄、何元泰、何良奎等七代 20 余人先后

---

① 《明史》卷七四载："钦天监。监正一人（正五品），监副二人（正六品）。其属，主簿厅，主簿一人（正八品），春、夏、中、秋、冬官正各一人（正六品），五官灵台郎八人（从七品，后革四人），五官保章正二人（正八品，后革一人），五官挈壶正二人（从八品，后革一人），五官监候三人（正九品，后革一人），五官司历二人（正九品），五官司辰八人（从九品，后革六人），漏刻博士六人（从九品，后革五人）。"参见《明史》卷七四《职官志三·钦天监》，中华书局，1974 年，第 1810 页。

② （李朝）《经国大典》卷一《吏典·京官职·正三品衙门·观象监》，《域外汉籍珍本文库第二辑·史部》第 16 册，西南师范大学出版社、人民出版社，2011 年，第 120 页。

③ （李朝）成周悳编撰：《书云观志》卷一《科试》，第 34 页。

④ 李朝的科举分大科、小科、武科与杂科四大类，杂科又分译、医、阴阳、律四科，其中，阴阳科考试专为观象监选取和培养技术官所设。参见曹中屏：《韩国古代两班制度刍议》，《韩国研究》2014 年第 12 辑。

⑤ （李朝）成周悳编撰：《书云观志》卷一《官职》，第 15 – 16 页。

⑥ 《清史稿》卷一一五《职官志二·钦天监》，中华书局，1977 年，第 3324 页。

⑦ （李朝）成周悳编撰：《书云观志》卷一《官职》，第 14 – 16 页。

⑧ （李朝）成周悳编撰：《书云观志》卷一《官职》、卷二《属官》，第 13 – 24、125 – 127 页。

⑨ （李朝）成周悳编撰：《书云观志》卷一《官职》，第 20 – 22 页。

⑩ 《明史》卷七四《职官志三·钦天监》，第 1811 页。

⑪ 《清史稿》卷一一五《职官志二·钦天监》，第 3325 页。

供职于钦天监同一机构。① 李朝观象监效法中国的管理模式，天文学生徒"不使取才，使之秘密相传"②，随之亦出现技术官家族世袭。如金大龄在 1722 年通过阴阳科增广试，任职李朝观象监，其子金启允为观象监判官、金启宅与金启丰均为三历官，后人金重谟又在 1885 年通过阴阳科式年试，该家族凡七代 30 余人供职观象监，这与清钦天监何氏家族情况相似。③ 笔者梳理《书云观志》，大致将观象监天文学官的工作分为"编制历书""推步交食""观象测候"三方面：

首先是编制历书。正如《高丽史》"周衰，历官失纪，散在诸国，于是我国自有历"④ 之说，引进中国历法推编本国历书是朝鲜半岛历代司天机构的传统。据《三国史记》记载，早在 674 年，就有新罗"入唐宿卫大奈麻德福传学历术还，改用新历法"⑤。高丽朝先"承用唐《宣明历》"，至忠宣王时"改用元《授时历》"。⑥ 伴随明、清与朝鲜宗藩关系的确立，朝鲜先后奉明、清正朔，但并未停止推编本国历书，朝鲜自制的历书称"日课"或"乡历"，⑦ 观象监以每年明、清颁发的历书为权威考校本国历书⑧，明、清政府并未追责朝鲜"藩邦历书私自撰出"⑨，清钦天监"五官司历"还被邀至朝鲜义州传授历算及仪器用法，承诺"尔国所无书册、器械，当归奏觅给"⑩。明、清钦

---

① 详见中国第一历史档案馆藏康熙六年至道光十八年（1667—1838）间清钦天监时宪书局所编历年《时宪书》中所列职官名单。

② 《李朝世宗实录》卷五九，世宗十五年（1433）二月丙戌，第 3 册，第 441 页。

③ 罗逸星等：《历经七代的观象监官员家庭》，《2015 年度韩国气象学会秋季学术大会论文集》，2015 年，第 450－452 页。

④ （李朝）郑麟趾撰，孙晓主编：标点校勘本《高丽史》卷五〇《志卷第四·历一》，第 1529 页。

⑤ （高丽）金富轼撰：《三国史记》卷七《新罗本纪·第七·文武王》，第 360 页。

⑥ （李朝）郑麟趾撰，孙晓主编：标点校勘本《高丽史》卷五〇《志卷第四·历一》，第 1529 页。

⑦ 关于日课，《李朝世宗实录》卷三一［世宗八年（1426）二月戊辰，第 3 册，第 7 页］载："书云观自今'历书'毋用'历'字，以'日课'书之……以为恒式。"关于乡历，《李朝世宗实录》卷七，（世宗三年（1421）四月辛亥，第 7 册，第 195 页）载："唐历及乡历相违处，与阴阳学提调参考诸书……"

⑧ 如《李朝太宗实录》卷三四［太宗十七年（1417）十二月戊申，第 2 册，第 197 页］载："以《大统历》校本朝历有差误处。"

⑨ 《李朝宣祖实录》卷一〇六，宣祖三十一年（1597）十一月癸巳，第 23 册，第 531 页。

⑩ 《李朝肃宗实录》卷五四，肃宗三十九年（1713）七月乙亥，第 40 册，第 511 页："五官司历出来时，许远学得仪器、算法，仍令随往义州，尽学其术矣。仪器之用，有《仪象志》《黄赤》《正球》等册。算书及此等册，使之印布，仪器亦令造成。而司历又言：'尔国所无书册、器械，当归奏觅给。'云：'日后使行，许远使之随往好矣。'上允之。"

天监为推编历书专设职官，明钦天监"五官正推历法，定四时。司历、监候佐之"①，清钦天监"时宪科掌推天行之度，验岁差以均节气，制时宪书，颁之四方"②。与中国情况相似，李朝初期书云观设"司历"推编历书，至朝鲜天文官掌握清代时宪历法，历官改称三历官"掌推步星历"③。编制好的历书例由印历所、印出所、日课厅负责刊印④，其间经过"汇编→出草→缮写→刊版→踏印→唱准→捣砧→妆潢"⑤ 等环节，印好的各类历书⑥会在每年冬至进献朝鲜王室⑦。同时，观象监每年印 4 000 册历书，颁赐各级臣僚。⑧ 18 世纪后，随着民间用历需求的增加，观象监每年印历数量增至 15 300 册，除进献与颁赐外，其余售给本国百姓。⑨ 此外，与明至清初的历书管理相似，朝鲜亦禁止私印历书，李朝后期，曾发生一桩因观象监官员"伪造印信，私刻历书，烂熳发卖"的案件⑩，为此《六典条例》颁布"私造历律，断以大辟，私相买卖，并严刑，勿限年极边远配"⑪ 的刑法。

其次是推步交食。在中国古代占星术中，日月食被视为最凶险的天象，交食临期救护仪式备受历代统治者重视，明钦天监规定"日月交食，先期算其分秒时刻、起复方位以闻，下礼部，移内外诸司救之，仍按占书条奏"⑫。《清会典》载清钦天监时宪科"凡日月食，则掌其推算"⑬，清代因采用西法《时宪历》，可预报全国各省及邻国朝鲜的日

---

① 《明史》卷七四《职官志三·钦天监》，第 1811 页。

② 《清史稿》卷一一五《职官志二·钦天监》，第 3324 页。

③ （李朝）成周惠编撰：《书云观志》卷一《官职》，第 20 页。

④ （李朝）成周惠编撰：《书云观志》卷二《治历》，第 80－83 页。

⑤ 笔者据《书云观志》的记述，将印历过程分为上述环节，参见（李朝）成周惠编撰：《书云观志》卷二《治历》，第 80－83 页。

⑥ 当时观象监编制的历书有《时宪书》《七政历》《白粧日课》《写本大统日课》《帖粧日课》《日课百中历》《七政百中历》《千岁历》等不同种类。参见（李朝）成周惠编撰：《书云观志》卷二《进献》，第 133 页。

⑦ （李朝）成周惠编撰：《书云观志》卷二《进献》，第 133－134 页。进献朝鲜王室的历书，按等级高低依次分大殿、内各殿、世子宫、各嫔宫四类，历书的规格、种类、数量均有差别。

⑧ （李朝）《经国大典》卷三《礼典·藏文书》，《奎章阁资料丛书·法典篇》，《域外汉籍珍本文库第二辑·史部》第 16 册，第 621 页。

⑨ （李朝）成周惠编撰：《书云观志》卷二《式例》，第 139 页。

⑩ 《承政院日记》卷一三九五，正祖元年（1778）二月二十八日条，第 99a 页。

⑪ （李朝）《六典条例》卷九《刑典·刑曹·考律司·律令》，《奎章阁资料丛书·法典篇》，首尔大学校奎章阁，1999 年，第 2 页。

⑫ 《明史》卷七四《职官志三·钦天监》，第 1811 页。

⑬ 《钦定大清会典》卷八〇《钦天监·时宪科》，光绪朝御制本，第 17 页。

月食情况。① 据《书云观志》"景宗辛丑，礼部始送咨于我国"② 的说法，自康熙六十年（1721）起，清廷始向藩属国朝鲜发布日月食预报，要求朝鲜临期救护，并向清廷报告观测结果。预报通常在交食出现前四至五个月发布，为利用清钦天监交食预报检测本国推步的精准度，观象监亦将交食预报提前至五个月。③ 观象监设推步官"掌推步内篇"和修述官"掌推步交食"，④ 与清钦天监不同，观象监综合使用多种历法推测交食，通常先用《皇明大统通轨》《回回历法》《时宪历》《大明历法》四篇法，再用《崇祯历书》《历象考成》《历象考成后编》三篇法。⑤ 如：

> 今十一月十五日甲寅望月食，以"四篇法"推之，《大明历法》不食，《时宪法》复圆申正三刻，《内篇法》复圆酉初初刻，《外篇法》复圆酉初三刻。以"三篇法"观之，则与日入时相近。⑥

在综合参考各推测数据后，再确立交食出现的日期时刻，这也从侧面反映出观象监对《时宪历》推步交食法掌握有限，据《承政院日记》载，直至1885年仍有观象监官赴北京钦天监"质定交食法"⑦。交食到来时，若国王亲自救食，则举行救食仪式，观象监官员将"食既→食甚→生光→复圆"各时段情况上报、提醒国王"警惕修省"。⑧

最后是观象测候。明钦天监"监正、副掌察天文、定历数、占候、推步之事。凡日月、星辰、风云、气色，率其属而测候焉。有变异，密疏以闻"⑨，清钦天监"天文科掌观天象，书云物识祥；率天文生登观象台，凡晴雨、风雷、云霓、晕珥、流星、异

---

① 崔张华、张书才主编：《清代天文档案史料汇编》，大象出版社，1997年，第240–400页。

② （李朝）成周惠编撰：《书云观志》卷二《交食》，第110页。

③ 《书云观志》卷二载："英宗己丑，奉教前期五朔入启，载《大典通编》。"参见（李朝）成周惠编撰：《书云观志》卷二《交食》，第110页。

④ （李朝）成周惠编撰：《书云观志》卷一《官职》，第21–22页。"内篇"即《皇明大统通轨》，"外篇"指《回回历法》。

⑤ 《皇明大统通轨》称内篇，《回回历法》称外篇。四篇法见《书云观志》卷二《交食》，第110页；三篇法见《书云观志》卷二《治历》，第78–79页。

⑥ 《李朝英祖实录》卷七二，英祖二十六年（1750）十一月戊申，第43册，第387页。

⑦ 《承政院日记》卷二九五三，高宗二十三年（1885）十月二十二日，第97b页。

⑧ （李朝）成周惠编撰：《书云观志》卷二《交食》，第109页。

⑨ 《明史》卷七四《职官志三·钦天监》（第1810页）载："其属，主簿厅，主簿一人（正八品），春、夏、中、秋、冬官正各一人（正六品），五官灵台郎八人（从七品，后革四人），五官保章正二人（正八品，后革一人），五官挈壶正二人（从八品，后革一人），五官监候三人（正九品，后革一人），五官司历二人（正九品），五官司辰八人（从九品，后革六人），漏刻博士六人（从九品，后革五人）。"

星，汇录册簿，应奏者送监，密疏上阅"①。李朝观象监的天文观测与此相似，据《书云观志》，其观测对象分两类：第一类是日月五星，包括日月食及冠珥背璚等现象及被视为不祥征兆的客星、彗星、孛星、蚩尤旗等星变；第二类是气象观测，包括风、电、雷、雨、雪等天气现象。② 在天文观测方法上，明钦天监"观象台四面，面四天文生，轮司测候。保章正专志天文之变，定其吉凶之占"③，清钦天监天文科"画夜观候，每二时以二人登台轮直，分观四方，凡五日为一班，月计六班"④，李朝观象监与明、清钦天监相似，由三名天文学官分"上、中、下三番分掌画夜"⑤，轮番入直，每番一人，以三天为单位：

> "初日"日出至午前下番，午后至初昏中番，一更二更下番，三更四更上番，五更至昧爽中番监之。"中日"日出至午前上番，午后至初昏下番，一更二更中番，三更上番，四更至昧爽下番监之。"终日"日出至午前下番，午后至初昏中番，一更下番，二更三更上番，四更至昧爽中番监之。⑥

如此，每天分为五个时段，确保每个时段都有一名天文学官候察天象。观测记录称为"星变测候单子"，书启规则与清钦天监相似，如彗星出现，记作"移见于某宿度内色某，尾长某尺，大于某星"⑦，除文字记录，许多单子附有图解，这从由观测报告汇编的《星变腾录》即可看出。单子最终被提交给朝鲜国王，并"各记姓名，以备考证，若有失候不启者，当该官勘罪"⑧，倘有"不谨测候之状"，失职监官将受惩罚⑨。

2．相地官

相地堪舆是明、清钦天监的基本职能之一，《明史》载钦天监"凡营建、征讨、冠婚、山陵之事，则选地而择日"⑩，清制"凡相度风水，遇大工营建，委官相阴阳、定

---

① 《清史稿》卷一一五《职官志二·钦天监》，第 3324 页。
② （李朝）成周惠编撰：《书云观志》卷一《番规》，第 68 – 71 页。
③ 《明史》卷七四《职官志三·钦天监》，第 1811 页。
④ 《钦定大清会典》卷八一《钦天监·天文科》，光绪朝御制本，第 65 页。
⑤ （李朝）成周惠编撰：《书云观志》卷一《番规》，第 66 – 67 页。
⑥ （李朝）成周惠编撰：《书云观志》卷一《番规》，第 67 页。
⑦ （李朝）成周惠编撰：《书云观志》卷一《番规》，第 68 页。
⑧ （李朝）成周惠编撰：《书云观志》卷一《番规》，第 71 页。
⑨ 《承政院日记》卷一九四，显宗七年（1666）四月二十三日条，第 84a 页。
⑩ 《明史》卷七四《职官志三·钦天监》，第 1810 页。

方向"①。与此相似，李朝观象监地理学（风水学）设"相地官"②，负责为王室营建宫邸、陵墓、胎室等工程选址。受中国传统风水学影响，高丽朝已有"卜地迁都"和"卜地构左右宫阙"的记载，③ 李朝"国初汉阳定鼎及景福宫营建时"亦有"术士相地之说"，④ 国王李㮒曾命人刊印风水学书籍：

> 风水之学，有其官而无其实，诚可叹已。若以《地理大全》《地理全书》《地理新书》与夫《灵经》《天一经》《地珠林》诸书刊行于世，使文士讲明，而作兴之，则风水之法可明于世，邪说不得行矣。⑤

另据"观象监厘正节目"，李朝后期观象监取才考试用书"地理学则《青乌经》《锦囊经》《明山论》《胡舜申》"⑥，《书云观志》对此记述更为丰富：

> 地理学《青乌经》《锦囊经》以上背诵，《明山论》《胡舜申》《洞林照胆》《琢玉斧》《大典通编》以上临文。初用《地理门庭》《撼龙》《捉脉赋》《拟龙》四册，今废。⑦

上述书籍绝大多数为中国历代风水学经典著作⑧，观象监将这些书籍引进并纳入阴阳科考试，成为相地官"安坟立宅"前"卜其地之美恶"⑨ 的理论指导，如：

---

① 《大清会典（乾隆朝）》卷八六《钦天监》，凤凰出版社，2018 年，第 411 页。

② （李朝）成周悳编撰：《书云观志》卷二《堪舆》，第 118 页。观象监地理学，前期称"风水学"，"自今业地理者，依旧称风水学"。参见《李朝世宗实录》卷八三，世宗二十年（1438）十月癸酉，第 4 册，第 169 页。

③ （李朝）郑麟趾撰，孙晓主编：标点校勘本《高丽史》卷一二九《崔沆传》，第 3917 页；《高丽史》卷九《文宗世家三》，第 264 页。

④ 《李朝宣祖实录》卷二〇八，宣祖四十年（1606）二月乙巳，第 25 册，第 309 页。

⑤ 《李朝世宗实录》卷五一，世宗十三年（1431）正月丁丑，第 3 册，第 289 页。

⑥ 《承政院日记》卷一六九五，正祖十五年（1791）十月二十七日，第 203b 页。

⑦ （李朝）成周悳编撰：《书云观志》卷一《科试》，第 35 页。

⑧ 如《青乌经》（《相冢书》）相传为商周时青乌子所著，《锦囊经》（《葬书》）为东晋郭璞所著，《撼龙经》为唐代杨筠松著，《明山论》为宋代蔡成禹著，《胡舜申》（《地理新法》）为南宋胡舜申著，《琢玉斧》为明代徐之镆著。

⑨ 《李朝肃宗实录》载："堪舆之术，虽甚杳茫，安坟立宅，顾不可忽也"；《李朝世宗实录》载："程子《葬说》曰：卜其宅兆，卜其地之美恶也，非阴阳家所谓祸福者也。"参见《李朝肃宗实录》卷一七，肃宗十二年（1686）十二月丁巳，第 39 册，第 84 页；《李朝世宗实录》卷一〇六，世宗二十六年（1444）十二月丙寅，第 4 册，第 600 页。

（迁陵之事）令观象监，抄出地理书所载……国家既设地理局，用其术卜择葬兆矣……观象监抄书曰："郭璞《锦囊经》曰：山之不可葬者五，气因土行，而石山不可葬也。"①

除此之外，每当"陵封、陵上，莎草石物有颓处及陵上有失火处"，例由相地官负责审查。② 朝鲜国王"园陵幸行"时③，观象监例派"相地官一员"陪随④。相地官还负责为胎室选址，高丽、李朝王世子孙出生后，有将新生儿胎盘清洗收藏的习俗⑤，存放胎盘的石室称"胎室"，例由相地官事先选出三处备选地，再由国王从中选定最终藏胎盘地⑥。

3. 诹吉官、修选官

明、清钦天监均有克择吉凶之职能，明钦天监"保章正专志天文之变，定其吉凶之占"⑦，清钦天监漏刻科有"祭祀、朝会、营建，诹吉日，辨禁忌"⑧ 之责。与此相似，高丽朝书云观即负责在国王行事前告知"阴阳拘忌"⑨，李朝初期书云观设"视日"一职负责此事，此后发展为"选择良吉"的命课学官，即诹吉官与修选官⑩。"宫阙营建吉年、日、时，则观象监例为推择"⑪，"观象监厘正节目"云"命课学则专掌诹吉，如朝贺封册、燕享动驾、试士阅武等涓择，俱系至重至敬之事"⑫，此外，命课学官的职责还包括"春秋之仲月朔日、陵幸吉日""产室排设吉日、吉时及禁忌方位""每日吉不吉"及"出疆日前期涓吉"等方面。⑬ 另据《书云观志》记述：

---

① 《李朝中宗实录》卷八四，中宗三十二年（1537）四月癸酉，第 18 册，第 70 页。

② （李朝）成周悳编撰：《书云观志》卷二《堪舆》，第 118 页。颓，毛病之义。

③ 《李朝英祖实录》卷一一，英祖三年（1727）正月壬辰，第 41 册，第 616 页。陵幸、园陵幸行，指李朝国王谒陵及行宫游幸之事。

④ （李朝）成周悳编撰：《书云观志》卷二《堪舆》，第 119 页。

⑤ ［韩］吴映玟：《朝鲜时代的宫中胎室文化研究》，《故宫博物院院刊》2012 年第 6 期。

⑥ （李朝）成周悳编撰：《书云观志》卷二《堪舆》，第 118 页。

⑦ 《明史》卷七四《职官志三·钦天监》，第 1811 页。

⑧ 《清史稿》卷一一五《职官志二·钦天监》，第 3324 页。

⑨ 《高丽史》卷四〇载："书云观以阴阳拘忌奏：'宜先驻驾城南兴王寺，俟修康安殿。'从之。"参见（李朝）郑麟趾撰，孙晓主编：标点校勘本《高丽史》卷四〇《恭愍王世家三》，第 1247 页。

⑩ （李朝）成周悳编撰：《书云观志》卷一《官职》，第 21 页。

⑪ 《光海君日记》卷三九，光海九年（1617）二月戊戌，第 29 册，第 137 页。

⑫ 《承政院日记》卷一六九五，正祖十五年（1792）十月二十七日，第 203b 页。

⑬ （李朝）成周悳编撰：《书云观志》卷二《选择》，第 123－125 页。

天文学三员、命课学一员昼夜联直。天文学则均时分夜，冯台占候；命课学则专掌诹吉。……命课学则诹吉官、修选官轮回入直。①

命课学官与天文学官一样，要昼夜轮流工作，根据星宿分布情况选择吉凶，这与明钦天监保章正的职责类似。

4. 禁漏官

明钦天监"挈壶正知刻漏。孔壶为漏，浮箭为刻，以考中星昏旦之次。漏刻博士定时以漏，换时以牌，报更以鼓，警晨昏以钟鼓。司辰佐之"②，清钦天监"漏刻科掌调壶漏，测中星，审纬度"③，与此相似，李朝观象监设禁漏官掌漏报时。最早见《燃藜室记述》"太祖戊寅，置更漏于钟街"④，后据《书云观志》记述：

> 世宗乙巳，以天文秘密，不可使禁漏之人亦并肄习，分置禁漏定额：天文二十员，禁漏四十员。癸丑，因礼曹奏，依中朝钦天监挈壶正兼掌禁漏例，复以禁漏合属于天文。后改为观象监，又分置禁漏，更定官制。⑤

此事《李朝世宗实录》亦有记述⑥，可知禁漏早期属天文学，后被分置。禁漏官办公场所称"禁漏房""禁漏厅"或"漏局"，⑦ 朝鲜国王李裪曾修建报漏、钦敬二阁⑧，将自击漏和玉漏两套自动报时装置分藏其中，作为国家标准的授时仪器，禁漏官根据自击漏的授时信号，在早、中、晚分别敲击钟楼上的晨昏大钟，授时仪式分别称"罢漏"

---

① （李朝）成周惠编撰：《书云观志》卷一《番规》，第66页。

② 《明史》卷七四《职官志三·钦天监》，第1811页。

③ 《清史稿》卷一一五《职官志二·钦天监》，第3324页。

④ （李朝）李肯翊编：《燃藜室记述》别集卷一五《天文典故·仪象》，第583页。

⑤ （李朝）成周惠编撰：《书云观志》卷一《官职》，第14页。

⑥ 《李朝世宗实录》卷五九载："禁漏天文，同属书云观试才叙用。至乙巳年，以天文秘密不可使禁漏之人亦并肄习，于是定额天文二十人、禁漏四十人，其属天文者，不使取才，使之秘密相传。又至丁未年本曹受教，天文占算，复令试才，而因仍旧例，不令合属。臣等参详，天文则专掌历象，任重而员额少；禁漏则但主更点，事小而员额多。且今中朝钦天监有挈壶正，则禁漏天文，亦不别置明矣，乞依中朝及太宗朝旧例合属何如？从之。"参见《李朝世宗实录》卷五九，世宗十五年（1432）二月丙戌，第3册，第441页。

⑦ 禁漏房见《李朝太宗实录》卷三〇，太宗十五年（1415）十二月壬午，第2册，第95页；禁漏厅见《承政院日记》卷八三〇，英祖十二年（1736）七月十六日，第104b页；漏局见《李朝显宗实录》卷八，显宗五年（1664）三月戊辰，第36册，第403页。

⑧ （李朝）李肯翊编：《燃藜室记述》别集卷一五《天文典故·瞻星》，第582－583页。

"午正""人定"，① 这与清钦天监"阴阳生隶漏刻科，掌主谯楼直更"的制度相似②。李朝后期虽已引进西洋自鸣钟，但传统报时方式直到 1895 年方被废止。③ 禁漏官每夜五人"相递守更"④，责任重大，工作失职者必受严惩，譬如曾有禁漏官因"天将曙，始罢漏"⑤ 被囚禁惩治。

经对比梳理，李朝观象监的职官设定及相关职能，是在借鉴明、清钦天监基础上，结合本国实际情况设置的，因而呈现出许多相似之处。李朝末期，伴随朝鲜与清王朝之间宗藩关系的终结，以金弘集（1842—1896）为首的开化派组建亲日政权，在日本的影响与干预下，朝鲜采取一系列近代化改革措施，包括使用由日本引进的西方近代天文历法系统及日本官制。1894 年"观象监改称观象局"，仅设"参议一员、主事六员"⑥。同年宣布历法"用泰西《太阳历》，参用《时宪历》，忌辰、诞节及拣吉皆用《时宪历》"⑦。次年观象局改称观象所，仍"掌观象测候及历书调制、命课、地理所关事务。职员：所长一人，奏任；技师四人，奏任；技手二人以下，判任；书记二人以下，判任"⑧。这标志着朝鲜传统天文学体系及司天机构旧官制的衰亡，最终被近代西方天文学取代。

三、李朝赴燕官与天文知识的跟进

李朝书云观与观象监在机构设置、职官职能、管理制度等方面效法中国，在天文知识方面同样以中国为师。尤其清代，李朝天文官屡赴北京清钦天监"学得推步作历之法"与"购贸书器"，逐渐发展为"赴燕官"制度。中国天文知识在这一过程中被系统地引进，极大促进了朝鲜天文学的发展。

---

① 南文炫：《对于朝鲜世宗朝创制的观天授时仪器的技术考察》，《自然科学史研究》1995 年第 1 期。

② 《清史稿》卷一一五《职官志二·钦天监》，第 3324 页。

③ 《承政院日记》载："从前人定、罢漏及时钟废止，依正午例，子正撞钟，报时、更鼓节次，一体废止。"参见《承政院日记》卷三〇六三，高宗三十二年（1894）九月二十九日，第 32b 页。

④ 《李朝世祖实录》载："禁漏之任，每夜五人相递守更。"参见《李朝世祖实录》卷一一，世祖四年（1458）一月戊寅，第 7 册，第 249 页。

⑤ 《李朝仁祖实录》卷二九，仁祖十二年（1634）六月庚申，第 34 册，第 552 页。

⑥ 《李朝高宗实录》卷三二，高宗三十一年（1894）七月乙酉，第 2 册，第 499 页。

⑦ （李朝）洪凤汉等纂，古典刊行会编：《增补文献备考上》卷一《象纬考一》，第 22 页。

⑧ 《李朝高宗实录》卷三三，高宗四十二年（1905）二月二十六日（阳历），第 3 册，第 370 页。

《燃藜室记述》记述，早在1421年，李裪就派遣尹士雄、崔天衢、蒋永实三人"往中国，各样形止，无不入眼而还，趁速成形"，并吩咐将"造历、学算各样天文书册贸易，报漏、钦敬阁浑仪图式形止见样以来，多给银两物产"，次年"士雄等还自京师，贸得天文各样书册"，并制造各类天文仪象，此为李朝天文官赴中国学习的最早记载。① 此后，李朝政府通过各种途径，陆续获取大批明朝天文学著作，诸如《大统历法通轨》《回回历法》《纬度太阳通径》《西域历法通径》等明初重要历算书籍。② 观象监天文官在研究与吸收中国历算知识的基础上，仿制出一批与中国天文仪器相似的观测仪象，如简仪、小简仪、正方案、圭表、景符、仰釜日晷、悬珠日晷、天平日晷、定南日晷、日星定时仪、小日星定时仪、自击漏、玉漏、行漏、浑仪、浑象等。③ 此外，李纯之等天文官经过对中国天文学的理解会通，撰写出《天文类抄》《交食推步法》《诸家历象集》等著作。④ 这些天文仪象及书籍对朝鲜观象推步发挥了重要作用。

明亡清兴，朝鲜与清王朝确立封贡关系。清军入关后，顺治帝将西洋传教士汤若望编订的新法《时宪历》定为官方历法，并推编出该年历书。时旅居北京的朝鲜奏请使获得新历书，将其速带回国，观象监官发现清历"大小月与我国之历相同，而二十四节少同多异，有进退于一二日者"，他们深知奉清正朔须掌握该历法，但清初严禁私习天文，"使能算之人，入学于北京，似不可以"。⑤ 朝鲜使臣想以重金秘买的方式"给白金数十两，使买历法之书于汤若望，以为他日取来之计"，但终"求其法而不得"。⑥ 1648年，清廷首次正式向藩属国朝鲜颁发该年时宪历书⑦，承袭明制颁发给朝鲜"王历一本、民

---

① 《燃藜室记述》载："三年（1421）辛丑，命召南阳府使尹士雄、富平府使崔天衢、东莱官奴蒋永实于内监，论难讲究璇玑玉衡之制，无不吻合上意。上大悦曰：'……尔等入往中国，各样形止，无不入眼而还，趁速成形。'又教曰：'此辈入送中原时，移咨礼部，造历、学算各样天文书册贸易，报漏、钦敬阁浑仪图式形止见样以来，多给银两物产。'四年（1422）壬寅，士雄等还自京师，贸得天文各样书册。知晓两阁制度以来，即设两阁浑仪成像都监，使士雄等监造。七年（1425）乙巳十月，两阁毕役。"参见（李朝）李肯翊编：《燃藜室记述》别集卷一五《天文典故·瞻星》，第582-583页。

② 石云里：《中朝两国历史上的天文学交往（一）》，《安徽师范大学学报（自然科学版）》2014年第1期。朝鲜由明钦天监获得天学著作的途径史料无载，但从清初朝鲜使臣欲以重金秘买等手段获取汤若望《时宪历》，笔者推测此前大致亦采取此类做法。

③ J. Needham, Lu Guei-Dien, J. H. Cambridge & J. S. Major, *The Hall of Heavenly Records*, *Korean Astronomical Instruments and Clocks 1380-1780*, Cambridge University Press, 1986.

④ （李朝）成周悳编撰：《书云观志》卷四《书器》，第312页。

⑤ 《李朝仁祖实录》卷四六，仁祖二十三年（1645）十二月丙申，第35册，第254页。朝鲜当时使用《大统历》推编历书。

⑥ 《李朝仁祖实录》卷四七，仁祖二十四年（1646）六月戊寅，第35册，第278页。

⑦ 《李朝仁祖实录》卷四九，仁祖二十六年（1648）二月壬辰，第35册，第318页。

历一百本"①。为能尽快掌握新历法，确保本国所编历书与清历一致，从而避免影响宗藩关系及本国宫廷礼仪诸事宜②，朝鲜国王派遣观象监天文官赴北京学习时宪历法。同年九月，首次"遣日官宋仁龙，学时宪历算法于清国"③，但效果并不理想。因清初钦天监"历书私学，防禁至严"，宋仁龙"仅得一见汤若望，则略加口授，仍赠缕子草册十五卷、星图十丈，使之归究其理"。④观象监将宋仁龙带回的书册及星图"择定日官五人，程督推究"，唯有金尚范"尽心研究，先于日躔月离要处颇多开悟，而犹有数三差违之端"⑤。朝鲜国王遂又派遣金尚范赴北京钦天监学习时宪历法，其不负众望，次年（1652）三月学成返回汉阳，观象监立即"选多官使之传习"，并迅速将次年历书用时宪新法推编出来，但念及"改造历法，当十分详审，未经证验，疑信难定，不可遽尔颁行"，遂决定先用旧有《大统历》，新历书"待燕京历书之来，考准以证之"⑥。后经与清历对比"一一相合"，李朝政府遂宣布"甲午历为始，一依新法推算印行为当"，从此正式采用与颁行观象监以时宪历法推编的历书。⑦然而金尚范仅掌握推编历书的方法，对于"七政行度，则时宪法未能学得"，致使在制历工作中"间有异议，皆不能指言其故"，朝鲜国王为此又派其赴北京学习历法，不料其于中途病亡。⑧但这并未中止李朝天文官赴北京学习的进程，此后"择精于历法者，随使行以送"⑨成为朝鲜的一种惯例，在此期间，伴随清钦天监对新历法的引进变更，李朝政府不断派天文官赴北京学习，以保证中国"新修之法，必随改学得"⑩，例如康熙年间采用第谷宇宙体系的《历象考成》法，朝鲜随即派观象监官安重泰等人赴北京学习⑪。这些被派往北京的天文官称"赴燕官""日官"或"历官"，⑫1741 年李朝政府正式将赴燕官确立为一项制度，

① 《明会典》卷一七六《钦天监》，《景印文渊阁四库全书》第 618 册，台湾商务印书馆，1986 年，第 720 页。

② 林宗台：《17—18 世纪朝鲜天文学者的北京旅行：以金尚范和许远的事例为中心》，《自然科学史研究》2013 年第 4 期。

③ 《李朝仁祖实录》卷四九，仁祖二十六年（1648）九月辛巳，第 35 册，第 334 页。

④ 《李朝仁祖实录》卷五〇，仁祖二十七年（1649）二月甲午，第 35 册，第 343 页。

⑤ 《承政院日记》卷一一六，孝宗元年（1650）十月十六日，第 148b 页。

⑥ 《李朝孝宗实录》卷八，孝宗三年（1652）三月壬午，第 35 册，第 537 页。

⑦ 《承政院日记》卷一二六，孝宗四年（1653）一月六日，第 179b 页。

⑧ 《承政院日记》卷三九八，肃宗二十七年（1701）七月十九日，第 161b 页；《李朝孝宗实录》卷一四，孝宗六年（1655）一月辛丑，第 36 册，第 1 页。

⑨ 《李朝孝宗实录》卷一四，孝宗六年（1655）一月辛丑，第 36 册，第 1 页。

⑩ 《承政院日记》卷七〇，英祖四十二年（1766）六月二十七日，第 137b 页。

⑪ 《承政院日记》卷七四六，英祖八年（1732）六月十二日载："安重泰，亦以新法《历象考成》《七曜算法》详细学来之功，姑付司正矣。"

⑫ （李朝）成周惠编撰：《书云观志》卷一《取才》，第 52 页。

规定：

> 于节使赴燕时，择送本监历官一人于彼中，学得推步作历之法，而每年差送，永为定式。①

此后"观象监厘正节目"中改为"三年一送"：

> 古规则赴燕官，每年差送，而近来以三年一送为式。②

政府派赴燕官到北京学习历法的同时，鼓励其购买天文书籍及观测仪象，《书云观志》载：

> 赴燕之官……至于探索历法、购贸书器，则未有公文，必藉私力。③

李朝政府对"历象、方书得来者，多施加资之典"④，如观象监官金兑瑞就因此受到朝鲜国王赏赐：

> 谢恩使之行……金兑瑞，与西洋人戴进贤等问难算法曾未明解者，尽心学来。且方书中，《太乙统宗》《淘金歌》，仪器中大千里镜，俱是历家紧要者，故每欲求得而未易矣。金兑瑞，多费私财，艰辛贸来，极为可尚。在前监官之学法贸书以来者，并有加资激劝之例。今此金兑瑞，亦当依例加资。⑤

这些辗转求购而来的书籍和仪象，被存放在内阁和观象监中⑥，供李朝天文官研究与使用。赴燕官制度的确立，使朝鲜观象监对清代天文知识保持跟进式学习，经过多年努力，李朝天文官不仅掌握《时宪历》《历象考成》《历象考成后编》等清代官方历法及交食推步术，对西方天文学的理解亦随之深入，促成 17—18 世纪欧洲天文学经由中

---

① 《朝鲜英祖实录》卷五四，英祖十七年（1741）九月丙子，第 43 册，第 32 页。
② 《承政院日记》卷一六九五，正祖十五年十月二十七日，第 203b 页。
③ （李朝）成周惠编撰：《书云观志》卷一《取才》，第 52 页。
④ 《承政院日记》卷一〇五，英祖二十三年（1747）四月二十二日，第 154b 页。
⑤ 《承政院日记》卷九七四，英祖二十年（1744）七月三日，第 87b 页。
⑥ 《承政院日记》载："购得方书仪器，纳于内阁与本监。"参见《承政院日记》卷一八八四，纯祖四年（1804）九月二十一日，第 196b 页。

国传入朝鲜。这些西方天文知识可分为"宇宙学说""恒星图表""仪器""推步术"四个方面，其中"宇宙学说"包括以水晶球体系为基础的地圆说、第谷体系、开普勒椭圆轨道理论、地球自转说等，"恒星图表"包括汤若望星图、《崇祯历书》星表、《灵台仪象志》星表、南怀仁星歌星图、闵明我《方星图解》《仪象考成》星表、戴进贤《黄道总星图》《历象考成续编》星表等，"西式仪器"包括自鸣钟、望远镜、西式浑天仪、赤道经纬仪、地平日晷等。① 由于朝鲜李朝实施"闭关锁国"政策，这一时期西方天文知识主要由清钦天监引入，促进了朝鲜天文学在理论与技术方面的发展，在理解与吸收新天文知识的基础上，李朝天文官还撰写出《细草类汇》《推步捷例》《时宪纪要》等天文学著作。② 但是，新天文知识未能使李朝观象监走上近代化道路，与清代天文学情况相似，李朝末期传统天文学走向衰亡。

综上，李朝司天机构在历算、书籍、仪象等具体天文知识上，积极向中国明、清钦天监学习与引进。由于清代历法体系多次变更，致使朝鲜赴燕官对清钦天监进行跟进式学习，这一过程，一方面可视为朝鲜对宗主国政治权威的认同，另一方面也反映出朝鲜对清钦天监科技权威的认同。

四、结论

古代朝鲜半岛历代王朝在效法中国官制的基础上，设置司天机构与引入天文学，其机构建制及具体天文知识深受中国影响。不仅反映在机构与职官称谓源自中国各朝司天机构，更表现在对中国历朝天文历法的引用，从新罗时代学习唐代天文历算，到高丽朝先后使用唐、元历法。朝鲜李朝书云观与观象监作为朝鲜半岛历代司天机构的延续，机构设置、职官职能、管理制度等均效仿与借鉴同时期中国明、清钦天监。东亚封贡体系作为理想化的国际政治秩序，藩属国除在政治上臣服明、清王朝，还须以宗主国时间为权威，采用同一时间系统，明、清王朝为此向朝鲜每年颁发历书。在宗藩"颁—奉正朔"的背景下，朝鲜观象监以明、清王朝每年新颁历书为权威，考校本国历书。有清一代，中国官方历法多次变更，为使每年历书及推报交食与清钦天监一致，李朝政府确立赴燕官制度，对清钦天监的天文历算实施多年跟进式学习，并购进天文书籍和仪象，供观象监天文官研究与使用。在此过程中，朝鲜天文官逐渐掌握清代各时期官方历法及交食推步术，促成17—18世纪欧洲天文学经由中国传入朝鲜。李朝赴燕官对天文知识的学习，反映出宗藩体制下朝鲜李朝对中国政治与科技权威的双重认同，在客观上促进了

---

① 参见石云里：《西法传朝考（上）》，《广西民族学院学报（自然科学版）》2004年第1期。

② 《细草类汇》为赴燕官许远于1710年著；《推步捷例》为李朝天文官南秉吉、徐浩修等人于1798年编纂；《时宪纪要》由南秉吉于1860年作。

206

彼时中国天文学向东亚周边国家传播。伴随李朝末期"清王朝—朝鲜"之间宗藩关系的终结，观象监也被裁撤。

作者简介：

梁永泽，暨南大学中外关系研究所博士研究生。

新加坡汉籍《越南游记》考论^①

成思佳

[提要] 新加坡文人陈恭三所著《越南游记》是在古代汉文化圈以外的国家和地区产生的一种由当地华侨华人撰写和出版的域外汉籍文本。从现有的资料来看，该书的流传极为广泛，由此形成了数个不同的版本，大致上可分《叻报》连载本《越南游记》和光绪十四年印本《越南游记》两大系统。从历史和现实的角度来看，《越南游记》的诞生不仅与陈氏往游越南的个人经历直接相关，更是新越之间所存在的海上历史联系、越南逐步沦为法国殖民地和新越华侨华人群体所存在的现实联系等因素共同作用的结果。该书虽然篇幅不长，但所涉内容却极为丰富，其中既有对越南本国经济社会的观察，也有对法国殖民者功过得失的评价，更有对与陈氏同源同祖的越南华侨华人群体的考察，对于研究法属时期的越南近代社会、东南亚地区的华侨华人和汉籍文本在全球范围内的传布与流传均有一定的史学价值和意义。

[关键词] 越南游记；域外汉籍；陈恭三；华侨华人；东南亚

---

① 本文系国家社科基金重大项目"中越书籍交流研究（多卷本）"（项目编号：20&ZD333）的阶段性成果。

众所周知，所谓的"域外汉籍"主要指的是流传到海外或在海外地区产生的汉字文献。① 作为汉籍的主要发源地，中国文人士大夫自古就有收藏和研究域外汉籍的优良传统，由此在国内保留了一大批颇具研究价值的域外汉籍珍本，例如越南现存最早的史籍——《大越史略》在其国内成书后不久便已散佚，在相当长的一段时期内甚至不为后世越人所知，反而是在中国国内得到了长期的保存和流传，迟至 20 世纪初叶才辗转传回越南。② 改革开放以后，随着中国与世界交往与联系的不断增强，国内学人对域外汉籍的整理和研究取得了长足的发展和进步。整体而言，目前国内学界所关注和研究的域外汉籍大体有两类：其一，是在中国国内产生的，后因种种原因流传至海外世界的各类汉籍文本；其二，是在除中国以外的古代汉文化圈国家（主要为日本、朝鲜、琉球和越南）所产生的各类汉籍文本。

但是，值得注意的是，由于中国自古便有移民海外的传统，逐渐在海外世界（尤其是东南亚地区）形成了众多的华侨华人群体和社会。这些华侨华人群体和社会仍普遍保有和传承中国传统文化尤其是使用汉字的习惯，使得在古代汉文化圈以外的国家和地区亦产生了不少由当地华侨华人所撰写和出版的域外汉籍文本。就目下的情况来看，国内学界对这类由华侨华人群体在海外世界所创作和出版的域外汉籍文本的关注和研究则相对较少，而本文所要述及的由新加坡华人陈恭三③撰写的《越南游记》便是此类域外汉籍文本的代表之一。在本文中，我们主要对该书的版本与流传、编撰缘起、主要内容和史学价值进行一番探讨，以期推动国内对此类域外汉籍文本的关注和研究。

一、《越南游记》的版本与流传

（一）《越南游记》的主要版本

根据陈恭三为《越南游记》所写的按语可知，该书是他于 1888 年第一次去往越南

---

① 关于域外汉籍的定义和争议，参见张伯伟：《域外汉籍研究入门》，复旦大学出版社，2012 年，第 1－5 页。

② 成思佳：《现存最早的越南古代史籍——〈大越史略〉若干问题的再探讨》，《中国典籍与文化》2017 年第 3 期。

③ 陈恭三（1861—？），字省堂，自号为敏求斋主人，祖籍福建漳州，生于新加坡，因工作等原因曾多次前往海外游历，足迹遍及今越南、马来西亚、印度尼西亚等地，由此撰写了大量相关的游记类文章，有学者因此评价他是新加坡当地第一位土生的华文作家。

后在归途之中"因归舟无事,爰取在越见闻之事"① 而写成的一部作品,其稿本的最终成书时间应在 1888 年 5 月 2 日其本人从越南乘船返航新加坡到同年 5 月 8 日《叻报》②开始连载此书的内容之前。由于此稿本现已散佚,我们并不了解其具体的面貌。在稿本成书以后,该书经历了数次刊印和出版,先后形成了以下几种版本:

第一,是在新加坡《叻报》上进行连载的《越南游记》版本(以下简称"《叻报》连载本")。根据《叻报》主编叶季允为《越南游记》所书的按语可知,陈恭三在完成是书稿本后,曾将其交给叶氏阅览,叶氏阅毕后认为此书"亦足资海国见闻之一助",遂决定在《叻报》上进行连载,"以供诸君之赏鉴焉"。③ 查阅历期《叻报》可知,陈恭三的《越南游记》曾被分为七部分在六期《叻报》上连载刊登,分别题为"越南游记"④"续录陈省堂越南游记"⑤ "三续陈省堂越南游记"⑥ "四续陈省堂越南游记"⑦"五续陈省堂越南游记"⑧"六续陈省堂越南游记"⑨ 和"补录陈省堂越南游记"。⑩ 由此形成了《叻报》连载本《越南游记》,是为现在已知的最早公开发表的陈氏《越南游记》,亦可能是最为接近其稿本内容的版本。

第二,是由新加坡《叻报》馆承印的单行本《越南游记》。在《叻报》进行连载之初,尚未有单行本的《越南游记》问世。后来,可能是由于《叻报》的连载在新加坡的华人社会中产生了一定的反响,叶季允遂建议陈恭三将之"以付梓人,用记一时鸿爪雪泥,并使后之往者得而知所趋避焉"⑪,由此诞生了最早的陈氏《越南游记》单行印本。该本为石印本古籍,封面正中题为"越南游记",左右则分书"光绪戊子季春"和"新嘉坡《叻报》馆承印",版心有"越南游记"字样,正文九行二十四字,白口,四

---

① 陈恭三:《越南游记》,光绪十四年(1888)石印本,第 1 页。注:笔者所见的此石印本《越南游记》是本人在郑州大学攻读硕士研究生期间从师公戴可来先生处复印而来的。据当时戴师回忆,该本《越南游记》原本藏于大英博物馆,是苏尔梦女士在 20 世纪 90 年代从法国寄送给他的复印本,在此谨向二位老师表示感谢。

② 《叻报》是"二战"以前新加坡出版发行的最久的华文报刊,由薛有礼于 1881 年 12 月创办,至 1932 年 3 月停办,共刊行了 52 年之久。

③ 陈恭三:《越南游记》,《叻报》第 1935 期,1888 年 5 月 8 日。

④ 陈恭三:《越南游记》,《叻报》第 1935 期,1888 年 5 月 8 日。

⑤ 陈恭三:《续录陈省堂越南游记》,《叻报》第 1936 期,1888 年 5 月 9 日。

⑥ 陈恭三:《三续陈省堂越南游记》,《叻报》第 1936 期,1888 年 5 月 9 日。

⑦ 陈恭三:《四续陈省堂越南游记》,《叻报》第 1937 期,1888 年 5 月 10 日。

⑧ 陈恭三:《五续陈省堂越南游记》,《叻报》第 1939 期,1888 年 5 月 12 日。

⑨ 陈恭三:《六续陈省堂越南游记》,《叻报》第 1940 期,1888 年 5 月 14 日。

⑩ 陈恭三:《补录陈省堂越南游记》,《叻报》第 1944 期,1888 年 5 月 18 日。

⑪ 陈恭三:《越南游记》,第 10 页。

周双边。① 由于该本封面标注其印行的时间在"光绪戊子季春"，因此在本文中我们将该本统称为"光绪十四年印本"。根据新加坡学者庄钦永的研究可知，该本《越南游记》当时共印行了 100 本。② 与《叻报》连载本相比，光绪十四年印本主要发生了几点变化：其一，增加了题为"越南游记"的全书封面；其二，在封面之后拓印了五种当时在越南西贡通行的钱币图样；其三，在正文之前增加了由黄蓬山所写的序文一篇；其四，对正文的主要内容进行了一定的删改和增补，如《叻报》连载本中有"在越连日乘兴游览，至二十日下午三点，复由法国公司正期福所轮回叻。廿二日下午四点半钟，安抵叻岸。因将越南游览情形，分日录登于报云"③ 一段话，在光绪十四年印本中就完全被删去了；最后，在正文之后，增加了由叶季允所写的跋文一篇。

第三，是《小方壶斋舆地丛钞》（以下简称"《丛钞》"）中收录的《越南游记》（以下简称"《丛钞》本"）。《小方壶斋舆地丛钞》是清末著名学者王锡祺编撰的一部大型舆地著述汇编，该书正编分为 12 帙，又有补编、再补编各 12 帙，合计收录了 1 500 余种书籍，吴丰培先生曾评价该书"可谓舆地丛书中空前之作……实为研究史地者必备之参考书"④。在《丛钞》第十帙中共收录了 16 种与越南相关的文献，其中就有陈氏的《越南游记》一种。在《丛钞》中，王氏并未注明该书的作者，仅题为"《越南游记》，新埠陈……著"⑤。通过与《叻报》连载本和光绪十四年印本对比可知，《丛钞》本的底本应为《叻报》连载本，相当于在《叻报》上连载的题为"越南游记""续录陈省堂越南游记""三续陈省堂越南游记""四续陈省堂越南游记"四部分的内容，实为陈氏《越南游记》的一个删减本。

第四，是由新加坡学者庄钦永标点的《越南游记》（以下简称"庄氏标点本"），该本收录在庄钦永所著的《新呷华人史新考》一书中。⑥ 通过与以上诸本对比可知，庄氏标点本是庄氏以光绪十四年印本为底本整理而成的，除了删去光绪十四年印本的封面和所拓印的五种钱币图样以外，其内容则与光绪十四年印本完全一致。

第五，是由法国学者克劳婷·苏尔梦（Claudine Salmon）翻译的法文本《越南游记》（以下简称"法文本"），该本发表在 1992 年出版的法国《群岛》杂志上。⑦ 查其内

① 参见陈恭三：《越南游记》，无页码。

② 庄钦永：《〈越南游记〉——现存最早的华文文学创作单行本》，载《新呷华人史新考》，新加坡南洋学会，1990 年，第 114 页。

③ 陈恭三：《越南游记》，《叻报》第 1935 期，1888 年 5 月 8 日。

④ 吴丰培：《王锡祺与〈小方壶斋舆地丛钞〉及其他》，《中国边疆史地研究》1995 年第 1 期。

⑤ （清）王锡祺辑：《小方壶斋舆地丛钞第十帙》，学生书局，1985 年，第 253 页。

⑥ 庄钦永：《新呷华人史新考》，第 120 – 127 页。

⑦ Tan Keong Sum, Traduction de Claudine Salmon, "Récit d'un voyage au Viêtnam", *Archipel*, 1992，Vol. 43，pp. 145 – 156.

容可知，该本《越南游记》亦是依据光绪十四年印本翻译而成的，在西方世界产生了一定的影响。

最后，是新加坡学者叶钟铃整理和标点的《越南游记》（以下简称"叶氏标点本"），该本收录在叶钟铃编著的《陈省堂文集》一书中。[①] 与上述诸本对比可知，该本实际上是叶钟铃根据《叻报》连载本整合和标点而成的，其内容则与《叻报》连载本一致。

由此可知，陈省堂的《越南游记》在成书以后大致形成了六个主要的版本，而此六个版本又可分为两大系统：其一，是《叻报》连载本或以该本为底本整理而成的诸本《越南游记》，主要包括《叻报》连载本、《丛钞》本和叶氏标点本；其二，是光绪十四年印本或以该本为底本整理而成的诸本《越南游记》，主要包括光绪十四年印本、庄氏标点本和法文本。

（二）《越南游记》的流传过程

根据上文可知，由于《越南游记》产生于19世纪末的英属新加坡殖民地，且其内容又曾在当地华文报纸《叻报》上进行过连载刊登，因此其与一般的古籍流传相比亦存在一定的特殊性。具体而言，大致可以分为三个流传过程：

第一阶段，是从新加坡本地逐渐向海外其他地区流传的历史过程。1888年陈恭三在新加坡完成是书以后，在当地形成了《叻报》连载本和光绪十四年印本两种《越南游记》，由于此两个版本均采用汉字书写和刊印，因此可能主要是在当地的一些华人社区或社会内部进行流传。在新加坡本土流传的同时，《越南游记》亦开始传入海外其他地区和国家，现在已知的主要有两条流传路径：其一，是以光绪十四年印本的形式流传到了远在欧洲的英国。由于当时的新加坡仍为英国的海外殖民地，殖民当局对殖民地的出版和印刷事务有相当严格的规定。根据当时英国颁行的殖民地出版和印刷法令可知，凡是殖民地人士公开出版的书籍均需向殖民当局上交样书一本，再由当局转送英国本土。[②] 因此，陈恭三在出版了光绪十四年印本的《越南游记》以后，亦根据法律向殖民当局上交了一本样书，此样书最终被送到英国，使得《越南游记》由此传入英国国内。其二，是以《叻报》连载本的形式流传到了中国国内。由于当时的新加坡与中国的联系极为密切，有不少中国使臣、官员和商民到此过境和生息，可能由此将载有《越南游记》的《叻报》带回或抄回了中国国内，最终为王锡祺所见，由此将是书收录到了《丛钞》

---

① 叶钟铃编著：《陈省堂文集》，新加坡亚洲研究学会，1994年，第27－35页。
② 参见庄钦永：《〈越南游记〉——现存最早的华文文学创作单行本》，《新呷华人史新考》，第114页。

之中。

　　第二阶段，是《越南游记》在海外地区形成了一些新的版本，从而得到了进一步流传和扩散的历史过程。根据庄钦永的研究可知，光绪十四年印本传入英国的具体时间是1888 年 9 月 19 日，这一天大英博物馆正式将是书归入其藏书，后来大英博物馆分为博物院和图书馆，该书又辗转归入大英图书馆东方部，成为我们现在所能见到的唯一一本光绪十四年印本《越南游记》原本。① 到 20 世纪 90 年代，法国学者苏尔梦注意到了该本藏书，并将其全篇翻译成了法文，由此形成了法文本的《越南游记》，使得该书在欧洲乃至西方世界得到了进一步的传播。从现有的资料来看，《叻报》连载本传入中国国内的具体时间则难于考得，但由于《丛钞》刊行的最早时间为 1891 年②，因此至少在1891 年之前，《叻报》连载本就已经传入中国。到 1891 年《丛钞》出版以后，又在中国国内形成了《丛钞》本《越南游记》。由于《丛钞》在中国国内影响较大，且存世数量较多，使得《越南游记》在中国国内得到了进一步流传。但是，由于《丛钞》本并未注明陈恭三的姓名，仅书以"新埠陈……著"，使得国内不少学者并不知道《丛钞》所收录的《越南游记》即为陈恭三所著之《越南游记》，比如叶少飞在研究《丛钞》中收录的越南史地典籍时，亦涉及《越南游记》一书，但未曾考出该书作者为陈恭三。③

　　第三阶段，是《越南游记》从海外流回新加坡本土和在海外进一步扩散的历史过程。从现有的资料来看，《越南游记》在新加坡本土流传的过程中，其作为单行本的光绪十四年印本《越南游记》逐渐散佚，最终不为新加坡当地人所知。直到 20 世纪 80 年代，随着庄钦永在英国重新发现了此单行本《越南游记》，该本才得以传回新加坡国内。以此为契机，新加坡本土的一批华人学者开始对《越南游记》一书进行整理和研究，相继产生了庄氏标点本和叶氏标点本，此二书又再次从新加坡传播到海外世界，为研究华侨华人和越南问题的学者提供了诸多便利。同时，值得注意的是，光绪十四年印本亦由欧洲传入了中国国内，如现在郑州大学越南研究所就藏有该本的复印件。据戴可来先生生前回忆，该书是苏尔梦女士于 20 世纪 90 年代从法国寄送给他的，亦是中法老一辈学者之间学术交流和深厚友谊的真实见证和写照。

---

　　① 庄钦永：《〈越南游记〉——现存最早的华文文学创作单行本》，《新呷华人史新考》，第114 页。

　　② 吴丰培：《王锡祺与〈小方壶斋舆地丛钞〉及其他》，《中国边疆史地研究》1995 年第 1 期。

　　③ 叶少飞：《〈小方壶斋舆地丛钞〉越南史地典籍解题》，《形象史学研究》2015 年第 1 期。

二、《越南游记》的编撰缘起

从《越南游记》的序、跋文的内容来看，陈恭三编撰《越南游记》的直接起因主要就是他本人曾于 1888 年 4 月 19 日到 5 月 2 日之间前往越南（尤其是越南南方的西贡等地）进行了一次游历活动，在归途中遂将沿途的种种见闻整理成书。除了这一直接原因之外，陈恭三编撰是书可能还受到以下几个因素的影响：

（一）新加坡开埠以来与越南形成的海上联系

在英国殖民者取得新加坡以前，荷兰所控制的巴达维亚长期是当时海岛东南亚地区商业贸易活动的中心，而新加坡在当时不过是一个仅居住有 120 个马来人和 30 个垦殖甘蜜华人的荒僻小渔村。① 1819 年，新加坡开埠以后，英国殖民者在此实行自由贸易政策，修筑港口、道路等基础设施，吸引商人前来贸易，据相关学者统计：到 1820 年新加坡的人口就已经超过 1 万人②，1821 年在此停泊的商船则达 3 000 多艘③。随着新加坡的日益发展，其与周边国家和地区的联系也日渐紧密，而越南亦是其中之一。尤其值得注意的是，在新加坡开埠后的第四年，即 1822 年，英国方面就派出了以约翰·克劳福德（John Crawfurd，即越南史籍中的"个罗科忒"④）为首的使团出访越南，其主要的目的之一便是为新开埠的新加坡寻找原料产地和市场。⑤ 克劳福德抵达越南之时，恰逢阮朝明命帝继位之初。明命帝本人虽然没有接见克劳福德，但下赐给英方大量的礼品，包括给英印总督的象牙 3 对，清化、义安肉桂各 3 斤，广南肉桂 4 斤，琦南香 5 斤，沉水香 5 斤，镶金犀牛角 4 座，石块糖 300 斤；给克劳福德的象牙 1 对，肉桂 2 斤，犀角 1 座，沉水香 2 斤；给船员的黄牛、猪、羊各 10 头，鸡、鸭各 100 只，白米、粒米各 50

---

① 庄国土、刘文正：《东亚华人社会的形成与发展：华商网络、移民与一体化趋势》，厦门大学出版社，2009 年，第 69 页。

② D. G. E. 霍尔著，中山大学东南亚历史研究所译：《东南亚史》，商务印书馆，1982 年，第 595 页。

③ 梁志明主编：《殖民主义史：东南亚卷》，北京大学出版社，1999 年，第 165 – 166 页。

④ 阮朝国史馆编：《大南实录正编第二纪》卷一六，载《大南实录》（五），（东京）慶應義塾大学言語文化研究所，1971 年，第 1642 页。

⑤ Alastair Lamb, *The Mandarin Road to Old Hue：Narratives of Anglo-Vietnamese Diplomacy from the 17th Century to the Eve of the French Conquest*, Chatto and Windus, 1970, pp. 277 – 278.

包，糯米 20 包，展现了其对英国的友好态度。①

更为巧合的是，就在克劳福德使团到访越南的第二年，阮朝中央政府亦开始派出官船前往"下洲"②，恢复了自阮福映（即阮朝的开国之君，嘉隆帝）称帝以来中断的"如西公务"活动。③ 自明命帝恢复"如西"以后，新加坡日益成为阮朝官船造访的海外港口之一。在这些阮朝官船之中，既有直接前往新加坡执行公务的船只，亦有不少在此暂泊继而前往南亚、东南亚其他地区的船只，如明命十年（1829）阮廷曾"遣副卫尉阮仲併、加协镇衔陈震等乘奋鹏、定洋诸号船如小西洋（今南亚一带④）公务"⑤，查随船效力的李文馥所作的《西行见闻纪略》可知，本次前往小西洋就曾途径"新咖波（即新加坡）"⑥；再如明命十三年（1832），阮廷"遣前水副卫尉潘文敏、后水副卫尉阮进宽、右水副卫尉阮文质带同革员黄文亶、潘辉注、张好合分乘奋鹏、瑞龙、安洋三大船往江流波（今雅加达⑦）公务"⑧，而据潘辉注的《海程志略》可知，此次前往江流波曾经停"新嘉波"（即新加坡）⑨。除了官方的使者和船只之外，更多的则是由华人驾驶的民船频繁往来于两地之间，由此逐渐形成了新加坡与越南之间的海上交往与联系，为日后陈恭三从海上前往越南游历和编撰《越南游记》准备了必要的前提条件。

（二）越南在 19 世纪中后期逐渐沦为法国殖民地

当然，仅依靠两地之间所存在的海上联系，仍不足以支撑陈恭三这样的出身于西方

---

① 阮朝国史馆编撰：《钦定大南会典事例》正编卷一三六，法国远东学院藏本，载阮朝国史馆编：《钦定大南会典事例（正续编）》第 4 册，西南师范大学出版社、人民出版社，2015 年，第 2140 页。

② 越南史籍中的"下洲"一词，学界多有争议，本人经过考证认为，"下洲"在不同时期有不同的含义，在明命时期则主要是对包括新加坡、槟榔屿和马六甲等在内的英国海峡殖民地的一种统称，参见成思佳：《从多元分散到趋近统一——越南古代海洋活动研究（1771—1858）》，郑州大学历史学院博士学位论文，2019 年，第 218－219 页。

③ 关于越南阮朝的"如西公务"活动，参见成思佳：《从多元分散到趋近统一——越南古代海洋活动研究（1771—1858）》，郑州大学历史学院博士学位论文，2019 年。

④ 成思佳：《疫疠流行与政治改革——越南阮朝明命初年庚辰大疫初探》，《世界历史》2020 年第 5 期。

⑤ 阮朝国史馆编撰：《大南实录正编第二纪》卷六三，载《大南实录（七）》，第 2286 页。

⑥ 李文馥：《西行见闻纪略》，越南汉喃研究院藏本，书号：A. 243，第 3 页。

⑦ 成思佳：《从大陆王国到海岛殖民地——以越南阮朝学者潘辉注及其江流波之行为中心》，《史林》2017 年第 4 期。

⑧ 阮朝国史馆编撰：《大南实录正编第二纪》卷八六，载《大南实录（七）》，第 2637 页。

⑨ 潘辉注：《海程志略》，中文原文载：Phan Huy Lê, Claudine Salmon & Tạ Trọng Hiệp, *Un émissaire viêtnamien à Batavia：Phan Huy Chú, Hài trinh chí lư'o'c*, Cahier d'Archipel 25, 1994, p. 185.

殖民地人士前往越南国内进行游历活动。众所周知，越南历代封建政府对外国人士前来本国的管制都是极为严格的，如越南陈朝时期曾严格限制中国人船前来越南海岸，元人汪大渊在《岛夷志略》就言："舶人不贩其（指越南）地。惟偷贩之舟，止于断山（指云屯）上下，不得至其官场，恐中国人窥见其国之虚实也"①；再如查阮廌的《舆地志》可知，至后黎朝初年，外国商人则只能在云屯、万宁、芹海、会统、会潮五处越南沿海口岸停留。② 新加坡开埠之初，越南则刚进入阮朝明命统治时期。明命帝统治初年，尚能遵循其父嘉隆对西方及天主教的相对宽容的政策。但是，进入其统治中后期，尤其是部分西方传教士和越南本地基督徒参加了越南南方的黎文傄叛乱③，使得明命帝的对外政策开始发生转变，逐渐实行相对严厉的"闭关锁国"和"崇儒禁教"的政策，最终恶化和断绝了与西方的关系，正如陈重金言：明命帝"不知对人们的信仰采取宽容态度，杀害信奉天主教的教民，并与外国断绝邦交，致使我南国陷入孤立"④。明命帝之后，其后继之君对其对外政策大都遵行不移，使得外国尤其是西方及其殖民地人士在越南的活动受到了很大限制，即便他们能够到达越南也很难深入内地进行游历或考察活动。

但是，在陈恭三 1888 年前往越南之前，这种客观情况已经发生了根本性的改变。1858 年，法国拿破仑三世政府为扩大其远东的利益，拉拢了在越南"有重大传教利益"的西班牙，组成法西联合舰队，炮轰岘港，由此拉开了对越南殖民侵略活动的序幕。⑤在其后的约三十年间，法国政府相继迫使越南阮朝签订了包括 1862 年《越法条约》（即第一次西贡条约）、1874 年《和平同盟条约》（即第二次西贡条约）、1883 年第一次《顺化条约》和 1884 年第二次《顺化条约》等一系列的不平等条约，使越南逐步沦为其在远东的殖民地。⑥ 伴随着越南的殖民化进程，阮朝所奉行的"闭关锁国"和"崇儒禁教"的政策亦逐渐走向破产和终结，最终将越南彻底纳入了西方资本主义世界体系内。因此，越南在 19 世纪中后期逐渐沦为法国的殖民地，虽然对越南国家及其民族造成了极大损害和耻辱，却终结了明命帝以来所长期奉行的"闭关锁国"政策，客观上将越南和新加坡同时置于由西方资本主义国家所主导的现代世界秩序中去，从而进一步促进了

---

① （元）汪大渊著，苏继庼校释：《岛夷志略校释》，中华书局，1981 年，第 51 页。

② 藤原利一郎：《ヴェトナム黎明前期の明との関係》，《東南アジア史の研究》，（京都）法藏館，1986 年，第 128 页。

③ Christopher Goscha, *Vietnam: A New History*, Basic Books, 2016, pp. 54 – 55.

④ 陈重金著，戴可来译：《越南通史》，商务印书馆，1992 年，第 343 页。

⑤ 戴可来、于向东主编：《越南》，广西人民出版社，1998 年，第 13 页。

⑥ 关于此四项条约的具体内容，分别参见梁志明主编：《殖民主义史：东南亚卷》，第 221、307、309、310 – 311 页。

两地之间人员、资源、知识乃至思想意识的传播与流动，为陈恭三由新加坡前往越南进行游历活动和撰写《越南游记》创造了一定的有利条件。

（三）新加坡和越南两地华侨华人群体之间存在的现实联系

越南沦为法国殖民地以后，殖民当局采取了"分而治之"的政策，将越南分为"东京"保护地（即北圻）、"安南"保护国（中圻）和"交趾支那"殖民地（即南圻）三部分，禁止越南人自由往来于三圻之间，以期割断三地之间的历史联系。① 对于越南当地的华侨华人，法国殖民当局则采取更为严厉的措施，其一方面亦禁止华侨华人自由往来于三圻之间，另一方面还设置移民局等机构严格管制华侨华人出入境②，以期达到限制甚至割断越南华侨华人与母国中国及东南亚其他地区华侨华人群体的传统联系。但是，越南华侨华人群体与中国及东南亚所存在的这种传统联系实际上是中国与东南亚各国、各民族之间长期交往的历史结果，仅仅凭借法国殖民当局的上述措施在短时间内是难以实现的。从本文所述及的新加坡华人陈恭三来看，其所属家族在当时仍与越南的华侨华人群体保持着一定的血缘和经济联系。

据陈恭三后来撰写《重游越南记》一文可知，陈恭三的妻子虽然跟随丈夫长期在新加坡当地生活，但其已故母亲的坟茔却在越南南方。陈恭三在 1893 年曾重游越南，在越期间便往墓地祭拜岳母以"聊表半子之情"③。由此看来，陈妻的父母很可能均为在越南的华侨华人，因长期在越南居住和生活，以至于其母亲洪氏过世后就葬于越南当地。而另据陈恭三所撰《哭洪君兆元哀词》一文可知，陈妻有一表弟名洪兆元，亦是陈恭三同父异母的兄弟陈恭锡的妻弟，此人虽然也在新加坡生活，但他在越南似乎也拥有一些产业。④ 后来，可能由于洪兆元身体不适，便将这些产业托付给陈恭三代为管理，由此引发了陈恭三于 1896 年第三次前往越南，在当地停留达五年之久。由此看来，新加坡与越南两地华侨华人群体所存在的现实的血缘联系（如新加坡的陈氏家族与越南的陈妻家族）和经济联系（如陈妻表弟洪兆元在越南的相关产业）亦是陈恭三前往越南和撰写《越南游记》的重要原因之一。

三、《越南游记》的主要内容

从现存的《越南游记》诸本来看，陈恭三是书的篇幅实际并不长，仅有三千余字而

---

① 参见戴可来、于向东主编：《越南》，第 15 页。

② 庄国土、刘文正：《东亚华人社会的形成与发展：华商网络、移民与一体化趋势》，第 48 页。

③ 陈恭三：《二续重游越南记》，《叻报》第 3535 期，1893 年 8 月 28 日。

④ 陈恭三：《哭洪君兆元哀词》，《叻报》第 5368 期，1899 年 10 月 23 日。

已。但是，由于该书所记均出自陈恭三本人前往越南的亲身经历，因此其内容还是极为丰富。总体而言，可概括为以下几个方面的内容：

（一）对越南本国的记述

从《越南游记》的记载来看，陈恭三对越南本国的记述和认识大体包括几个方面的内容：第一，是对越南沦为法国殖民地原因的分析和认识。根据《越南游记》的记述可知，陈恭三对越南沦为法国殖民地的分析和认识还是比较肤浅的，主要将之归结为越南地理方面的作用和影响。他认为由于"安南一地，全属平阳井，无峻岭崇山而有沃野千里"，此地势是"利于外国之客，不利于本处之人，是以南人（指越南人）不能长其业，而归法人所有"。① 在法国殖民越南以后，越南本国人反而被殖民者所使役，"而不能自展其能，兴基立业……盖南地无灵，故其生人无杰，此自然之理也。此予不禁为南人三叹也"②。

第二，是对越南国内经济情况的记述和认识，具体而言则包含几个方面的内容：其一，是对越南本国人经济状况和从事职业的记述。据陈恭三观察，越南当地人大都十分贫困，有"今百姓类皆贫寒之家"的说法。③ 从职业分工上来看，越南本地男性多从事雇工、农耕等体力劳动，亦有部分人员充当法国人的防兵和差役；本地女性则主要在市场上从事各类贩卖商业活动，"或卖生果，或卖什货，均属小本生涯"。④ 其二，是对越南本国流通货币的记述。据陈恭三所述，当时的越南主要流通银、钱两种货币：银主要有本国之银与鹰银之别，而钱则称为"镭"，具体又分为五种⑤，其中：有汉字"百分之一"者或有阿拉伯数字5者，一元可兑换100枚这类钱币；有阿拉伯数字10者，一元可兑换50枚；为中国铜钱式样，且有汉字"大法国之安南"者，一元可兑换500枚；越南古钱明命通宝，则是一元可兑换3 600枚。⑥ 其三，是对越南当时进出口情况的记述，如他曾提及越南当地"白米每月消往中国者，约有八九十万担"⑦，而由于越南本地没有火柴厂，因此每年都需要从美俄两国进口火柴三十余万箱。⑧

---

① 陈恭三：《越南游记》，第8页。
② 陈恭三：《越南游记》，第8–9页。
③ 陈恭三：《越南游记》，第9页。
④ 陈恭三：《越南游记》，第4页。
⑤ 陈恭三将此五种钱式图样拓印在光绪十四年石印本《越南游记》封面之后，参见陈恭三：《越南游记》，无页码。
⑥ 陈恭三：《越南游记》，第8页。
⑦ 陈恭三：《越南游记》，第5页。
⑧ 陈恭三：《越南游记》，第7页。

第三，是对越南当地社会风俗的记述与认识，主要包括以下几项：其一，是越南当地迎神放炮祛除瘟疫的习俗。根据陈氏所述可知，越南当地于是年元月至今一直瘟疫横行，"死者已千余人，是以法人略宽其法，使民任意迎神放炮"，民众遂在夜间六点开始，"奉广泽尊王法座，巡游花灯，辉煌宛有元宵景象，诸铺户各设香案，焚香放炮，以昭诚敬"。① 其二，是越南当地人的衣着习惯。据陈氏所述：越南"本处男女均留全发，身上多乌衣长衫，而袖甚窄，身下白衣，裤亦甚窄，头缠色巾，腰束色带，带之双头垂至膝，皆用广东荷包。百人之中，赤足者有八十人，衣西皮鞋者十余人，衣华鞋者数人而已"②；其三，是越南当地似乎颇为流行听戏，"梨园夜演之戏，可以至达旦，法无禁止"③。仅陈恭三亲自到访过的戏院就有两处：一处名为升平戏院，唱广东戏剧；一处名为联升戏院，唱安南本土戏剧。④

（二）对在越法国殖民者的记述

由于陈恭三往越之时，越南尤其是南圻地区已经完全沦为法国的殖民地，因此他对当地法国殖民者亦有十分深刻的印象与认识。总体而言，陈恭三对法国殖民者不抱好感，早在他往越乘坐轮船时就曾提及"舟中搭客均系法人，状貌凶恶，不可与言"⑤，表现出他对法国殖民者的厌恶与反感。在越游历仅数天之后，他就抨击"法政之猛处在于暴虐，宽处则在于残害愚民"⑥。具体而言，陈恭三也记述不少法国殖民者在越的苛政：其一，是严格管控外来人员。仅从陈氏的经历来看，外来船只抵越后，海关巡捕便"迫客下船"前往"查客之所"，检验行李之后"给过验字"方能离开，如遇礼拜日则明日还需再取，极为烦琐。⑦ 陈氏就因此曾评论："夫法人设律如斯，恐非柔远之道也。"⑧ 其二，是轻视进口，对外来商品征收重税。如陈恭三访越时，越南当地糖价一度高涨，有新加坡商船曾因此运白糖四十笼到越，却因法国当局"索饷过重"而原路运回。⑨ 其三，是殖民者在越南当地多次变更法律，使得"在越商民多不能尽悉国法，盖

① 陈恭三：《越南游记》，第3-4页。
② 陈恭三：《越南游记》，第4页。
③ 陈恭三：《越南游记》，第9页。
④ 陈恭三：《越南游记》，第6-7页。
⑤ 陈恭三：《越南游记》，第1页。
⑥ 陈恭三：《越南游记》，第9页。
⑦ 陈恭三：《越南游记》，第2-3页。
⑧ 陈恭三：《越南游记》，第3页。
⑨ 陈恭三：《越南游记》，第8页。

国家每设一律，不久则议更换，如欲使人屡次犯法，则便多入其牢网也"①。

除了对法国殖民者大加抨击以外，陈恭三也客观记述了法国人在越南取得的一些建设成就：其一，法国人在越南修筑了铁路。根据陈恭三的记述可知，西贡至宅郡，计有三英里，当时已经修通铁路，仅用一刻钟便可抵达，"火车坐位，二人相向，中留一道，以通出入，四面皆围铁板，中一门，旁开四窗，以便坐车观览。凡有多人处，乃设一所，至所停车，否则长驰不息"②。其二，法国人在越南还修筑了一些公园，比如在西贡便有一处"公家大花园"，越南当地华侨叶甲寅便曾邀陈恭三前往。根据陈恭三所述，此"园中有一亭，四围铁线网，内有多畜山鸟。鸟色光怪陆离，皆越地内山所出也。此外，如虎、豹、熊、象、猿猴、蛇、猩等，各有其所"③。

（三）对在越华侨华人群体的记述

由于陈恭三本人便是新加坡的土生华人，又在越南有不少华人亲友，因此他在越期间，接触最多的就是越南南方的华侨华人群体，自然也记录了不少与之相关的见闻。具体来说，则可分为以下几方面的内容：

第一，是法国殖民当局对当地华侨华人的管理。从现有的资料来看，法国殖民者对越南华侨华人的管理大致始于 1862 年阮朝嗣德政府割让南圻东三省（嘉定、边和和定祥）给法国。1874 年 3 月，法国又迫使阮朝签订了第二次《西贡条约》，将整个南圻割让给法国，并规定华人欲定居南圻"必须向法国公使登记，由后者通知地方当局"，由此确立了法国殖民当局对南圻华侨华人的管理。④ 从《越南游记》的记载来看，法国殖民者基本继承了阮朝时期对华侨华人的管理方式，仍然依靠华人帮会组织来维持对华人的管理和统治。从陈恭三本人的经历来看，但凡华侨华人抵越，在完成海关的检查后，都必须先到其籍贯所属的华人帮会公所进行登记，向帮长求取免交人头税的"人情字"，公所按例还要收取相关费用，"男丁每名二元，妇女每人六角"。⑤ 按照殖民当局的规定，免税的"人情字"可以给至月余，超过则需要交纳人头税，分为三等，一等每年80 余元，二等 30 余元，三等 8 元有余。⑥

第二，是对当地华侨华人的经济活动和社会生活的见闻和认识。在经济活动方面，

---

① 陈恭三：《越南游记》，第 9 页。
② 陈恭三：《越南游记》，第 7 页。
③ 陈恭三：《越南游记》，第 4 页。
④ 参见徐善福、林明华：《越南华侨史》，广东高等教育出版社，2011 年，第 175 – 176 页。
⑤ 陈恭三：《越南游记》，第 3 页。
⑥ 陈恭三：《越南游记》，第 7 页。

越南当地的华侨华人大多从事工商业活动，有"商场贸易，皆属华人"① 的说法。其中，又以广东和福建两地的华侨华人从商者为最多，大约是"粤居其七，闽居其三。闽人陈姓多，而粤人则陈梁二姓多也"②。除了从事工商业活动外，亦有一些华人从事相对繁重的体力劳动，如据陈氏所述：西贡和宅郡两地多有出租马车，其中西贡有 200 余辆，宅郡 300 余辆，其车夫就往往是广东人或越南本地人。③ 在社会生活方面，也有较为丰富的记述，如每月十八日为当地广东华人的赛神之期，当天的"龙彩凤旌马队均有可观，锣鼓喧天，颇称热闹"④；再如越南华人似乎颇爱听戏，陈氏的一位友人就"性好观剧，每礼拜必往观二三夜或三四夜。夜观至达旦，因而身甚瘦弱，日间每与人坐谈，则闭目开口，投身摇动"⑤。

最后，值得注意的是，陈氏还特别关注到了在越南当地一类较为特殊的华侨华人群体，即长期旅居越南的新加坡和马六甲的华侨华人。根据《越南游记》的记述可知，除了从中国本土迁入越南的华侨华人外，亦有一些从新加坡和马六甲迁往越南的华侨华人。根据陈恭三的叙述，他到访越南之时，"生长于叻甲之华人旅居越地，约有二三十人而已"。与其他华人聚居于宅郡不同，这些华人"多居家于西贡之唐人街，又曰福建街"。这些人有的是携家眷前来定居的，也有在越婚配者，甚至有已婚者在越南当地纳妾再娶者。⑥ 从后来陈恭三撰写的《重游越南记》的内容可知，这些"生长于叻甲之华人"多为"在越充当洋行书记者"，大多是工作调度的原因而暂时留居越南的。⑦

四、《越南游记》的史学价值

众所周知，陈恭三所撰写的《越南游记》是一部典型的游记类文学作品，因而学界之前对该书的认识和评价亦主要集中在其文学方面的成就和价值，如庄钦永曾评价该书是"现存新马最早的华文文学创作单行本"；⑧ 叶钟铃则认为陈恭三是"新加坡第一位海峡出生的华文作家"，而他的第一部作品便"是连载于《叻报》的《越南游记》"。⑨

① 陈恭三：《越南游记》，第 4 页。

② 陈恭三：《越南游记》，第 4 页。

③ 陈恭三：《越南游记》，第 5 页。

④ 陈恭三：《越南游记》，第 4 页。

⑤ 陈恭三：《越南游记》，第 10 页。

⑥ 陈恭三：《越南游记》，第 9 页。

⑦ 陈恭三：《续重游越南》，《叻报》第 3534 期，1893 年 8 月 26 日。

⑧ 庄钦永：《〈越南游记〉——现存最早的华文文学创作单行本》，《新呷华人史新考》，第 113 页。

⑨ 叶钟铃编著：《陈省堂文集》，第 1、8 页。

当然，值得注意的是，除了其文学方面的成就与价值外，陈氏的《越南游记》亦具有其独到的史学价值：

首先，陈恭三的《越南游记》是研究法属时期近代越南社会（尤其是南圻地区）的主要史料之一。1885 年，清政府与法国签订《天津条约》，承认了法国对越南的"宗主权"，终结了中越之间存续了近一千年的宗藩关系。宗藩关系的终结加之法国殖民当局的严格限制与防范，使得中越（尤其是官方层面）之间的交往一度趋于停滞甚至中断。当时的中国人甚少有机会能够亲自前往法属越南了解情况，仅能通过一些他国报道或流亡中国的越人著述（如潘佩珠所著《越南亡国史》；邓博朋著，阮尚贤、潘佩球修订的《越南义烈传》等①）间接了解一些当地情形。而陈恭三无疑是越南沦为法国殖民地初期，为数不多的到访过越南当地并将其亲身见闻记录下来的华人学者之一。从《越南游记》的内容来看，陈氏的在越见闻是十分丰富的，既有对越南本国经济和社会情况的观察，也有对法国殖民者在当地功过得失的评价，由此在一定程度上起到了补充和丰富当时中国对法属越南的认识和理解。可能正是看到了这一史料价值，王锡祺才将该书收入《丛钞》中，以便当时的国人了解法属越南之情形。

其次，《越南游记》亦是研究当时东南亚华侨华人社会历史的重要史料之一。众所周知，中国人移民东南亚有着极为悠久的历史，朱杰勤先生就曾指出："中国与东南亚各国的交通始于汉代。在早期的中国与东南亚各国关系发展下，华人才有出国侨居的可能。唐宋时代，华人移居国外日多，至明代更盛。"② 华人移居东南亚的人数日益增多，逐步在当地形成了形形色色的大大小小的华人社会。这些华人社会不仅与中国本土保持密切的交往，其之间亦存在着千丝万缕的联系。仅从《越南游记》的记载来看，到 19世纪后期，随着新加坡和越南两地相继被英、法两国纳入西方资本主义世界秩序中去，两地除了存在由英、法殖民当局所主导和推行的政治、经贸等官方层面的交往和联系外，其在民间层面（尤其是两地华侨华人群体之间）亦存在一些自发的交往与联系。这些民间的交往和联系不仅受到英法两国殖民当局政策的影响，亦是两地之间长期存续的传统历史联系和家族血缘纠葛共同作用的产物，有着相对深刻的历史背景，是华侨华人长期迁居、开发东南亚地区的必然结果和宝贵见证。

最后，从汉籍产生和传布的角度来看，该书又是海外华侨华人在古代汉文化圈以外的国家和地区创作的汉文古籍的代表之一。由于该书产生于 19 世纪 80 年代，恰好处于东亚和东南亚地区逐步由古代社会向近代转型的历史时期，使得其版本的留存形式更加多样，既有以传统古籍形式刊印的诸版本（如光绪十四年印本、《丛钞》本），亦有以

---

① 关于此两部越人著述之具体情况，参见于向东：《梁启超与〈越南亡国史〉》，载戴可来、于向东：《越南历史与现状研究》，香港社会科学出版社有限公司，2006 年，第 255 – 258 页。

② 朱杰勤：《东南亚华侨史》，高等教育出版社，1990 年，第 4 页。

当时新兴的报纸形式连载的版本（如《叻报》连载本），由此进一步促进了该书在全球范围内的传播与流传。从《越南游记》的传播路径来看，其最初成书于19世纪后半期的新加坡，后来很快就传播到了英国和中国。自二十世纪八九十年代起，随着世界全球化进程的不断加剧，《越南游记》传播的广度亦进一步扩展，仅以当时收藏在英国的光绪十四年印本为例，其先是被新加坡学者庄钦永发现，进而以庄氏标点本的形式被传回新加坡；之后又被法国学者苏尔梦译为法文，以法文本的形式在法国甚至其他使用法语的国家流传；稍晚，苏尔梦又将该本的复印件寄送给了远在中国的戴可来先生，使得光绪十四年印本又传布到中国境内，从一个侧面映射出了汉籍文本在全球范围内传布与流传的史实。

作者简介：

成思佳，郑州大学马克思主义学院、越南研究所讲师。

从征战主力到叛乱者：
奥斯曼帝国加尼沙里军的蜕变

刘　军　王三义

[提要]　奥斯曼帝国的加尼沙里军训练有素、士气高昂、作战勇敢，在帝国的对外扩张中发挥了主力军的作用。其在和平时期还承担着保卫素丹和宫廷的任务，足以震慑国内敢于挑战素丹权威的人。但这支军队在 17 世纪之后逐渐蜕变因素，失去战斗力。蜕变后的加尼沙里军不能抵御外敌，却能够掀起叛乱，威胁宫廷，甚至变为劫匪，危害社会。加尼沙里军的蜕变因素，有军队规模扩大后兵源构成复杂、士兵整体素质下降；有军队内部管理的弊端，如军纪松弛、训练流于形式等；还有后勤供应不足、薪饷拖欠等。

[关键词]　奥斯曼帝国；军制；加尼沙里军；常备军；蜕变

　　从早期扩张战争中的主力军到中后期的叛乱者，奥斯曼帝国加尼沙里军的蜕变是一个引人深思的话题。关于该话题的研究，研究前期奥斯曼史的学者往往强调其严格的训练、高效的战术和强大的作战力；而研究后期帝国史的学者又专注于其破坏力和在西化改革中扮演的消极角色。对于加尼沙里军到底如何蜕变及蜕变的过程和原因，学界缺乏深入的分析。土耳其本国学者的研究中，一些著作依据本国档案文献较为详细地介绍了加尼沙里军前期的征召、编制、训练、装备、奖惩和薪饷，但对其后期蜕变的研究相对较少。① 编年史著作虽涉及多次加尼沙里军重大政治、军事活动，但以叙事为主。② 在多位著名学者合著的四卷本通史中有对加尼沙里军"由军转民"的趋势及其指挥体系弊病的分析，但篇幅不大。③ 西方学者的三部军事史专著，在对加尼沙里军的内部军制、国家财政支持和外战环境都有较为深刻的分析，但重点不是关于加尼沙里军蜕变的探讨。④ 还有一些零散的断代史、专题史著作：有的介绍加尼沙里军前期兵员主要来源的奴隶征召系统，⑤ 有的涉及加尼沙里军的登基费问题。⑥ 剑桥土耳其史系列的军制章节也有些小篇幅论述。⑦ 笔者试结合相关文献，梳理加尼沙里军蜕变的过程并分析其相关原因。

一、加尼沙里军成为征战主力

奥斯曼帝国的军队构成自有特点。按照隶属关系，有素丹直属的常备军（daimi

---

① İsmail Hakkl Uzunçarşlll, *Osmanll Tarihi 2. Cilt*：*Lstanbul' un Fethlnden Kanuni Sultan Süleyman'ln Ölümüne Kadar* (*A History of Ottoman State*, Vol. 2：From the Conquest of Istanbul to the Death of Lawgiver Suleiman), Türk Tarih Kurumu Basllmevi, 1988; İsmail Hakkl Uzunçarşlll, *Osmanll Devleti Teskilatlndan Kapukulu Ocaklarl*, Vol. 1 (*Ottoman Central Military Corps*), Türk Tarih Kurumu Baunevi, 1988.

② İsmail Hami Danişmend, *İzahll Osmanll Tarihi Kronolojisi* (*Captioned Ottoman Chronicles*), Türkiye Yaylnevi, 1971.

③ Metin Kunt et al., *Türkiye Tarihi 3* (*A History of Turkey*, Vol. 3)：*Osmanll Devileti* (*Turkish State*), *1600 – 1908*, Cem Yaylnevi, 1988.

④ Mesut Uyar, Deward J. Erickson, *A Military History of the Ottomans*：*From Osman to Atatürk*, LLC, 2009; Rhoads Murphey, *Ottoman Warfare*, *1500 – 1700*, UCL Press, 1999; Virginia H. Aksan, *Ottoman Wars 1700 – 1870*：*An Empire Besiged*, Routledge, 2013.

⑤ Albert Howe Lybyer, *The Government of the Ottoman Empire in the Time of the Suleiman the Magnificent*, Harvard University Press, 1913.

⑥ Rhoads Murphey, *Exploring Ottoman Sovereignty*：*Tradition*, *Images and Practice in the Ottoman Imperial Household*, *1400 – 1800*, Continuum, 2008.

⑦ Kate Fleet ed., *Byzantium to Turkey*, *1071 – 1453*, from *The Cambridge History of Turkey*, Vol. 1, Cambridge University Press, 2009, pp. 206 – 208; Suraiya N. Faroqhi, Kate Fleet ed., *The Ottoman Empire as a world power*, *1453 – 1603*, from *The Cambridge History of Turkey*, Vol. 2, Cambridge University Press, 2013, pp. 282 – 284; Suraiya N. Faroqhi ed., *The Later Ottoman Empire*, *1630 – 1839*, from *The Cambridge History of Turkey*, Vol. 3, Cambridge University Press, 2006, pp. 88, 105.

ordu）、各行省封建主提供的军队两部分。常备军中，除了步兵主力加尼沙里军（janissary）①，还有禁卫骑兵（kapikulu süvarileri）、军火装备兵（cebeci）和炮兵部队（topçu）等兵种。

在加尼沙里军建立之前，各种骑兵是早期奥斯曼帝国的军事支柱，积极支持奥斯曼素丹征服和扩张。加尼沙里军（janissary）和斯帕希骑兵相比属于"新军"，土耳其语的名称 yeniçeri 直译即"新军"。这支军队的创建时间大致在 1362 年前后，② 起初只有约1 000 人，主要来源于战争俘虏。③ 后来逐步扩张，到 1560 年有 13 357 人，到 16 世纪末超过了 35 000 人。④ 而骑兵部队的人数不到加尼沙里军的二分之一，其他兵种因人数更少，军队规模不能与加尼沙里军相比。15 世纪之后骑兵的战场作用大大下降，而擅长围城和攻城等阵地战的步兵发挥了越来越大的作用，故加尼沙里步兵成为奥斯曼军队系统的核心兵力。关键是，加尼沙里军由素丹直接领导，士兵和军官的薪饷直接从中央财政领取。与辅助部队、地方骑兵部队相比，他们的装备和后勤保障都是最好的。

加尼沙里军的征募是特殊的，兵源主要从基督教社区征召，而且是身体强壮、年龄较小的男童。这些男童的身份是奴隶，在军事训练过程中成长，有个专门的名称"德武谢梅"（devşirme⑤）。以苏莱曼一世（1520—1566 在位）时代为例，帝国中央政府每年征募三四千名基督教男童，对他们进行严格的训练，然后分派给安纳托利亚的土耳其农场主，他们在那会有艰苦的磨炼，同时学会伊斯兰信仰和土耳其习俗。在此期间，他们衣食粗糙、每日做很多体力活。长大回到首都后，会被分配到不同的部门，大多数从事和军事无关的工作，比如修路、架桥、码头搬运等重体力劳动。目的当然是明确的：增强体力，学会在战争中用到的技能。⑥ 结束体能训练后，他们进入新兵营，有缺额时成为正式士兵。在军营里他们过着修道士一样的生活，不得结婚，不得外出过夜，随时接

---

① "加尼沙里军"译自英文 janissary。土耳其语的名称是 yeniçeri，音译"叶尼契里"，直译"新军"。有的汉文著作中译为"近卫军"或"禁卫军"。本文循前例采用英文译名。

② Yasemin Güler, *Osmanlı Tarihi Sözlüğü*, Yedlveren Yaylnları, 2018, p. 227.

③ İsmail Hakkı Uzunçarşılı, *Osmanlı Tarihi 1. Cilt*, p. 448；Pál Fodor, "Ottoman Warfare, 1300 – 1453", from *The Cambridge History of Turkey*, Vol. 1, pp. 206 – 207.

④ İsmail Hakkı Uzunçarşılı, *Osmanlı Devleti Teşkilatından Kapukulu Ocakları*, Vol. 1, pp. 612 – 614；Mesut Uyar, Deward J. Erickson, *A Military History of the Ottomans*, p. 38.

⑤ "devşirme"意为"搜集""采集"等意思。

⑥ Albert Howe Lybyer, *The Government of the Ottoman Empire in the Time of the Suleiman the Magnificent*, p. 80.

受上级的严苛管束。他们主要的日常生活就是练习弓箭、火枪射击等军事科目。① 为了增加他们的内部凝聚力和集体意识，政府给他们配备标准化的制服，各种团队徽章、标记。其中最著名的就是伊玛目阿萨姆旗帜和代表军队宗教信念的逊尼派标记。② 为鼓励他们在战场上奋勇杀敌，每次出征前政府都会发给加尼沙里军士兵额外津贴。在战斗中，任何加尼沙里军哪怕军阶最低的士兵，只要勇敢并有立功的表现，都会立刻得到重赏。除了得到现金奖励，还获得在军队晋升的机会，优秀者还会成为政府官员。

艰苦的训练和严格的选拔，使加尼沙里军有很好的作战基础。再加上武器的配备，素丹的重视，政府的奖惩，这支军队拥有国家核心军队的自信，也能够在战场上英勇作战。在帝国前期的重大战役中，加尼沙里军都是奥斯曼军队中的主力。在 1453 年攻占君士坦丁堡的著名战役中，最后的破城，就是穆罕默德二世的加尼沙里步兵完成的。在 1514 年塞里姆一世出征伊朗萨法维人的战役中，奥斯曼军队起初遭到了敌军骑兵的冲击，作战失利，敌军骑兵几乎攻到塞里姆一世指挥部所在的营帐。然而，凭借加尼沙里军强大的阵地战作战能力，在关键时刻反攻，在开局不利的情况下奥斯曼军队最后给敌军歼灭性打击。③ 关于加尼沙里军的战斗力和军事声誉，在奥斯曼帝国军事史中有不少详细描述。例如，一次在进攻敌方要塞时，因加尼沙里部队未到场，奥斯曼指挥官马哈穆德让自己的工兵穿上加尼沙里制服，结果吓得敌军投降了。④ 加尼沙里军所到之处，无不让西方人又畏又敬，以至于直到 18 世纪，奥斯曼帝国的加尼沙里军给欧洲人带来的依然是惊恐。⑤

二、加尼沙里军的逐步蜕变

加尼沙里军名声在外，但这样一支军队，实际上从 16 世纪起就不断给素丹和他的帝国制造麻烦。关键是，这支军队开始发动叛乱，甚至被国内政治势力利用，操纵素丹的废立。例如 1511—1512 年的皇位之争。素丹之子塞里姆依靠加尼沙里军的帮助，击败

---

① James M. Ludlow, "The Tribute of Children, 1493", from Eva March Tappan, ed., *The World's Story*: *A History of the World in Story*, *Song and Art*, Vol. Ⅵ: *Russia*, *Austria-Hungary*, *The Balkan States*, *and Turkey*, Houghton Mifflin, 1914, pp. 491 – 494.

② Yasemin Güler, *Osmanll Tarihi Sözlügü*, p. 227; Mesut Uyar, Deward J. Erickson, *A Military History of the Ottomans*, p. 39.

③ Mesut Uyar, Deward J. Erickson, *A Military History of the Ottomans*, pp. 70 – 71.

④ Mesut Uyar, Deward J. Erickson, *A Military History of the Ottomans*, pp. 35, 43.

⑤ Ogier Ghiselin de Busbeq, "The Turkish Letters, 1555 – 1562", from C. T. Forster and F. H. B. Daniel, eds., *The life and Letters of Ogier Ghiselin de Busbecq*, Vol. Ⅰ, Kegan Paul, 1881, pp. 153 – 155, 219 – 222; Virginia H. Aksan, *Ottoman Wars 1700 – 1870*, p. 48.

众兄弟而夺得王位，成为素丹塞里姆一世。本来奥斯曼帝国没有嫡长子继承制或类似的继承办法，皇子的争夺互相残杀很激烈，一般都是靠勇武和军事才能夺取皇位。塞里姆争夺王位的过程中取得加尼沙里军的支持，出征东边的萨法维人，与其他皇子作战。加尼沙里军还帮助塞里姆反抗他的父亲巴耶济德二世。最终在加尼沙里军的逼迫下，巴耶济德二世被迫退位，把皇位传给了他不太中意的儿子塞里姆。① 另有据载，在塞里姆即位前夕，一群加尼沙里军士兵还走到巴耶济德面前说："你完了。我们现在需要一位新素丹。我们要立尊敬的塞里姆为素丹……你的王座和整个帝国都属于他。"②

虽然以前也发生过被利用而逼迫素丹下台的事件，但这一次加尼沙里军成为篡夺者得力的政变工具，反对一位合法、称职的素丹，性质和以前不同。显然，加尼沙里军为塞里姆夺取王位起了决定性作用。巴耶济德二世在位期间有政绩，并不是一位昏庸的君主，加尼沙里军的行为应受谴责。巴耶济德二世退位后很快死去，后世历史学家怀疑是塞里姆毒死了父亲。③ 这次事件也表明，加尼沙里军已经不再是绝对忠诚于素丹的军队，而是素丹不得不提防的危险力量。

接着，加尼沙里军开始要挟素丹，提出不合理甚至无理的要求。1566 年塞里姆二世登基，加尼沙里军索要登基费（cülus bahşişi）。奥斯曼王室有一个传统理念，宫廷中的所有人——包括皇子和公主在法律上都被看作奥斯曼素丹的奴仆。继位者由皇子变成素丹，等于是从奴仆变成主人，也得从形式上履行手续，表明身份的变化。所以，新即位的素丹有义务给自己的重要官员、亲信和随从人员发放礼物或礼金（土耳其语 ihsan，意为"赏赐"）。这样，新素丹的继位才得到一致承认，礼金相当于换取属下的忠诚。④ 在加尼沙里军的官兵看来，他们是前一任素丹的奴隶，未必有义务绝对听从新素丹号令。他们愿意向新素丹效忠，必须获得素丹给的礼金，即"登基费"。据记载，第一次给士兵们发放登基费是在素丹巴耶济德一世时期（1389—1402）。其实新素丹第一次率军出征时也要给士兵额外赏赐。⑤ 1512 年塞里姆一世即位后给支持过自己的加尼沙里军士兵每人发放了 3 000 阿克切（akçe）的登基费，苏莱曼一世 1520 年即位也这样做了。⑥

---

①　İsmail Hami Danişmend, *İzahll Osmanll Tarihi Kronolojisi*, *Cilt*：2, pp. 1 – 2；İsmail Hakkl Uzunçarşlll, *Osmanll Tarihi 2. Cilt*, pp. 234 – 237；Metin Kunt, Hüseyin G. Yurdaydln, AylaÖdekan, *Türkiye Tarihi 2：Osmanll Devleti, 1300 – 1600*, Cem Yaylnevi, 1987, pp. 99 – 100.

②　Colin Imber, *The Ottoman Empire*, p. 102.

③　İsmail Hami Danişmend, *İzahll Osmanll Tarihi Kronolojisi*, *Cilt*：2, p. 2；İsmail Hakkl Uzunçarşlll, *Osmanll Tarihi 2.Cilt*, pp. 237 – 238.

④　Rhoads Murphey, *Exploring Ottoman Sovereignty*, p. 86.

⑤　İsmail Hakkl Uzunçarşlll, *Osmanll Tarihi 2. Cilt*, p. 514.

⑥　Rhoads Murphey, *Exploring Ottoman Sovereignty*, p. 121.

后来的新素丹给加尼沙里军发 3 000 阿克切登基费，几乎成为惯例。① 到塞里姆二世争夺王位之时，他也和祖父一样在很大程度上获得了加尼沙里军的支持。作为回报，塞里姆二世不仅仅给加尼沙里军发放登基费，还增加额外的津贴。这样一来，加尼沙里军的胃口越来越大。在一次返回首都的路上，加尼沙里军要求素丹再给他们每人1 000阿克切。软弱的塞里姆二世没有拒绝，满足了士兵的要求。其他部队知道后要求同样的待遇，还发动兵变相威胁。塞里姆二世不得不发放大量薪金，以示安抚。②

有了这样的先例，后来就变得不可收拾。早期加尼沙里军的总人数少，登基费和额外津贴并不构成严重问题，但随着帝国快速扩张，加尼沙里军规模迅速扩大，登基费和额外津贴就成了国家的财政负担。③ 到艾哈迈德三世 1703 年即位时，被迫向支持他登基的加尼沙里军支付的登基费被称为帝国历史上数额最大的登基费。问题在于，加尼沙里军的无理要求得不到满足时，他们以武力胁迫素丹，甚至谋划废黜素丹。根据艾哈迈德三世时担任财政官的萨勒·穆罕默德帕夏的叙述，素丹被迫把宫中的银器铸成钱币来发放登基费。

然后加尼沙里军的反叛逐步升级。1621 年的霍丁战役（与波兰的战争）中，素丹奥斯曼二世率领的大军进攻要塞时受挫，双方僵持，从 5 月一直打到 10 月。按照奥斯曼二世的想法，冬季继续驻军战场，再寻战机，但加尼沙里军哗变，拒绝出战，奥斯曼二世只能无功而返。④ 事后，奥斯曼二世追究加尼沙里军的责任，审查作战不力的将领，惩罚有过失的士兵，严格整肃军纪，要求士兵们大力操练。加尼沙里军对此不满，第二年（1622）奥斯曼二世跨过博斯普鲁斯海峡准备去麦加朝觐时，他们策划了叛乱。因为他们相信奥斯曼二世要去叙利亚召集军队，然后回来取缔整个加尼沙里军。奥斯曼二世被迫回到首都。加尼沙里军逼迫奥斯曼二世逐个处决他的亲信和支持改革的人，最后冲进皇宫，先废黜奥斯曼二世，继而合谋杀死他。⑤

这一次加尼沙里军直接叛乱并杀死素丹，已经严重违背了这支军队组建时的宗旨，

① İsmail Hami Danişmend, *İzahll Osmanll Tarihi Kronolojisi*, *Cilt*：2，p. 1.

② İsmail Hakkl Uzunçarşlll, *Osmanll Tarihi 3. Cilt*：Ⅱ. *Selim'in Tahta Çlkşindan* 1699 *Karlofça Andlaşmasina kadar*（*A History of Ottoman State*：*From the Enthronemet of Selim* Ⅱ *to the Treaty of Karlowitz*），Türk Tarih Kurumu Baslmevi，1988，pp. 22 – 25；Stanford Shaw，*History of the Ottoman Empire and modern Turkey*，Vol. 1，p. 176.

③ Rhoads Murphey, *Exploring Ottoman Sovereignty*, p. 120.

④ İsmail Hakkl Uzunçarşlll, *Osmanll Tarihi 3. Cilt*, pp. 141 – 144；Colin Imber, *The Ottoman Empire*, *1300 – 1650*, pp. 77 – 78.

⑤ İsmail Hakkl Uzunçarşlll, *Osmanll Tarihi 3. Cilt*, pp. 147 – 152；Stanford Shaw, *History of the Ottoman Empire and modern Turkey*, Vol. 1, pp. 192 – 193；Colin Imber, *The Ottoman Empire*, *1300 – 1650*, p. 78.

由素丹豢养的主力军，蜕变为犯上作乱、操纵素丹废立的祸害。加尼沙里军动辄以各种借口叛乱，参与宫廷斗争，不过，他们此时尚能作战，素丹也没有完全失去对这支军队的控制。因为奥斯曼二世之后有几位素丹和大维齐（相当于宰相）能力强，足以掌控加尼沙里军。尤其是穆拉德四世（1623—1640 在位）时期和 1656—1683 年的柯普卢吕家族的大维齐执政时期①，加尼沙里军仍是奥斯曼军队的主力。后来，加尼沙里军整体素质和战斗力下降，在战场上也失去了往日的威风，不堪一击。

在 1711 年普鲁什河（Pruth）战役中，奥斯曼帝国的军队在数量上占优势，已经包围了俄国军队，在双方猛烈的火炮射击中，加尼沙里军多次冲锋，遇到俄军顽强抵抗。双方伤亡惨重，最后议和。在激烈的战斗中，加尼沙里军失去作战意志，迟疑不前。战场上有的士兵下跪祈祷，有的无助地哭喊。担忧加尼沙里军不能坚持，统率军队的大维齐接受了俄方的谈判请求。② 这种情况，以前很少发生。加尼沙里军让敌人恐惧，重要的原因是他们无畏的勇气和坚定的信念。在战场上，一旦攻击令下达，谁在猛烈的炮火面前寻找掩体，会被视作怯弱。③ 即使素丹或领兵的大维齐担心加尼沙里军哗变，或劫掠扰民，也很少担心他们的勇气和意志。显然以前那支所向披靡的加尼沙里军已经不存在了。

再往后，加尼沙里军在战场上的表现已经不如地方军队。例如，1736—1739 年奥斯曼帝国与奥地利和俄国交战，一度出现僵局。结果是波斯尼亚总督阿里率领的地方部队（其中有一部分不是正规军）为战胜敌军发挥了关键作用。这些地方部队不但能够成功防守自己的要塞，还加入主力部队发起反攻，打败奥地利正规军。④ 1768—1774 年对奥地利和俄国的又一次战争中，以加尼沙里军为主力的奥斯曼军队，在一些战场上兵力五倍于敌人，仍被打得大败。⑤

最严重的，不仅仅是加尼沙里军丧失了战斗力，而是一部分人脱离正规军，变成盗贼和劫匪。因为此时加尼沙里军的头脑里已经没有忠于素丹、保卫帝国的概念，最高长官也不能约束和控制加尼沙里军。⑥ 例如，在希腊叛乱发生后，5 000 名加尼沙里军被派往多瑙河流域平叛。还未走出伊斯坦布尔的贝希克塔什，军纪败坏的加尼沙里军就开始

---

① İsmail Hakkl Uzunçarşlll，*Osmanll Tarihi 3. Cilt*，pp. 317 – 382；Metin Kunt et al.，*Türkiye Tarihi 3*，pp. 27 – 36；Stanford Shaw，*History of the Ottoman Empire and Modern Turkey*，Vol. 1，pp. 207 – 215.

② Virginia H. Aksan，*Ottoman Wars 1700 – 1870*，p. 97.

③ Mesut Uyar，Deward J. Erickson，*A Military History of the Ottomans*，p. 43.

④ İsmail Hami Danismend，*İzahll Osmanll Tarihi Kronolojisi*，Cilt：4，pp. 25 – 26.

⑤ Stanford Shaw，*History of the Ottoman Empire and Modern Turkey*，Vol. 1，pp. 247 – 250；Virginia H. Aksan，*Ottoman Wars 1700 – 1870*，pp. 142 –154.

⑥ Virginia H. Aksan，*Ottoman Wars 1700 – 1870*，p. 205.

一路抢劫民财，毁坏民房。①

　　加尼沙里军作为军队的一点战斗力，不能在战场上杀敌，但祸害平民，发动政变，还能发出威力。锐意改革的塞里姆三世（1789—1807）建立新军队的同时，下令加尼沙里军裁员一半，虽没有宣布撤销建制，但威胁到加尼沙里军的利益，1807 年，加尼沙里军再次联合乌勒玛阶层发动政变，废黜了塞里姆三世，也中断了奥斯曼帝国的西化改革。继任素丹马哈茂德二世把解决加尼沙里军当作重要目标，经过精心准备，于 1826 年消灭了加尼沙里军，撤销了加尼沙里军的建制。当时新军队仅以 25 人的伤亡，歼灭了 6 000 人的加尼沙里军。② 可见，这支曾经声名显赫的军队早已腐朽不堪。

三、加尼沙里军蜕变的原因分析

　　毋庸置疑，曾经是精锐和主力的加尼沙里军后来慢慢蜕变，其原因是多方面、复杂的，本文试做分析。

　　第一，征募制和兵源问题。起初加尼沙里军的选拔严格，征募制度严格执行，从基督徒山区征召儿童，作为奴隶来培养和训练。这些儿童出身贫寒，吃苦耐劳，经过长时间的培养和严格的训练之后，成长为优秀的士兵。但是，从 17 世纪起这套集征募、训练制度逐步流于形式。一方面，为了战时之急需，把不具备军人素质的人员如饲养员、手工艺人，甚至扒手、强盗、流浪汉也都招募进了军队。③ 客观地说，扩充军队是大规模扩张的需要。据罗兹·穆尔菲的统计，加尼沙里军的人数 1527 年时扩充到 11 439 人，1574 年为 21 094 人，1597 年为 45 000 人，1609 年为 47 033 人，1670 年为 48 212 人。算上驻守行省戍边的加尼沙里军，整个加尼沙里军的总人数到 1670 年已经达到了 53 849 人。④ 后来军队人数经常有增减，但总体规模变化不大。另一方面，加尼沙里军有免税和定期领取薪饷的特权，社会上有门路的人纷纷寻找机会，获得加尼沙里军编制，例如政府高官征召自己的亲友、门生和奴仆进入加尼沙里军，军官和老兵招纳自己的子弟占

---

　　① Virginia H. Aksan, *Ottoman Wars 1700 – 1870*, pp. 316 – 317.

　　② İsmail Hami Danişmend, *İzahll Osmanll Tarihi Kronolojisi*, Cilt：4, p. 111.

　　③ Mesut Uyar, Deward J. Erickson, *A Military History of the Ottomans*, p. 118；Virginia H. Aksan, *Ottoman Wars 1700 – 1870*, p. 188.

　　④ Rhoads Murphey, *Ottoman Warfare*, p. 45；Halil Inalcik, *The Ottoman Empire：The Classical Age 1300 – 1600*, Phoneix, 2013, p. 128.

据加尼沙里军编制。① 本来是常备军，但有时征召进来的是临时的"志愿兵"，成分混杂。有时为了征募足够的"士兵"上前线，地方总督许诺他们打完仗就进入加尼沙里军编制。因此加尼沙里军的整体素质大幅下降。有不少加尼沙里军士兵离开军营，变成商人、工人，有不少人以各种借口逃避服兵役。②

第二，军队训练问题。不论是不具备军人条件的劣质兵胚，还是通过门路进入军队的关系户，或是各种临时征召的志愿兵，没有经过正规训练，也不愿接受严格的军纪约束。③ 在纪律和训练方面，以前的常备军是严格的军事奴隶，要经历漫长而艰辛的磨炼，一个加尼沙里军新兵走上战场前，体能训练和弓箭、火枪射击课程可能就要训练几年，甚至十几年，但"德武谢梅"制度破坏后，严格的纪律、规范而高效的训练基本上不见了。有时是整个军队都没有常规的训练。在作战的勇敢和战斗精神方面，17 世纪之前加尼沙里士兵不怕劳苦、不畏牺牲，后来则越来越畏战，害怕流血牺牲。

第三，军队内部的管理。既然士兵是通过各种关系而进入编制的，自然也腐蚀了军队内部的管理。加尼沙里军内部只重视人脉关系，而不重视士兵和军官的技能提高。更让奥斯曼政府管理者难堪的是，加尼沙里军籍到最后竟成为商品，可以买卖，导致帝国境内最后到处都是"加尼沙里军人"。④ 一边扩军，一边又不严格管理，这让军队出现大量缺额或空额。据统计，到18 世纪末共有40 万张军籍票券在市场上流通。这些票券从来没有代表过真正的士兵人数，真正能上战场的士兵可能不到十分之一。售卖这些票券也是很多官员的生财之道。⑤ 一些标榜改革派的大维齐也利用这一渠道中饱私囊。⑥ 可想而知，军队内部管理的腐败已到何种程度，加尼沙里军本身的军事价值已值得怀疑。

第四，后勤供应问题。加尼沙里军为什么不听号令，频频发动叛乱？根据现有资料，主要和拖欠薪饷有关。加尼沙里军掀起叛乱，常常把兵营厨房的大锅取出来，举着

---

① Donald Quataert, *The Ottoman Empire*, *1700 – 1922*, Cambridge University Press, 2005, pp. 100 – 101; Carter Vaughn Findley, Political Culture and the Great households, from *The Cambridge History of Turkey*, Vol. 3, pp. 70 – 71.

② Metin Kunt et al., *Türkiye Tarihi* 3, pp. 19 – 20; Rifa'at' Ali Abou-El-Haj, *Formation of the Modern State: The Ottoman Empire*, *Sixteenth to Eighteenth Centuries*, Syracuse University Press, 2005, p. 108.

③ Virginia H. Aksan, *Ottoman Wars 1700 – 1870*, p. 134.

④ Virginia H. Aksan, *Ottoman Wars 1700 – 1870*, p. 189.

⑤ Virginia Aksan, War and Peace, from *The Cambridge History of Turkey*, Vol. 3, p. 98.

⑥ Virginia H. Aksan, *Ottoman Wars 1700 – 1870*, p. 52.

锅表达抗议。① 起初每个士兵每日薪饷为 3~5 个阿克切，② 通常按季度发放。16 世纪之后社会出现通货膨胀，物价上涨，加尼沙里军的薪饷相应地提高，但扣除通货膨胀因素，普通士兵们的待遇可能下降了。③ 据学者罗兹·穆尔菲统计，从 1527 年到 1660 年，加尼沙里军薪饷开支从约 6 600 万阿克切上涨到 28 600 万阿克切，占常备军薪饷开支的比例从 23.4% 涨到了 46.6% 。④ 这给帝国财政带来负担，政府采用贬低币值，甚至直接拖欠薪饷的方法应急。有时政府拖欠薪饷竟然长达两年。⑤ 帝国政府为了节省军费开支，也采取过裁减加尼沙里士兵的措施。比如，在征战季节雇佣廉价的农民；裁撤常备军中的骑兵；缩小海军规模和减少海上军事活动；短期借款和增税。⑥ 事实证明，这些措施是难以解决根本问题的。

其实，物价上涨不仅仅影响加尼沙里军，禁卫骑兵也一样面临薪饷不足的问题。这些部队都是素丹的奴仆，素丹想方设法提高他们的生活待遇，也容忍他们以其他方式赚钱。素丹给文化水平较高的骑兵提供政府中的职位，或让他们参与管理宗教基金瓦克夫（Vakif）以增加收入。⑦ 加尼沙里军自恃享有特权，有的做买卖，有的进入手工行业。征战季节到来时，忙于各种经济活动的士兵想尽办法逃避兵役。⑧ 这样一来，整个军队的性质发生了变化。

第五，帝国政治结构和形势变化。加尼沙里军自身蜕变，还有军事指挥方面的原因，这涉及奥斯曼帝国的政治结构问题。加尼沙里军的法律身份是奴隶出身的人组成的素丹私人军队，理论上，整个帝国只有素丹一人拥有指挥加尼沙里军的权力，素丹定期发放薪饷，忠诚于素丹是每一个加尼沙里军人的义务。帝国前期的素丹大多数英明勇武，有能力指挥军队，也赢得士兵的忠诚。帝国中后期的素丹大多数不亲自出征，军队一般由大维齐代素丹指挥全军，有的大维齐就指挥不动加尼沙里军。加尼沙里军有时也敢违抗素丹本人的号令。即便新素丹继位后宣誓效忠，但素丹不能带领他们打胜仗，就

---

① İsmail Hakkl Uzunçarşıll, *Osmanll Tarihi 3. Cilt*, p. 512.

② Pál Fodor, Ottoman Warfare, 1300 – 1453, from *The Cambridge History of Turkey*, Vol. 1, p. 208.

③ Linda T. Darling, *Revenue-Raising and Legitimacy*: *Tax Collection and Finance Administration in the Ottoman Empire*, *1560 – 1660*, Brill, 1996, p. 41.

④ Rhoads Murphey, *Ottoman Warfare*, pp. 16 – 17.

⑤ Stanford Shaw, *History of the Ottoman Empire and Modern Turkey*, Vol. 1, pp. 176, 227.

⑥ Stanford Shaw, *History of the Ottoman Empire and Modern Turkey*, Vol. 1, pp. 220, 261; Rhoads Murphey, *Ottoman Warfare*, p. 165; Rhoads Murphey, *Ottoman Warfare*, pp. 17 – 18; Mesut Uyar, Deward J. Erickson, *A Military History of the Ottomans*, p. 87.

⑦ Linda T. Darling, *Revenue-Raising and Legitimacy*, p. 170.

⑧ Metin Kunt et al., *Türkiye Tarihi 3*, pp. 19 – 20.

不能获取大量的战利品，士兵得不到赏赐，一样会心生怨恨，伺机发动叛乱以提出自己的要求。

更关键的是，奥斯曼帝国的内外形势也在发生变化。军事技术的变化和多线作战的窘境导致中后期素丹政府不得不一再打动辄几年，甚至十数年的拉锯战。这样加尼沙里军从地方招募、常驻行省也成为不得不施行的举措。在国内方面，帝国中后期各地经常发生叛乱，政府不得不把加尼沙里部队派到地方维持秩序。[①] 征募当地人进入加尼沙里军，优势是这些人熟悉地形，弊端是缺少训练，仓促派上战场，根本没有战斗力。派驻到各地的加尼沙里军慢慢失去了原来的军事价值，从正规军和精英部队变成了接近于警察的非军事部队。[②] 加上管理不善，加尼沙里军容易与当地社会融合，几代之后就变成对抗中央的地方势力。17 世纪后，随着政府控制力的减弱，在一些边远行省如阿尔及利亚、埃及和巴格达等地，地方加尼沙里军成了当地新的统治阶级。[③]

四、结论

建军之初的加尼沙里军训练有素，战场上所向披靡，是奥斯曼帝国的精锐部队，是主力军。17 世纪之后的加尼沙里军在忠诚度方面开始出现重大问题。到了 18 世纪，纪律、训练状态下滑之后，他们又逐渐丧失了勇气和信心。战斗力下降的同时，他们却蜕变为叛乱分子，多次成为宫廷斗争的工具。之所以这样，是因为征募制度破坏，兵源成分复杂，军人素质降低；也因为军队内部的管理有弊端，军纪松懈，常规训练流于形式；还因为后勤保障不足，薪饷拖欠等。当然，奥斯曼帝国的政治结构也决定了加尼沙里军在指挥权方面的重大缺陷。国内外形势变化使加尼沙里军地方化，也是不可忽视的原因。本文分析加尼沙里军蜕变的过程和蜕变的原因，有助于揭示奥斯曼帝国由盛转衰的根源。

奥斯曼帝国前期迅速扩张，加尼沙里军立下汗马功劳。而这支军队的征募、选拔、建设，有值得借鉴的经验。加尼沙里军后期屡屡失败，失去军事价值，也有可以吸取的教训。加尼沙里军起初拥有独特的征募制度，有严格训练和组织管理，有良好的后勤保障，听从素丹统一指挥，士兵英勇作战，保持了强大的战斗力，同时其一些具体的战略、战术还被欧洲军队模仿。蜕变的教训，一是军队的内部管理、后勤保障方面的失误；二是军队的指挥问题：忠诚于民族和国家的军队，最终服务于保家卫国的任务，而忠诚于君主或将领的军队是素丹打胜仗的工具，成为反叛者也是被反对势力利用。奥斯

① Halil Inalcik, *The Ottoman Empire*, p. 170.

② Mesut Uyar, Deward J. Erickson, *A Military History of the Ottomans*, p. 90.

③ Halil Inalcik, *The Ottoman Empire*, p. 170.

曼帝国瓦解而土耳其共和国建立，凯末尔和伊诺努致力于军队建设，使军队成为忠实于土耳其人民的现代军队，就是吸取了历史的教训。

作者简介：

刘军，上海大学文学院世界史专业博士研究生；王三义，上海大学文学院教授。

"暨南"名称溯源考①

刘思亮　夏梦真

[提要]《尚书·禹贡》"朔南暨，声教讫于四海"的典故衍生出了极富文化底蕴的"暨南"二字。以"暨南"冠名的机构，暨南大学是大家耳熟能详的，实际上以此冠名的机构共有四类：一是学校如暨南学堂、暨南学校、暨南大学；二是博览会如南洋劝业会暨南馆；三是侨务局如福建暨南局；四是南洋侨务教育机构如中国暨南教育局。源远流长的中华文化、同文同种的海外华人、生生不息的创新精神以及若隐若现的民族烙印，铸就了"暨南"机构不辱使命、不可或缺的重要闭环。

[关键词]　暨南学堂；暨南学校；暨南大学；暨南馆；福建暨南局；中国暨南教育局

以"暨南"冠名的机构，暨南大学是大家耳熟能详的，其实以此冠名的机构共有四类：一是学校如暨南学堂、暨南学校、暨南大学；二是博览会如南洋劝业会暨南馆；三是侨务局如福建暨南局；四是南洋侨务教育机构如中国暨南教育局。迄今，学界关于这

---

①　本文系广东省省级科技计划项目"国内高校引才政策研究"（项目编号：RCZWH2019001）的阶段性成果。

四类机构的研究散见于相关学术期刊①，对这四类机构的产生背景、运作机制、历史地位诸方面进行了探讨，而对于"暨南"其名由来的探根溯源，尚缺乏深入系统研究。本文拟从历史学视角，尝试对"暨南"机构名称由来进行系统阐释。

一、"暨南"缘起

"暨"常用于庄重典雅的场合，是一个书面用词，往往出现在大型标语横幅中。"暨"在中国汉字中有以下几层意思：①和；同。《书·尧典》："帝曰：'咨，汝羲暨和。'"②及；到。《国语·周语中》："上求不暨。"韦昭注："暨，至也。"③姓。三国时吴有暨艳。② 得姓始祖：彭祖。暨姓是彭祖的后裔。大彭的后裔被封于暨，子孙因此就"因地命氏"以暨为姓氏。③

"南"是一个常用字，其在中国汉字中有如下之意：①方位名。与"北"相对。如面向东，则右手为南，左手为北。②古代南方音乐的名称。《诗·小雅·鼓钟》："以雅以南。"《礼记·文王世子》："胥鼓南。"③姓。唐代有南霁云。④

"暨南"二字最早出自《尚书·禹贡》："东渐于海，西被于流沙，朔南暨，声教讫于四海。"⑤ 大意为面向广阔的南洋，将中华民族优秀文化传播于五洲四海。显然，"暨南"二字的"暨"取"及、到"之意，"南"取"方位名、与北相对"之意。对于"暨南"本身，亦可有历久弥新的解释。许慎云："暨，日颇见也。"段玉裁注解："日颇见者，见而不全也。"⑥ 朱骏声补充："暨，日出地平谓之旦；暨者，乍出微见也。"⑦ "暨"又有"刚毅"之意。在20世纪初，"暨南"机构"日出地平"而"乍出微见"，到了百年后21世纪的今天，仅留存暨南大学，是又一度的"日出地平"而见于南方。⑧

---

① 与该四类机构相关的研究论文主要有：夏泉：《端方与暨南学堂》，《暨南学报》1995年第2期；肖波：《关于福建暨南局的创办及历史地位》，《学海》1993年第1期；陈建宁、陈文星：《福建暨南局兴废始末》，《福建论坛（人文社会科学版）》2007年第4期；李莉：《中国第一个官方侨务机关——福建暨南局》，《炎黄纵横》2003年第3期；乔兆红：《华侨与南洋劝业会》，《文史哲》2003年第2期；朱英：《端方与南洋劝业会》，《史学月刊》1988年第1期；洪振强：《南洋劝业会与晚清社会发展》，《江苏社会科学》2007年第4期。

② 吴泽炎、黄秋耘等编：《辞源》，商务印书馆，1983年，第236页。

③ 黄荣发：《姓氏考略》，海峡文艺出版社，2010年，第116页。

④ 吴泽炎、黄秋耘等编：《辞源》，第405页。

⑤ 顾迁译注：《尚书》，中华书局，2016年，第7页。

⑥ （东汉）许慎：《说文解字》，线装书局，2016年，第343页。

⑦ （清）朱骏声：《说文通训定声》，中华书局，2016年，第455页。

⑧ 夏泉：《凝聚暨南精神》，广东人民出版社，2006年，第82页。

此外，说到"暨南"，应对前人名称学说进行梳理。名称既是一个语言本体问题，又是一个重要的哲学逻辑论题，把它投射到现实世界，涉猎名称与事物、人物、机构之间的多方面联系，形成了名称、思维、现实、观念、意义之间的复杂关系以及与主客观因素、认识论有关的本质问题。为厘清名称与事物间的关系，古希腊哲学家持两种不同的观点："本质论"：名称是事物本质特征的反映，名称与事物之间存在必然联系；"规约论"：名称与事物之间并无必然联系，名称只是一种约定俗成的叫法。① "暨南"机构之所以名为暨南，考虑到其服务对象均为华侨华人，符合名称与事物之间相联系的论点，与"本质论"是一致的。

二、以"暨南"冠名的四类机构

清代厉行"海禁"，禁止官民出洋谋生，"违者论斩"，② 这阻挡了大批国人出国。偶有听闻海外华侨在当地遭受欺凌，清政府不但听之任之，还认为他们咎由自取、不足怜恤。③

经济基础决定上层建筑，清政府闭关锁国的政策严重阻碍了经济的发展，西方列强对中国觊觎已久，坚船利炮打开了中国封闭已久的国门，清政府的海禁政策终难以为继，华工出国成为一股势不可挡的浪潮。1868 年，清政府与美国签订了《中美续修合约》，正式承认海外华侨的政治地位。随着时代的发展，清政府愈加感受到海外华侨在国外的惨痛经历，同时海外华侨经过历代人的艰苦奋斗，取得了一定的经济地位，越来越多的海外华侨往国内汇款接济亲友，在一定程度上提高了清政府的国民收入。19 世纪 90 年代初，在部分驻外使领人员强烈呼吁与建议下，1893 年，清政府正式宣布海外华侨准予归国，为其颁发护照，并禁止有关部门或人员对其敲诈勒索，违者重罚。④

这是"暨南"机构所产生的共同背景，随着清政府对华侨相关政策的调整，产生了一系列冠名"暨南"的相关机构，这其中既有学校、博览会，也有侨务局、南洋侨务教育机构，下文将结合历史渊源对"暨南"机构进行逐一阐释。

---

① 曾永兴：《名称研究论考》，《解放军外国语学院学报》2018 年第 5 期。

② 《大清律例全纂》卷二〇《兵津·关津·私出外境及违禁下海》，1740 年刊印本。

③ 《清朝文献通考》卷一九五，上海商务印书馆，1935 年，第 7465 页；李长傅：《中国殖民史》，上海商务印书馆，1937 年，第 171 页。

④ 薛福成：《庸庵海外文编》卷一《请豁除旧禁招徕华民疏》，载《庸庵文编》第 3 册，文海出版社，1967 年，第 1172 页。

（一）学校：暨南学堂、暨南学校、暨南大学

早期暨南学校名称几经变革，1906 年至 1911 年，称暨南学堂；1918 年至 1927 年，称暨南学校；1927 年始称国立暨南大学。暨南学校名称的三易其名，体现了暨南办学主体、办学规模因应时代发展而不断变化，以及暨南学堂、暨南学校、暨南大学在办学宗旨"朔南暨，声教讫于四海"的一脉相承，其在一个多世纪的漫漫征程中，铸就了特色鲜明的办学风格，镌刻了属于自己的清晰烙印。

1. 暨南学堂

海外华侨政治经济地位的提高，在一定程度上推动了华侨教育的发展。海外华侨积极发扬中国人尊师重教的传统。1690 年，巴达维亚华人创办的明诚书院开启了华侨教育之端，承担着将中华优秀文化传播到五湖四海的重要使命。之后，一大批华侨教育机构如雨后春笋般悄然涌现。清政府通过多种形式促进华侨教育的发展，如鼓励国内教员到海外发展，解决华侨教育的实际困难；派员巡视海外华侨教育，为其提供扶持和帮助；根据《奏定学堂章程》，实行华侨教育备案制度；奖励积极办学人士，并提供经费支持。① 清末十年间，荷属东印度各地创设的华侨教育机构多达 65 所，英属马来亚的侨校达 10 余所。② 美国、日本、菲律宾、朝鲜、缅甸、安南等国，华侨教育机构亦遍地开花、欣欣向荣。

1905 年，清大臣张振勋前往南洋考察商务，光绪皇帝亲笔御书"声教暨南"匾额，命其随身携带，适值槟城新式学校中华学校建校一周年大会，张振勋亲自将"声教暨南"匾额悬挂于该校，并在会上宣读清政府扶植华侨教育的相关政策。③ 可见，"声教暨南"是对"东渐于海，西被于流沙，朔南暨，声教讫于四海"的高度概括和凝练。"暨南"二字与南洋及定居南洋的华侨华人息息相关、密不可分。

尽管海外华侨教育开展得如火如荼，但经费使用、学制不一、师资薄弱等问题，严重制约着海外华侨教育的发展和壮大。因而，回国升学便成为广大华侨华人心之所向。1905 年，清政府委派端方、戴鸿慈等分赴东西方考察宪政。时值端方自欧洲归国，经过南洋，受到当地侨民的热烈欢迎，端方的思想发生了重大转变。他不仅深刻感受到当地侨民的爱国情怀，也认识到开展华侨教育迫在眉睫，因此告诫各地华侨"劝其就地兴办

① 张晓辉、夏泉：《暨南大学史》，暨南大学出版社，2016 年，第 4 页。
② 《南洋华侨学务观》，《教育杂志》，1908 年第 4 卷第 12 号，第 47 页。
③ 方玉芬：《试析清末民初华侨教育考察的历史及影响》，《八桂侨刊》2008 年第 3 期。

学堂培养子弟，并戒其勿染外洋习气"。①

除了暨南学堂的创始人端方，我们也不应忘记两位重要人物——钱恂、董鸿祎倡议促成创办了暨南学堂，暨南学堂在遥远的历史长河里显现微光，他们同样功不可没。1906年，清政府委派钱恂、董鸿祎赴南洋查学。当时爪哇是华侨较为集中的区域，该地早在1901年就创办了中华学堂，开启了南洋华侨教育活动的先河。于是，钱、董二人选择爪哇作为查学目的地。在查学的过程中，他们发现虽然南洋各地华侨教育机构为数众多，但是师资、教材及教学质量难以满足广大侨生的需求，广大华侨父老仍然希望华侨子弟归国读书。有鉴于此，他们前往各处华侨教育机构视察的过程中，根据侨生资质及回国意愿，甄选60多名侨生，并允以官费待遇，安排他们分批返国。钱恂将华侨归国读书一事请示清两江总督端方，并向学部申报，请端方主持办学。本着"宏教泽""系侨情""弭隐患"的民族大义，端方积极采纳钱恂建议，向清廷禀报获准。于是，第一批侨生21人在钱、董二人的带领下，于1907年2月底抵达国门。至此，国内第一所专门培养侨生的学校创办起来，并于1907年3月正式在南京开学。

江宁提学史陈伯陶是暨南学堂的题名人。《尚书·禹贡》有云："朔南暨，声教讫于四海"，陈伯陶考虑到暨南学堂的生源主要为侨生，担负着将中华优秀文化传播到五湖四海的历史重任，与"朔南暨，声教讫于四海"的内在含义交相呼应，因此提议将这所端方创办的侨校命名为"暨南学堂"。端方"笃嗜金石书画、海内孤本"②，具有考古癖好，对陈伯陶提议用既深且癖的"朔南暨"一词将这所华侨学堂命名为"暨南"，欣然允诺。③

经过多位历史人物的推动，暨南学堂在南京薛家巷妙相庵悄然诞生，郑洪年为暨南学堂第一任堂长，作为中国第一所华侨学府，正式开始踏上中国华侨教育的伟大征程。1907—1911年四年间，暨南学堂以星星之火可以燎原之势，延聘人才，扩大生源，不断发展壮大，在海外华侨聚居地一度声名远播。1911年10月10日，武昌起义爆发，因时局动荡，师生星散，暨南学堂遭遇第一次停办的顿挫。

2. 暨南学校

1917年，教育部委派黄炎培前往南洋调查华侨教育状况。他走访新加坡、马来半岛等地，广泛接触华侨教育界，对华侨教育问题进行了深入调查。同年，他回到祖国，与赵正平、范静生、袁希涛、韩希琦等人奔走呼号，再三向政府陈明兴办侨校的重要意

① 端方：《端忠敏公奏稿》卷六《接见各华商片》，文海出版社影印本，1967年，第133页。

② 端方：《端总督传》，《端忠敏公奏稿》卷六，第133页。

③ 夏泉：《端方与暨南学堂》，《暨南学报》1995年第2期。

义，并极力倡议复办暨南。① 黄炎培在《南京暨南学校规复宣言并招生启》中呼吁：

> 有华侨生而无相当之升学机关，求良教员而无特设之培养机关。回国就学者，日见发达，而指导之人学科程度或有参差，而无补习之地。此侨南同胞引为大减，亦祖国朝野上下所共抱不安者也。今将原有之暨南学校从新恢复，扩充规模，改良办法，分设专科，并经营有利于华侨教育之各种事业。总以华侨子弟回国者，得受适宜之教育，造成有用之青年，以增进华侨文明程度、发达华侨实业为宗旨，兹由鄙人筹办。②

至此，1918 年，在广大教育界知名人士和海外华侨的强烈呼吁下，由教育部批准，黄炎培主持复办暨南学校。1918 年 3 月 1 日，暨南学校正式开课，更名为"国立暨南学校"，委赵正平为校长，仍以招收海外侨生为主，重点设置师范和商科，以培养海外华侨教师和商业人才。1923 年 9 月，随着生源不断扩大，为了便于海外侨生来校就学，暨南学校在上海真如兴建校区。

至于因何继续使用"暨南"名称，时人曾做过具体表述：

> 暨南两字出于书经《尚书·禹贡》，其文曰："朔南暨，声教讫于四海。"暨者，及也。前清光绪末年，两江总督端方，提关税以立教育华侨子弟之学校，而以暨南名者，意在宗邦文化，借此普及于南方也。民国六年东，教育部次长袁君希涛、教育家黄君炎培以及从前暨南学子与夫略解，南侨情事，如予等者，鉴于南洋华侨教育之重要，决议规复此校。而仍名暨南者，仍志国化南行之志也。自规复以来，海外华侨之中小学生接踵而来，东起夏威夷，西达锡兰，南至爪哇，北及台湾，中间若菲律宾群岛、马来半岛、海峡殖民地、安南、暹罗、缅甸、婆罗洲、苏门答腊、西里伯斯以及其他荷兰领东印度群岛之诸岛屿。凡有华侨学校之地，无不遣送其学生来学。我全国各学校中教育范围之广盖，未有如暨南学校者也。③

从上文亦看出暨南学校办学规模之宏大、华侨生源之广泛。相比暨南学堂，暨南学校的办学思想更为实际。学校不仅注重传授文化知识，也注重培养思想品德，其校训为"忠信笃敬"，源于孔子所云"言忠信，行笃敬，虽蛮陌之邦，行矣"。清末状元张謇为

---

① 暨南大学华侨研究所：《暨南校史（1906—1949）》，广东省农垦总局印刷厂，1983 年，第 49 页。

② 黄炎培：《南京暨南学校规复宣言并招生启》，《暨南杂志》1918 年第十卷第二号。

③ 《我人对于暨南学校之感想》，《中国与南洋》1923 年第二卷第七十六号。

暨南学校题写了校名和校训，悬挂校内，雄健秀美，以收潜移默化之效。

3. 暨南大学

1927 年夏，郑洪年再次担任暨南学校校长。随着北伐战争的全面结束，南京国民政府宣告成立，暨南学校迎来了难能可贵的和平发展的外部环境，这为暨南学校改组为暨南大学提供了重要前提。此外，郑洪年的大力推动，也是暨南学校迅速升格的关键因素。郑洪年认为，在当时时局稳定、南洋华侨对华侨高等教育翘首期盼的大环境下，将暨南学校改组为完善大学是对暨南彻底改革、除旧布新的必然要求。郑洪年对暨南的改革措施主要为：扩充大学部：将商科改组为商学院，并在此基础上增加社会科学院、自然科学院、文哲学院、农学院、艺术学院；改组中学部：将原有的文理科变为普通科，下设甲乙两部，增设农科，继续保持原有的商科，并对师范教育予以重视；增设南洋文化教育事业部：下设教育股、调查股、指导股、宣传股、编译股等，主要关注风俗、习惯、政治、经济、土地、人口及制度等；积极筹措资金筹备学校场馆及设备：建立图书馆、科学馆、博物馆、农场及气象观测所等。①

1927 年，暨南学校顺应时代发展正式改组为国立暨南大学，从此华侨高等教育进入发展新征程。在多位知名人士的共同推动下，国立暨南大学作为一所综合性大学，其教研力量日趋雄厚，学科体系日臻完善，办学规模日趋扩大，已然成为蜚声海外的知名学府，五洲学子纷纷前来求学。其时，国立暨南大学在国内率先成立了南洋文化教育事业部，该机构后来成为我国南洋研究和华侨教育研究领域的领军者和桥头堡。因时局影响，国立暨南大学于抗日战争初期迁福建建阳。1946 年迁回上海，1949 年并入复旦等高校，1958 年在广州复校，学生半数以上为归国华侨和港澳青年，1970 年停办，1978年秋重建，设医学院和数学、物理、化学、生物、中国语言文学、外国语言、历史、经济、新闻等系及东南亚研究所。② 暨南大学经历五次播迁，三落三起，每一次顿挫都孕育着破茧成蝶的巨大勇气，犹如一只不死的凤凰，经历烈火与血泪的洗礼，在疾风骤雨中振翅高飞，始终不改暨南初心，"暨南"名称一直沿用至今，这在中国高等教育史上实属罕见。

（二）博览会：南洋创业会暨南馆

19 世纪 80 年代开始，欧美国家不断通过各式各样的商品博览会促进市场经济的发展，真可谓"无国无会，无年无会"。③ 彼时，随着国门顿开，清政府和海外华侨已然

---

① 张晓辉、夏泉：《暨南大学史》，第 43 页。
② 辞海编辑委员会：《辞海》，上海辞书出版社，2010 年，第 458 页。
③ 《对于武汉创业奖进会之感》，《湖北教育官报》1910 年临时增刊之三。

形成了一个紧密结合的利益共同体，皆迫切希望通过效仿欧美国家举办商品博览会来催生本国市场经济。1908年11月，两江总督端方和江苏巡抚陈启泰向清政府奏请举办南洋劝业会，认为劝业会"以期于实业前途大有裨益""以振兴实业、开通民智为主义"。① 1910年6月5日，是次举世瞩目的产品博览会南洋创业会于南京正式开幕，及至11月29日圆满落幕，历时长达半年，乃"中国五千年未有之盛举"，② 两江总督端方、张人骏先后担任过劝业会会长。

劝业会会场占地700余亩，规模宏大，共设医药、教育、农业、工艺、美术、机械、装备等九个展览馆和一个劝工场。另设暨南馆，取"朔南暨，声教讫于四海"之意，因其专门陈列南洋华侨所携展品。暨南馆的展品分为工艺、教育、美术、纺织、种植、制造等类别；包括陶器、铜器、钿器、饮食、玩具、药料、装饰、矿产及鸟类标本等，集精华于一室，合珍奇于一处，无不令人叹为观止。例如，泗水叶兆辉制作的日夜烟火，望加锡林渊源的飞禽走兽，巴城李金隆的奇花异草及缲丝机器。在琳琅满目的各类展品中，以西式帽具居多，华侨商人在暨南馆开辟制帽传习所，免费传授制帽技艺。展会中的机械产品，如缲丝机、薯粉机、制茶机、筛茶机、剪茶机、制汽机等，更令当时的国人震惊不已，闻所未闻。暨南馆的农副产品也自胜一筹，如南洋炎无谷、初里乌糯谷等，品质优良，收获较多，令时人感叹其生产水平之高。泗水小麦被评为会场麦类之冠，南洋乌糯谷则被认定为全会特色展品。③ 水果出品中，南洋爪哇岛的南杏核、橡子等数十类品种，在国内鲜有生产，会后均被赠送国内传殖。对于暨南展馆展品之丰富多样、海外华侨参与热情之高涨，在当时江督和商部联合向清廷呈报的上奏书中，做过如下记述：

> 圣鉴事窃查劝业会会场设有暨南馆一区，以备南洋群岛、华商运送品物，入馆陈列。与直省协会、别馆一律看待，所以广。皇仁也，经臣前派道员江、孔、殷分赴劝导，并以函谕通告，自本年二三月以来，英属、法属、荷属各埠殷实体面华商均闻风兴起，或寄汇资本前来赴股或筹办货物运送陈赛：羽毛、骨角、纫织、刺绣、草木、瓜果、金石、矿质、制造机械、日用器具以至各岛人物风俗之沿革、模型、图画，罔不毕具。④

① 《两江总督奏拟设南洋第一次劝业会官商合资试办折》，《商务官报》戊申第33期（光绪三十四年12月）。

② 全国图书馆文献缩微复制中心：《中国早期博览会资料汇编》（二），北京新华书店，2003年，第62-63页。

③ 《南洋劝业会研究会报告书》，上海中国图书公司，1913年，第222页。

④ 《本部奏遵议江督奏劝业会侨商徐博兴病故请优恤折》，《商务官报》1910年第7期。

当时的暨南馆，俨然成为创业会的一道靓丽风景线。时人在驻足观摩中，自然而然会产生一种"比而齐之"的想法，这正契合了晚清政府极力襄赞此次盛会的初衷：辅助社会教育、建造南京市面、振兴全国实业。① 本次劝业会在积贫积弱的晚清社会产生了巨大的示范效应，激发落后学习先进，摒弃了"轻商"观念，孕育了"重商"倾向，从而引发越来越多的国内人士投身工商业界。与国内展品相比，华侨展品处处体现其卓越性与先进性，更易在全社会激起学习效仿的风潮，同时树立国人起而行之的信心。相比较而言，国外的先进技术往往不愿与国人坦诚相见，而华侨则将先进技术毫无保留地送给国人。因此，暨南馆展出的华侨展品在一定意义上达到了辅助社会教育的效果。

（三）侨务局：福建暨南局

1912 年，中国历史上第一个官方护侨机构福建暨南局在厦门正式成立。福建暨南局的成立有其深厚的历史文化渊源。其一，福建优越的地理位置。福建属沿海地区，自古以来就不断有人到海外谋生。他们虽身居海外，却心系祖国，热切希望有一个正式护侨机构保护海外华侨的基本权益。1899 年，闽督向清廷上奏了一纸令国人声泪俱下的呈文，海外华侨在归国途中被祖国鱼肉、欺凌的悲惨遭遇跃然纸上。晚清政府始幡然醒悟，同年在厦门设立了保商局。然保商局成立后，初时还会为华侨服务，后逐渐演变为通过各种方式巧立名目对海外华侨进行敲诈勒索，使得海外华侨视归途为畏途，一时间怨声载道。其二，孙中山的积极呼吁。在推翻晚清政府的艰苦斗争中，海外华侨通过积极捐款、参军入伍等多种方式，为中国革命的成功立下了汗马功劳。故孙中山对海外华侨予以高度评价：华侨是革命之母。② 1912 年中华民国临时政府成立伊始，孙中山便制定颁布了一系列法规政策，明令禁止贩卖华工，保护华侨利益。同时还通过中华民国临时约法予以海外华侨参政权、选举权，海外华侨政治地位得到进一步提升。其三，海外华侨的大力推动。在孙中山主导的护侨政策的热切鼓舞和感召下，海外华侨积极投身到祖国的革命和建设中来，同时也热切期望祖国能够设立正式护侨机构保护侨民利益。1911 年冬，福建华侨代表联名上书福建政府，慷慨陈文要求福建政府设立侨务机构。

在此背景下，1912 年 1 月福建谘政院议员、谘议局议员张旗、林辂存等致电时任闽督孙道仁，为保护海外侨胞的合法利益，一致要求设立统一的护侨机构，以扫除前清之积弊。在各方利益集团的共同博弈下，1912 年孙中山任临时大总统时，颁发《福建设立管理华侨事务的"暨南局"》。③ 同年 8 月，福建暨南局在厦门正式成立，由原籍泉州的

---

① 《南洋第一次劝业会事务所成立》，《申报》，1909 年 2 月 27 日第 1 版。
② 张永福：《南洋与创立民国》，北京书局，1933 年，第 1 页。
③ 邓锐：《梅州侨批》，中国华侨出版社，2014 年，第 104 页。

印尼归侨林辂存担任首任总理。暨南局的"暨南"二字依然出自《尚书·禹贡》："东渐于海，西被于流沙，朔南暨，声教讫于四海。"且因福建暨南局管理的华侨多往南洋地区谋生，故得此名。

1917 年 10 月，考虑到福建暨南局原有章程已不合时宜，民国政府内务总长钱能训、农商总长田文烈共同向时任大总统冯国璋呈文要求修改福建暨南局章程：

> 第一条：本局定名为福建暨南局；第二条：总局现设于厦门至省内各处及海外各商埠，如有应设分局时由省长酌定或由总理呈奉省长核定之；第三条：本局之职务如左：甲关于回籍华侨保护及招待事项；乙关于呈请官厅批准之殖民规划事项；丙关于华侨教育事项；丁关于华侨实业事项；戊关于旅行券及证明事项；巳关于华侨状况调查及报告事项；庚关于海外募集公债及代理招股事项；辛关于本局各项造报事项。①

该呈文对福建暨南局的名称确定、职责行使、职位设置等方面进行了具体陈述，将福建暨南局为海外侨胞服务的机构职能正式以文件形式确立下来，为今后福建暨南局具体工作的开展提供文件依据。1927 年 5 月，因时局动荡、经费紧缺，存续 16 年的福建暨南局被民国政府撤销。短短 16 年间，福建暨南局进一步加强了政府与华侨间的联系，重视侨民人身安全，采取多项措施使侨民利益得到保障，无形中推进了遍布世界各地的华侨教育，通过积极引进侨资促进了福建地区资本主义经济的发展，极大地推进了侨务工作的开展。

（四）南洋侨务教育机构：中国暨南教育局

关于中国暨南教育局的相关资料相对匮乏。史载，1918 年中国暨南教育局特派员张竞亚先生南下诗巫，考察侨校。张竞亚发现本地华侨学校均以方言授课，尚无国语授课，于是邀请全侨参加大会，论述现代教育之要义，并将两所小型华侨学校合并为一所，改名为"诗巫华侨公立中华学校"。②

分析暨南教育局的机构属性，应注意暨南教育局所处的年代，民国政府所制定和实施的侨务政策。1912—1949 年间，民国政府对海外华侨实行"移""殖""保""育"四大政策，即鼓励国人海外发展，促进华侨在当地立足，保护海外华侨人身安全，加强

---

① 钱能训、田文烈：《大总统为修改福建暨南局章程仰起鉴核文》，《政府公报》1917 年第 10 期。

② 朱峰：《基督教与海外华人的文化适应》，中华书局，2009 年，第 153 页。

华侨华人教育。① 四者之中，"育"是保侨、护侨的落脚点和着眼点。在这样的背景下，华侨教育在海外各地遍地开花，但是其在发展壮大的过程中不可避免地会出现一些问题，比如缺乏统一的教学标准、缺乏相对正规的华侨教材等。因此侨教视导制度便应运而生，旨在通过有关教育方针政策、法律法规的贯彻执行，对华侨教育进行检查、监督、指导、评估。从仅有的文献看，中国暨南教育局便系在侨教视导制度下催生的华侨教育督导机构，从其冠名"暨南"，可知其专为华侨教育服务。而从中国暨南教育局派员南下诗巫考察侨校的举动可看出，中国暨南教育局对海外华侨教育行使了监督权、指导权，因此可推测其为侨教视导制度下的官方机构。

三、结语

《尚书·禹贡》中"朔南暨，声教讫于四海"的典故衍生了极富文化底蕴的"暨南"二字。"暨南"机构均于清末民初在海外华侨的倡议下得到创建，无形中促进了中华文化在世界范围内的广泛传播，并在历史的风云变幻中不断传承创新，坚持为侨服务，以实现中华民族根本利益为旨归，具有鲜明的民族主义色彩。

（一）"暨南"机构与华侨华人有着密切联系

"暨南"机构的成立时间均为清末民初。这一时期辛亥革命爆发，政权更替，清朝灭亡，中华民国宣告成立。在历史的风云突变中，"暨南"机构的催生与壮大无不与华侨华人密切相关。随着华侨经济实力的不断攀升，无论是晚清政府，还是民国政府，均意识到海外华侨是祖国建设的一股不可或缺的力量。而纵观这四所"暨南"机构，无一例外地发现，其皆在海外华侨的一致倡议下，得到当局的重视，最终正式成立并长期履行职责。这足以说明海外华侨在当时战火纷飞的动荡年代具有较高的政治和经济地位，从而对国内相关机构的设立具备一定的话语权。而与华侨相关的机构，其冠名为"暨南"并非偶然，而是源于"暨南"机构的职责权限与华侨华人的所思所想高度契合的深厚基础，具有较为深刻的历史意义。

（二）"暨南"机构与中华文化一脉相承

五千年的中华文化蕴含着尚和合、求大同的丰富内涵。《尚书·尧典》有云："日若稽古，帝尧曰放勋，钦明文思安安，允恭克让，光被四表，格于上下。克明俊德，以亲

---

① 汤兆云：《论民国政府的侨教视导制度》，《民国档案》2006 年第 1 期。

九族。九族既睦，平章百姓，百姓昭明，协和万邦，黎民于变时雍。"① 意即首先要把自己的家庭治理好，进而治理好自己的国家，最后团结世界各国人民。而纵观"暨南"机构缘何取名"暨南"，皆出自古书《尚书·禹贡》："东渐于海，西被于流沙，朔南暨，声教讫于四海。"与前述中华五千年的"协和万邦"核心思想一脉相承。中华文化源远流长，在历史的长河中，撷取"暨南"二字作为机构冠名，并非历史的巧合，而是基于历史文化的厚积薄发、"暨南"二字的深意与暨南机构的现实目标遥相契合的博大基础上，将中华文化传播至五湖四海，这是这一系列"暨南"机构的共通之处。暨南学校主办华侨教育，暨南展馆主导华侨展品，暨南局主管侨务工作，暨南教育局监管华侨教育，虽各司其职，但因其处于同一波澜壮阔的时代背景，均在无形中促进了中华文化在世界的广泛传播，这亦是暨南机构冠名为"暨南"的初衷。

(三)"暨南"机构与传承创新息息相关

任何一个机构的存在与发展，除了创建者在其中起到巨大的推动作用外，还应该有一种精神、一种文化的传承，无论它的创建者在世与否，都会一脉相传、一以贯之。传承是对旧事物较好的部分进行继承，而创新则是在传承的基础上进行新的提高、新的发展，是新事物代替旧事物，因此传承与创新相辅相成，不可偏废。创新建立在传承和积累之上，而创新又反过来促进传承发展。暨南学校以其机构创新、学制创新迎接海外侨胞，南洋劝业会暨南馆以其展品创新、技术创新流芳百世，福建暨南局以其目标创新、任务创新服务广大侨民，暨南教育局以其督导创新、制度创新而提高华侨教育质量。因此，"暨南"机构与传承创新息息相关。

(四)"暨南"机构与民族主义共生共荣

民族主义是一种"意识形态"。美国学者史密斯认为：民族主义是以民族自治、民族统一和民族认同为基本目标的，并以促进民族利益为关注焦点的一种意识形态。对于民族主义者来说，民族的生存和发展离不开这些基本目标的充分发展。② 清末民初，我国从封建帝国跨越为民族国家，从华夷体系的中心进入由主权国家构成的国际政治体系，③ 不断觉醒的民族主义思潮风起云涌。在民族主义思潮的引领和激发下，随着广大海外侨胞政治和经济地位的极大提升，他们迫切希望能够与同根同源、十指连心的祖国

---

① 顾迁译注：《尚书》，中华书局，2016 年，第 13 页。

② 安东尼·史密斯著，叶江译：《民族主义：理论、意识形态、历史》，上海人民出版社，2006 年，第 43 页。

③ 张淑娟：《中华民族共同体意识培育中的民族主义因素》，《广西民族研究》2018 年第 6 期。

人民紧密联系在一起。而"暨南"机构从教育、经济、政治等诸多方面服务于海外侨胞，为了实现海外侨胞回国接受教育、投资活动、政治庇护等具体目标，以促进中华民族共同利益为关注焦点，其实质和根源就在于中华民族共同体之民族主义思潮的发轫，可谓与民族主义共生共荣。可以说，民族主义思潮对于"暨南"名称的确立亦是一个不容忽视的重要因素。

在 21 世纪的今天，回望百余年前"暨南"机构走过的漫漫征程，源远流长的中华文化、同文同种的海外华人、生生不息的创新精神以及若隐若现的民族色彩，构成了"暨南"机构不辱使命、不可或缺的重要闭环。不论是学校、博览会，还是侨务局、南洋侨务教育机构，"暨南"机构蕴含着共同的历史使命，即传承中华文化薪火于五洲四海，让中华优秀传统文化的种子在世界各地生根发芽、茁壮成长，让中国走向世界，让世界了解中国。

作者简介：

刘思亮，暨南大学党政办公室副研究员；夏梦真，澳门科技大学社会和文化研究所国际关系专业博士研究生、广东外语外贸大学南国商学院教师。